卫生法学实践教程

主 编 邓 虹 李晓堰

浙江工商大学出版社
ZHEJIANG GONGSHANG UNIVERSITY PRESS

图书在版编目(CIP)数据

卫生法学实践教程 / 邓虹，李晓堰主编. —杭州：浙江工商大学出版社，2016.12

（卫生法学系列丛书）

ISBN 978-7-5178-1686-7

Ⅰ. ①卫… Ⅱ. ①邓… ②李… Ⅲ. ①卫生法—法的理论—中国—高等学校—教材 Ⅳ. ①D922.161

中国版本图书馆 CIP 数据核字(2016)第 136640 号

卫生法学实践教程

邓　虹　李晓堰　主编

策划编辑　钟仲南　王艳艳　郑　建
责任编辑　沈　丹　胡亚娟
责任校对　傅　恒
封面设计　林朦朦
责任印制　包建辉
出版发行　浙江工商大学出版社
（杭州市教工路 198 号　邮政编码 310012）
（E-mail:zjgsupress@163.com）
（网址:http://www.zjgsupress.com）
电话:0571-88904980,88831806(传真)
排　　版　杭州朝曦图文设计有限公司
印　　刷　浙江云广印业股份有限公司
开　　本　710mm×1000mm　1/16
印　　张　24.25
字　　数　449 千
版 印 次　2016 年 12 月第 1 版　2016 年 12 月第 1 次印刷
书　　号　ISBN 978-7-5178-1686-7
定　　价　60.00 元

浙江工商大学出版社营销部邮购电话　0571-88904970

“卫生法学系列丛书”总主编

吴崇其

“卫生法学系列丛书”副总主编

徐勤耕	张以善	刘　群	王　毅	蒲　川
张　静	张际文	田　侃	石俊华	罗　刚
王　萍	赵　敏	李冀宁	邓　虹	郑雪倩
陈志华	王梅红	仇永贵	石　悦	杨淑娟
丁朝刚	冯正骏	戴金增	解　放	胡晓翔
崔高明	古津贤	王国平		

本书作者

主　编:邓　虹　李晓堰

副主编:吴　坚　高丽萍　黄　莺

作　者:(按承担章节为序)

黄　莺(昆明医科大学)　第一章一、二审案例以外部分

吴　坚(昆明医科大学)　第一章一、二审案例部分

陈　阳　李媛蔚(长春市朝阳区卫生局卫生监督所)　第二章

车　伦　邓　虹(云南云都律师事务所、昆明医科大学)　第三章

李晓堰(昆明医科大学)　第四章第一到第五节

高丽萍(昆明医科大学)　第四章第六节

彭艳霞(昆明医科大学)　第五章

陈慧敏(云南省卫生和计划生育委员会)　第六章

车　伦　邓　虹(云南云都律师事物务、昆明医科大学)　第七章

陈　颖(昆明医科大学)　第八章

前　言

2007 年 3 月 11 日，教育部高校法学学科教学指导委员会在中国人民大学法学院举行了全体委员会议，会上通过了调整法学专业核心课程的决定，通过了法学专业核心课程的建议名单，名单中除原来的 14 门核心课程外，又新增了两门核心课程。目前，我国高校法学专业核心课程达到了 16 门。综观法学专业的 16 门核心课程，没有一门直接与法学的实践教学有关。很显然，这与法学作为实践性学科的地位不相符合。法学从起源那一天起，就是一门实践性很强的学科。实践性是法学这门学科必须要彰显的特性，也是法学学科之所以存在和发达的进路所在。法学的这种特性决定了在法学的教育过程中不能单纯地就理论而言理论，就理论研究理论，而必须把实践贯穿于法学教育过程的始终，法学实践教学的重要性必须得到充分重视。然而遗憾的是，长期以来我国的法学教育一直存在着重理论、轻实践的问题。教学过程中存在着教学手段与方法偏离法学实践性、应用性学科特点的问题。法学教育工作者也更倾向于撰写学术专著而较少将目光投注于法学实践教程的编写。在学界的普遍认识中，实践教程的编写没有什么技术含量，但对学生而言，实践教程是学生将所学到的理论知识运用于解决实际问题的一座桥梁，是学生的第一本法学操作指导手册。

鉴于上述问题，本书的作者将精力投放到法学实践教学这一地位重要但没有得到应有重视的领域，为学生编写了一本《卫生法学实践教程》。本书主要是为法学专业（卫生、医事方向）学生的实践教学量身定制的，但其他方向的法学专业的学生均可参考、借鉴。目前关于法学实践教学为数不多的一些教学用书基本上是针对实践教学的某一环节编写的，尚没有一本法学实践教学的教程能涵盖主要的法学实践环节，因此，学生在使用过程中必须同时拥有数本教程。本书涵盖了法学实践的主要环节，这种编写体例是一种大胆的尝试。“大而全”的编写方式希望能更符合学生的教学实际要求。因此，本书在内容上包括了：第一章，模拟法庭；第二章，模拟卫生行政执法；第三章，模拟质证；第四章，模拟医疗纠纷人民调解；第五章，模拟司法鉴定；第六章，模拟行政处罚听证；第七章，模拟仲裁；第八章，模拟医学与法学融合式案例教学法。本书在编写上具有以下几个方面的特点：

第一，理论性和实践性相结合。虽然本书主要是实践教程，但实践离不开理论，所以在每一章中都包括了基本理论的介绍，但主要的着力点是具体操作和实践的环节。

第二，内容全面系统，针对性强。本书涵盖了法学实践的主要环节，在每一个具体的环节中，既有基本理论的分析，又有技巧的重点强调，还有真实案例的实战实训，更有最新的教学案例介绍。

第三，应用范围广泛，实用性较强。本书适用于所有法学专业的学生的实践教学，学生可以根据本书在教师的指导下或者自主开展法律实践教学活动。同时，本书对于法学实践部门的人员也具有指导性，可供法学实践部门的人员学习相关的理论和技巧。

本书的编写得到了相关卫生实践部门的大力支持，特别是云南省卫生厅、昆明医科大学、长春市朝阳区卫生局卫生监督所、昆明医科大学司法鉴定中心等相关单位，在此表示诚挚的感谢！

由于水平有限，尽管各位参编者已经十分尽力，但仍然难免存在疏漏和不当之处，敬请各位读者批评指正，你们的意见是我们不断完善的动力所在。

邓　虹

2015 年 10 月 10 日

目　录

第一章　模拟法庭

第一节　模拟法庭简介

一、模拟法庭

模拟法庭是通过案情分析、角色划分、法律文书准备、预演、正式开庭等环节，模拟刑事、民事、行政审判及仲裁的过程，是法律实践性教学的重要方式。模拟法庭充分调动了学生的积极性与创造性，提高了学生法律文书的写作能力。在各种实践性教学方法中，模拟法庭教学法有着无可比拟的优越性。现在各类高校的法学专业几乎都开设了模拟法庭作为本科生必修课，许多高校还定期举办模拟法庭大赛。模拟法庭已经成为法学专业学生一项最重要的活动之一，许多高校将其作为法学本科学生四年专业学习的“汇报演出”，吸引了大量其他专业学生前来观摩和积极参与。

二、模拟法庭教学目的

第一，克服法学教育弊端，推进职业素质教育。由于深受大陆法系的影响，我国传统法学教育拘泥于专业领域的知识传授，教育过程相对封闭和狭隘，造成教育成果与社会需求之间严重脱节，日渐受到司法实务界人士的质疑和严厉批评。而素质教育谋求人的全面发展，培养学生创新精神和实践能力，树立学生崇尚法治精神、追求公平正义和维护清正廉洁的责任感和使命感。模拟法庭教学特别注重理论与实践相结合，促进理论知识向实践技能转化，有助于克服传统法学教育的弊端，推进职业素质教育。

第二，转变教师思想观念，注重法律实践教学。随着我国“依法治国”方略的不断推行和完善，法学被提到了日渐重要的地位，司法考试体系的改革也让高校教师和学生逐渐将课程核心转移到围绕司法考试的学习上。但理论与实践总是互相作用、相互促进的，理论功底扎实的法学生却严重缺乏法律实践能力已不鲜见。可以说，法学实践能力的培养是比法学理论教学更为重要的教学内容。并且学生无法仅通过阅读书本、解读法条、通过考试、法庭观摩就能够具备实践能力。实践教学体现了学科对法学生综合能力的要求。

第三，提高学生思辨水平，培养执业综合能力。通过模拟法庭教学实践，提高学生了解案情、理清案件思路、分析案件焦点、提出解决思路的能力；同时提高运用法律思维的能力、灵活应变能力、心态调整能力，培训学生法庭礼仪和气质，肢体语言的运用等。

第二节　模拟法庭概述

一、模拟法庭的基础知识

（一）诉讼结构

我国诉讼构造分为指控、辩护、审判三方，我国诉讼构造在整体上属于职权主义构造类型。控辩审三足鼎立的基本结构体现为控审分离、控辩平等对抗、法官居中裁判，体现在法庭布局上为对席审判，如图 1、图 2 所示。

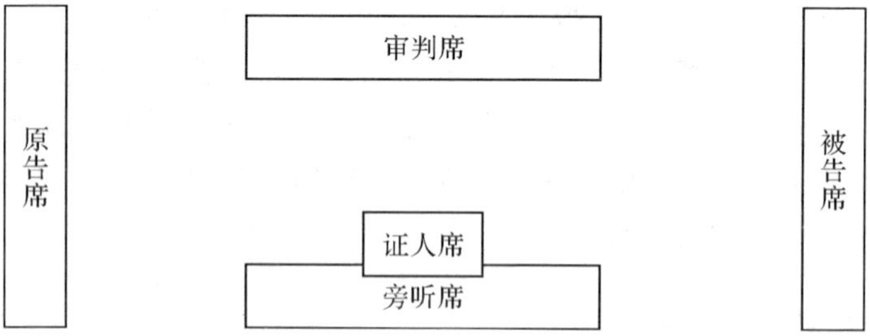

图 1　民事审判法庭布局

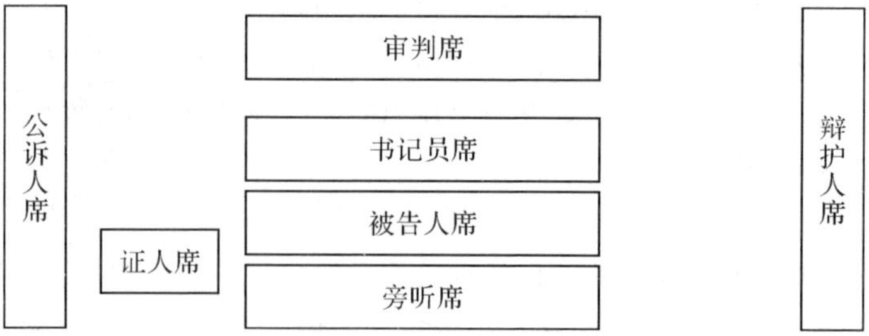

图 2　刑事审判法庭布局

（二）我国司法系统组织架构

在司法实践中，我国司法体系分为法院系统与检察院系统。广义理解中的公安机关和司法行政机关在本书中不予论述。

1. 法院系统

我国的法院系统分为四级，分别是基层人民法院、中级人民法院、高级人民法院和最高人民法院，大部分是按我国行政区划设置的。此外还有专门法院，即军事法院、海事法院、铁路运输法院（截至 2012 年 6 月底，全国铁路运输法院整体纳入国家司法体系），以及知识产权法院（2014 年 8 月 31 日，十二届全国人大常委会第十次会议表决通过了《全国人大常委会关于在北京、上海、广州设立知识产权法院的决定》）。如图 3 所示。

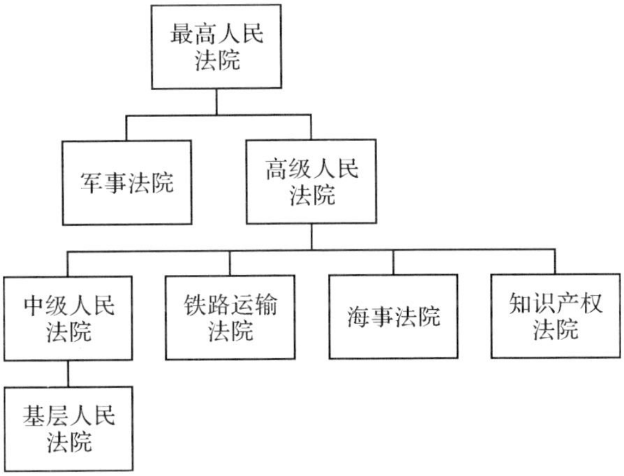

图 3　我国法院体系

（1）基层人民法院（Local People's Court）

一般的第一审民事案件，都由基层人民法院受理，法律另有规定的除外。通常基层人民法院设在区县或以下级地区，乡镇所设立的称为派出法庭。基层人民法院是中华人民共和国地方最低一级的人民法院，根据《中华人民共和国人民法院组织法》，在县、县级市、自治县、市辖区设立基层人民法院。在称谓上，基层人民法院称为"××县（市、区）人民法院"，而不出现"基层"字样。除了法律规定由中级人民法院、高级人民法院、最高人民法院管辖的第一审民事案件外，其余一切民事案件都由基层人民法院管辖①。

---

①　根据 2015 年 4 月 30 日《最高人民法院关于调整高级人民法院和中级人民法院管辖第一审民商事案件标准的通知》第四条：婚姻、继承、家庭、物业服务、人身损害赔偿、名誉权、交通事故、劳动争议等案件，以及群体性纠纷案件，一般由基层人民法院管辖。

(2)中级人民法院(Intermediate People's Court)

按照《中华人民共和国人民法院组织法》规定，中级人民法院包括：1. 在省、自治区内按地区设立的中级人民法院；2. 在直辖市内设立的中级人民法院；3. 省、自治区辖市的中级人民法院；4. 自治州中级人民法院。主要负责审理法律、法令规定由它管辖的第一审案件①、基层人民法院移送审判的第一审案件、对基层人民法院判决和裁定的上诉案件和抗诉案件、人民检察院按照审判监督程序提出的抗诉案件。

中级人民法院设刑事审判庭、民事审判庭、行政审判庭，根据需要可以设其他审判庭。

(3)高级人民法院(Higher People's Court)

高级人民法院设于省、自治区、直辖市，是省一级的最高审判机关。高级人民法院的主要任务是对本辖区内中级人民法院和基层人民法院的审判活动进行

---

① 中级人民法院管辖下列第一审刑事案件：(1)危害国家安全案件，恐怖活动案件；(2)可能判处无期徒刑、死刑的普通刑事案件。

中级人民法院管辖下列第一审行政案件：(一)确认发明专利权的案件、海关处理的案件；(二)对国务院各部门或者县级以上人民政府所作的具体行政行为提起诉讼的案件；(三)本辖区内重大、复杂的案件。(四)其他法律规定由中级人民法院管辖的案件。

中级人民法院管辖下列第一审民事案件：(1)重大涉外案件；(2)在本辖区有重大影响的案件；(3)最高人民法院确定由中级人民法院管辖的案件。

另注：根据 2015 年 4 月 30 日《最高人民法院关于调整高级人民法院和中级人民法院管辖第一审民商事案件标准的通知》：

一、当事人住所地均在受理法院所处省级行政辖区的第一审民商事案件

北京、上海、江苏、浙江、广东所辖中级人民法院管辖诉讼标的额 1 亿元以上一审民商事案件。天津、河北、山西、内蒙古、辽宁、安徽、福建、山东、河南、湖北、湖南、广西、海南、四川、重庆所辖中级人民法院管辖诉讼标的额 3000 万元以上一审民商事案件。吉林、黑龙江、江西、云南、陕西、新疆所辖中级人民法院管辖诉讼标的额 1000 万元以上一审民商事案件。贵州、西藏、甘肃、青海、宁夏所辖中级人民法院管辖诉讼标的额 500 万元以上一审民商事案件。

二、当事人一方住所地不在受理法院所处省级行政辖区的第一审民商事案件

北京、上海、江苏、浙江、广东所辖中级人民法院管辖诉讼标的额 5000 万元以上一审民商事案件。天津、河北、山西、内蒙古、辽宁、安徽、福建、山东、河南、湖北、湖南、广西、海南、四川、重庆所辖中级人民法院管辖诉讼标的额 2000 万元以上一审民商事案件。吉林、黑龙江、江西、云南、陕西、新疆所辖中级人民法院管辖诉讼标的额 1000 万元以上一审民商事案件。贵州、西藏、甘肃、青海、宁夏所辖中级人民法院管辖诉讼标的额 500 万元以上一审民商事案件。

三、解放军军事法院管辖诉讼标的额 1 亿元以上一审民商事案件，大单位军事法院管辖诉讼标的额 2000 万元以上一审民商事案件。

指导和监督，审理不服中级人民法院判决、裁定的上诉案件。①

(4)最高人民法院(The Supreme People's Court)

最高人民法院是中华人民共和国最高审判机关，负责审理各类案件，制定司法解释，监督地方各级人民法院和专门人民法院的审判工作，并依照法律确定的职责范围，管理全国法院的司法行政工作。根据《宪法》《人民法院组织法》及相关法律，作为国家最高审判机关，最高人民法院审理下列案件：一是审理法律规定由它管辖的和它认为应当由自己审判的第一审案件；二是审理对高级人民法院与专门人民法院判决裁定的上诉、抗诉、申请再审与申诉案件；三是审理最高人民检察院按照审判监督程序提出的抗诉案件；四是核准本院判决以外的死刑案件；五是依法审理国家赔偿案件，决定国家赔偿；六是核准法定刑以下判处刑罚的案件。

(5)海事法院(Maritime Court)

海事案件所具有的涉外因素多、涉及面广、专业技术性强、诉讼标的流动等特点，决定了只有对大多数海事案件适用特殊地域管辖，才能更加科学高效地解决海事纠纷，保护各方当事人的合法权益。为方便当事人诉讼和解决海事纠纷，各海事法院陆续在沿海各大港口设立派出机构——派出法庭。海事法院由内设的海事庭、海商庭和派出庭审理第一审海事案件。我国共有 10 个海事法院，分别位于北海、大连、广州、海口、宁波、青岛、上海、天津、武汉和厦门。

---

① 高级人民法院管辖的第一审刑事案件，是全省(自治区、直辖市)性的重大刑事案件。高级人民法院管辖本辖区内重大、复杂的第一审行政案件。高级人民法院管辖在本辖区有重大影响的第一审民事案件。

根据 2015 年 4 月 30 日《最高人民法院关于调整高级人民法院和中级人民法院管辖第一审民商事案件标准的通知》：

一、当事人住所地均在受理法院所处省级行政辖区的第一审民商事案件

北京、上海、江苏、浙江、广东高级人民法院，管辖诉讼标的额 5 亿元以上一审民商事案件。天津、河北、山西、内蒙古、辽宁、安徽、福建、山东、河南、湖北、湖南、广西、海南、四川、重庆高级人民法院，管辖诉讼标的额 3 亿元以上一审民商事案件。吉林、黑龙江、江西、云南、陕西、新疆高级人民法院和新疆生产建设兵团分院，管辖诉讼标的额 2 亿元以上一审民商事案件。贵州、西藏、甘肃、青海、宁夏高级人民法院，管辖诉讼标的额 1 亿元以上一审民商事案件。

二、当事人一方住所地不在受理法院所处省级行政辖区的第一审民商事案件

北京、上海、江苏、浙江、广东高级人民法院，管辖诉讼标的额 3 亿元以上一审民商事案件。天津、河北、山西、内蒙古、辽宁、安徽、福建、山东、河南、湖北、湖南、广西、海南、四川、重庆高级人民法院，管辖诉讼标的额 1 亿元以上一审民商事案件。吉林、黑龙江、江西、云南、陕西、新疆高级人民法院和新疆生产建设兵团分院，管辖诉讼标的额 5000 万元以上一审民商事案件。贵州、西藏、甘肃、青海、宁夏高级人民法院，管辖诉讼标的额 2000 万元以上一审民商事案件。

(6)铁路运输法院(Railway-Transport Court)

主要受理涉及铁路运输、铁路安全、铁路财产的民事诉讼和刑事诉讼①。中华人民共和国的铁路运输法院分铁路运输中级法院(18个)、铁路运输基层法院(58个)两级。

(7)知识产权法院(Intellectual Property Court)

2014年,为适应我国经济发展,加强知识产权运用和保护,健全技术创新激励机制,北京、上海、广州三地分别设立了知识产权法院,受理专利、植物新品种、集成电路布图设计、技术秘密、计算机软件民事和行政案件;对国务院部门或者县级以上地方人民政府所做的涉及著作权、商标、不正当竞争等行政行为提起诉讼的行政案件;涉及驰名商标认定的民事案件等②。

(8)军事法院(Military Court)

军事法院是国家设立在军队中的审判机关。属于国家审判体系的专门人民法院。根据《刑事诉讼法》《人民法院组织法》,以及中央军委《关于军队执行若干问题的暂行规定》对军内人员犯罪的案件依法行使审判权;并根据总政治部《关于惩治军人违反职责罪暂行条例所列案件的管辖范围的通知》直接办理遗弃伤员案、虐待俘虏案③。如图4所示。

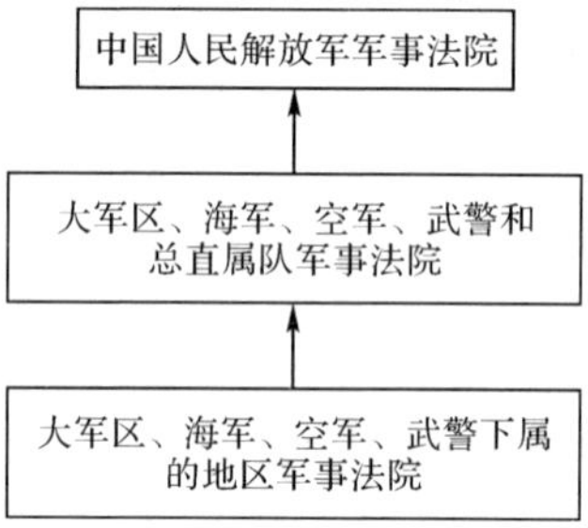

图4　我国军事法院体系

2015—2016年根据中央军委改革工作会议,全面实施改革强军战略,重新调整区划,撤销七大军区建制。今后,按大军区设置的军事法院应当会进行相应调整。由于截至付梓仍未有相关规定出台,因此本书仍按调整前的划分论述。

① 具体参见2012年7月17日颁布的《最高人民法院关于铁路运输法院案件管辖范围的若干规定》(法释〔2012〕10号)

② 具体参见2014年10月27日颁布的《最高人民法院关于北京、上海、广州知识产权法院案件管辖的规定》(法释〔2014〕12号)

③ 具体参见2012年8月28日颁布的《最高人民法院关于军事法院管辖民事案件若干问题的规定》(法释〔2012〕11号)

2. 检察院系统

人民检察院是我国法律监督机关。我国设立最高人民检察院、地方各级人民检察院和军事检察院等专门人民检察院。专门人民检察院主要包括军事检察院、铁路运输检察院。

(1)最高人民检察院

最高人民检察院是国家最高检察机关。最高人民检察院的主要职责是:领导地方各级人民检察院和专门人民检察院的工作;对全国性的重大刑事案件行使检察权;对各级人民法院已经发生法律效力的判决和裁定,如发现确有错误,按照审判监督程序提出抗诉;依法对监管活动实行监督,依法对民事诉讼、行政诉讼实行监督;对检察工作中具体应用法律的问题进行司法解释;制定检察工作条例、细则和规定;管理和规定各级人民检察院的人员编制等。

(2)地方各级人民检察院

地方各级人民检察院包括:①省、自治区、直辖市人民检察院;②省、自治区、直辖市人民检察院分院,自治州、省辖市人民检察院;③县、市、自治县和市辖区人民检察院。

省一级人民检察院和县一级人民检察院,根据工作需要,提请本级人民代表大会常务委员会批准,可以在工矿区、农垦区、林区等区域设置人民检察院,作为派出机构。

(3)专门人民检察院

专门人民检察院在最高人民检察院领导下,在特定的组织系统内设立检察机关。

军事检察院是设立在中国人民解放军系统中的专门法律监督机关,对军职人员的军职犯罪和其他刑事犯罪案件依法行使检察权。

专门人民检察院还有铁路运输检察院,包括在各铁路局所在地设立的铁路运输检察分院和在各铁路分局所在地设立的基层铁路运输检察院。

(三)审级制度及审判组织

我国法院审判案件实行四级两审制,四级就是前面提到的法院的四个级别设置,两审是指一个案件可以经过初审和上诉审程序。对于初审判决不服的当事人在规定的期限内可以根据自己的意愿决定是否上诉。模拟法庭既可以模拟一审案件,也可以模拟上诉审案件,还可以模拟再审案件,庭审程序稍有不同。

中国法院行使审判权的组织形式有两种,即独任制和合议制。在民事诉讼中,除第一审程序中的简单案件适用独任制进行审判外,二审、再审、重审及一审中的非简单民事案件,一律组成合议庭进行审判。

根据我国《民事诉讼法》规定,人民法院审理第一审民事案件,由审判员、陪审员共同组成合议庭或者由审判员组成合议庭。合议庭的成员人数，必须是单数。适用简易程序审理的民事案件，由审判员一人独任审理。

根据我国《刑事诉讼法》规定，基层人民法院、中级人民法院审判第一审案件，应当由审判员三人或者由审判员和人民陪审员共三人组成合议庭进行，但是基层人民法院适用简易程序的案件可以由审判员一人独任审判。高级人民法院、最高人民法院审判第一审案件，应当由审判员三人至七人或者由审判员和人民陪审员共三人至七人组成合议庭进行。人民法院审判上诉和抗诉案件，由审判员三人至五人组成合议庭进行。合议庭的成员人数应当是单数。

根据我国《行政诉讼法》规定，人民法院审理行政案件，由审判员组成合议庭，或者由审判员、陪审员组成合议庭。合议庭的成员，应当是三人以上的单数。

模拟法庭既可以组织学生模拟普通程序，也可以模拟简易程序，程序进行过程稍有不同，此外在案件进行过程中涉及案件事实或证据比较复杂时，可以将简易程序转为普通程序。学生应重点把握简易程序及普通程序分别适用的案件类型，以及简易程序与普通程序的相互转化；另外，在合议庭组织中，既可以安排学生模拟审判员，也可以安排学生模拟人民陪审员。重点把握在人民陪审员参与的案件中其与审判员所发挥的作用的不同；第三，也可以安排学生模拟基层人民法院、中级人民法院、高级人民法院的一审案件，在刑事案件中重点把握审判组织人数、标的数额、影响力等因素。

二、课程设计

（一）教师的准备

1. 案例选取

模拟法庭是模拟法庭真实的庭审过程。

首先，模拟法庭案例的选取应当具有真实性。受益于目前不断推行的司法公开及发达的互联网，可供法学院学生选取的真实案例不胜枚举。真实的案例人物鲜活，贴近社会，能够反映社会出现的新情况和新问题，反映出社会发展的脉络和法治进程，要求教师和学生更为灵活地掌握法律和运用法律，从而反思法律。关注并能够剖析新的社会问题所蕴含的法律意义本就是对法学院学生的一项重要要求。因此，案例选取也是对学生是否关注社会问题、是否能够理论联系实际、是否具有独立思考的能力和独到见解的一项重要考查指标。

其次，模拟法庭所选取的案例应当具有前沿性。学生在四年本科学习中所接触到的案例基本可以分为两类，一类是传统的法律问题，多出现于课程的讲授过程中，典型的、对法律进程具有里程碑式意义的案例。这类案例趣味性不强，但是意义重大。第二类是教师课堂中引导了解的，或者学生自学了解的新出现的社会问题。这类问题的出现往往领先于立法的进程。例如，目前社会中所出现的同性之间性骚扰的案例，拾到乌木的归属问题，冰冻胚胎的问题，电视剧改编的侵权问题等。这类问题的出现为法学科的立法和理论研究打开了一扇门。在某个特定的时代会引起不同的法学家或者法学爱好者不同的观点，形成百家争鸣的局面。因此，在案例选择上应当多选择新颖的、前沿的、未有定论的案例，这类案例“公说公有理、婆说婆有理”，有利于学生在掌握现有知识的同时，查阅资料，开拓思路，发挥积极性和创造性，防止出现庭审过程“一边倒”的情况。

再次，案例的选取应当具有典型性。模拟法庭的举办，要兼顾实体法和程序法，既让学生在庭审过程中掌握程序运行，也能巩固实体法知识。所以选取案例要达到的效果就是让学生通过一个案例的学习，触类旁通掌握一类案例的处理方式。尤其是选择对实体法掌握具有基础性意义的案例，这类案例可以串联一大类知识点，对于培养学生将理论运用于实践，在实践中灵活运用理论的能力具有重要意义。案例选取可以在真实发生的案例的基础上适当地对庭审材料进行加工、改编，使之成为一个更适用于模拟法庭的案例。例如，一起医疗纠纷的案件当事人是一名女性，如果在模拟法庭中设定其为一名孕妇，这样在考查学生处理医疗侵权案件的能力的同时，也能考查学生对胎儿民事权利能力、诉讼权利能力的掌握。

最后，案例选择应当击中学生兴趣点。传统的模拟法庭辩论中，常用知识产权案件、环保案件、故意杀人案件等，虽然在各自领域均具有代表性，但难以引起学生兴趣，究其原因是这些案例与学生实际生活相差较远。在案例的选择上，不同年代的学生关注的社会热点不同，对于目前主流的90后学生，其关注点大多是微博、博客热门事件，因而案例的选择上要更贴近年轻人的特点，贴近时代特征，切忌一味考虑案例的典型性问题。尤其对于尚无定论的案例，更具有模拟法庭的价值。类似“彭宇案”等一类热点问题，能够引导学生思索法理学、法社会学、法人类学、法伦理学等相关问题，提出独特的见解和思路，加以教师在模拟法庭中正确引导，甚至可以通过一个案例重塑学生的价值观。

现实生活纷繁复杂，法律前沿问题每天都在刷新，一个案例用数年，应付数届学生的情况不应当再出现。现在步入课堂的已经是90后这一代，他们思维活跃，独立性强，个性鲜明，应当鼓励他们用这一代人的眼光来解读这个社会，引导他们独立思考，既深入了解法律，又不拘泥于法律。

2. 角色分配

模拟法庭基本分为审控辩三方。教师的工作是将学生划分为这三方，而控辩双方内角色的分工可以由学生自己来完成。

审判方角色扮演一般分为四种情况：外聘专家担任、邀请审判员担任、教师担任和学生自己担任。四种情况各有优点，学校可以根据模拟法庭需要达到的目标和学生的能力水平确定。如果模拟法庭更注重学生对知识的掌握和对理论的提升，那么选择外聘专家担任审判员较好，有利于在法庭辩论阶段引导控辩双方围绕争点问题深入思考和讨论；如果希望让学生充分了解和掌握现实审判过程，那么邀请审判员担任最好；如果是让学生提高掌控现场的能力，那么可以让学生自己担任所有的角色，专家、审判员和教师可以对此做点评。

审判方审判员一般设审判长1名，审判员或人民陪审员2名，书记员1名，刑事案件可设法警2名。

3.角色调整

涉及控辩双方内部的协调问题，经常会出现的问题是几个学生同时提出愿意模拟一个角色，例如，在实践中常见的是许多学生都愿意模拟当事人和律师，因为当事人和律师的“戏份足”，当然许多学生也愿意模拟证人，因为证人证言往往有较大发挥空间，可以“编故事”，给自己一个有趣的角色定位，例如，曾有学生把自己模拟成火锅店老板，因为他的愿望就是开一家火锅店，而火锅店可以听到、看到许多与案件相关的证据，诸如此类。面对这种情况，需要教师进行引导和调整，例如采取“竞聘上岗”的办法，采取即兴演讲说服其他学生支持自己，同时锻炼学生临场发挥的能力和自信，而这些对于一名法律从业者，尤其是律师是非常重要的。

4.法律知识的梳理

为使模拟法庭活动不流于形式，教师要事先分析案例，带领学生条分缕析，将案情掌握清楚。对于案例中涉及的重要法律规定和法律理论，尤其是课堂上没有涉及的知识、跨学科的知识，需组织不同课程的教师进行重点讲解，为学生提供必要的资料和案例。

（二）学生的准备

1.案件分析

（1）充分熟悉案情。在教师的引导下与对方当事人对案件的细节讨论清楚，避免出现对案件的某一重要案情“开天窗”，即案例中没有写明，教师也未与学生讨论沟通，以至于在庭上对案情各执一词。这种问题常出现于教师虚拟案情，或者选取的案情被删减得过分简单的情况下。

（2）进行案件分析。围绕案件的性质进行分析、归类，判断案件属于刑事、民事、行政案件的哪一种。然后采取法律三段论思维，不断将眼光投注于案情与法律规定当中，分析案件的归属类别、构成要件、例外情况、证据材料的采集、案件的管辖等。

2.形成法律意见

在对案件分析的基础上，围绕几个方面形成法律意见：案件性质，诉讼请求，事实和理由，证据材料。在材料的准备上，事实和理由应当包括法律规定、理论支撑、判例指导、各地特殊实践等，尽可能查阅大量资料，制定完善、丰富论据支撑诉讼请求。

3.法律文书撰写

在对案件形成法律意见的基础上，法律文书写作水到渠成。起诉状要求必须具有书面形式，而答辩状一般在庭审阶段不作要求，但是辩方律师同样应当做充分的准备。法律文书不同于法律意见，法律文书要求言简意赅、语言精练、说理清晰，而且法律意见要求包罗万象，引经据典，建立在掌握大量资料的基础上。在这一点上部分高校的模拟法庭与司法实践也稍有不同。高校模拟法庭更注重对学生理论水平的培养，因此部分高校模拟法庭要求学生提交的法律文书实际上属于法律意见，要求学生尽可能的引用各类理论、学说和判例，要求学生博闻强识，引经据典，甚至条分缕析地分析法律问题。而在司法实践中，法学理论和学说的引用应尽可能避免，大量引用的还是法条，以及法条基础上的说理。

4.证据材料

证据材料的准备是模拟法庭的重中之重。初学者对于证据材料的准备往往眉毛胡子一把抓，找不到重点，庭审过程中证据杂乱无章，法庭辩论阶段手忙脚乱。其实，证据材料的准备是非常有技巧的。

(1)内容方面

第一，围绕案件的构成要件构建证据体系，这关系到对基本案情的支撑。因此对于某一类案件，应当首先分析构成要件涉及的证据，收集方法，获得的可能性，可替代性证据等。

第二，对案件有重大影响的证据，这类证据关系到量刑的轻重，这类量刑情节法律中都有明确规定，按照排除法逐一排查即可。

第三，对案情有次要影响的证据，例如犯罪动机的证据、债务人偿还能力的证据等，这类证据虽不对案件定性有直接关系，但是有的时候往往会发挥意想不到的作用。

第四，一些与案件看似有关系，但实质上不会被采信的证据。尤其在中国的证据体系下，品格证据、专家证据、传闻证据、补强证据等看似能够支撑论点，但实际上不会得到法官的支持，这类证据慎用。

第五，对己不利的证据。在证据收集过程中往往会遇到许多对己方当事人不利的证据，需要甄别，提前思考对策，准备相应的证据。

准备证据切忌眉毛胡子一把抓，只有轻重缓急区分清楚、标识清楚，在法庭上才能做到从容应对。

(2)形式方面

证据形式主要体现在两个方面，第一是证据清单，也叫作证据目录，在提交起诉状的时候会一并提交于法庭。证据目录制作没有统一格式，各律师事务所、法院各有自己的形式，但最主要的是保证清晰、准确，一目了然。第二是证据材料，文本材料装订成册、编写页码，与证据目录保持一致。证据材料形式尽量整齐划一，对于票据等尽量提交复印件或者粘贴在A4纸上，避免出现大小不一等情况。大小不一的材料既容易丢失又不便查找，在庭审中找材料耽误时间也会给法官留下不好的印象。

三、模拟法庭各方的技巧和重点把握

(一)审判方

1.掌控时间

在模拟法庭庭审方案中会有控辩双方的时间限制，在场上控制时间的权力就掌握在审判员手中。根据实际情况，对拖沓冗长、语速过慢的一方当事人给予适当提示，对故意拖延时间，损害对方利益的一方当事人加以干涉，这是审判员的权力也是审判员的义务。

2.掌控局面

在庭审准备开始时，由书记员宣读法庭纪律，但是当庭审正式开始后，掌控局面的就是审判员。法庭上少不了双方当事人当庭谩骂、争吵、动手的情况，审判员必须出面掌控局面，在模拟法庭中，当事人、律师、证人提出的证据引起下面学生窃窃私语、哄笑、议论的情况屡见不鲜，这时审判员要及时提醒旁听席保持肃静，强调法庭纪律。

3.控制流程

对于采用大陆法系的国家来说，法官仍然是审判庭上的主导者，引导着整个审判朝着预定的方向进行。因此对于环节的掌控是法官的必要能力。对于案情复杂、证据众多的案件，法官可以决定是否提前进行证据交换、质证；在法庭辩论展现的案情已经清晰有结果的时候，法官控制法庭流程进入最后陈述阶段；在案情尚未清晰的情况下，行使释明权向当事人发问，发掘事实的真相。

4.掌控内容

开启法庭辩论阶段，双方当事人会围绕争点交锋，对于经验老到的律师来说，技巧性地围绕争点展开辩论不是难事，但对于初入门槛的法学本科学生来说，在法庭辩论阶段很容易“跑偏”，围绕一个与争点相去甚远的问题不断辩论。这时审判员要适时提醒双方当事人，围绕争点展开辩论，避免整个庭审方向失去控制。

（二）原告方

1. 诉讼请求明确

在民事诉讼过程中，许多当事人对诉讼请求的表述有时候是非常不清晰的。在理论上合同纠纷和侵权纠纷的竞合一直是学生学习的重点和难点之一，在现实生活中这种情况更为典型。在合同纠纷领域这种情况也较为常见，例如要求对方继续履行合同，如果对方不履行则要求对方退款、赔偿，甚至解除合同。处理这些情况要求学生清晰地辨析和区分各类不同的诉讼，区分不同的诉项下涵盖的不同的诉讼请求，处理好诉讼请求之间的冲突，选择最有利于当事人的诉讼请求。

2. 事实和证据之间的关联

原告方容易出现的问题是，事实是事实，证据是证据，或者错把次要证据当成主要证据，尤其是把许多次要证据结合起来当成主要证据。许多律师在事实和理由陈述阶段头头是道，但是列举的支撑事实的证据就显得尤其单薄。因此要注意证据对事实的支撑作用，对证据进行详细的解读和分类，避免出现证据之间相互矛盾的情况。

3. 举证责任

原告是起诉方，承担起主要的证明责任。但是证据繁多，原告方需要对举证责任进行分析，正确履行自己的举证责任，尽可能提交有利于己方的证据，对于对己方不利的证据避免提交法庭，对于对方承担的举证责任即便自己这方掌握证据也无需提交法庭。举证责任与证明在学习中是重点，在实践中更是重中之重，尤其是民事领域举证责任倒置的问题，如果没有区分清楚举证责任，很可能搬石头砸自己的脚。

（三）被告方

1. 读

控辩双方也就是场上的攻守双方，如果说原告方是攻方的话，辩方就是守方，当然有部分情况下也可能攻守易位。被告方准备材料无需贪大求全，只需仔细研读对方的起诉状，寻找漏洞并给予致命一击。另外，如果法庭不要求提交答辩状，则无需主动向法庭及对方当事人提供。尽量对自己的攻守策略保密，可以在法庭上带来知己知彼，对方一无所知的效果。

2. 听

在法庭陈述阶段和法庭辩论阶段，仔细聆听对方的起诉内容是否在起诉状的基础上出现较大变化，对方是否存在证据突袭的情况，认真记录每一个不同点。实践中，许多被告代理律师在原告代理律师发言的时候，专注整理自己的资料，甚至思维游离，这样不仅是对法庭的不尊重，更绝不可能根据对方代理律师的起诉内容组织起有效的反驳。

3.想

某些有经验的律师,是不需要撰写答辩状的,而是根据现场原告代理律师提出的起诉内容当庭组织语言进行反驳,这样当然能取得出其不意的好效果,但是这要求代理律师有非常高的法律素养和应变能力。一般情况下至少应当做到,对于起诉状中的内容的辩驳,在开庭前烂熟于胸,对于原告代理律师当庭提出的新内容,在聆听和记录的同时,快速思考,组织语言,提出辩驳。

4.说

任何有力的反驳都是在语言中形成的。被告方律师的说有三种情况,效果各不同。第一种是提出反驳意见并提供证据支撑,这种是最有力的辩驳;第二种是提出质疑,但是不能提供证据;第三种是无法提出有效的辩论意见。需要强调的是第二点,即便律师无法当庭提出有效的证据支撑辩驳观点,也不能就此放弃辩驳的权利。

四、总结评定

模拟法庭举行完毕后,会进行总结评定。总结由参与模拟法庭的学生完成,由三部分构成:一是审判方,对庭审过程进行总结,审判员分别就案件情况发表意见,类似合议庭评议案件,最后给出合议意见,成为形成判决的基础。另外,审判员要对自己的表现进行自我总结。二是原告方的总结,对法庭辩论阶段新出现的观点和证据进行整理、总结和归纳,形成最终的原告方意见(无需提交法庭),另外也需对己方的表现给予自我评价。三是被告方的总结,针对法庭调查和法庭辩论阶段被告方的观点及证据,在法庭审理结束后形成答辩状或者答辩意见并提交法庭。

对模拟法庭的评定,由教师完成。教师对案件的分析、争点的形成、证据材料的准备、法庭各方的表现、法律文书的撰写进行点评,提出改进的意见。

模拟法庭就像一个头脑风暴,学生在这过程中往往会碰撞出许多思想的火花,也会有许多的感触。对于这些珍贵的素材应当让学生写成书面材料,形成档案,作为模拟法庭不断进步的阶梯。

第三节 民事诉讼普通程序

《民事诉讼法》于1991年4月9日第七届全国人民代表大会第四次会议通过。根据2007年10月28日第十届全国人民代表大会常务委员会第三十次会议《关于修改〈中华人民共和国民事诉讼法〉的决定》进行第一次修正,根据2012

年8月31日第十一届全国人民代表大会常务委员会第二十八次会议《关于修改〈中华人民共和国民事诉讼法〉的决定》进行第二次修正。《最高人民法院关于适用〈中华人民共和国民事诉讼法〉的解释》于2014年12月18日由最高人民法院审判委员会第1636次会议通过，自2015年2月4日起施行。

一、民事诉讼一审普通程序

民事诉讼程序分为一审程序、二审程序（上诉审）、再审程序，一审程序分为普通程序和简易程序。

（一）参与人员

审判程序	审判方	原告方	被告方	其他诉讼参与人
一审普通程序	审判长、审判员（人民陪审员）、书记员	原告人、诉讼代理人、第三人、共同诉讼人	被告人、诉讼代理人、第三人、共同诉讼人	证人、鉴定人、勘验人、翻译人
一审简易程序	审判员、书记员			

民事一审案件普通程序，合议庭由三名以上单数审判员或审判员及人民陪审员组成，书记员一名，原告方若干名，每名原告方可有一至两名诉讼代理人，根据案情或有第三人或共同诉讼人。另外，证人、鉴定人、翻译人根据案件需要安排。

一审简易程序由一名审判员独任审判，书记员一名，其他人员同上。

二审程序及再审程序由三名以上审判员组成合议庭。其他人员同上。

（二）程序

鉴于篇幅及适用性考虑，以下就民事案件一审普通程序进行介绍。大致分为以下几个步骤：

1.庭前程序

案件进入审判庭后大致分为庭前程序和庭审程序。庭前程序为案件受理后至开庭前阶段，也被称为准备程序阶段（pre-trail）。按照《民事诉讼法》的规定和司法实践，大致包括送达各种诉讼文书、告知当事人权利义务和合议庭组成人员、审核诉讼材料并调查收集必要的证据，以及有的场合下追加当事人、移送案件等。①

（1）送达的诉讼文书

开庭前送达的诉讼文书主要有：

人民法院决定受理案件后，应分别向原告和被告、第三人送达《受理案件通

① 王亚新：《社会变革中的民事诉讼》，北京大学出版社2014年9月第1版，第73—74页。

知书》和《应诉通知书》《参加诉讼通知书》。同时向各方当事人送达《举证通知书》《诉讼风险提示书》《当事人诉讼权利和义务告知书》等诉讼材料。

开庭日期确定后，人民法院应于开庭三日前向当事人及其他诉讼参与人送达开庭《传票》及《通知书》，并予以公告（不公开审理的除外）。需要组织当事人当面交换证据和召开预备庭的，应在三日前通知诉讼参与人。

(2)当事人举证

关于举证的形式。当事人应当对其提交的证据材料逐一分类编号，签名盖章，注明提交日期，并依照对方当事人人数提出副本。

关于举证的方式。依证据的不同类型，举证方式可分为以下三种：

①当事人陈述，以诉状的方式向法庭提出或者当庭陈述。其具体内容可不列入《证据材料清单》。

②书证、物证、视听资料、证人书面证言、鉴定意见、勘验笔录和检查笔录等，应当提供原物、原件、原始载体。不能提供原物、原件、原始载体的，应当注明理由，并提交复印件、抄录件、照片等复制品。

③有证人、鉴定人、勘验人、检查人和专家证人出庭作证的，应提供其名单、基本情况及说明其证明的对象，并提出传唤申请。

(3)证据交换

交换证据的方式：以送达的方式相互交换和组织当事人当面相互交换。

关于庭前交换证据的条件。根据《最高人民法院关于民事诉讼证据的若干规定》第三十七条的规定，经当事人提出，人民法院可以组织交换证据；对于证据较多或者复杂疑难的案件，人民法院应当组织交换证据。组织交换证据一般不超过两次，其中组织当事人当面交换证据一般只进行一次。

(4)人民法院调查收集证据

人民法院调查收集证据的情形：

①主动调查收集证据。根据《最高人民法院关于民事诉讼证据的若干规定》第十五条的规定，人民法院主动调查取证的范围：(一)涉及可能有损国家利益、社会公共利益或者他人合法权益的事实；(二)涉及依职权追加当事人、中止诉讼、终结诉讼、回避等与实体争议无关的程序事项。

②应请求调查收集证据。根据《最高人民法院关于民事诉讼证据的若干规定》第十七条的规定，当事人可以申请人民法院调查取证的范围：(一)属于国家有关部门保存并须人民法院依职权调取的档案材料；(二)涉及国家秘密、商业秘密、个人隐私的材料；(三)当事人及其诉讼代理人确因客观原因不能自行收集的其他材料。

申请人民法院调查收集证据的，应在规定的期限内提交书面申请。是否准许，由合议庭审查决定。

(5)阅卷审查

开庭前，合议庭成员应当通过阅卷，审查有关诉讼材料，了解双方当事人争议的焦点和应当适用的有关法律以及有关专业知识。

承办法官应当制作阅卷笔录。阅卷笔录的内容应当包括：

①本案的诉讼请求；

②初步确认当事人无争议事实；

③初步确认诉讼争议的焦点；

④拟订法庭调查的范围或者重点等；

案件特别重大、复杂或者疑难的，审判长可以组织合议庭先行研究案情。

2. 开庭准备：

(1)开庭准备工作由书记员开展，包括如下内容：

①先期到达法庭，检查庭审设施是否完备，标志牌是否齐全、摆放到位。

②检查诉讼参加人出庭情况并核实身份。

原告，委托代理人是否到庭，被告，委托代理人是否到庭，第三人(原审第三人、原审原告、原审被告)，委托代理人是否到庭。

如有一方诉讼参加人未到庭的，应立即报告审判长处理。如确认有证人、鉴定人、勘验人等出庭的，还应核对其身份后安排在庭外休息，等候传唤。

③请诉讼参加人入庭就座。

④核实《当事人诉讼权利义务告知书》《诉讼风险提示书》《举证通知书》和开庭《传票》及《通知书》，以及诉状等诉讼材料的收悉情况。

⑤公开开庭的，应当检查参加旁听的人员是否适合，是否有现场采访的记者。如发现有未成年人(经批准的除外)、精神病人和醉酒的人及其他不宜旁听的人旁听开庭的，应当请其退出法庭。如发现有记者到庭采访，应当确认其是否办理审批手续。如未经批准，不得录音、录像或者摄影；但应当允许记者作为旁听人员参加旁听和记录。

(2)宣布法庭规则和法庭纪律：[①]

书记员："请大家肃静，现在宣布法庭纪律。"

依照《中华人民共和国人民法院法庭规则》的规定，下列人员不得参加

---

① 根据《最高人民法院关于修改〈中华人民共和国人民法院法庭规则〉的决定》(2015年12月21日由最高人民法院审判委员会第1673次会议通过，2016年5月1日起施行)编写。《最高人民法院关于修改〈中华人民共和国人民法院法庭规则〉的决定》第十二条规定："出庭履行职务的人员，按照职业着装规定着装。"律师担任辩护人、代理人参加法庭审理，必须穿着律师袍。

旁听：①

（一）证人、鉴定人以及准备出庭提出意见的有专门知识的人；

（二）未获得人民法院批准的未成年人；

（三）拒绝接受安全检查的人；

（四）醉酒的人、精神病人或其他精神状态异常的人；

（五）其他有可能危害法庭安全或妨害法庭秩序的人。

第十七条　全体人员在庭审活动中应当服从审判长或独任审判员的指挥，尊重司法礼仪，遵守法庭纪律，不得实施下列行为：

（一）鼓掌、喧哗；

（二）吸烟、进食；

（三）拨打或接听电话；

（四）对庭审活动进行录音、录像、拍照或使用移动通信工具等传播庭审活动；

（五）其他危害法庭安全或妨害法庭秩序的行为。

检察人员、诉讼参与人发言或提问，应当经审判长或独任审判员许可。

旁听人员不得进入审判活动区，不得随意站立、走动，不得发言和提问。

媒体记者经许可实施第一款第四项规定的行为，应当在指定的时间及区域进行，不得影响或干扰庭审活动。

第十九条　审判长或独任审判员对违反法庭纪律的人员应当予以警告；对不听警告的，予以训诫；对训诫无效的，责令其退出法庭；对拒不退出法庭的，指令司法警察将其强行带出法庭。

行为人违反本规则第十七条第一款第四项规定的，人民法院可以暂扣其使用的设备及存储介质，删除相关内容。

第二十条　行为人实施下列行为之一，危及法庭安全或扰乱法庭秩序的，根据相关法律规定，予以罚款、拘留；构成犯罪的，依法追究其刑事责任：

（一）非法携带枪支、弹药、管制刀具或者爆炸性、易燃性、放射性、毒害性、腐蚀性物品以及传染病病原体进入法庭；

（二）哄闹、冲击法庭；

（三）侮辱、诽谤、威胁、殴打司法工作人员或诉讼参与人；

（四）毁坏法庭设施，抢夺、损毁诉讼文书、证据；

（五）其他危害法庭安全或扰乱法庭秩序的行为。

（3）法官入庭和报告庭审前准备情况

---

① 根据 2015 年 12 月 21 日由最高人民法院审判委员会第 1673 次会议通过，2016 年 5 月 1 日起施行的《中华人民共和国人民法院法庭规则》编写。

①书记员宣布："全体起立！请审判长、审判员（人民陪审员）入庭。"

待法官坐定后，书记员宣布："请坐下。"

②准备工作就绪后，向审判长报告庭审前准备工作情况：

"报告审判长，原告××，代理人××，被告××，代理人××已全部到庭。原告（被告）的证人××，鉴定人××庭外候传。法庭准备工作就绪，请审判长主持开庭。"

3. 开庭

（1）宣布开庭

①审判长敲击法槌。

②宣告案名、案由、审理程序和方式：

"××人民法院民事审判庭，依照《中华人民共和国民事诉讼法》第一百三十四条的规定，公开（不公开）审理原告××与被告××（及第三人××）……（案由）纠纷一案。原告××因本案纠纷，于……（起诉时间）向本院提起诉讼；本院于……（受理时间）决定受理本案。[①] 现在开庭。"

（注：不公开开庭审理的，应说明理由。本案如果是合并审理案件的，也应当说明。）

（2）核对当事人及其诉讼代理人身份

审判长："现在核对当事人、诉讼代理人的身份。"

原告向法庭陈述自己的姓名、性别、出生年月日、民族、职业、住所地、身份证号码。

（如果是法定代表人，陈述单位全称、住所地、本人姓名、职务、单位住所地）

"委托代理人向法庭陈述自己的身份及代理权限。"

"被告、第三人及委托代理人向法庭陈述自己的身份。"

（3）审判长询问当事人

"原告是否在三日前收到开庭传票？"

"原告对对方出庭人员的身份有无异议？"

"被告是否在三日前收到开庭传票？"

"被告对对方出庭人员的身份有无异议？"

"第三人对原、被告出庭人员的身份有无异议？"

当事人均表示无异议后，审判长宣布：

"各方当事人（及其诉讼代理人）符合法律规定，可以参加本案诉讼。"

（注：如当事人或其他诉讼参与人没有到庭的，应区别情况，由合议庭决定延

---

① 最高人民法院《民事案件案由规定》（2007年10月29日最高人民法院审判委员会第1438次会议通过根据2011年2月18日《最高人民法院关于修改〈民事案件案由规定〉的决定》第一次修正）。

期审理或缺席判决。①原告经传票传唤，无正当理由拒不到庭的，或者未经法庭许可中途退庭的，可以按撤诉处理；被告反诉的，可以缺席判决。②有独立请求权的第三人出现原告相同情形的，参照原告未按时到庭的规定处理。③不是必须到庭的被告经传票传唤，无正当理由拒不到庭的，或者未经法庭许可中途退庭的，可以缺席判决。)

(4)宣布合议庭组成人员及书记员名单

审判长："依照《中华人民共和国民事诉讼法》的规定，本案依法组成合议庭审理，审判长由本院民事审判庭审判员××担任，与审判员(人民陪审员)××、××组成合议庭，由书记员××担任法庭记录。[××接受本院委托担任本案的鉴定人(勘验人、翻译人)]。

(5)告知诉讼权利义务，并征询申请回避意见。①

审判长："现在告知当事人在法庭上的诉讼权利和诉讼义务。"

"当事人在法庭上享有以下诉讼权利：

"①申请回避的权利。根据《中华人民共和国民事诉讼法》第四十四条、第四十五条之规定，当事人如认为合议庭组成人员、书记员、鉴定人、勘验人、翻译人与本案有利害关系，或者与本案当事人有其他关系，可能影响对本案公正审理的，有权申请回避，但申请回避应当说明具体的理由。

"②提出新的证据的权利。根据《中华人民共和国民事诉讼法》第四十九条、第一百三十九条之规定，当事人有权提供证据来证明自己陈述的事实和主张，经审判长许可，可以提供新的证据。

"③经法庭许可，当事人可以向证人、鉴定人、勘验人发问，可以申请重新调查、勘验和鉴定。

"④进行辩论和请求法庭给予调解的权利。根据《中华人民共和国民事诉讼

---

① 1.依照最高人民法院《关于审判人员严格执行回避制度的若干规定》，合议庭成员、书记员、人民陪审员、勘验人、鉴定人、翻译人员有下列情形之一的，应当自行回避，当事人及其法定代表人有权申请回避：第一，是本案当事人或者与当事人有直系血亲，三代以内旁系血亲及姻亲关系的；第二，本人或者其近亲属与本案有利害关系的；第三，审判人员担任过本案的证人、鉴定人、勘验人、诉讼代理人的；第四，与本案的诉讼代理人有夫妻、父母、子女或者同胞兄弟姐妹关系的；第五，本人与本案当事人之间存在其他利害关系，可能影响案件公正审理的。2.根据《法官法》第十七条规定，法官从人民法院离任后二年内，不得以律师身份担任诉讼代理人或者辩护人。法官从人民法院离任后，不得担任原任职法院办理案件的诉讼代理人或者辩护人。法官的配偶、子女不得担任该法官所任职法院办理案件的诉讼代理人或者辩护人。3.书记员或其他诉讼参与人的回避由审判长决定；合议庭成员的回避由院长决定；如院长担任审判长的，由审判委员会决定。4.如当事人口头申请回避，应记录在案。合议庭能够决定的由审判长当庭宣布并记录在案；须请示院长或审判委员会的，合议庭应宣布休庭，向院长或审判委员会口头请示后，恢复庭审，宣布对申请回避所做出的决定，继续开庭或另行组成合议庭再行开庭。并询问当事人是否服从决定，如不服从，应告知有复议的权利，但不影响庭审的继续进行。

法》的相关规定，当事人有权对对方的主张提出自己的看法，阐述自己的观点，论述自己的主张，以及对如何认定案件事实和适用法律进行辩论。在案件审理直至宣判前，当事人都可以根据自愿的原则，请求人民法院依法调解。

"⑤原告有放弃、变更、增加诉讼请求的权利，被告有反诉的权利；原告增加、变更诉讼请求，被告反诉，应在法庭辩论结束前提出。

"⑥陈述最后意见的权利。根据《民事诉讼法》第一百四十一条的规定，法庭辩论结束后，当事人可以向法庭陈述对案件处理的最后意见。

"当事人在法庭上必须自觉履行下列诉讼义务：

"一是依法正确行使诉讼权利；

"二是遵守法庭纪律和诉讼秩序，听从审判长指挥；

"三是对自己提出的主张有责任提供证据；

"四是如实陈述案件事实，不得歪曲事实，提供虚假证据，不得伪造证据。否则，应当承担法律责任。"

"原告，你对以上宣布的合议庭组成人员、书记员及诉讼权利、义务是否听清？是否申请回避？"

"被告，你对以上宣布的合议庭组成人员、书记员及诉讼权利、义务是否听清？是否申请回避？"

（注：一旦当事人提出回避申请，应当要求其说明理由。如果当事人提出法定的回避理由，法庭不必审查该理由是否成立即宣布休庭。当事人确认不提出回避申请的，庭审活动得以继续进行。）

(6)宣告庭审的阶段

审判长："庭审活动分为：法庭调查、法庭辩论、当事人最后陈述、法庭调解，调解不成的，法庭将休庭评议后进行宣判。"

4.法庭调查

(1)宣布法庭调查

审判长："现在进行法庭调查，法庭调查是通过双方当事人及其诉讼代理人的陈述、举证、质证，查明案件事实，重点是当事人争议的事实，以及本合议庭认为应当调查的事实。依照《中华人民共和国民事诉讼法》第六十四条的规定，当事人对自己的主张有责任提供证据，反驳对方的主张也应当提供证据或说明理由。"

(2)当事人陈述

审判长："首先由当事人陈述。请原告（诉讼代理人）宣读起诉状或者简要陈述诉讼请求及所依据的事实和理由。"

"原告方其他人是否需要做补充陈述？"

“请被告(诉讼代理人)宣读答辩状或者简要陈述诉讼主张及所依据的事实和理由。”

“被告方其他人是否需要做补充陈述?”

“请第三人宣读答辩状(起诉状)或者简要陈述诉讼主张(诉讼请求)及所依据的事实和理由。”

“法庭现就案件的事实问题,向当事人发问。”

(3)当庭举证和质证

①审判长告知当事人举证程序和要求

“现在进行庭审举证和质证,当事人举证和质证必须按照下列程序和要求进行:

“第一,当事人所举的证据必须符合《中华人民共和国民事诉讼法》第六十三条规定的八种证据形式,即当事人的陈述、书证、物证、视听资料、电子数据、证人证言、鉴定意见、勘验笔录。

“第二,举证时应向法庭及对方当事人提交自己一方的证据复印件,同时提供原件给书记员,以备当庭核对,物证要提供原物,原物确实无法提供的,要说明原物存放的地点。

“第三,出示和宣读证据时,应向法庭陈述证据的名称、证据的来源和证据的基本内容,说明提供该份或该组证据的目的,要证明什么问题。

“第四,对对方提供的证据进行质证,要对该证据的真实性进行确认,对该证据的取得是否合法提出意见,同时,应明确提出该证据是否能够证明对方的主张。反驳对方的意见应说明理由或提供相关证据。

“第五,对对方提供的证据不做肯定或否定的表态,视为对该证据无异议。对质证意见的辩解也要求明确作出同意或者反对的表态,否则视为无异议。

“第六,对一方当事人提供的证据,另一方质证时可以就相关问题提问,但提问须经审判长许可。”

②归纳举证范围①

审判长:“根据双方当事人的陈述及法庭询问,本庭归纳该案的争议焦点为:……”

“原告,对本庭归纳的争议焦点有无异议及补充?”

---

① 要注意在案件审理过程中,当事人及其代理人较少对法庭归纳的案件争议焦点提出异议,但是在模拟法庭实践过程中,学生对案件争议焦点的整理往往会有所偏离,尤其是案情较为复杂的案件。这是由于学生较缺乏对案件整体的把握能力,以及在法庭调查过程中,模拟审判员的学生的思路会被原、被告带偏,因此,庭审前可以提醒原被告双方及其代理人,在必要的时候可以对法庭归纳的争议焦点提出异议或补充,以避免在其后的法庭辩论中偏离主题。

“被告，有无异议及补充？”

“双方当事人对本庭归纳的争议焦点均无异议，本庭予以确认。下面请双方当事人围绕本案的争议焦点举证，对所举每份证据，应说明证据的来源、形式、内容及要证明的问题。具体举证顺序，首先由原告结合第一个焦点举证，由被告质证，然后对下一个焦点举证、质证，依次进行。在举证期限内未提供的证据，本庭不组织质证，对方当事人同意质证的除外。下面首先请原告向法庭出示证据。”

③举证质证

（原告举证）

审判长：“被告，对该证据有无异议？”

（原告举证完毕后由被告向法庭出示证据）

审判长：“原告，对被告所举证据有无异议？”

（注：第一，举证、质证遵循下列顺序进行：原告出示证据，并说明证明对象，被告、第三人进行质证；被告出示证据，并说明证明对象，原告、第三人进行质证；第三人出示证据，并说明证明对象，原告、被告进行质证；人民法院依照职权调查收集的证据由审判人员宣读或出示，听取当事人的意见。

第二，当庭质证一般以“一证一质”或“类证类质”的方式进行。法庭应当引导当事人围绕证据的真实性、关联性、合法性，针对证据证明力有无以及证明力大小，进行辨认与辩驳。质证时，法庭应当引导质证当事人首先做出是否认可的意思表示。如不认可，应提出具体的理由，并组织当事人展开质辩。法庭不得把质辩作为法庭辩论的内容，制止当事人在质证中进行质辩。质辩至少进行一个轮回，即在质证当事人提出反驳的基础上，审判长请举证当事人辩解。举证当事人辩解后，审判长请质证当事人辩驳。法庭认为有必要，可以组织当事人进行多轮次的质辩。

第三，公开审理的案件，庭审中涉及国家秘密、商业秘密和个人隐私或者法律规定的其他应当保密的证据，不得公开质证（可以在旁听人员不在场的情况下质证）。不予公开质证的证据，仍应当向当事人说明是否认证的理由。

第四，合议庭对经过当事人质证的证据进行认证。结合案件的具体情况，举证、质证、认证可以同时进行，也可以就一个焦点当事人举证、质证后进行分阶段认证，或在当事人举证、质证全部结束后进行综合认证。认证时应讲明认证的依据和理由。）

④证人、鉴定人、勘验人及专家证人出庭作证

审判长：“传证人××到庭。”

“证人××，本院依法审理原告××诉被告×××（案由）纠纷一案，根据原告（被告或第三人）的请求，通知你出庭作证。请说明你的年龄、民族、文化程度、

职业、工作单位、住所以及与原告(被告或第三人)的关系。

“根据《中华人民共和国民事诉讼法》和最高人民法院《关于民事诉讼证据的若干规定》,证人的权利和义务如下:

“第一,凡是知道案件情况的单位和个人,都有义务出庭作证。

“第二,证人应当客观陈述其亲身感知的事实,不得使用猜测、推断或者评论性的语言。证人不得宣读事先准备的书面证言。

“第三,证人应当如实作证,并如实回答审判人员和当事人及其诉讼代理人的询问;作伪证,应承担相应的法律责任。

“第四,有要求阅读证言笔录和提出修改的权利。无阅读能力的证人,有要求向他如实宣读证言笔录的权利。

“第五,证人不得旁听法庭审理,不得与当事人和其他证人交换意见。

“第六,证人的合法权利受法律保护。因作证而遭侮辱、诽谤、殴打或者其他方法被打击报复时,有权要求法律给予保护。证人有要求补偿因作证所花费用的权利。

“证人,对以上交代事项是否听清?”

“就本案,你能证明什么?”

(证人发言)

“现在由请求证人出庭的原告(被告或第三人)向证人发问。”

“其他当事人及诉讼代理人向证人还有无发问?”

“证人××退庭。”

“被告(原告或第三人)对证人的证言有何意见?”

鉴定人、勘验人以及专家证人出庭作证可参考上述程序。

(4)发问和答问

法庭调查范围内的调查事项调查完毕后,可以征询当事人是否还有其他事实需要调查或者有其他证据需要出示。

审判长征询合议庭成员是否有需要向当事人发问的问题。

(5)宣布法庭调查结束

经确认各方当事人没有新的证据提供和其他事实需要调查后,审判长宣布:法庭调查结束。

5. 法庭辩论

(1)宣布法庭辩论

审判长:“下面进行法庭辩论。法庭辩论的目的是在法庭调查的基础上,通过当事人发表辩论意见,提出法律依据,分清是非责任。双方当事人应当围绕本案双方当事人争议的……问题及法庭确认的事实和证据,提出维护自己诉讼请求和反对对方主张的辩驳意见。在辩论中，应实事求是，举出法律依据，讲明道理，不得进行人身攻击。”

(2)法庭辩论的顺序

根据《中华人民共和国民事诉讼法》第一百四十一条的规定，法庭辩论按下列顺序进行：原告及原告诉讼代理人发言，被告及被告诉讼代理人发言，第三人及第三人的诉讼代理人发言，然后进行互相辩论。审判长注意引导当事人的辩论紧紧围绕争点进行，切勿偏离。

根据案件需要进行第二轮辩论，但应强调不得重复上一轮意见，并可限定当事人及其诉讼代理人每次发表意见的时间。

（注：法庭辩论时，合议庭成员不得对案件性质、是非责任发表意见，不得与任何一方当事人进行辩论。法庭辩论时，当事人又提出新的事实和证据，审判长可视情况宣布中止辩论，恢复法庭调查。）

(3)宣布法庭辩论结束

在确认各方当事人辩论意见陈述完毕后，审判长即可宣布：“法庭辩论结束。”

6. 当事人最后陈述

审判长：“现在，由当事人陈述最后意见。”

审判长按原告、被告、第三人的顺序要求各方陈述最后意见。

合议庭成员应当认真、耐心听取当事人陈述，一般不宜打断当事人的发言。但当其陈述过于冗长时，法庭应当予以引导；当事人陈述的内容简单重复多次的，或者陈述的内容与案件没有直接关联的，法庭以适当的方式予以制止。

7. 法庭调解①

审判长：“现在进行法庭调解。”

审判长分别征询各方当事人是否愿意调解。各方当事人均表示愿意调解的，法庭即可组织调解；有一方当事人不同意调解的，审判长即可宣布终结调解，随即宣布休庭。调解既可以单独调解也可以面对面调解，审判长可向当事人申明利害关系，但仍应当以当事人意见为主，切忌以强迫、威胁等手段促成调解。

(1)调解成功

对当事人达成的调解协议，法庭经审查确认调解协议内容的合法性和当事人意思表示的真实性后，制作调解书。调解书经双方当事人签收后，即具有法律效力。根据《中华人民共和国民事诉讼法》第九十八条的规定，不需要制作调解书的案件，当事人各方同意在调解协议上签名或者盖章后生效，经人民法院审查

---

① 根据《最高人民法院关于适用〈中华人民共和国民事诉讼法〉的解释》第一百四十六条规定：“人民法院审理民事案件，调解过程不公开，但当事人同意公开的除外。”

确认后,应当记入笔录或者将协议附卷,并由当事人、审判人员、书记员签名或者盖章后即具有法律效力。当事人请求制作调解书的,人民法院应当制作调解书送交当事人。当事人拒收调解书的,人民法院应当及时判决。

调解成功后,审判长宣布闭庭。

(2)调解不成

审判长:“法庭调解结束。”经合议庭评议认为没有进一步调解的必要或可能的,应当休庭评议,及时做出判决。

8.闭庭

(1)宣布闭庭

审判长:“庭审结束。现在宣布——闭庭!”然后敲击法槌。

书记员:“全体起立!”

待合议庭成员退庭后,书记员宣布:“散庭。诉讼参加人和旁听人员退庭。”

(2)审阅笔录的说明

散庭后,书记员请诉讼参与人阅读法庭笔录并签名。

(三)法律文书

1.人民法院法律文书①

(1)案件受理通知书

人民法院受理案件通知书

( )民初字第 号

______:

你单位诉______一案的起诉状已收到。经审查,起诉符合法定受理条件,本院决定立案审理。并将有关事项通知如下:

一、在诉讼过程中,当事人必须依法行使诉讼权利,有权行使(法律名称与条款)规定的诉讼权利,同时也必须遵守诉讼秩序,履行诉讼义务。

二、应在____年____月____日前向本院审判庭递交法定代表人身份证明书。如需委托代理人代为诉讼,还须递交由法定代表人签名并加盖单位公章的授权委托书。授权委托书须记明委托事项和权限。

三、应在接到本通知书后______日内,向本院预交案件受理费______元。本院开户银行:______,账号:______。

年 月 日

① 人民法院的法律文书会因为法院不同而有区别,也会因为当事人是自然人或者是单位而有所区别,但大致要求基本相同,本书摘录的法律文书仅作参考。

(2)应诉通知书

应诉通知书

( )字第 号

____________:

本院已受理____________与你单位的____________纠纷一案,现随文发送起诉状副本一份,并将有关应诉事项通知如下:

一、在诉讼过程中,当事人必须依法行使诉讼权利,有权行使民事诉讼法第五十条、第五十一条、第五十二条等规定的诉讼权利,同时必须遵守诉讼秩序,履行诉讼义务。

二、在收到起诉状副本后开庭前提出答辩状(正本一份,副本两份),送交本院民事审判庭。如不按时提出答辩状,不影响本案的审理。

三、如需委托代理人代为诉讼,还应递交由委托人签名或者盖章的授权委托书。授权委托书须记明委托事项和权限。

年 月 日

(3)参加诉讼通知书

参加诉讼通知书

( )字第 号

____________:

本院受理____________(起诉人)诉____________(被告)……(案由)一案后,发现你与本案的处理存在法律上的利害关系,依据____________之规定,通知你作为本案第三人参加诉讼,现将有关参加诉讼事项通知如下:

一、当事人在诉讼过程中,有权行使法律规定的诉讼权利,同时必须遵守诉讼秩序,履行诉讼义务。

二、自然人参加诉讼的,应当在接到本通知书之日起十日内提交身份证明。法人或者其他组织参加诉讼的,应在接到本通知书之日起十日内,提交法人或者其他组织资格证明以及法定代表人身份证明书或者负责人身份证明书。

三、如需委托代理人代为诉讼,应向本院递交由委托人签名或盖章的授权委托书。授权委托书应当载明委托事项和委托权限。

年 月 日

(4)举证通知书

举证通知书

(　　)字第　号

______：

根据《中华人民共和国民事诉讼法》和最高人民法院《关于民事诉讼证据的若干规定》,现将有关举证事项通知如下:

一、当事人应当对自己提出的诉讼请求所依据的事实或者反驳对方诉讼请求所依据的事实承担举证责任。当事人没有证据或者提出的证据不足以证明其事实主张的,由负有举证责任的当事人承担不利后果。

二、向人民法院提供证据,应当提供原件或者原物,或经人民法院核对无异的复制件或者复制品。并应对提交的证据材料逐一分类编号,对证据材料的来源、证明对象和内容做简要说明,依照对方当事人人数提出副本。

三、申请鉴定,增加、变更诉讼请求或者提出反诉,应当在举证期限届满前提出。

四、你方申请证人作证,应当在举证期限届满的十日前向本院提出申请。

五、申请证据保全,应当在举证期限届满的七日前提出,本院可根据情况要求你方提供相应的担保。

六、你方在收到本通知书后,可以与对方当事人协商确定举证期限后,向本院申请认可。

你方与对方当事人未能协商一致,或者未申请本院认可,或本院不予认可的,你方应当于____年____月____日前向本院提交证据。

七、你方在举证期限内提交证据材料确有困难的,可以依照最高人民法院《关于民事诉讼证据的若干规定》第三十六条的规定,向本院申请延期举证。

八、你方在举证期限届满后提交的证据不符合最高人民法院《关于民事诉讼证据的若干规定》第四十一条、第四十三条第二款、第四十四条规定的"新的证据"的规定的,视为你方放弃举证权利。但对方当事人同意质证的除外。

九、符合最高人民法院《关于民事诉讼证据的若干规定》第十七条规定的条件之一的,你方可以在举证期限届满的七日前书面申请本院调查收集证据。

附:

1.存在最高人民法院《关于民事诉讼证据的若干规定》(以下简称《证据规定》)第四条或者第五条、第六条规定的情形的,审判人员可以针对不同案件情况填写。

2.如当事人可能提供域外形成的证据的,审判人员应当根据《证据规定》第十一条、第十二条的规定，填写相关内容。

3. ……（审判人员认为有必要的，可以根据案件的具体情况，指定当事人提供与本案有关的证据。）

年　　月　　日

（5）诉讼风险提示书

人民法院民事诉讼风险提示书[①]

（2003年12月23日最高人民法院审判委员会第1302次会议通过）

为方便人民群众诉讼，帮助当事人避免常见的诉讼风险，减少不必要的损失，根据《中华人民共和国民法通则》《中华人民共和国民事诉讼法》以及最高人民法院《关于民事诉讼证据的若干规定》等法律和司法解释的规定，现将常见的民事诉讼风险提示如下：

一、起诉不符合条件

当事人起诉不符合法律规定条件的，人民法院不会受理，即使受理也会驳回起诉。

当事人起诉不符合管辖规定的，案件将会被移送到有权管辖的人民法院审理。

二、诉讼请求不适当

当事人提出的诉讼请求应明确、具体、完整，对未提出的诉讼请求人民法院不会审理。

当事人提出的诉讼请求要适当，不要随意扩大诉讼请求范围；无根据的诉讼请求，除得不到人民法院支持外，当事人还要负担相应的诉讼费用。

三、逾期改变诉讼请求

当事人增加、变更诉讼请求或者提出反诉，超过人民法院许可或者指定期限的，可能不被审理。

四、超过诉讼时效

当事人请求人民法院保护民事权利的期间一般为二年（特殊的为一年）。原告向人民法院起诉后，被告提出原告的起诉已超过法律保护期间的，如果原告没有对超过法律保护期间的事实提供证据证明，其诉讼请求不会得到人民法院的支持。

---

① 2015年4月1日，中央全面深化改革领导小组第十一次会议审议通过《关于人民法院推行立案登记制改革的意见》，将法院案件受理制度由立案审查制改革为立案登记制。《诉讼风险提示书》也应当相应地进行修改。此为修改前版本。

五、授权不明

当事人委托诉讼代理人代为承认、放弃、变更诉讼请求，进行和解，提起反诉或者上诉等事项的，应在授权委托书中特别注明。没有在授权委托书中明确、具体记明特别授权事项的，诉讼代理人就上述特别授权事项发表的意见不具有法律效力。

六、不按时交纳诉讼费用

当事人起诉或者上诉，不按时预交诉讼费用，或者提出缓交、减交、免交诉讼费用申请未获批准仍不交纳诉讼费用的，人民法院将会裁定按自动撤回起诉、上诉处理。

当事人提出反诉，不按规定预交相应的案件受理费的，人民法院将不会审理。

七、申请财产保全不符合规定

当事人申请财产保全，应当按规定交纳保全费用而没有交纳的，人民法院不会对申请保全的财产采取保全措施。

当事人提出财产保全申请，未按人民法院要求提供相应财产担保的，人民法院将依法驳回其申请。

申请人申请财产保全有错误的，将要赔偿被申请人因财产保全所受到的损失。

八、不提供或者不充分提供证据

除法律和司法解释规定不需要提供证据证明外，当事人提出诉讼请求或者反驳对方的诉讼请求，应提供证据证明。不能提供相应的证据或者提供的证据证明不了有关事实的，可能面临不利的裁判后果。

九、超过举证时限提供证据

当事人向人民法院提交的证据，应当在当事人协商一致并经人民法院认可或者人民法院指定的期限内完成。超过上述期限提交的，人民法院可能视其放弃了举证的权利，但属于法律和司法解释规定的新的证据除外。

十、不提供原始证据

当事人向人民法院提供证据，应当提供原件或者原物，特殊情况下也可以提供经人民法院核对无异的复制件或者复制品。提供的证据不符合上述条件的，可能影响证据的证明力，甚至可能不被采信。

十一、证人不出庭作证

除属于法律和司法解释规定的证人确有困难不能出庭的特殊情况外，当事人提供证人证言的，证人应当出庭作证并接受质询。如果证人不出庭作证，可能影响该证人证言的证据效力，甚至不被采信。

十二、不按规定申请审计、评估、鉴定

当事人申请审计、评估、鉴定，未在人民法院指定期限内提出申请或者不预交审计、评估、鉴定费用，或者不提供相关材料，致使争议的事实无法通过审计、评估、鉴定结论予以认定的，可能对申请人产生不利的裁判后果。

十三、不按时出庭或者中途退出法庭

原告经传票传唤，无正当理由拒不到庭，或者未经法庭许可中途退出法庭的，人民法院将按自动撤回起诉处理；被告反诉的，人民法院将对反诉的内容缺席审判。

被告经传票传唤，无正当理由拒不到庭，或者未经法庭许可中途退出法庭的，人民法院将缺席判决。

十四、不准确提供送达地址

适用简易程序审理的案件，人民法院按照当事人自己提供的送达地址送达诉讼文书时，因当事人提供的己方送达地址不准确，或者送达地址变更未及时告知人民法院，致使人民法院无法送达，造成诉讼文书被退回的，诉讼文书也视为送达。

十五、超过期限申请强制执行

向人民法院申请强制执行的期限，双方或者一方当事人是公民的为一年，双方是法人或者其他组织的为六个月。期限自生效法律文书确定的履行义务期限届满之日起算。超过上述期限申请的，人民法院不予受理。

十六、无财产或者无足够财产可供执行

被执行人没有财产或者没有足够财产履行生效法律文书确定义务的，人民法院可能对未履行的部分裁定中止执行，申请执行人的财产权益将可能暂时无法实现或者不能完全实现。

十七、不履行生效法律文书确定义务

被执行人未按生效法律文书指定期间履行给付金钱义务的，将要支付迟延履行期间的双倍债务利息。

被执行人未按生效法律文书指定期间履行其他义务的，将要支付迟延履行金。

(6)当事人诉讼权利义务告知书

当事人诉讼权利义务告知书[①]

一、当事人的诉讼权利

(一)一方当事人享有的权利：

(1)原告有提起诉讼的权利；

① 引自：江苏省苏州市中级人民法院当事人诉讼权利义务与义务告知书。各地诉讼权利义务告知书内容大同小异，江苏省苏州市中级人民法院的较为完善。

(2)原告有提出变更、放弃诉讼和撤回诉讼的权利；

(3)原告有申请先予执行的权利；

(4)原告有申请缓交、减交或免交诉讼费的权利；

(5)被告有对案件提出管辖异议的权利；

(6)被告有承认或反驳原告的诉讼请求和提起反诉的权利；

(7)胜诉一方有申请执行的权利。

(二)双方当事人共同享有的诉讼权利：

(1)使用我国通用的语言文字进行诉讼的权利；

(2)申请回避的权利；

(3)申请复议权；

(4)申请证据保全的权利；

(5)申请财产保全的权利；

(6)收集、提供证据的权利；

(7)申请不公开审理的权利；

(8)申请延长举证期限的权利；

(9)进行辩论的权利；

(10)请求调解的权利；

(11)自行和解的权利；

(12)提起上诉的权利；

(13)申请再审的权利；

(14)委托诉讼代理人的权利；

(15)查阅并复制本案有关材料和法律文书的权利；

(16)要求重新调查、鉴定和勘验的权利；

(17)对法庭笔录有遗漏或差错，有申请补正的权利。

二、当事人的诉讼义务

(一)当事人必须依法行使诉讼权利：

(1)原告起诉必须符合诉讼法规定的起诉条件和法院受案范围；

(2)被告应当应诉，经法院传票传唤必须到庭；

(3)委托代理人参加诉讼必须提交授权委托书。委托律师代理诉讼的，必须委托中华人民共和国的注册律师；

(4)提出申请回避的应说明理由；

(5)对自己提出的主张有义务提供证据说明；

(6)向法院提供证据应当提交原件或原物，确有困难的可以提交复制品、照片、副本、节录本、提交外文书证必须附有中文译本；

(7)对案件提出管辖权异议的，应当在答辩期内提出；

(8)申请诉前或诉讼财产保全应当提供担保，其中诉前保全必须在法院采取措施后三十日内起诉，否则法院将解除财产保全；

(9)进行法庭辩论必须按照法定程序进行；

(10)调解必须符合自愿、合法的原则；

(11)上诉必须递交上诉状；

(12)离婚案件在判决发生法律效力前，不得另行结婚；

(13)对涉及国家秘密、商业秘密和个人隐私的证据有义务保密。

(二)当事人必须遵守诉讼秩序：

(1)遵守法庭规则和法庭纪律；

(2)不得伪造、隐藏、毁灭证据；

(3)不得以暴力、威胁、贿买方法阻止证人作证或指示、贿买、威迫他人作证；

(4)不得隐藏、转移、变卖、毁损已被查封、扣押的财产或已被清点并责令其保管的财产，不得转移已被冻结的财产；

(5)不得对司法工作人员、诉讼参加人、证人、翻译人员、鉴定人、勘验人、协助执行人进行侮辱、诽谤、诬陷、殴打或打击报复；

(6)不得以暴力、威胁或其他方法阻碍司法人员执行职务。

(三)当事人必须履行发生法律效力的裁决、调解书和其他应由法院执行的法律文书。

(四)当事人进行诉讼，应依法交纳诉讼费和其他应当支付的费用。

(7)开庭通知书、开庭传票

开庭通知书是人民法院在开庭前一定时间内，向人民检察院和当事人以外的其他诉讼参与人送达的要求准时到庭的诉讼文书。其中应写明案由、开庭的时间和地点，请其准时出席法庭进行何种诉讼活动等内容。根据我国《民事诉讼法》第一百三十六条的规定，人民法院审理民事案件，应当在开庭三日前通知当事人和其他诉讼参与人。开庭通知书经合法送达，即对受送达者产生法律上的约束力，他们有义务按照通知书中所指明的时间、地点出席法庭审理，不得无故缺席。

开庭传票是法院传唤当事人开庭所用。即要求当事人于特定的时间、地点，因为特定的案由到法院参加开庭的具有法律效力的文书。传票上一般会写明当事人的姓名或者名称、案由、案件号、到法院的时间、地点、案件承办法官等一些法院需要依法告知当事人的信息。

传　　票

案号	(　)字第　号
案由	
被传唤人	
送达地址	
传唤事由	
应到时间	
应到场所	

注意事项：

1.被传唤人必须准时到达应到场所。

2.原告收到本传票后无正当理由拒不到庭，人民法院可以按撤诉处理；被告收到本传票后无正当理由拒不到庭，人民法院可以根据原告的诉讼请求及双方已经提交给法院的证据材料缺席判决。

3.适用简易程序审理的民事案件可以当庭宣判。当庭宣判的，人民法院可以当庭送达裁判文书，当庭不能送达的，人民法院将当庭告知当事人领取裁判文书的时间和地点，逾期不来领取的，不影响上诉期间的计算。

审判员

年　　月　　日

注：

1.本样式供人民法院传唤当事人时使用。

2.人民法院印章应加盖在首部正中处。

3.本传票一式两份，一份存档，一份送达当事人。

开庭通知书

(　　)字第　号

________律师：

本院受理原告________诉被告________权利纠纷一案，定于________年________月________日上午/下午________分在________路________号________法院________法庭(公开)开庭审理。希望你作为本案的原告/被告委托代理人准时出庭。

特此通知。

年　　月　　日

(8)第一审民事判决书①

第一审民事判决书，是第一审人民法院对审结的民事案件和经济纠纷案件，

① 参考：最高人民法院《关于民事裁判文书的若干规定》，北京市高级人民法院关于印发《关于国内普通程序商事案件一审判决书制作样式》及说明、《关于国内普通程序商事案件二审判决书制作样式》及说明的通知(2008年8月4日京高法发〔2008〕238号)。

就解决当事人实体权利义务争议而依法做出的书面处理决定。

民事判决书写作主体是法院，受体是民事诉讼双方当事人，为了让一般当事人也能读懂判决书的内容，判决书行文应当力求叙事清楚，说理透彻，结论明确，文字简洁，通俗易懂，尽量减少使用深奥的法学术语，避免长篇大论的法学推理论证和引经据典，切忌写成法学论文。

按《民事诉讼法》的规定和最高人民法院关于《民事诉讼文书样式》的要求，判决书由首部、正文和尾部组成。

首部由下列部分组成：

①标题

分两行居中书写，第一行写法院名称，法院名称应当与法院院印相一致，但基层人民法院应当冠以省、自治区、直辖市名称，涉外案件应当在法院全称前冠以“中华人民共和国”；第二行写文书种类，即“民事判决书”。人民法院受理的民事、商事、知识产权、海事、交通运输案件，使用统一的文书名称，即“民事判决书”。

②案号[①]

案号是指用于区分各级法院办理案件的类型和次序的简要标识，由中文汉字、阿拉伯数字及括号组成。案号的基本要素为收案年度、法院代字、类型代字、案件编号。案号各基本要素的编排规格为：“（收案年度）”＋法院代字＋类型代字＋案件编号＋“号”。

第一，法院代字[②]。最高人民法院的法院代字为“最高法”。各省、自治区、直辖市高级人民法院的法院代字与其所在省、自治区、直辖市行政区划简称一致，内蒙古自治区高级人民法院、中国人民解放军军事法院、新疆维吾尔自治区高级人民法院生产建设兵团分院的法院代字分别为“内”“军”“兵”。中级、基层法院的法院代字，分别由所属高院的法院代字与其数字代码组合而成。

第二，类型代字[③]。案件的类型代字结合案件所涉事项的法律关系性质与适用程序的特点，用三个以内中文汉字表示。

每个案件编定的案号均应具有唯一性。在标题右下方写编号，表述为“（年度）×民初字第××号”。例如(2013)西民初字第1号，表示的是2013年北京市西城区人民法院民事诉讼案件初审1号判决。

---

① 根据2015年5月13日颁布的《最高人民法院关于印发〈关于人民法院案件案号的若干规定〉及配套标准的通知》编写，该规定自2016年1月1日起施行。

② 具体参照上述规定附件二。

③ 具体参照上述规定附件一。

③诉讼参加人及其基本情况

第一，原告：如果是自然人提起诉讼的，应写明其姓名、性别、年龄、民族、籍贯、工作单位、职业和住址等。如果是法人提起诉讼的，应写明单位的全称和所在地址；然后另起一行写法定代表人的姓名和职务。在诉讼过程中，被告提起反诉的，在判决书中还应标明各自当事人在反诉中的称谓，如“原告（反诉被告）”“被告（反诉原告）”。当事人有诉讼代理人的，应写明是何种诉讼代理人，应具体写明其是法定代理人、指定代理人或是委托代理人，然后写明其姓名等基本情况。如果当事人聘请律师，写明律师姓名、工作单位及代理权限。

第二，被告：除称谓为被告以外，其他基本情况写法同原告相同。

第三，第三人：写明其姓名或名称等基本情况。

注：即使当事人是未成年人，也应当将其列为当事人，而不可将其法定代理人列为当事人。

④案由

案由的写作没有强行性规定，可写也可不写。如果要写案由应当单独作为一段，写在诉讼参加人及其基本情况和案件由来和审理经过之间。对于案由的写法最高人民法院有法律详细规定①，案由的分类包括四级，分别表述为“第一部分”“一”“1”“(1)”，在引用案由时应当严格按照案由规定由小到大引用。例如第二部分婚姻家庭、继承纠纷，二、婚姻家庭纠纷，18. 抚养纠纷，(1)抚养费纠纷，在引用时应当写为“案由：抚养费纠纷”，当无法确定是否属于抚养费纠纷时，引用第三级案由“案由：抚养纠纷”，当根据案件性质也无法确定第三级案由时，才可写为“案由：婚姻家庭纠纷”，依次类推。

⑤案件由来和审理经过

案件由来和审理经过包括庭前准备情况，开庭审理情况及开庭后判决书制作前的情况。庭前准备情况应当包括人民法院向当事人送达受理案件通知、应诉通知和举证通知的相关信息；开庭审理情况应当包括案由、审判组织、开庭方式、当事人及其代理人是否出庭参加诉讼等信息；开庭后及判决书制作之前的情况应当包括诉讼中止、终结、审理期限的延长、简易程序转为普通程序的时间和理由、追加或者变更当事人以及代理人的时间和理由等信息。

写法：一般简单写明案件的名称、案由、受理时间、审判方式、审理方式、参加人、目前审理阶段等，将案件来龙去脉交代清楚即可。例如：上列原告诉被告……（案由）一案，本院于×年×月×日受理后，依法组成合议庭，适用普通程

---

① 最高人民法院《民事案件案由规定》(2007 年 10 月 29 日最高人民法院审判委员会第 1438 次会议通过，根据 2011 年 2 月 18 日《最高人民法院关于修改〈民事案件案由规定〉的决定》(法〔2011〕41 号)第一次修正)。

序公开开庭进行了审理。原告××到庭参加诉讼，被告××经本院传票传唤，无正当理由未到庭应诉，本院依法按缺席审理。本案现已审理终结。

正文由下列部分组成：

①事实构成

事实构成部分从内容上来说包括三个部分，分别为事实构成、诉讼标的、争议焦点。民事判决书的事实构成部分应当包括：当事人各方的诉辩主张；当事人争议的焦点；诉辩各方的主要证据；人民法院审查认定的事实。诉讼标的部分应当准确反映当事人的诉讼请求。当事人诉讼请求不明确的，人民法院应当通过行使释明权予以明确，并在文书中予以反映。当事人在诉讼过程中承认、放弃、变更诉讼请求或者提出反诉的，民事判决书应当在事实构成部分予以说明。争议焦点部分应当在全面反映当事人诉辩意见的基础上，准确概括当事人的争议焦点。当事人在庭前证据交换或者庭审过程中没有争议的事实，民事判决书应当在概括争议焦点时予以简要说明。当事人对人民法院概括的争议焦点有异议的，应当在民事判决书中予以说明。

写法：首先写明当事人的请求和争议的事实与理由，包括四个部分，分别是“原告诉称，……”及“原告为支持其诉讼请求，向法院提交如下证据……”和“被告辩称，……”及“被告为支持其诉讼请求，向法院提交如下证据……”。

然后另起一行写明法院认定的事实和证据。“经审理查明，……”。

事实部分没有强行性写作要求，但总体来说要求做到事实清楚、层次分明、重点突出、详略得当，根据案件的不同性质，确定写作要点。

（注：民事判决书对证据的列举和分析应当符合下列要求：

第一，文书中引用的能够证明案件事实的主要证据应当是当事人无异议并记录在卷的证据或者经过庭审质证后能够确认的证据；

第二，对能够证明案件事实的证据应当进行合理地列举、分析和说明；

第三，对不予采信的证据应当从证据的真实性、合法性和关联性等方面予以合理的分析和说明；

第四，对当事人无争议的事实，不再对相关证据进行列举和分析；

第五，对于当事人提交证据数量较多的情况，人民法院经开庭审查后认为与争议焦点没有关联性或者关联性较小的证据，不在民事判决书中列举，但应当在判决书附件的证据目录中予以记录。）

②理由

民事判决书的理由主要包括两个方面内容，即判决的理由和判决适用的法律。所谓判决的理由就是在大前提——书面的法律条文，和小前提——实际的案件事实之间建立某种令人信服的合理逻辑关联①。判决理由部分以“法院认为，……”开启，是办案法官根据已经认定的事实，对案件的性质进行分析，从而认定法律责任、进行判决的基础，是判决的核心和灵魂部分，起到承上启下的作用。判决理由要针对法庭审理中的焦点和案件的特殊性展开论述，支持或反对当事人的主张都要有充分的理由。说理部分充分体现了法官自由心证的过程，因此要求逻辑清晰，层次分明，说服力强。注意在遣词用句上保持法官应有的客观中立，尽量摒弃感情色彩强烈的词语。

民事判决书的判决理由应当符合下列要求：

第一，根据双方所持证据与争议焦点的关联程度，对证据有无证明力和证明力大小进行判断和采信的理由；

第二，因证据的证明力无法判断导致争议事实难以认定时，法官根据举证责任分配的规则进行裁判的理由；

第三，根据法律和司法解释无法确定举证责任的承担时，法官根据公平原则和诚实信用原则，综合当事人举证能力等因素确定当事人承担举证责任的理由；

第四，对适用法律、法规和司法解释的意见和理由；

第五，经人民法院审判委员会讨论决定的案件，民事判决书应当在判决理由部分将审判委员会形成的意见及理由予以必要的说明。

法律适用是大前提，按照《立法法》规定的位阶正确适用法律。具体来说，根据《最高人民法院〈关于裁判文书引用法律、法规等规范性法律文件的规定〉》②，引用法律条文应当准确、全面、适当，并符合以下要求：

第一，引用时应当准确完整写明规范性法律文件的名称、条款序号，需要引用具体条文的，应当整条引用；

第二，在引用顺序上特别法先于一般法、下位法先于上位法、具体法律条文先于原则性法律条文、程序法先于实体法；

第三，引用法律条文应当注明条、款、项的序号；

第四，并列引用多个规范性法律文件的，引用顺序如下：法律及法律解释、行政法规、地方性法规、自治条例或者单行条例、司法解释。同时引用两部以上法律的，应当先引用基本法律，后引用其他法律。引用包括实体法和程序法的，先引用实体法，后引用程序法；

第五，民事裁判文书应当引用法律、法律解释或者司法解释。对于应当适用

---

① 傅达林：《判决理由为什么重要——有关司法裁判的闲话之一》，载《检察日报》2013年10月16日第7版。

② 最高人民法院《关于裁判文书引用法律、法规等规范性法律文件的规定》（2009年7月13日最高人民法院审判委员会第1470次会议通过）法释〔2009〕14号。

的行政法规、地方性法规或者自治条例和单行条例，可以直接引用。除此以外的规范性文件，根据审理案件的需要，经审查认定为合法有效的，可以作为裁判说理的依据；

第六，人民法院制作裁判文书确需引用的规范性法律文件之间存在冲突的，根据《立法法》等有关法律规定无法选择适用的，应当依法提请有决定权的机关做出裁决，不得自行在裁判文书中认定相关规范性法律文件的效力。

③判决结果

判决结果，是人民法院根据事实和法律，对案件实体问题做出的处理决定。

民事判决书的判决主文应当明确、具体和完整，并符合下列要求：

第一，人民法院应当在当事人诉讼请求的范围内做出判决；

第二，判决主文应当对当事人的所有诉讼请求和反诉请求做出支持、部分支持或者不予支持的明确结论；

第三，判决主文应当具体、明确，便于当事人、利害关系人和其他相关组织和机构理解和执行；

第四，判决主文不得超出人民法院司法管辖的范围。

判决结果要明确、具体、完整。根据确认之诉、变更之诉或给付之诉的不同情况，正确地加以表述。例如是给付判决的，要写明标的物的名称、数量或数额，给付的时间及给付方式。给付的财物，品种较多的，在判决书中可以概括地写，详情另附清单。如果是判决义务人履行一定民事行为的，应当写明应履行行为的内容及要求、履行期限等。需要驳回当事人其他之诉的，可列为最后一项进行书写。①

尾部的写作要求：

第一审民事判决书的文书尾部应当包括下列内容：诉讼费用的负担；当事人的上诉权利、上诉期间、提供上诉状副本的份数、上诉法院的名称、交纳上诉费的期间和逾期交纳的后果；判决主文有给付内容的当事人申请执行的权利和逾期申请的后果；审判人员和书记员署名，加盖人民法院院印；制作民事判决书的时间。经审判委员会讨论的案件，审判委员会做出决定的日期为民事判决书制作的日期；经院长或者庭长签发的案件，合议庭评议或者复议做出决定的日期为民事判决书制作的日期。

---

①　参见江西省湖口法院网载最高人民法院《关于民事裁判文书的若干规定》（第八稿）http://hkxfy.chinacourt.org/public/detail.php? id=161。

下面是判决书的格式：

××市××区人民法院

民事判决书

(　　)民初字第　号

原告(姓名、性别、年龄、民族、籍贯、工作单位、职业和住址；如果是法人或其他组织，应写单位全称、地址，下面另起一行写法定代表人姓名和职务)

委托代理人(姓名、身份)

被告(同原告)

……(写明当事人的姓名或名称和案由)一案，本院于×年×月×日受理后，依法组成合议庭(或依法由审判员×××独任审判)，公开(或不公开)开庭进行了审理。……(写明本案当事人及其诉讼代理人等)到庭参加诉讼。本案已审理终结。

原告诉称，……。

被告辩称，……。

经审理查明，……。

上述事实，有……证据。

本院认为，……。为此，依照……法律之规定，判决如下：

……

如不服本判决，可在判决书送达之日起15日内向本院递交上诉状，并按对方当事人的人数提出副本，上诉于××法院。

审判长：××

审判员：××

审判员：××

××××年×月×日

本件与原本核对无异

书记员：××

(9)调解书

民事调解书的写作方法与民事判决书的有共同之处。

①标题和案号。标题由法院名称和文书名称组成。案号同判决书。例如“上海市第一中级人民法院民事调解书”，(2007)沪一中民五(知)初字第1号。

②诉讼参与人(原告人、被告人)身份等基本情况，写法与第一审普通程序民事判决书相同，可参照。

③案由。案由同判决书，可不写。

④案件审理经过。例如：原告××诉被告××……（案由）一案，本院于××年××月××日受理后依法组成合议庭对本案进行了审理，本案审理过程中，经本院主持调解，原告××与被告××自愿达成如下协议……。

⑤事实。调解书的事实部分可以不写。如果要写就简明扼要地写出法院认定的事实。

⑥协议内容。这是调解书的主体部分。这是指当事人在自愿合法的原则下达成的解决纠纷的一致意见。有两方面的具体内容：一是案件实体问题的解决意见，二是诉讼费用的负担。"本案在审理过程中，经本院主持调解，各方当事人自愿达成如下协议：……。"

⑦注明文书效力。在诉讼费用负担的左下一行写明："本调解书与判决书具有同等的法律效力。"

⑧合议庭组成人员或者独任审判员署名；达成协议的时间，并加盖人民法院院章；书记员署名，加盖"本件与原本核对无异"字样的印戳。

下面是调解书的格式：

××××人民法院

民事调解书

（　　）民初字第　号

原告……（写明姓名或名称等基本情况）。

被告……（写明姓名或名称等基本情况）。

第三人……（写明姓名或名称等基本情况）。

案由：（写明当事人的诉讼请求和案件的事实）。

本案在审理过程中，经本院主持调解，双方当事人自愿达成如下协议：

……（写明协议的内容）。

……（写明诉讼费用的负担）。

上述协议，符合有关法律规定，本院予以确认。

本调解书经双方当事人签收后，即具有法律效力。

审判长　×××

审判员　×××

审判员　×××

××××年××月××日

（院印）

本件与原本核对无异

书记员　×××

(10)裁定

民事裁定是法院为处理民事诉讼中的各种程序性事项所做出的结论性判定，或对实体事项进行非结论性判定的法律文书。裁定包括不予受理、管辖权异议、驳回起诉、财产保全和先予执行、中止或者终结诉讼、补正判决书中的笔误、中止或者终结执行、不予执行仲裁裁决、不予执行公证机关的债权文书等事项的裁定。裁定有口头裁定和书面裁定两种。口头裁定指审判人员不制作裁定书，而是将裁定的内容，口头向当事人宣布。人民法院对当事人口头裁定的，应当将裁定的内容以及宣布的情况记入笔录。书面裁定是以书面形式做出的法律文书，书面裁定应当按照《民事诉讼法》的规定送达当事人。

这里介绍的是各类常用的书面裁定。

①不予受理起诉的裁定：

××××人民法院

民事裁定书

(　　)字第　号

起诉人……(写明姓名或名称等基本情况)。

××××年××月××日，本院收到×××的起诉状，……(写明起诉的事由)。

经审查，本院认为，……(写明不符合起诉条件而不予受理的理由)。依照《中华人民共和国民事诉讼法》第一百一十二条的规定，裁定如下：

对×××的起诉，本院不予受理。

如不服本裁定，可在裁定书送达之日起十日内，向本院递交上诉状，上诉于××××人民法院。

审判员　×××

××××年××月××日

(院印)

本件与原本核对无异

书记员　×××

②管辖权异议的裁定：

××××人民法院

民事裁定书

(　　)民初字第　号

原告……(写明姓名或名称等基本情况)。

被告……(写明姓名或名称等基本情况)。

(当事人及其他诉讼参加人的列项和基本情况的写法，与一审民事判决书样式相同。)

本院受理……(写明当事人姓名或名称和案由)一案后，被告×××在提交答辩状期间对管辖权提出异议，认为……(写明异议的内容及理由)。

经审查，本院认为，……(写明异议成立或异议不成立的根据和理由)。依照《中华人民共和国民事诉讼法》第三十八条的规定，裁定如下：

……(写明裁定结果。分两种情况：

第一，异议成立的，写：

"被告×××对管辖权提出的异议成立，本案移送××××人民法院处理。"

第二，异议不成立的，写：

"驳回被告××××对本案管辖权提出的异议。")

如不服本裁定，可在裁定书送达之日起十日内，向本院递交上诉状，并按对方当事人的人数提出副本，上诉于××××人民法院。

审判员　×××

××××年××月××日

(院印)

本件与原本核对无异

书记员　×××

③驳回起诉的裁定：

××××人民法院

民事裁定书

(　　)民初字第　号

原告……(写明姓名或名称等基本情况)。

被告……(写明姓名或名称等基本情况)。

(当事人及其他诉讼参加人的列项和基本情况的写法，与一审民事判决书样式相同。)

（写明当事人姓名或名称和案由）一案，本院依法进行了审理，现已审理终结。

……（简述原告起诉的理由和诉讼请求）。

本院认为，……（写明驳回起诉的理由）。依照……（写明裁定所依据的法律条款项）的规定，裁定如下：

驳回×××的起诉。

……（写明诉讼费用的负担）。

如不服本裁定，可在裁定书送达之日起十日内，向本院递交上诉状，并按对方当事人的人数提出副本，上诉于××××人民法院。

审判长　×××
审判员　×××
审判员　×××
年　月　日
（院印）

本件与原本核对无异

书记员　×××

④诉前（诉讼）财产保全的裁定：

××××人民法院

民事裁定书

（　）民保字第　号

申请人……（写明姓名或名称等基本情况）。

被申请人……（写明姓名或名称等基本情况）。

申请人×××因……（写明申请诉前财产保全的原因），于××××年××月××日向本院提出申请，要求对被申请人……（写明申请采取财产保全措施的具体内容）。申请人已向本院提供……（写明担保的财产名称、数量或数额等）担保。

经审查，本院认为，……（写明采取财产保全的理由）。依照……（写明裁定所依据的法律条款项）的规定，裁定如下：

……（写明对被申请人的财产采取查封、扣押、冻结或者法律规定的其他保全措施的内容）。

申请人应当在裁定书送达之日起十五日内向本院起诉，逾期不起诉的，本院将解除财产保全。

本裁定送达后立即执行。

如不服本裁定，可以向本院申请复议一次。复议期间不停止裁定的执行。

审判员　×××

××××年××月××日

（院印）

本件与原本核对无异

书记员　×××

⑤解除财产保全的裁定：

××××人民法院

民事裁定书

（　　）民字第　号

原告（或申请人）……（写明姓名或名称等基本情况）。

被告（或被申请人）……（写明姓名或名称等基本情况）。

本院于××××年××月××日做出（××××）×民×字第××号财产保全的裁定，现因……（写明解除财产保全的理由）。依照……（写明裁定所依据的法律条款项）的规定，裁定如下：

解除对×××的……（写明财产的名称、数量或数额等）的查封（或扣押、冻结等）。

审判长　×××

审判员　×××

审判员　×××

××××年××月××日

（院印）

本件与原本核对无异

书记员　×××

⑥先予执行的裁定：

××××人民法院

民事裁定书

（　　）民初字第　号

原告……（写明姓名或名称等基本情况）。

被告……(写明姓名或名称等基本情况)。

(当事人及其他诉讼参加人的列项和基本情况的写法,与一审民事判决书样式相同。)

本院在审理……(写明当事人的姓名或名称和案由)一案中,×告×××于××××年××月××日向本院提出先予执行的申请,要求……(概括写明请求的具体内容),并已提供担保(未提供担保的不写此句)。

本院认为,……(写明决定先予执行的理由)。依照……(写明裁定所依据的法律条款项)的规定,裁定如下:

……(写明先予执行的内容及其时间和方式)。

本裁定书送达后立即执行。

如不服本裁定,可以向本院申请复议一次。复议期间不停止裁定的执行。

审判长　×××
审判员　×××
审判员　×××
××××年××月××日
(院印)

本件与原本核对无异

书记员　×××

⑦按撤诉处理的裁定:

××××人民法院

民事裁定书

(　　)民初字第　号

原告……(写明姓名或名称等基本情况)。

被告……(写明姓名或名称等基本情况)。

(当事人和其他诉讼参加人的列项和基本情况的写法,与一审民事判决书样式相同。)

本院在审理……(写明当事人的姓名或名称和案由)一案中,因……(写明原告不预交诉讼费;或者经传票传唤,无正当理由拒不到庭;或者到庭后未经法庭许可而中途退庭等情况)。依照……(写明裁定所依据的法律条款项)的规定,裁定如下:

本案按撤诉处理。

本案受理费××元,由原告×××负担。

审判长　×××

审判员　×××

审判员　×××

××××年××月××日

（院印）

本件与原本核对无异

书记员　×××

⑧撤诉的裁定：

××××人民法院

民事裁定书

（　　）民初字第　号

原告……（写明姓名或名称等基本情况）。

被告……（写明姓名或名称等基本情况）。

（当事人及其他诉讼参加人的列项和基本情况的写法，与一审民事判决书样式相同。）

本院在审理……（写明当事人姓名或名称和案由）一案中，原告×××于××××年××月××日向本院提出撤诉申请。

本院认为，……（写明准许或不准撤诉的理由）。依照……（写明裁定所依据的法律条款项）的规定，裁定如下：

……（写明裁定结果。分两种情况：

第一，准许撤诉的，写：

“准许原告×××撤回起诉。

……（写明诉讼费用的负担）。”

第二，不准撤诉的，写：

“不准原告×××撤回起诉，本案继续审理。”）

审判长　×××

审判员　×××

审判员　×××

××××年××月××日

（院印）

本件与原本核对无异

书记员　×××

⑨中止或终结诉讼的裁定：

××××人民法院

民事裁定书

（　　）民初字第　号

原告……（写明姓名或名称等基本情况）。

被告……（写明姓名或名称等基本情况）。

（当事人及其他诉讼参加人的列项和基本情况的写法，与一审民事判决书样式相同。如果当事人已经死亡，其基本情况只写姓名、性别和死亡年月日。）

本院在审理……（写明当事人姓名或名称和案由）一案中，……（写明中止或终结的事实根据）。依照……（写明裁定所依据的法律条款项）的规定，裁定如下：

……（写明裁定结果。分两种情况：

第一，中止诉讼的，写：

“本案中止诉讼。”

第二，终结诉讼的，写：

“本案终结诉讼。

……（写明诉讼费用的负担）。”）

审判长　×××

审判长　×××

审判员　×××

××××年××月××日

（院印）

本件与原本核对无异

书记员　×××

2.当事人及诉讼代理人法律文书格式

(1)民事起诉状

民事起诉状，是指公民、法人或其他组织，在认为自己的合法权益受到侵害或者与他人发生争议时或者需要确权时，向人民法院提交的请求人民法院依法裁判的法律文书。写作主体是原告，受体是人民法院。

我国《民事诉讼法》第一百二十一条规定：“起诉状应当记明下列事项：(一)原告的姓名、性别、年龄、民族、职业、工作单位、住所、联系方式，法人或者其他组织的名称、住所和法定代表人或者主要负责人的姓名、职务、联系方式；(二)被告的姓名、性别、工作单位、住所等信息，法人或者其他组织的名称、住所等信息；

(三)诉讼请求和所根据的事实与理由;(四)证据和证据来源,证人姓名和住所。”

因此起诉状一般包括五个部分:抬头、当事人基本情况、诉讼请求、事实和理由、落款。起诉状一般以附件形式附上证据目录。

①抬头:居中写“民事起诉状”。

②当事人基本情况

如果原告是公民,写明姓名、性别、年龄、民族、籍贯、职业、工作单位和住址。如果同案原告人数为两人以上的,应一一写明;如果原告是无诉讼行为能力的人,则需写明法定代理人的基本信息,以及与原告的关系。如果原告是法人或其他组织,写明单位名称和住所地,下一行写法定代表人姓名及职务。如有委托代理人的,在原告的下一项还要写明委托代理人的姓名、职务以及工作单位或者与原告的关系。如果原告委托律师代理诉讼的,应写明代理律师姓名及律师事务所名称。被告及第三人的事项与写法与原告相同。

③诉讼请求

也可以在诉讼请求前写明案由。诉讼请求主要写明请求人民法院依法解决原告一方要求的有关民事权益争议的具体问题,例如要求与被告离婚,要求被告赔偿损失,要求与被告解除合同等。诉讼请求应写得明确、具体,但简明扼要。

④事实和理由

这一部分是民事起诉状的正文和核心部分,是请求人民法院裁决当事人之间权益纠纷和争议的重要根据。可以先写事实,后写理由,也可以边写事实边写理由。事实部分,主要是写明被告侵权行为的具体事实或当事人双方权益争执的具体内容,包括发生争执的时间、地点、原因、情节和事实经过都应具体写明,一般按照时间顺序写。其中,应着重写清楚的是被告侵权行为所造成的后果和应承担的责任以及双方当事人争执的焦点。理由部分,就是根据事实和证据,写明认定被告侵权或违法行为的性质和所造成的后果及应承担的责任。

⑤落款

落款包括“此致”,受诉法院的全称,起诉人的签名或盖章,递交起诉状的日期以及附件。附件应写明起诉状副本的份数,证据清单等。

下面是起诉状的格式:

民事起诉状

(自然人)

原告:(姓名、性别、年龄、民族、籍贯、职业、工作单位和住址)

委托代理人:(姓名、工作单位、职务)

被告:(姓名、性别、年龄、民族、籍贯、职业、工作单位和住址)

委托代理人:(姓名、工作单位、职务)

诉讼请求：

事实和理由：

此致

××人民法院

起诉人：(签名)

年　　月　　日

附件：

1.起诉书副本×份

2.证据目录(清单)

民事起诉状

(法人及其他组织)

原告：(名称、地址、电话)

法定代表人：(姓名、职务)

委托代理人：(姓名、工作单位、职务)

被告：(名称、地址、电话)

法定代表人：(姓名、职务)

委托代理人：(姓名、工作单位、职务)

诉讼请求：

事实和理由：

此致

××人民法院

起诉人：(盖章)

年　　月　　日

附件：

1.起诉书副本×份

2.证据目录(清单)

(2)答辩状

答辩状,就是被告和被上诉人针对起诉的事实和理由或上诉的请求和理由进行回答和辩解的文书,与上诉状相对应。《民事诉讼法》规定,人民法院应当在立案之日起5日内将起诉状副本发送被告或被上诉人,被告或被上诉人在收到起诉状副本之日起15日内提出答辩状。提出答辩状是被告的一项权利,因此被告也可以不提交答辩状,进行当庭答辩。

答辩状包括四个部分:抬头、答辩人基本情况、答辩理由、落款。

①抬头:居中写“民事答辩状”。

②答辩人基本情况

答辩人基本情况写法同起诉人。对方当事人(原告)的情况不用单独列写,可在下面的答辩理由说明中起诉人是谁,起诉的案由是什么。其后写明诉讼代理人的情况,写法同起诉状。

③答辩理由

答辩的理由是答辩状的主体部分,写法没有统一的规定,一定要针对原告在诉状中提出的事实和理由进行答辩,并可提出相反的事实、证据和理由,以证明自己的理由和观点是正确的,提出的要求是合理的。

④答辩请求

答辩请求是答辩人在阐明答辩理由的基础上,针对原告的诉讼请求向人民法院提出应根据有关法律规定保护答辩人的合法权益的请求。一审民事答辩状中的答辩请求主要有:要求人民法院驳回起诉,不予受理;要求人民法院否定原告请求事项的全部或一部分;提出新的主张和要求;提出反诉请求。

⑤落款

包括致送人民法院的名称;答辩人签名,答辩人是法人或其他组织的,应写明全称,加盖单位公章;答辩时间;附项主要应当写明答辩状副本份数和有关证据情况。

下面是答辩状的格式:

民事答辩状

(自然人)

答辩人:(姓名、性别、年龄、民族、籍贯、职业、工作单位和住址)

委托代理人:(姓名、工作单位、职务)

答辩理由:

答辩请求:

此致

××人民法院

答辩人：(签名)

年　　月　　日

附件：

1. 答辩状副本×份

2. 证据目录(清单)

民事答辩状

(法人及其他组织)

答辩人：(名称、地址、电话)

法定代表人：(姓名、职务)

委托代理人：(姓名、工作单位、职务)

答辩理由：

答辩请求：

此致

××人民法院

答辩人：(盖章)

年　　月　　日

附件：

1. 答辩状副本×份

2. 证据目录(清单)

(3)证据材料清单

证据材料清单并无固定格式要求，但完善的证据材料清单应当包括如下内容：编号，证据材料名称，页数，形式(原件或复印件)，份数，证明对象等。各项证据材料应当按照证据锁链的顺序依次排列并装订成册，并连续编号，切忌散乱堆放。法庭质证时，一般按照证据材料清单顺序依次展示并质证。

××案件证据材料清单

编号	证据材料名称	页数	形式	证明对象及内容	份数	备注
1						
2						
3						
4						
5						
6						
7						
8						
9						
10						

提交人：　　　接收人：　　　提交日期：

（四）民事诉讼适用的主要程序类法律、法规、立法解释、司法解释等

1.法律、行政法规：《中华人民共和国民事诉讼法》（2012年）、《中华人民共和国人民法院组织法》（2006年）、《中华人民共和国民法通则》（2009年）、《中华人民共和国涉外民事关系法律适用法》（2010年）、《中华人民共和国律师法》（2012年）等；

2.立法解释：《全国人大常委会关于完善人民陪审员制度的决定》（2005年5月1日起实施）、《全国人大常委会关于司法鉴定管理问题的决定》（2005年10月1日起实施）；

3.最高人民法院司法解释和其他规范性文件：《最高人民法院关于适用〈中华人民共和国民事诉讼法〉的解释》（2014年）、《民事案件案由规定》（2011年）、《最高人民法院关于审理民事案件适用诉讼时效制度若干问题的规定》（2008年）、《最高人民法院关于审理民事级别管辖异议案件若干问题的规定》（2009年）、《最高人民法院关于加强人民法院审判公开工作的若干意见》（2007年）、《关于严格执行公开审判制度的若干规定》（1999年）、《最高人民法院关于审判人员在诉讼活动中执行回避制度若干问题的规定》（2011年）、《最高人民法院关于人民法院民事调解工作若干问题的规定》（2004年）、《最高人民法院关于人民法院合议庭工作的若干规定》（2002年）、《最高人民法院关于进一步加强合议庭职责的若干规定》（2009年）、《最高人民法院关于民事诉讼证据的若干规定》（2001年）、《关于适用〈关于民事诉讼证据的若干规定〉中有关举证时限规定的

通知》(2008年)、《关于适用简易程序审理民事案件的若干规定》(2003年)、《最高人民法院关于裁判文书引用法律、法规等规范性法律文件的规定》(2009年)等。

同时,民事诉讼中可能涉及的实体法律及各类案件单独的程序性规定不再予以罗列。

(五)案例

甲购买了一张由丙航空公司作为出票人的机票。机票列明的航程安排为:上海起飞至香港后转机至卡拉奇。其中,上海与香港间的航程由乙航空公司实际承运,香港与卡拉奇间的航程由丙航空公司实际承运。机票背面条款注明,该合同应遵守《华沙公约》所指定的有关责任的规则和限制。该机票为打折票,机票上注明“不得退票、不得转签”。

后由于上海浦东机场下中雪导致机场被迫关闭1小时,取消部分架次航班,其余航班延误。乙航空公司的航班也因为天气原因延误,导致甲及其家属到达香港机场后未能赶上丙航空公司飞卡拉奇的衔接航班。乙航空公司工作人员告知甲只有两种处理方案:其一是甲等人在机场里等候3天,然后搭乘丙航空公司的下一航班,3天费用自理;其二是甲等人出资,另行购买其他航空公司的机票至卡拉奇,费用为25000港元。甲当即表示无法接受该两种方案,其妻子打电话给乙航空公司,但该公司称有关工作人员已下班。其妻对乙航空公司的处理无法接受,且因携带婴儿而焦虑、情绪激动。最终由香港机场工作人员交涉,裁定乙方为甲及家属共支付17000港元,购买了丁航空公司的机票及行李票,搭乘该公司航班绕道迪拜,到达卡拉奇。为此,甲支出机票款4721港元、行李票款759港元,共计5480港元。

二、民事诉讼第二审程序

民事诉讼第二审程序在中国也称为上诉审程序,是当事人不服地方各级人民法院一审未生效的判决、裁定,在法定期限内,依法请求上一级人民法院进行审判,上一级人民法院对当事人的上诉案件进行审理所适用的程序。

(一)参与人员

审判长、审判员、书记员、上诉人、被上诉人、原审其他当事人、证人、鉴定人、翻译人、勘验人等。

第一审程序中未参加诉讼的第三人,申请参加第二审程序的,人民法院可以准许。双方当事人和第三人都提起上诉的,均列为上诉人。人民法院可以依职权确定第二审程序中当事人的诉讼地位。

(二)程序

第二审程序大致过程与第一审程序相同。

1.庭前程序

(1)诉讼文书的交接和送达

上诉应当递交上诉状。上诉状可以向原审人民法院递交,也可以直接向第二审人民法院递交。上诉状通过原审人民法院提出的,要按照对方当事人或者代表人的人数提出副本。当事人直接向第二审人民法院上诉的,第二审人民法院应当在五日内将上诉状移交原审人民法院。

原审人民法院收到上诉状,应当在五日内将上诉状副本送达对方当事人,对方当事人在收到之日起十五日内提出答辩状。人民法院应当在收到答辩状之日起五日内将副本送达上诉人。对方当事人不提出答辩状的,不影响人民法院审理。

原审人民法院收到上诉状、答辩状,应当在五日内连同全部案卷和证据,报送第二审人民法院。

(2)确定审理范围

第二审人民法院在庭审前认真审核诉讼材料,对上诉请求的有关事实和适用法律进行审查,确定上诉请求范围并仅以此为审理范围。

(3)组成合议庭

人民法院审理第二审民事案件,由审判员组成合议庭。合议庭的成员人数,必须是单数。审理再审案件,原来是第一审的,按照第一审程序另行组成合议庭;原来是第二审的或者是上级人民法院提审的,按照第二审程序另行组成合议庭。合议庭组成人员确定后,应当在三日内告知当事人。

(4)确定审理方式

第二审人民法院对上诉案件,应当组成合议庭,开庭审理。公开审理的案件提前三日通知当事人和其他诉讼参与人开庭时间、地点、承办人。经过阅卷、调查和询问当事人,若没有提出新的事实、证据或者理由,合议庭认为不需要开庭审理的,可以不开庭审理①。本文只介绍开庭审理的程序。

2.开庭准备

(1)开庭准备工作由书记员开展,包括如下内容:

①先期到达法庭做好庭前准备工作。

---

① 根据《最高人民法院关于适用〈中华人民共和国民事诉讼法〉的解释》(2014年12月18日由最高人民法院审判委员会第1636次会议通过,2015年2月4日起施行)第三百三十三条规定,第二审人民法院对下列上诉案件,依照民事诉讼法第一百六十九条规定可以不开庭审理:

(一)不服不予受理、管辖权异议和驳回起诉裁定的;

(二)当事人提出的上诉请求明显不能成立的;

(三)原判决、裁定认定事实清楚,但适用法律错误的;

(四)原判决严重违反法定程序,需要发回重审的。

②查明诉讼参加人到庭情况并核实身份证件。

③请诉讼参加人入庭就座。

④核实第一审判决书、上诉状、答辩状等诉讼材料的收悉情况。

⑤检查公开开庭的旁听人员。

(2)宣布法庭纪律:“请大家肃静,现在宣布法庭纪律(与一审相同)。”

(3)请审判员入庭。报告诉讼参加人到庭情况并请审判长主持开庭。

3. 开庭

(1)审判长敲击法槌,宣布:“根据《中华人民共和国民事诉讼法》的规定,××人民法院××法庭今天公开(不公开)开庭审理上诉人××与被上诉人××,××纠纷(案由)一案,上诉人不服××法院的一审判决,上诉至本院,现在宣布开庭。”

(2)审判长核对当事人身份

“上诉人向法庭报告身份,诉讼代理人向法庭报告身份和代理权限。”

“被上诉人对对方身份情况有无异议?”

“被上诉人向法庭报告身份,诉讼代理人向法庭报告身份和代理权限。”

“上诉人对对方身份有无异议?”

核对其他原审当事人及其代理人身份,并询问其他当事人对其身份的意见。

“经审查,各方当事人及其诉讼代理人身份符合法律规定,可以参加本案的诉讼活动。”

(3)宣布合议庭组成人员及书记员名单

“依照《中华人民共和国民事诉讼法》的规定,本案依法组成合议庭审理,审判长由本院民事审判庭审判员××担任,与审判员××、××组成合议庭,由书记员××担任法庭记录。”

(4)告知诉讼权利

①依照《中华人民共和国民事诉讼法》第十一条、四十五条、四十六条、五十条、五十一条、五十二条的规定,当事人在诉讼中享有下列权利和义务:

第一,有申请回避权。如果当事人认为合议庭组成人员、书记员、翻译人员、鉴定人、勘验人是本案当事人或者当事人诉讼代理人的近亲属,与本案有利害关系,或与本案当事人有其他关系,可能影响对案件公正审理的,有权申请回避。

第二,当事人有权委托代理人收集提供证据、进行辩论、请求调解、申请执行。

第三,经法庭许可,可以向对方当事人、证人、鉴定人、勘验人发问。

第四,经法庭允许,当事人可以查阅并复制本案有关材料和法律文书。

第五,上诉人可以撤诉。双方当事人可以自行和解。

第六，有使用本民族语言、文字进行诉讼的权利。

第七，当事人有听从法庭指挥、依法行使诉讼权利和遵守诉讼秩序、如实陈述、履行发生法律效力的判决书、裁定书和调解书的义务。

②询问当事人对合议庭成员及书记员名单、诉讼权利与义务是否听清，是否申请回避。

"上诉人，你对以上宣布的合议庭组成人员、书记员及诉讼权利、义务是否听清？是否申请回避？"

询问的顺序为上诉人、被上诉人、原审原告、原审被告、第三人。

③询问各方当事人是否有证人出庭作证。如有，请证人退出法庭等候传唤。

④宣布法庭准备阶段结束，开始法庭调查。

4.法庭调查

(1)宣布法庭调查

法庭调查主要由审判长主持，宣布："下面进行法庭调查。"

①首先宣读原审判决书。

②"上诉人××，你不服一审判决提起上诉，现当庭陈述上诉请求及事实理由(也可以宣读上诉状)。"

③"被上诉人针对上诉人的上诉请求及事实理由进行答辩(也可以宣读答辩状)。"

④"原审原告(被告)××针对上诉和答辩进行陈述。"

⑤"总结本案争议焦点如下：……。当事人是否有异议？"

(2)当庭举证和质证

"依据《民事诉讼法》和《最高人民法院关于民事诉讼证据的若干规定》，当事人对自己提出的诉讼请求所依据的事实或者反驳对方诉讼请求所依据的事实有责任提供证据加以证明。没有证据或者证据不足以证明当事人的事实主张的，由负有举证责任的当事人承担不利后果。"

"举证、质证应围绕争议焦点，按下列顺序进行：

"一是由上诉人出示证据，然后由被上诉人(原审当事人、第三人)出示证据。出示证据时，应向法庭说明该份证据的名称、制作日期、证据来源、证明对象，有文字内容的应当庭宣读(宣读困难的，可交由法庭代为宣读)。

"二是经法庭许可，对方当事人、原审当事人进行质证。质证时，当事人应当围绕证据的真实性、关联性、合法性，针对证据证明力有无及证明力大小，进行质疑、说明与辩驳。

"三是证据应逐一出示、质证，但证明同一问题的内容大致相同的数份证据可以一并出示、质证。

“四是质证完毕后，将证据提交法庭，进行认定。

“各方当事人在陈述或发言时，应注意语气情绪和行为举止，按顺序进行，听从法庭指挥，一方发言时另一方不得随意打断或插话，不应使用过激的或污辱性的语言。”

询问各方当事人对法庭交代的事项是否清楚。

①调查第一个争议焦点。

首先由上诉人举证或陈述，被上诉人质证，上诉人对证据进行补充说明，其他当事人质证或发表意见。

证据提交法庭，简单评议后做出是否认证的决定。

另一方出示证据、质证、认证。

②“上诉人是否有新的证据提供?”二审程序中的新的证据包括：一审庭审结束后新发现的证据；当事人在一审举证期限届满前申请人民法院调查取证未获准许，二审法院经审查认为应当准许并依当事人申请调取的证据。当事人举证期限届满后提供的证据不是新的证据的，人民法院不予采纳。对于是否是新的证据，双方有争议的，应将对方意见记录在卷。

③询问各方有无问题向对方发问。

④法庭进行询问。

依上述顺序调查争议焦点。

5.法庭辩论

“下面进行法庭辩论，辩论发言应围绕争议焦点进行，依据事实和法律阐述己方的观点，本庭已经认证的事实以及双方无争议的事实不再进行辩论。法庭辩论要按顺序进行，一方发言时，另一方不得打断、插话，发言注意情绪，不得互相争吵，内容不要重复。”

“首先由上诉人发言，被上诉人答辩，原审被告、原告第三人发表意见。”

询问上诉人有无补充意见。

“鉴于各方当事人的观点已经阐述清楚，法庭辩论结束。”

6.调解

“经过法庭调查和法庭辩论，本案的基本事实已经清楚，双方当事人是否同意在本庭主持下进行调解?”

7.闭庭

①当庭宣判的案件应宣布闭庭。审判长宣布闭庭，敲法槌。

②书记员宣布：“全体起立，请合议庭成员退庭。”

8.评议和宣判

（三）法律文书

1. 上诉状

上诉状也称上诉书，是诉讼当事人，有独立请求权的第三人和被法律判决承担法律责任的无独立请求权的第三人，在法律规定的期限内不服第一审的判决或裁定，请求上一级人民法院审判而写的法律文书。写作主体是有上诉权的诉讼参与人，写作的受体是人民法院。

上诉状应当以反驳的方法为主进行论述，重点阐述第一审判决过程及判决、裁定中的不服之处，摆出客观事实和证据，正确引用法律条文，推理论证，清晰明确地提出具状人的主张。

上诉状与起诉书大致相同，一般分为以下几个部分：

（1）首部

①标题，居中写“民事上诉状”。

②当事人的基本情况：先写上诉人，后写被上诉人，包括姓名、性别、年龄、籍贯、住址等内容。特别注意应把当事人在一审中的诉讼地位加以备注。

例如：“上诉人（原审被告）”，“被上诉人（原审原告）”。

③不服原审判决或裁定的事由。如“上诉人因××一案，不服××人民法院于×年×月×日×字第×号民事判决（或裁定），现提出上诉，上诉的请求理由如下：……”，即转入正文。

（2）请求和理由

这部分应先写提出上诉的诉讼请求，后说明上诉的理由。诉讼请求应明确、概括、简洁，使人一目了然。上诉的理由关系到上诉请求能否成立，是用以论证上诉请求的，因此要充分有力、一语破的。上诉理由应根据具体情况从三个方面来阐述：首先，应针对原判认定的事实是否有错误、有没有遗漏重要事实、用以认定事实的证据是否可靠进行分析论证。其次，分析原审对案件定性是否正确，法律的运用有没有错误。最后，分析一审案件在审理过程中有无违反诉讼程序以及是否影响判决的正确性。

（3）结尾

要写清“此致”“×××人民法院”，并在右下方由上诉人签名盖章，注明年、月、日。

（4）附项

写明下列事项：

①上诉状副本××份。

②证据目录（清单）

下面是上诉状的格式：

民事上诉状

上诉人(原审原告/被告)：(单位写明名称、住所地、法定代表人或负责人姓名职务，自然人写明姓名、性别、出生年月日、民族、职业、服务处所、住所地、居住地、身份证号码、联系电话)。

被上诉人：(写法同上)

上诉人因×××一案，不服×年×月×日收到的××人民法院×号民事判决/裁定，提起上诉。

诉讼请求：

事实和理由：

此致

××人民法院

上诉人：×××

年　　月　　日

2.判决书

二审民事判决书同一审民事判决书在格式上基本相同，但由于审判程序不同，因此它的内容及写法与一审民事判决书具有不同之处。其主要内容写法如下：

(1)首部

①标题

标题应将人民法院名称和文书种类分两行书写。标题中不必反映审级，即无需写“××人民法院二审(或终审)民事判决书”。

标题中的法院名称，一般应与院印的文字一致，写法院全称。如果是高级人民法院进行的第二审，法院名称直接写“××高级人民法院”，例如“北京市高级人民法院民事判决书”；如果是中级人民法院进行的第二审，写为“××省××市中级人民法院”，例如“贵州省遵义市中级人民法院民事判决书”；判处涉外案件时，各级法院应冠以我国的国名，例如“中华人民共和国浙江省高级人民法院民事判决书”。

②案号

案号是不同案件的序列编号，按照一案一号的原则。在标题右下方写案号，由立案年度、审理法院简称、案件性质或分类(民、刑、行、执、经)、审判程序的代字(初、终、再、提)、案件顺序号组成,由于我国是两审终审制,二审民事案件判决书具体表述为"(年度)×民终字第×号"。例如:(2014)湘高法民二终字第58号,即2014年湖南省高级人民法院民事审判第二庭终审判决第58号。

③诉讼参与人的称谓及基本情况

凡是提起上诉的当事人,均称为"上诉人"。对方当事人则称为"被上诉人"。双方当事人,甚至第三人都提起上诉,则均为上诉人,没有被上诉人。

上诉人栏按照次序列出上诉人(原审原告或原审被告,原审第三人)的姓名、性别、出生年月日、民族、出生地、工作单位、职业、住址。如上诉人为企事业单位、机关、团体的,先写明单位的全称和所在地址,再写明其法定代表人的姓名和职务。

诉讼代理人栏。在这一栏中应先写明代理人的具体种类,如法定代理人、委托代理人或指定代理人。再写明姓名(法定代理人需注明与上诉人的关系)、性别、年龄、工作单位、职业、住址。委托代理人是律师的可只写姓名及所属律师事务所。

被上诉人栏。这一栏应写明被上诉人(原审原告或原审被告、原审第三人)的姓名、性别、出生年月日、民族、籍贯、工作单位、职业、住址。若被上诉人系企事业单位、机关、团体时,应先写明单位全称和所在地址,再写明其法定代表人的姓名、工作单位及职务。

被上诉人的诉讼代理人栏目填写与上诉人诉讼代理人栏目写法相同。

如二审中有第三人参与诉讼,还需要写清第三人的身份概况,第三人请了代理人的,其写法仍同上诉人栏目。

④案件由来与审理经过

案件由来的写法为:"上诉人××因……(案由)一案,不服××人民法院(年度)×民初字第×号民事判决,向本院提起上诉。"

根据《中华人民共和国民事诉讼法》第一百五十二条的规定,审理经过在案件由来后续写:"本院依法组成合议庭,公开(或不公开)开庭审理了本案。"接着写当事人到庭参加诉讼情况和"本案现已审理终结"字样。若是未开庭的,则写:"本院依法组成合议庭审理了本案,现已审理终结。"

在这部分也可以追加描述立案的时间,开庭时间,开庭次数,当事人变更情况,是否延期、中止审理,是否已进行财产保全或先予执行等,让案件由来和审理经过更详细透明。

(2)正文

①事实

事实是二审维持原判或者改判的根据。书写时要体现出上诉审的特点，主要是针对上诉人提出的问题进行重点叙述，并使用相应的证据进行分析评断。要注意交代清楚民事法律关系的诸要素，注意详略得当。

事实撰写应包括以下内容：

第一，要概括地写明原审认定的事实和判决结果。

第二，简述上诉人提起上诉的请求和主要理由，被上诉人的主要答辩，第三人的意见。

第三，二审法院经审理认定的事实和证据。这部分写法应根据案件的不同情况采取不同的书写方法。大体上有以下四种情况①：一是原判决认定的事实清楚，上诉人又无异议的，可以简叙；二是原判决认定的主要事实或部分事实有错误的，对改变的事实要详叙，并运用证据，指出原判决认定事实的不当之处；三是原判决认定的事实有遗漏的，则应补充叙述；四是原判决认定的事实没有错误，但上诉人提出异议的，应把有异议的部分叙述清楚，并应针对性地列举相关的证据进行分析，论证异议不能成立。

②理由

理由是判决的依据，应根据二审查明的事实，针对上诉请求和理由，就原审判决认定事实和运用法律是否正确，上诉理由能否成立，上诉请示是否应予支持，以及被上诉人的答辩是否有理等，进行分析评述，阐明改判或维持原判的理由，并写明判决所依据的法律条款项，包括程序法和实体法。

③判决结果

这一部分是二审民事判决书的关键部分。它是对一审判决的最后确定。

根据我国《中华人民共和国民事诉讼法》第一百七十条规定，二审民事判决书经过审理，做出的最终处理决定，主要有以下几种情况：驳回上诉，维持原判；部分改判；全部改判；增加新的判决。按照《法院诉讼文书样式》的书写要求，对这四种不同的判决，在表述上可作如下写法。

第一，维持原判的写法：

驳回上诉，维持原判。

第二，全部改判的写法：

A. 撤销××人民法院(年度)×民初字第×号民事判决；B.(写明改判的内

---

① 第二审人民法院的判决书写法基本上是根据《民事诉讼法》第一百七十条来写作：

(一)原判决、裁定认定事实清楚，适用法律正确的，以判决、裁定方式驳回上诉，维持原判决、裁定；

(二)原判决、裁定认定事实错误或者适用法律错误的，以判决、裁定方式依法改判、撤销或者变更；

(三)原判决认定基本事实不清的，裁定撤销原判决，发回原审人民法院重审，或者查清事实后改判；

(四)原判决遗漏当事人或者违法缺席判决等严重违反法定程序的，裁定撤销原判决，发回原审人民法院重审。

容，内容多的可分项书写）。

第三，部分改判的写法：

A. 维持××人民法院（年度）×民初字第×号民事判决的第×项；即……

B. 撤销××人民法院（年度）×民初字第×号民事判决；

C.（写明部分改判的内容，内容多的可分项书写）。

第四，维持原判又有加判内容的写法：

A. 维持××人民法院（年度）×民初字第×号民事判决；

B.（写明加判的内容）。

需要注意的是，对于部分改判的，如果原审认定的事实、适用的法律基本正确，二审仅部分变动财产数额，在这种情况下，不宜采取先撤销原判再改判的写法，而应该直接写："变更×项为……。"因为原判就认定事实而言并无错误，二审只不过是将财产数额做适当调整，使其更为合理而已。

全文写完之后，还应写明诉讼费用的负担。

（3）尾部

二审民事判决书的尾部主要应写明以下两方面的内容：

①根据《中华人民共和国民事诉讼法》第一百七十五条规定："第二审人民法院的判决、裁定，是终审的判决、裁定。"表明当事人再无上诉权利。因而在诉讼费用负担的左下方应写明"本判决为终审判决"的字样。

②在"本判决为终审判决"字样右下方由合议庭人员，即审判长、审判员（或代理审判员）署名，并注明制作判决书的日期，加盖院印，再下方是书记员署名，书记员署名的左上方加盖"本件与原本核对无异"字样的印戳。

下面是民事第二审判决书的格式：

××人民法院

民事判决书

（　　）×民终字第×号

上诉人（原审被告）：

被上诉人（原审原告）：

上诉人因×××一案，不服××人民法院（　　）×民初字第×号民事判决，向本院提起上诉。本院依法组成合议庭审理了本案，现已审理终结。

原审判决认定，……

上诉人称，……

被上诉人辩称，……

经审理查明，……

本院认为，……。根据《中华人民共和国民事诉讼法》……之规定，判决如下：

……

二审案件受理费……，由××负担。

本判决为终审判决。

审判长：×××

审判员：×××

审判员：×××

本件与原本核对无异

××××年×月×日

书记员：×××

（四）案例练习

请败诉方就甲诉丙航空股份有限公司航空旅客运输合同纠纷案的一审判决提起上诉，进行第二审。

第四节　刑事公诉案件程序

刑事诉讼程序包括：第一审程序，第二审程序（上诉审），死刑复核程序，审判监督程序，特别程序。第一审程序包括：公诉案件第一审程序，自诉案件第一审程序以及简易程序。下面重点介绍刑事公诉案件第一审普通程序及第二审程序。

一、刑事公诉案件第一审普通程序

（一）参与人员

	审判方	原告方	被告方	其　他
刑事公诉案件第一审普通程序	审判长、审判员（人民陪审员）、书记员	公诉人	被告人及其辩护人	被害人及其诉讼代理人，证人、鉴定人、勘验人、翻译人等

基层人民法院、中级人民法院审判第一审案件，应当由审判员三人或者由审判员和人民陪审员共三人组成合议庭进行，但是基层人民法院适用简易程序的案件可以由审判员一人独任审判。

高级人民法院、最高人民法院审判第一审案件，应当由审判员三人至七人或者由审判员和人民陪审员共三人至七人组成合议庭进行审判。

人民法院审判上诉和抗诉案件，由审判员三人至五人组成合议庭进行。

合议庭的成员人数应当是单数。

（二）程序

刑事公诉案件第一审普通程序包括以下几个部分：

1.庭前程序

案件进入审判庭后大致分为庭前程序和庭审程序。庭前程序为案件受理后至开庭前阶段，也被称为准备程序阶段（pre-trail），按照《中华人民共和国刑事诉讼法》的规定和司法实践，大致包括确定审判形式，组成合议庭，召开庭前会议，送达文书等程序。

（1）确定审判形式

人民法院对提起公诉的案件进行审查后，对于起诉书中有明确的指控犯罪事实的，应当决定开庭审判。

有关国家秘密或者个人隐私的案件，不公开审理；涉及商业秘密的案件，当事人申请不公开审理的，可以不公开审理。

公开审判的案件，应当在开庭三日以前先期公布案由、被告人姓名、开庭时间和地点。

（2）组成合议庭

人民法院决定开庭审判以后，适用普通程序审理的案件，由院长或者庭长指定审判长并确定合议庭组成人员；适用简易程序审理的案件，由庭长指定审判员一人独任审理。人民法院的书记员，其职责是担任审判庭的记录工作，并办理有关审判的其他事项，不属于合议庭的组成人员。

人民法院决定开庭审判后，应当确定合议庭的组成人员，将人民检察院的起诉书副本至迟在开庭十日以前送达被告人及其辩护人。

（3）召开庭前会议

庭前会议制度是修订后的《刑事诉讼法》新增设的程序。根据《中华人民共和国刑事诉讼法》第一百八十二条第二款及最高人民法院《关于适用〈中华人民共和国刑事诉讼法〉的解释》第一百八十三条规定，对于证据材料较多、案情重大复杂、社会影响重大的案件，在开庭以前，审判人员可以召集公诉人、当事人和辩护人，就案件管辖、回避、非法证据排除、是否调取新证等与审判相关问题了解情况，听取意见。同时，审判人员还可询问控辩双方对证据材料有无异议，对有异议的证据，应当在庭审时重点调查；对无异议的，庭审时可以简化举证、质证。

（4）送达文书

人民法院确定开庭日期后，应当将开庭的时间、地点通知人民检察院，传唤当事人，通知辩护人、诉讼代理人、证人、鉴定人和翻译人员，传票和通知书至迟在开庭三日以前送达。

2.开庭准备

(1)开庭准备工作由书记员展开,包括如下内容:

①先期到达法庭,检查庭审设施是否完备,标志牌是否齐全、摆放到位;

②检查当事人、证人和其他诉讼参与人是否到齐并收回传票,查验担任诉讼代理人的律师执业证书或其他身份证件;

③通知法警于开庭前五分钟进入审判区值庭;

④请诉讼参加人入庭就座。

注意:公开开庭的,应当检查参加旁听的人员是否适合,是否有现场采访的记者。如发现有未成年人(经批准的除外)、精神病人和醉酒的人以及其他不宜旁听的人旁听开庭的,应当请其退出法庭。如发现有记者到庭采访,应当确认其是否办理审批手续。如未经批准,不得录音、录像或者摄影;但应当允许记者作为旁听人员参加旁听和记录。

(2)宣布法庭规则和法庭纪律

书记员宣布:"请大家肃静,现在宣布法庭纪律。请公诉人、辩护人和其他诉讼参与人入庭就坐。"

依照《中华人民共和国人民法院法庭规则》的规定,下列人员不得参加旁听:证人、鉴定人以及准备出庭提出意见的有专门知识的人;未获得人民法院批准的未成年人;拒绝接受安全检查的人;醉酒的人、精神病人或其他精神状态异常的人;其他有可能危害法庭安全或妨害法庭秩序的人。

当事人、其他诉讼参与人、旁听人员必须遵守以下纪律:

第十七条　全体人员在庭审活动中应当服从审判长或独任审判员的指挥,尊重司法礼仪,遵守法庭纪律,不得实施下列行为:

(一)鼓掌、喧哗;

(二)吸烟、进食;

(三)拨打或接听电话;

(四)对庭审活动进行录音、录像、拍照或使用移动通信工具等传播庭审活动;

(五)其他危害法庭安全或妨害法庭秩序的行为。

检察人员、诉讼参与人发言或提问,应当经审判长或独任审判员许可。

旁听人员不得进入审判活动区,不得随意站立、走动,不得发言和提问。

媒体记者经许可实施第一款第四项规定的行为,应当在指定的时间及区域进行,不得影响或干扰庭审活动。

审判长或独任审判员对违反法庭纪律的人员应当予以警告;对不听警告的,予以训诫;对训诫无效的,责令其退出法庭;对拒不退出法庭的,指令司法警察将其强行带出法庭。

行为人违反本规则第十七条第一款第四项规定的，人民法院可以暂扣其使用的设备及存储介质，删除相关内容。

第二十条 行为人实施下列行为之一，危及法庭安全或扰乱法庭秩序的，根据相关法律规定，予以罚款、拘留；构成犯罪的，依法追究其刑事责任：

（一）非法携带枪支、弹药、管制刀具或者爆炸性、易燃性、放射性、毒害性、腐蚀性物品以及传染病病原体进入法庭；

（二）哄闹、冲击法庭；

（三）侮辱、诽谤、威胁、殴打司法工作人员或诉讼参与人；

（四）毁坏法庭设施，抢夺、损毁诉讼文书、证据；

（五）其他危害法庭安全或扰乱法庭秩序的行为。

(3)法官入庭和报告庭审前准备情况

①书记员宣布："全体起立！请审判长、审判员（人民陪审员）入庭。"

待法官坐定后，书记员宣布："请坐下。"

②准备工作就绪后，向审判长报告庭审前准备工作情况：

"报告审判长，法庭准备工作就绪，请审判长主持开庭。"

3.开庭

(1)宣布开庭

①审判长敲击法槌。

②宣告案名、案由、审理程序和方式：

"××人民法院刑事审判庭，现在开庭。"

"带被告人××到庭。"（法警押解被告人到庭，解除其戒具并实施看守。[①]）

(2)核对当事人及其诉讼代理人身份

①审判长："根据最高人民法院《关于执行〈中华人民共和国刑事诉讼法〉若干问题的解释》第一百二十五条的规定，法庭现在对被告人的基本情况进行核实。"

"被告人你的名字？"

"有其他名字吗？"

"有没有绰号、外号或昵称？"

"被告的基本身份情况（姓名、出生年月日、民族、出生地、文化程度、职业、住

---

① 根据《中华人民共和国人民法院法庭规则》（1993年11月26日最高人民法院审判委员会第617次会议通过，2015年12月21日最高人民法院修正）第十三条的规定，刑事在押被告人或上诉人出庭受审时，着正装或便装，不着监管机构的识别服。人民法院在庭审活动中不得对被告人或上诉人使用戒具，但认为其人身危险性大，可能危害法庭安全的除外。

址，或者单位名称、住所地、诉讼代表人的姓名）。”

“此前有没有受到过法律处分（及处分的种类和时间）？”

“因为涉嫌本案，你在什么时间、被采取什么强制措施？”

“收到××人民检察院起诉书副本的日期。”

②有附带民事诉讼的，附带民事诉讼被告人收到民事起诉状的日期，核对附带民事诉讼原告人、被告人的基本身份情况，诉讼代理人的身份（律师为诉讼代理人的，不得在开庭中核对）及代理权限。

③如果被告人为未成年人，核对被告人法定代理人的基本身份情况。

（3）宣布案由

审判长：“根据《中华人民共和国刑事诉讼法》第一百四十七条、第一百五十二条的规定，今天××省××人民法院刑事审判庭在这里，依法公开（不公开）开庭审理由××人民检察院提起公诉的、指控被告人××涉嫌犯有×××罪一案。

如果有刑事附带民事诉讼：依法合并审理附带民事诉讼原告人××与附带民事诉讼被告人××，……损害赔偿纠纷一案。”

另外：根据《中华人民共和国刑事诉讼法》第一百五十二条的规定本案不公开审理。依法不公开审理的案件（国家秘密的案件，个人隐私的案件，未成年人犯罪），任何公民包括与审理该案无关的法院工作人员和被告人的近亲属都不得旁听。请无关人员退出法庭。

（4）宣布到庭人员姓名及身份

审判长：“依照《中华人民共和国刑事诉讼法》的规定，本案依法组成合议庭审理，由审判员（代理审判员）××（就是我本人）担任审判长，与审判员（代理审判员、人民陪审员）××、审判员（代理审判员、人民陪审员）××共同组成合议庭，书记员××担任今天的法庭记录；××人民检察院指派检察员××、××出庭支持公诉。××律师事务所律师××，接受被告人××亲友的委托/本院指定，担任被告人辩护人；××担任××的翻译人；附带民事诉讼原告人××及其诉讼代理人××，附带民事诉讼被告人××及其诉讼代理人××到庭参加诉讼。”

（5）告知当事人诉讼权利

审判长：“根据《中华人民共和国刑事诉讼法》第二十八条、第二十九条、第三十条、第三十一条、第一百五十四条、第一百五十九条、第一百六十条的规定，在法庭审理的过程中，当事人享有下列诉讼权利：

“①申请回避的权利。当事人如果认为合议庭组成人员、书记员、公诉人、勘验人、翻译人与本案有利害关系，或者与本案当事人有其他关系，可能影响本案公正审理的，有权申请回避，但申请回避应当说明具体的理由。”

审判长:“被害人及附带民事诉讼原告人××,你是否提出回避申请?”

审判长:“被告人××你听清楚了吗?你是否提出回避申请?”

“②提出证据的权利。当事人、辩护人、诉讼代理人有权提供证据来证明自己陈述的事实和主张,向法庭申请通知新的证人到庭,调取新的证据,申请重新鉴定、勘验或者检查证据。

“③进行辩论的权利。被告人有权对公诉人的主张提出自己的看法,阐述自己的观点,论述自己的主张,以及对如何认定案件事实和适用法律进行辩论。被告人也可以委托辩护人辩护。

“④陈述最后意见的权利。法庭辩论结束后,被告人可以在法庭辩论终结后做最后的陈述。”

另外,附带民事诉讼当事人还享有的诉讼权利是:请求调解、申请强制执行,双方当事人就民事部分可以自行和解,附带民事诉讼原告人可以放弃或者变更诉讼请求;附带民事诉讼被告人可以承认或者反驳对方的诉讼请求,还有权提起反诉。

“被害人(被告人,附带民事诉讼原告人),以上诉讼权利,是否听明白?”

(6)宣告庭审的阶段

审判长:“庭审活动分为:法庭调查、法庭辩论、当事人最后陈述。法庭将于休庭评议后进行宣判。”

4.法庭调查

(1)宣布法庭调查

审判长:“现在进行法庭调查。”

(2)公诉人宣读起诉书

①审判长:“首先由公诉人宣读起诉书。”

审判长:“被告人××,公诉人宣读的起诉书你听清楚了吗?”

有附带民事诉讼的,再由附带民事诉讼的原告人或者其诉讼代理人宣读民事起诉状。

此时审判长应宣布将第一被告人××留审,将其余被告人带到法庭候审室候审。

审判长:“被告人××,现在你可以就起诉书指控你涉嫌××罪的事实向法庭如实陈述。”

向被告人讯问或发问的顺序:公诉人,被害人,附带民事诉讼原告人,原告的诉讼代理人,辩护人,审判人员。

审判长:“现在由被害人陈述案件发生经过。”

审判长:“被告人××,你对被害人的陈述有无意见?辩护人你对被害人有无询问?”

注意:公诉人可以就其所指控的犯罪事实向被告人讯问,使审判人员当庭听取被告人辩解，弄清案件事实。

被害人、附带民事诉讼的原告人以及辩护人、诉讼代理人，在征得审判长的同意后，也可以向被告人发问。

经审判长准许，控辩双方可以向被害人、附带民事诉讼原告人发问。

审判人员在审理案件过程中，对有疑问的地方，以及在被告人陈述不清的地方，可以直接讯问被告人，也可以向被害人、附带民事诉讼原告人发问。

(3)当庭举证和质证

审判长："现在开始举证质证。首先由公诉人对指控被告人涉嫌××罪的事实向法庭提供证据，并说明证据的来源、特征及所要证明的问题(对证人证言应当庭宣读，视听资料当庭播放，物证当庭展示并让被告人辨认，对需证人出庭作证的，公诉人应提请法庭予以传唤。"

①先由公诉人向法庭宣读、出示证据，并说明该证据所证明的问题，由被告人对上述证据发表质证意见；

②经审判长准许，被害人及其诉讼代理人和附带民事诉讼的原告人及其诉讼代理人提出定罪事实和证据，由被告人和辩护人进行质证；

③由被告人、辩护人向法庭宣读、出示证据，并说明该证据所证明的问题，由公诉人对上述证据发表质证意见；

④附带民事诉讼的，先由附带民事诉讼原告人一方举证，再由附带民事诉讼被告人一方举证；

⑤证人出庭作证

审判长："传证人××出庭作证。"

审判长："现在核实证人身份。请证人讲清你的基本情况，证人与当事人及本案的关系。"

审判长："你应如实提供证言。有意作伪证或隐匿罪证要负的法律责任……你听明白了吗?"

请证人在《如实作证保证书》上签名，捺指印。

根据法庭提示的调查事项，由证人就其了解的情况做连贯性陈述。

向证人发问的顺序是：提请传唤证人的一方，另一方发问，审判人员，控辩双方质辩。

审判长："请证人阅读校对笔录，确认无误后签名或盖章。"

审判长："请证人退庭。"

注意：鉴定人、勘验检查人员、专家出庭作证的具体程序，参照证人出庭作证的程序进行。

⑥审判长依次询问公诉人、被害人、被告人、辩护人等是否还有其他证据需

要当庭宣读、出示。

5.法庭辩论

(1)宣布法庭辩论

审判长:“法庭调查结束,现在进行法庭辩论。”

(2)法庭辩论的顺序

根据《中华人民共和国刑事诉讼法》的规定,法庭辩论按下列顺序进行:

第一,由公诉人宣读公诉意见书;

第二,由被害人发言;

第三,由被告人自行辩护;

四,由被告人的辩护人发表辩护意见。

审判长:“被告人是否还有新的辩护意见?”

审判长:“现在对附带民事诉讼部分进行辩论。”

第一,由附带民事诉讼原告进行民事辩论发言;

第二,由原告代理人发言;

第三,由被告人答辩。

(3)宣布法庭辩论结束

在确认各方当事人辩论意见陈述完毕后,审判长即可宣布:“法庭辩论结束。”对民事赔偿部分可以进行调解。若双方均同意调解,则由审判人员主持调解直至达成调解协议(调解书);若调解不成,则同刑事部分一并判决。

6.被告人最后陈述

审判长:“现在,由被告人做最后陈述。”

7.休庭评议

(1)宣布闭庭

审判长:“庭审结束。现在宣布休庭!法警将被告人带到法庭羁押室看押。”(敲击法槌)

书记员宣布:“全体起立!”

待合议庭成员退庭后,宣布:“散庭。诉讼参加人和旁听人员方退庭。”

(三)法律文书

1.刑事起诉状/刑事起诉书

刑事起诉状,是人民检察院经过审查后确认被告人的行为构成犯罪,应依法交付审判,代表国家将被告人向人民法院提起公诉时所制作的法律文书。

刑事起诉状是公诉方提交给法庭的法律文书,包括六个部分:抬头、被告人基本情况、案由和案件来源、犯罪事实和证据、起诉的理由和法律根据、落款。

(1)首部

①抬头及案号:"××人民检察院""刑事起诉书",分两行写。案号为×检刑诉字(　)第×号,包括检察院简称、案件性质、立案时间、案件编号等部分。

②被告人基本情况

如被告是公民,写明其姓名、性别、年龄、民族、籍贯、职业、工作单位、住址,是否曾受过刑事处罚、因本案采取强制措施的情况、现羁押处所等。如果被告是不满18周岁的未成年人,则需写明法定代理人的姓名,以及与被告的关系。被告如是单位的,写明单位名称、住所地、法定代表人姓名、职务等。

如果被告人有辩护人的,在下一行写明辩护人的基本情况,包括姓名、单位、通信地址等。

(2)正文

①案由和案件来源

如果是公安机关侦查终结的案件,写明被告人姓名、案由、案件来源、移送检察院审查起诉时间,本院受理后所履行的程序等。如"××故意伤害一案,经××公安局侦查终结,于×年×月×日依法移送本院审查起诉。本院受理后,于×年×月×日已告知被告人(及其法定代理人或近亲属)/附带民事诉讼的当事人(及其法定代理人)有权委托辩护人,依法讯问了被告人,听取了被告人的辩护人×××的意见,审查了全部案件材料"。如果有退回补充侦查,延长审查起诉期限,变更管辖权等情况也应逐项列明。

如果是本院侦查终结并审查起诉的案件,写明被告人姓名、案由、案件来源,本院受理后所履行的程序等。例如:被告人××涉嫌×××罪一案,由本院依法侦查终结。本院于×年×月×日已告知被告人有权委托辩护人,依法讯问了被告人,听取了被告人的辩护人××的意见,审查了全部案件材料。

对于其他人民检察院侦查终结后变更管辖权的案件,写明原侦查检察院,被告人姓名,案由,至本院审查起诉时间、本院受理后履行的程序等。例如:本案由××人民检察院侦查终结,以被告人××涉嫌××罪,于×年×月×日向本院移送审查起诉。本院受理后,于×年×月×日已告知被告人有权委托辩护人,依法讯问了被告人,听取了被告人的辩护人××的意见,审查了全部案件材料。

②犯罪事实和证据

这一部分是刑事诉状的正文和核心部分,是请求人民法院判决被告人所诉罪名的重要根据。一般分为检察院查明的案件事实和证据两个部分叙述。在检察院查明的案件事实部分应当写明犯罪六要素,围绕犯罪构成要件来写。

该部分写作方法有如下几种:

一是围绕被告人来写。

二是按照时间顺序来写。

三是围绕罪名来写。

可根据一人一罪，多人一罪，一人多罪，多人多罪等不同情况选择不同方法叙述，要求条理清晰，表述准确。

一般表述为“经依法审查查明……”

“认定上述事实的证据如下……”

③起诉的理由和法律根据

该部分综合论述被告人行为的性质、危害程度、情节轻重等，并引用我国刑事法律相关法条认定被告人所犯罪行，以及定罪量刑的情节。

一般表述为“本院认为……”

(3)尾部

尾部包括受诉法院的全称，起诉人的签章，递交起诉状的日期及附件。

下面是起诉状的格式：

××省××市人民检察院

刑事起诉状

×检刑诉字(　　)第×号

被告人：(姓名、性别、年龄、出生年月日、出生地、身份证号码、民族、文化程度、职业或工作单位及职务、住址、因本案所受强制措施情况，现羁押处所等)

委托代理人/辩护人：(姓名、工作单位等)

被告人××涉嫌……一案，由××侦查终结，于×年×月×日依法移送本院审查起诉。本院受理后，于×年×月×日已告知被告人有权委托辩护人，依法讯问了被告人，听取了被告人的辩护人××的意见，审查了全部案件材料。

经依法审查查明：……

认定上述事实的证据如下：……

本院认为……，其行为触犯了《中华人民共和国刑法》第×条之规定，已构成××罪。根据《中华人民共和国刑事诉讼法》第一百七十二条的规定，提起公诉，请依法判处。

此致

××人民法院

检察员：××

年　　月　　日

(院印)

附件：

1.主要证据复印件×份；

2.证据目录×份；

3.证人名单×份。

下面是起诉状的范例：

广州市人民检察院

起诉书

穗检公二诉(2007)××号

被告人许×，男，24岁，汉族，山西省襄汾县人，文化程度高中，住山西省临汾市××区××村××路×号。2007年6月5日被刑事拘留，同年7月10日经广州市天河区人民检察院批准逮捕，次日被逮捕。

被告人许×盗窃一案，经广州市公安局天河分局侦查终结，移送天河区人民检察院，该院于2007年8月25日依法报送本院审查起诉，现查明：

2006年4月21日22时许，被告人许×伙同郭××(另案处理)窜至本市天河区黄埔大道西平云路的广州市商业银行ATM提款机，利用银行系统升级出错之机，多次从该提款机取款。至4月22日晚23时30分止，被告人许×共提取现金人民币175000元。之后，携款潜逃。

以上犯罪事实，经查证属实，证据确实充分，足以认定。

本院认为，被告人许×无视国家法律，以非法占有为目的，盗窃金融机构，数额特别巨大，其行为触犯了《中华人民共和国刑法》第二百六十四条第(一)项之规定，已构成盗窃罪。为严肃国家法律，保护国家的财产权利不受侵犯，保障社会主义建设事业的顺利进行，依照《中华人民共和国刑事诉讼法》第一百四十一条之规定，特提起公诉，请依法判处。

此致

广东省广州市中级人民法院

代理检察员×××

本件与原本核对无异

二〇〇七年九月二十七日

附：

1.被告人许×现羁押在广州市天河区看守所。

2.本案证据目录1份。

3.本案主要证据复印件1册。

4.本案诉讼 A 卷 1 册

2.公诉意见书

公诉意见书是人民检察院在法庭辩论阶段，在刑事起诉书的基础上，当庭发表的全面揭露被告人犯罪行为的发言。公诉意见书应当包括如下内容：

(1)首部

①居中写明标题，包括提起公诉的人民检察院名称及“公诉意见书”。

②被告人姓名。

③案由，即被告人所涉嫌的罪名。

④起诉书号。

(2)正文

①抬头。例如“审判长、审判员、人民陪审员”。

②出庭任务和法律依据：

第一，出庭根据。根据《中华人民共和国刑事诉讼法》的规定，我们受××人民检察院检察长的指派，代表本院，以国家公诉人的身份，出席法庭支持公诉，并依法对刑事诉讼进行法律监督。

第二，对法庭调查的简要概括。“在刚才结束的法庭调查中，……现发表如下公诉意见：……”

③具体意见

根据最高人民检察院规定，可以包括如下内容：

第一，综合法庭调查阶段阐述的事实和证据，综合概述被告人的罪行。常见写作手法是按照刑法相关罪行的犯罪构成要件书写。

第二，进行案情分析，概括案情的全貌，揭露被告人犯罪的社会危害性。

第三，进行法律上的论证，指明被告人触犯的刑法条款，阐明被告人的量刑意见。例如，是否有刑法总则规定的量刑情节，是否应当数罪并罚等。

第四，分析被告人犯罪的思想根源和社会根源，进行法制宣传和教育。

(3)尾部

小结全文，典型的表述为“综上所述，起诉书认定本案被告××的犯罪事实清楚，证据确实充分，依法应当认定被告人有罪(并应从重，从轻，减轻处罚)。”

下面是公诉意见书的格式：

××人民检察院

公诉意见书

被告人：

案由：

起诉书号：

审判长、审判员、人民陪审员：

根据《中华人民共和国刑事诉讼法》的规定，我们受××人民检察院检察长的指派，代表本院，以国家公诉人的身份，出席法庭支持公诉，并依法对刑事诉讼进行法律监督。

在刚才结束的法庭调查中，……现发表如下公诉意见：

……

综上所述，起诉书认定本案被告××的犯罪事实清楚，证据确实充分，依法应当认定被告人有罪(并应从重/从轻/减轻处罚)。

检察员：××

年　　月　　日

下面是公诉意见书的范例：

广州市人民检察院

公诉意见书

被告人：许×

案由：盗窃

起诉书号：穗检公二诉(2007)××号

审判长、人民陪审员：

今天，广州市人民法院依法开庭，公开审理本院提起公诉的被告人许×盗窃一案。根据《中华人民共和国刑事诉讼法》第一百五十三条和《人民检察院组织法》第十五条之规定，我们受广州市人民检察院的指派，以国家公诉人的身份出席法庭支持公诉，并依法履行法律监督职责。

在刚才的法庭调查过程中，公诉人依法讯问了被告人许×，宣读并出示了大量书证、物证、证人证言等，已经清楚地说明本院起诉书认定被告人许×所犯盗窃罪的事实是清楚的，证据是充分的。被告人许×目无国法，伙同郭××，利用银行系统升级出错之机，疯狂地从该自动取款机中取款，前后共达170次之多，总计人民币175000元。之后，许×又携款潜逃，至今未退还赃款。对此，我院认为，许×的行为性质恶劣，情节严重。为了保障国家集体个人的财产不受侵犯，对被告人许×必须绳之以法，严惩不贷。现对本案证据和案件情况发表如下公诉意见，请合议庭评议时，充分考虑并采纳。

一、被告人许×以非法占有为目的，盗取财产数额特别巨大，并携款潜逃，性质恶劣，社会影响极坏，已构成盗窃罪。

根据我国《刑法》第二百六十四条的规定，所谓盗窃罪，是以非法占有为目的，秘密窃取公私财物数额较大或多次盗窃公私财物的行为。

1.本罪侵犯的客体是公私财物的所有权，即对国家集体个人所有的各种财物的侵犯。根据广州市商业银行出具的报案陈述，发现自动柜员机在2006年4月21日21时56分至4月22日12时34分期间短款人民币196004元，并且查明其中一张提款的银行卡的账户名为许×。从上述事实，我们可以证明，该商业银行的财产被非法占有。

2.本罪的客观方面表现为秘密窃取公私财物数额较大或多次盗窃公私财物的行为。所谓秘密窃取，指行为人采用自认为不会被财物的所有者、保管者、经手者察觉的方法，暗中窃取财物。案发当晚21时56分，被告人许×在取款时意识到银行自动柜员机出现异常，能够超出账目余额取款且不能如实扣账。于是在21时57分至22时19分、23时13分至19分、次日零时26分至1时6分三个时间段内，持银行卡在该自动柜员机指令取款170次，共计取款人民币174000元。随后，被告人许×告知郭××该台自动柜员机出现异常后，郭××亦采用同样手段取款19000元。从上述事实看出，被告人许×自认为不会被发现，以银行客户身份作为掩护，利用ATM取款机故障之机，窃取不属于本人的钱款，属于秘密窃取。此外，根据最高人民法院的《关于审理盗窃案件具体应用法律若干问题的解释》第三条规定，个人盗窃公私财物价值人民币三万元至十万元以上的，为数额特别巨大。被告人许×窃取数额达175000元，属于数额特别巨大。

3.本罪的主体只能是年满16周岁且具有辨认能力和控制能力的自然人。被告人许×生于1983年2月7日，在案发时已经年满16周岁，具有辨认能力和控制能力。

4.本罪的主观方面要有故意，即必须意识到所盗窃的是公私财物或他人财物，并且具有非法占有的目的。作为一个心理正常的成年人，许×应当明白发生本案这种情况时，他完全可以打电话告知银行或告知单位的领导，而且自动柜员机出错是记账的错误，完全没有必要将钱取出来保管。在案件发生后，被告人许×完全有充分的时间报案，但是许×却没有报案，而是匆匆逃离了广州，这些行为充分说明被告人具有非法占有的目的，而不像其所称的“为了保护银行的财产”。被告人许×在明知自己的银行卡里只有170多元的情况下，利用自动柜员机的错误，在被害单位不知情和自动柜员机出错的情况下，主动多次向自动柜员机发出取款1000或2000元的指令，其非法占有的目的显而易见。

综上所述，被告人许×的行为已符合《中华人民共和国刑法》中盗窃罪的构成要件，犯罪事实清楚，证据确实充分，依法应当追究刑事责任。

二、我们认为此案的争议问题在于：

1. 关于“秘密窃取”的问题

许×在发现自动柜员机出现异常后，分别于夜间三个时间段内进行取款。进行盗窃的时间是不易被发现的晚上。辩护方所称的许×是以自己的银行卡，在有监控录像的情况下进行提款，不能构成秘密窃取。但我们再次强调，秘密窃取是以主观意识为判断标准，只要行为人主观上自认为不会被发现，即构成秘密窃取。而且以其取款的方式、次数和持续的时间，均表明被告人许×自认为自己的行为不会马上被银行工作人员发现，一而再，再而三地进行多次取款，表明其客观上实施了秘密窃取的行为。

2. 关于ATM机是否属于金融机构

根据《关于审理盗窃案件具体应用法律若干问题的解释》第八条“刑法第二百六十四条的盗窃金融机构，是指盗窃金融机构的经营资金、有价证券和客户的资金等，如储户的存款、债券、其他款物，企业的结算资金、股票，不包括盗窃金融机构的办公用品、交通工具等财物行为”的规定，我们发现ATM机并不属于金融机构。因为在现行法律未对盗窃金融机构中的金融机构做出明确规定的情况下，根据刑法解释的基本原则，应当从有利于被告人的角度来阐述，所以不应当将ATM机认定为金融机构。

三、被告人许×盗窃一案给人们的启示

被告人许×作案时是一名基层的普通保安，高中文化程度，应该说接受的教育程度还是比较高的 。那么，作为一个普通的工作人员，正值青年，是什么让他走上了犯罪道路？

反观本案犯罪过程，许×在正常取款时，发现自动柜员机出现异常，能够超出余额取款且不能如实扣账之后，本可以告之银行相关工作人员进行修理，防止银行财产的损失。但是面对巨大的金钱诱惑，他最终走上了犯罪道路。并且他心存侥幸心理，以为携款逃匿能够逃避法律的制裁。然而“天网恢恢，疏而不漏”，在详细确凿的证据面前，经过公安机关迅速有力的追捕，终于在陕西省宝鸡市将被告人许×抓获归案。

被告人许×携款潜逃之后，由于畏罪心理，长达一年之久都没有看望家乡的老父母，不仅给公民财产造成了巨大的损失，也给年迈的父母造成了无法弥补的心理伤害。许×今年24岁，正当是有所作为，用自己的劳动回报父母、回报社会的年龄，但是，由于其妄想不劳而获的心理，利用银行系统升级出错之机进行盗窃，辜负了社会和养育他成人的父母的期望。我们可以设想一下，倘若许×有着作为一个青年应当具备的责任感和正义感，他本可以将ATM取款机的故障告知银行方面，也一定会得到应有的奖励和感谢。我们相信现在坐在被告席上的许×一定对当时的贪图小利而后悔，一失足成千古恨，许×最终为他一时的贪婪付出代价。

许×案的教训告诉我们，在市场经济高度发展的现在，公民个人的道德修养和精神文明建设至关重要。只有不断加强自己应对各种利益诱惑的防线，才能在市场经济发展的大浪里不迷失自己的方向。许×走上犯罪道路有ATM机故障这一偶然因素，但更多则是他想不劳而获和享乐主义的心理在作祟。如果不能自觉地以国家的法律来约束自己，就有可能导致违法犯罪行为的发生。因此我们要在社会生活中树立正确的人生观、价值观，以顺应和谐社会发展的时代要求。最后我们希望更多的人能够从该案中吸取教训，引以为戒，从而加强法制观念，使自己成为一名遵纪守法的公民。

综上所述，本案事实清楚，证据确实充分。被告人许×以非法占有为目的，秘密窃取公私财物，数额特别巨大，其行为已经触犯了《中华人民共和国刑法》第二百六十四条之规定，构成盗窃罪。值得法庭注意的是，被告人许×在秘密窃取公共财物后告知郭××该台自动柜员机出现异常，郭××亦采用同样手段取款19000元，致使公共财物遭受更大的损失；被告人作案后携款潜逃长达一年，主观恶性大，在社会上造成严重影响，情节特别严重，建议处十年以上有期徒刑。

公诉人　王××　徐××　杨××

二〇〇七年九月二十七日

3.辩护词

刑事辩护词是被告人及其辩护人在诉讼过程中根据事实和法律所提出的有利于被告人的材料和意见，目的是证明被告人无罪、罪轻，或者提出有利于被告人的量刑情节的法律文书。辩护词主要针对起诉书和公诉意见书指控的内容进行辩护，因此主要采用驳立结合的写作手法。辩护词应当包括如下内容：

(1)首部

可以写为“关于……案被告人××的辩护词”。

(2)正文

①抬头：审判长、审判员、人民陪审员。

②交代辩护人的地位。主要说明受被告人××的委托，受××律师事务所的指派，担任××的辩护人。

③交代前期工作。向法庭陈述开庭前所进行的工作，例如阅卷、会见当事人、调查取证等。

④对案件进行总括式理论。即表明起诉书或公诉意见书指控的案件罪名是否成立，以及不成立的原因概括，例如是否事实不清、证据不足、违反定程序、法律适用错误、量刑畸重等。

⑤对上述论点进行详细论述，提出辩护意见。

(3)尾部

①“综上所述，辩护人认为……”，再次强调论点和重要的论据，并提出量刑建议。

②落款，包括受诉法院名称、敬语、辩护人姓名、时间等。

③附件。视情况而定，可能包括辩护词副本、证据目录等。

下面是公诉辩护词的格式：

关于被告人××涉嫌××罪的辩护词

审判长、审判员、人民陪审员：

根据我国《刑事诉讼法》第三十二条的规定，××律师事务所接受被告人××的委托，指派我担任××的辩护人。开庭前，我依法会见了被告人××，认真查阅了案卷材料，现结合法庭调查发表如下辩护意见：

……

综上所述，辩护人认为……

此致

××人民法院

辩护人：××

年　　月　　日

下面是辩护词的范例：

许×案二审辩护词

审判长、审判员：

××律师事务所接受被告人许×及其家人的委托，指派杨××、吴××律师担任其重审的辩护人，为其提供辩护。《中华人民共和国刑事诉讼法》第三十五条规定，“辩护人的责任是根据事实与法律，提出证明犯罪嫌疑人、被告人无罪、罪轻，或者减轻、免除其刑事责任的材料和意见，维护犯罪嫌疑人、被告人的合法权益”。辩护人将本着以事实为依据，以法律为准绳的原则履行自己的职责。

经过全面阅卷，多次会见被告人，现发表如下辩护意见，请法院以事实为基础，以法律为准绳，做出经得起考验的判决。

一、本案事实不清，相关证据未能证实自动柜员机是如何出错、如何出现取款1000元只扣款1元转化过程这一基本事实，无法必然得出被告人是在自己的银行借记卡内余额不足的情况下从自动柜员机取款17万多元的结论。

全面分析本案证据，对于最关键的取款过程，实际上仅有两方面的证明材料，即被害人的陈述与被告人供述与辩解，对这两方面的证明材料，其证明效力也应该是同样的，而且依照《中华人民共和国刑事诉讼法》第四十六条规定“只有被告人供述，没有其他证据的，不能认定被告人有罪和处以刑罚”精神，被告人的供述的证明效力应当更低。

（一）被告人的供述与辩解。被告人的多次供述辩解均只承认自己的借记卡里有170多元，而到底比170元多多少，他并不清楚。

（二）被告人的陈述与报案材料。

1.2006年4月25日的《关于持卡人许×、郭××在我行ATM机恶意操作盗取我行资金的情况报告》。

该报告仅说明由于系统升级后出现异常，被告人与另一同事共取款186笔，涉及多占金额193806元。

2.2006年4月24日的《报案材料一、事件过程描述》。

该描述同样只是说明由于系统升级出现异常，自动柜员机共短款196004元，其中被告人许×商行卡累计取款17.5万元。

3.《非法交易卡交易流水账》

说明取走173笔，共取款173000元。

4.《报案材料二、案发后银行安保部和设备供应商处理过程》

该材料说明银行发现问题后曾经查找被告人许×。

5.《报案材料三、涉案账户取款交易明细》

银行承认该材料系“从流水记录中手工统计”而成，说明被告人取款171笔，共取款175000元。

6.《广州市商业银行账户流水清单》

该材料意图证实被告人许×借记卡内当时仅有176.97元，其中其在自动柜员机上共操作171笔，除后四次每次扣款2元外，其他每次都只扣款1元。

但是该流水清单号称原始生成，次序却非常混乱，由于银行承认升级后系统已经出现异常，所以该材料是否原始生成，数据是否仍然真实可信，是否经过程序人员修改处理，也就存在疑问，这些疑点，银行方并没有做出任何专家说明，侦查机关同样没有独立进行分析评估，因而并不可信。

7.《DOS情况下的原始取款数据》

该材料仅说明自动柜员机当时每次吐款1000元，没有每次扣款记录，且每次交易时间与上一份证据相差十几分钟。

结合补充证据材料中，2008年1月28日，银行职员黄××在询问笔录中承认的“流水账单的记录时间是比较混乱的”这一点，辩护人认为，作为银行其自始至终都回避了系统升级后是如何出现异常这一关键问题，而由于这一回避，必然使得本案中其自行组织提供的所谓原始数据不可信，缺乏权威性，虽然可以得出被告人确实每次取款1000元，却不能得出被告人的借记卡中到底是否只有176.97元、是否被告人许×每笔取款1000元，系统确实只扣款1元的必然性结论。

二、被告人许×的行为不构成犯罪，重审应当做出无罪的判决。

（一）被告人许×的行为不构成盗窃罪，原审判决以盗窃罪对其判处无期徒刑显系定性与适用法律错误。

《中华人民共和国刑法》第二百六十四条规定的盗窃罪是指以非法占有为目的，秘密窃取公私财物数额较大或者多次盗窃财物的行为。该罪在客观方面表现为行为人实施了秘密窃取的行为，即行为人采取自认为不被财物所有者、保管者发觉的办法，暗中窃取公私财物，也即是行为人的行为包含“秘密”与“窃取”两个方面。

所谓秘密，必须具有以下三点特征：1.行为人自认为没有被所有者、保管者发觉；2.秘密具有针对性，即是针对财物的所有者、保管者而言；3.秘密必须贯穿于行为的始终。

在本案中，被告人许×是用自己的实名工资卡到被银行严密保安监控下的自动柜员机上取款，输入的也是自己预留在银行的密码，自始至终在取款时都认为其行为完全被银行掌握，并能适时发现并马上根据银行卡的开户资料提供的联系方式，采取行动追回多取款项，这样的行为对于银行而言，只能说是“公开”，不存在“秘密”可言。

同样，被告人许×的行为也不是“窃取”。

所谓窃取，是指行为人以隐秘手段非法占有他人财物的行为，即采取隐秘的手段排除他人对财物的支配而建立自己的非法支配关系。

被告人许×在本案中，虽然对17.5万人民币也确实建立了一种并非依法的占有关系，但是却不能叫做“窃取”，因为许×是以一个正常客户的身份操作该自动柜员机，既没有篡改密码，也没有破坏机器功能，一切按照正常程序即能获取款项。

需要说明的是，盗窃行为的实施只是单方面的，而本案中，被告人许×取款行为始终是双方完成的，被告人提出申请，自动柜员机同意后才予以交付。

目前无论在理论界还是在广大民众中，对上述法律条文的理解，确实存在着重大的分歧。辩护人认为，从本质上讲，法律条文制定出来的目的是要让所有人遵守，而要让人遵守，得到所有人认同，符合社会心理冀望就是前提，所以对刑法条文的理解，最大众化的理解才是最符合立法原意的，现在当大多数普通民众都认为被告人许×的行为不能属于秘密窃取，如果我们的执法者仍旧扩大解释，将补告人以此罪名入罪，刑法规范的有效性最终也就无法得到维持。

因此，被告人许×的行为不符合盗窃罪的上述客观方面的特征，显然不能构成盗窃罪。

（二）被告人许×所实施行为的社会危害性显著轻微，且行为本身也不符合其他任何法定侵财犯罪的形式特征，应严格依据罪刑法定、法无明文规定不为罪、不处罚的原则，对其做出无罪判决，以体现刑法所追求的实体公平与程序正义。

一种行为是否构成犯罪，本质特征是该行为是否具有刑法意义上的社会危害性，正如《中华人民共和国刑法》第十三条第二款所规定的，如果情节显著轻微危害不大的，就不认为是犯罪。随着刑法理论研究的深入，目前理论界进一步认为，社会危害性准确地说就是对《刑法》法益侵害性，即行为人对《刑法》法益侵害已经达到了使用一般法律制裁（民事、行政等）方法不足以保护法益，而非动用刑罚不可的程度。《刑法》作为后盾法，是所有违法与犯罪防控的“堤坝”群中的最后一道“堤坝”，它保护的是其他法律保护不了的利益。

本案中，被告人许×的行为是否到了非动用刑罚不可的程度呢？

显然不是。因为许×首先是在出错的自动柜员机诱惑下实施了两次共计171笔的取款行为，其这种占有故意也是在自动柜员机错误程序的引诱下一步步生成，带有不可思议、令人深感意外的偶然性，与其他侵犯财产型犯罪先期就生成的主观占有故意、行为人积极追求非法占有的目的相比，更多的还是面对突如其来的诱惑，来自道德层面上的意志薄弱和贪利心理使然。

其次，被告人的行为是在出错柜员机的“主动”配合下完成的，从一定意义上讲，在本案中实际上是自动柜员机出错在先，被告人许×在本案中实施并得以成功的这种行为与日常所见的各类侵财型犯罪相比，本身就是不可复制、不可模仿的，其概率与中福利彩票头奖相当，所以在社会上也根本不存在其他种类犯罪可能带来的示范效应而必须动用刑罚手段进行严厉防范、严厉打击。

第三，作为被害人面目出现的广州商业银行，在发现后的第三天即2007年

4 月 27 日马上通过相应的民事方式由自动柜员机的系统维护商处得到了全额的赔偿，确保了金融运作安全，这一方面说明其所受的实际损失已减小，甚至完全得到了弥补，另一方面从及时能得到赔偿本身也说明通过非刑事方式就已经足以维护其合法权益，从而也有力地证实本案的社会危害性确实能以非刑罚的方式就可以基本消除，根本没有达到非动用刑罚不可的程度。

况且，即使将社会危害性大小先放在一边不去研究，1997 年制定的《刑法》由于本身具有滞后性，也并没有于当年就对这种新形式下出现的行为做出明确的、有预见性的规定，更没有据此规定课以相应的刑罚，同时《刑法》又全面废除了类推原则，严格规定罪刑法定、法无明文规定不为罪、不处罚的原则，那么，在这种基本原则之下，现今若非要去惩罚这类《刑法》中并没有规定的行为，本身即是违法，因而理应宁纵勿枉，对被告人许×做出无罪的判决。

（三）被告人许×的行为只是民法上的不当得利，因该不当得利行为所取得的财产，应当通过民事诉讼程序返还给实际受损害的一方。

本案中，被告人理应在与银行全面核实清楚款项后，将多取得的现金返还给受损失的银行；同样，鉴于自动柜员机出错属于银行的过错，其过错具有诱导被告人许×实施民事违法行为的客观效果，银行也应当承担其相应的法律责任。当然，这都不属于本案需要解决的，二审要做的就是撤销一审判决，重新判决被告人无罪，这才能体现刑法的公正与谦抑原则，符合人道。至于向被告人许×的民事追偿，或者由于银行实际已经得到赔偿后出现的追偿权转移，那是银行与其他债权人自己的事情，刑事审判程序本身无权主动干预民事，更不能与某一方合谋共同对付另一方，相对于被告人许×个人来说，银行作为金融机构本身就是强势利益一方，若司法权站在银行一边，即使没有被滥用，也足以让民众觉得不公，感到畏惧。

综上所述，辩护人认为本案不仅存在着事实不清、证据不足的情况，而且被告人所实施的行为也根本不能构成犯罪，重审理应对其做出无罪判决。

此致

××× 人民法院

××律师事务所律师
杨×× 吴××
2008 年 2 月 22 日

4. 第一审刑事判决书

刑事判决书，是人民法院依照《刑事诉讼法》规定的程序，对刑事案件审理终结，根据查明的事实和证据，依法对被告人定罪量刑的书面决定。按照我国《刑事诉讼法》规定的第一审程序，人民法院进行案件审理后，所制作的第一审刑事判决书包括：第一审公诉案件刑事判决书，第一审公诉案件刑事附带民事诉讼判决书，第一审自诉案件刑事判决书，第一审自诉案件刑事附带民事诉讼判决书，第一审自诉、反诉并案审理刑事判决书，第一审自诉、反诉并案审理刑事附带民事诉讼判决书等；以及可以分为有罪判决书和无罪判决书。在此只介绍最常用的、有罪的第一审公诉案件刑事判决书，及第一审公诉案件刑事附带民事诉讼判决书。

判决书包括写明参与诉讼的各方主体及庭审的主要观点，以及在此基础上法院所认定的事实、证据，最后应当写明判决结果及其原因。

判决书应当包括如下内容：

(1)首部

①标题。包括做出判决的人民法院的名称和"刑事判决书"，分两行写。同民事判决书相同，若是涉外案件的判决书，各级法院均应冠以国名。

②案号。包括时间、案件性质、审级、案件序号等，表述为（　）×刑初字第×号。

③各方参加人情况。

公诉机关名称。例如：公诉机关××人民检察院。

被告人的姓名、性别、出生日期、民族、籍贯、工作单位、职务、住址、曾受过的刑事处分，因本案所受强制措施、现羁押处等；如果被告人是单位，应写明其单位全称，法定代表人等；如果被告人是未成年人，还应当写明法定代理人；如果是共同犯罪案件，应当按照主犯、从犯的顺序依次写明被告人身份。

辩护人的身份。辩护人如果是律师，写明律师的姓名、工作单位、职务等；辩护人如果是其他人，还应当写明工作单位，与被告人的关系等。

④案由和审判经过部分。包括案件来源，案由，案件受理时间，审判组织，审判形式，出庭的各方人员，案件目前情况等。表述为"××人民检察院于×年×月×日以被告人××犯×罪，向本院提起公诉。本院受理后，依法组成合议庭（或依法由审判员××独任审判），公开（或不公开）开庭审理了本案。××人民检察院检察长（或检察员）××出庭支持公诉，被害人××及其法定代理人××、诉讼代理人××、被告人××及其法定代理人××、辩护人××、证人××、鉴定人××、翻译人××等到庭参加诉讼。本案现已审理终结"。

另外，《最高人民法院关于适用〈刑事诉讼法〉的解释》的相关规定：附带民事诉讼应当在刑事案件立案以后第一审判决宣告之前提起。有权提起附带民事诉讼的人在第一审判决宣告以前没有提起，不得再提起附带民事诉讼。但可以在刑事判决生效后另行提起民事诉讼。

（2）正文

①各方当事人庭审上的主要观点：按照庭审顺序分三部分叙写公诉人指控的基本内容，其次是被告人的供述和辩解，再次是辩护人的辩护要点。如果没有辩护人，则分两个自然段分别叙写控辩双方的内容。

②审理查明的案件事实和证据：在“经审理查明”的过渡语之后，叙写法庭查明的事实，紧接着排列支撑事实的经过质证的各项证据。如果双方对事实、证据存在分歧，法官应接着对此展开分析论证。

法院通过法庭调查和法庭辩论所查明的案件事实，必须是有证据证明的案件事实，犯罪构成要件齐备，七要素完整准确，对于定罪量刑有影响的情节要叙写完整，以体现罪责刑相适应原则。

③证据的审查原则

第一，根据《刑事诉讼法》的规定，证据包括物证、书证、证人证言、被害人陈述、犯罪嫌疑人、被告人供述和辩解、鉴定意见、勘验、检查、辨认、侦查实验等笔录、视听资料、电子数据。

第二，根据《刑事诉讼法》证明责任和证明标准对双方提供的证据进行认证，证据必须能够证明案件的真实情况并经过查证属实才能作为定案依据，必须符合证据的客观性和关联性。

第三，采用刑讯逼供等非法方法收集的犯罪嫌疑人、被告人的供述，和采用暴力、威胁等非法方法收集的证人证言及被害人陈述，应当予以排除。收集物证书证不符合法定程序、可能严重影响司法公正的，应当予以补正或者做出合理解释；不能补正或者做出合理解释的，对该证据应当予以排除。传闻证据、意见证据等不能作为定案依据。

第四，证人证言必须在法庭上经过公诉人、被害人和被告人、辩护人双方质证并且查实以后，才能作为定案的根据。

第五，只有被告人供述，没有其他证据的，不能认定被告人有罪和处以刑罚；没有被告人供述，证据确实、充分的，可以认定被告人有罪和处以刑罚。

第六，必须全面收集被告人有罪、无罪、罪轻等证据。

第七，证据相互结合证明案件事实，间接证据形成证据链，只有被告人供述而没有其他证据佐证的不能定案。

第八，生理上、精神上有缺陷或者年幼、不能辨别是非、不能正确表达的人，不能做证人。

第九，定罪量刑必须达到证据确实、充分：定罪量刑的事实都有证据证明；据以定案的证据均经法定程序查证属实；综合全案证据，对所认定事实已排除合理怀疑。

④判决理由

在对查明的案件事实和证据分析的基础上，对双方争议的焦点进行评述，表明法院判决的理由。该部分运用大前提→小前提→结论的三段论法律思维及写作手法，提取犯罪构成要件事实，正确适用法律，得出结论。案件犯罪构成要件的正确提取是寻找到大前提的前提，也是得到正确结论的前提。

写作时要注意：第一，确定具体罪名，切勿以类罪名代替具体罪名；第二，对于控辩双方提出的主要论点，应该依据事实和法律予以回应评判；第三，引用法律一律用全称。

⑤判决结果

一是有期徒刑的刑罚应当写明刑种、刑期和主刑的折抵办法以及起止时间。

二是数罪并罚，应当分别定罪量刑，然后按照数罪并罚的原则，决定执行的刑罚。

三是追缴、退赔和发还被害人、没收的财物，应当写明其名称、种类和数额。财物多、种类杂的可另作附件。

四是一案多人的，应当以罪责的主次或者刑罚的轻重，逐人分项定罪判处。

例如：一、被告人邱××犯故意杀人罪，判处死刑，剥夺政治权利终身；犯抢劫罪，判处死刑，剥夺政治权利终身，并处没收财产人民币5000元。数罪并罚，决定执行死刑，剥夺政治权利终身，并处没收财产人民币5000元。（写明主刑、附加刑）

⑥注意规范地引用法律条文。一般遵循如下规则①：

第一，法律、行政法规可直接引用。地方性法规、自治条例和单行条例有条件引用；部门规章和各地方政府规章，可参照执行，但不要引用；最高人民法院的法律意见和批复，应当贯彻执行，但不宜直接引用。

第二，实体法和程序法一并作为判决依据时，应当先引用实体法条款，后引用程序法条款。

第三，实体法的两个以上法律条款作为判决依据的，应当先引用案件定性、举证责任分配的条款，后引用有关案件责任的条款。

例如：2012年昆明市中级人民法院民事判决书

……据此，一审法院依照《中华人民共和国合同法》第二百五十一条《中华人民共和国侵权责任法》第三十五条，最高人民法院《关于审理人身损害案件适用法律若干问题的解释》第十条，《中华人民共和国民法通则》第一百一十九条、第

① 民事判决和刑事判决在法律条文引用规则上类似，在此不再区分，一并加以论述。

一百三十四第一款第(七)项,《中华人民共和国民事诉讼法》第六十四条的规定,判决:一、……

注释:《中华人民共和国合同法》第二百五十一条:承揽合同是承揽人按照定作人的要求完成工作,交付工作成果,定作人给付报酬的合同……

《中华人民共和国侵权责任法》第三十五条:个人之间形成劳务关系,提供劳务一方因劳务造成他人损害的,由接受劳务一方承担侵权责任。提供劳务一方因劳务自己受到损害的,根据双方各自的过错承担相应的责任。

最高人民法院《关于审理人身损害赔偿案件适用法律若干问题的解释》第十条:承揽人在完成工作过程中对第三人造成损害或者造成自身损害的,定作人不承担赔偿责任。但定作人对定作、指示或者选任有过失的,应当承担相应的赔偿责任。

《中华人民共和国民法通则》第一百一十九条:侵害公民身体造成伤害的,应当赔偿医疗费、因误工减少的收入、残废者生活补助费等费用;造成死亡的,并应当支付丧葬费、死者生前扶养的人必要的生活费等费用。第一百三十四条:承担民事责任的方式主要有:赔偿损失;……

《中华人民共和国民事诉讼法》第六十四条第一款:当事人对自己提出的主张,有责任提供证据。

第四,在刑事判决书中,实体法的两个以上法律条款作为判决依据的,应当按照如下原则表述:

先引用定罪和量刑的条款,后引用有关从轻、减轻、免除处罚或者从重处罚的条款;先引用有关适用主刑的条款,后引用有关适用附加刑和其他刑事处罚条款的顺序。

例如:2008年云南省丽江市中级人民法院某刑事判决书

依照《中华人民共和国刑法》第二百三十二条、第四十八条、第五十七条第一款、第六十七条第一款之规定,判决如下:……

注释:第二百三十二条　故意杀人的,处死刑、无期徒刑或者十年以上有期徒刑;情节较轻的,处三年以上十年以下有期徒刑。

第四十八条　死刑只适用于罪行极其严重的犯罪分子。对于应当判处死刑的犯罪分子,如果不是必须立即执行的,可以判处死刑同时宣告缓期两年执行。

第五十七条　对于被判处死刑、无期徒刑的犯罪分子,应当剥夺政治权利终身。

第六十七条　犯罪以后自动投案,如实供述自己的罪行的,是自首。对于自首的犯罪分子,可以从轻或者减轻处罚。其中,犯罪较轻的,可以免除处罚。

一人犯数罪的,应当逐罪引用法律条款;共同犯罪的,既可以集中引用有关的法律条款,也可以逐人逐罪引用法律条款。

例如:1999年吉林省长春市中级人民法院某刑事判决书

依照《中华人民共和国刑法》第二百三十二条、第一百二十二条、第二百七十七条第一款、第二十五条一款、第五十七条一款、第六十九条之规定,判决如下:……

注释:第二百三十二条　故意杀人的,处死刑、无期徒刑或者十年以上有期徒刑;情节较轻的,处三年以上十年以下有期徒刑。(李某、宋某)

第一百二十二条　以暴力、胁迫或者其他方法劫持船只、汽车的,处五年以上十年以下有期徒刑;造成严重后果的,处十年以上有期徒刑或者无期徒刑。(李某、宋某)

第二百七十七条　以暴力、威胁方法阻碍国家机关工作人员依法执行职务的,处三年以下有期徒刑、拘役、管制或者罚金。(张某)

第二十五条　共同犯罪是指二人以上共同故意犯罪。

第五十七条　对于被判处死刑、无期徒刑的犯罪分子,应当剥夺政治权利终身。

第六十九条　判决宣告以前一人犯数罪的,除判处死刑和无期徒刑的以外,应当在总和刑期以下、数刑中最高刑期以上,酌情决定执行的刑期,但是管制最高不能超过三年,拘役最高不能超过一年,有期徒刑最高不能超过二十年。

第五,刑事附带民事诉讼的判决书中,应当先引用有关刑事法律条款再引用有关的民事法律条款。

(3)尾部

①交代上诉权、合议庭组成人员署名、日期。

署名包括"审判长""代理审判员"(助理审判员)"人民陪审员"。

(4)判决书写作注意事项

①对经质证的证据的表述,不能只是罗列证据名称,而是应简要概述每份证据的主要内容。这不同于《起诉意见书》和《起诉书》。

②交代上诉权中的"通过本院或者向××人民法院提出上诉",××法院是指做出判决的法院的上一级人民法院。

③判决书行文中,需要使用做出判决的人民法院的名称时,用"本院"代替。

④合议庭成员署名与姓名之间用空格分开,不能加标点。

下面是判决书的格式:

××市××区人民法院

刑事判决书

（　　）×刑初字第　号

公诉机关××人民检察院。

被告人（姓名、性别、出生日期、民族、籍贯、工作单位、职务、住址、曾受过的刑事处分，因本案所受强制措施、现羁押处等）

辩护人（写明姓名、性别、工作单位、职务等）

××人民检察院于×年×月×日以被告人××犯×罪，向本院提起公诉。本院受理后，依法组成合议庭（或依法由审判员××独任审判），公开（或不公开）开庭审理了本案。××人民检察院检察长（或检察员）××出庭支持公诉，被害人××及其法定代理人××、诉讼代理人××、被告人××及其法定代理人××、辩护人××、证人××、鉴定人×××、翻译人××等到庭参加诉讼。本案现已审理终结。

××人民检察院指控，……

被告人××辩称，……

辩护人××提出的辩护意见，……

经审理查明，……

上述事实，有证据……

本院认为，……。

依照……法律之规定，判决如下：

……

如不服本判决，可在接到判决书的第二日起十日内，通过本院或者直接向××人民法院提出上诉。书面上诉的，应交上诉状正本一份，副本×份。

审判长：××

审判员：××

审判员：××

×年×月×日

本件与原本核对无异

书记员：××

下面是刑事判决书的范例：

广东省广州市中级人民法院

刑事判决书

(2008)穗中法刑二重字第××号

公诉机关广东省广州市人民检察院。

被告人许×，男，1983年2月7日出生，汉族，出生地山西省襄汾县，文化程度高中，住××省××市××区××庄××路西××巷××号。因涉嫌犯盗窃罪于2007年5月22日被羁押，同年6月5日被刑事拘留，同年7月11日被逮捕。现羁押于广州市天河区看守所。

辩护人杨××、吴××，××律师事务所律师。

广东省广州市人民检察院以穗检公二诉[2007]××号起诉书指控被告人许×犯盗窃罪，于2007年10月15日向本院提起公诉。本院依法组成合议庭，公开开庭审理了本案，于2007年11月20日做出(2007)穗中法刑二初字第××号刑事判决，被告人许×提出上诉。广东省高级人民法院于2008年1月9日作出(2008)粤高法刑一终字第××号刑事裁定，撤销原判，发回重审。本院依法另行组成合议庭，公开开庭审理了本案。广州市人民检察院指派检察员谭××、代理检察员王××出庭支持公诉，被告人许×及其辩护人杨××、吴××到庭参加诉讼。现已审理终结。

广东省广州市人民检察院指控：2006年4月21日，被告人许×伙同郭××(另案处理)窜至广州市天河区黄埔大道西平云路的广州市商业银行ATM机提款机，利用银行系统升级出错之机，多次从该提款机取款。至4月22日许×共提取现金人民币175000元，之后携款潜逃。该院当庭宣读、出示了受害单位的报案陈述，证人黄××、卢××、赵××等人的证言，公安机关出具的抓获经过，受害单位提供的银行帐户开户资料、交易记录、流水清单、监控录像光碟，郭××和许×的供述等证据，据此认为被告人许×以非法占有为目的，盗窃金融机构，数额特别巨大，其行为已触犯《中华人民共和国刑法》第二百六十四条第(一)项之规定，构成盗窃罪，提请本院依法判处。

被告人许×在本次庭审中对公诉机关指控的事实无异议，但辩解：一、其发现自动柜员机出现异常后，为了保护银行财产而把款项全部取出，准备交给单位领导。二、自动柜员机出现故障，银行也有责任。

辩护人提出的辩护意见是：一、本案事实不清，证据不足。现由如下：1.被告人许×只记得其银行卡内有170多元，具体数额记不清楚，证实其帐户余额为176.97元的证据只有银行出具的帐户流水清单，无其他证据印证。2.帐户流水清单记录的时间、次序有误。3.银行的自动柜员机为何出现错误、出现何种错误不明确。因此，本案无法得出许×帐户口只有176.97元及其每取款1000元帐户仅扣1元的必然结论。二、被告人许×的行为不构成犯罪，重审应当作出无罪判决。现由如下：1.许×以实名工资卡到有监控的自动柜员机取款，既没有篡改密码，也没有破坏机器功能，其行为对银行而言是公开而非秘密。许×取款是经柜员机同意后支付的，其行为是正当、合法和被授权的交易行为。因此，许×的行为不符合盗窃罪的客观方面特征，不构成盗窃罪。2.许×通过柜员机正常操作取款，在物理空间和虚拟空间上都没有进入金融机构内部，因此，许×的行为不可能属于盗窃金融机构。3.许×的占有故意是在自动柜员机错误程序的引诱下产生，有偶然性；自动柜员机出现异常的概率极低，因而许×的行为是不可复制、不可模仿的；本案受害单位的损失已得到赔偿，许×的行为的社会危害性显著轻微；现有刑法未对本案这种新形式下出现的行为作出明确的规定，法无明文规定不为罪，应对其作出无罪判决。4.许×的行为是民法上的不当得利，因该不当得利行为所取得财产的返还问题，应通过民事诉讼程序解决。

经审理查明：2006年4月21日晚21时许，被告人许×到广州市天河区黄埔大道西平云路163号的广州市商业银行自动柜员机（ATM）取款，同行的郭××（已判刑）在附近等候。许×持自己不具备透支功能、余额为176.97元的银行卡准备取款100元。当晚21时56分，许×在自动柜员机上无意中输入取款1000元的指令，柜员机随即出钞1000元。许×经查询，发现其银行卡中仍有170余元，意识到银行自动柜员机出现异常，能够超出账户余额取款且不能如实扣帐。许×于是在21时57分至22时19分、23时13分至19分、次日零时26分至1时06分三个时间段内，持银行卡在该自动柜员机指令取款170次，共计取款175000元。许×告知郭××该台自动柜员机出现异常后，郭××亦采用同样手段取款19000元。同月24日下午，许×携款逃匿。

广州市商业银行发现被告人许×账户交易异常后，经多方联系许×及其亲属，要求退还款项未果，于2006年4月30日向公安机关报案。公安机关立案后，将许×列为犯罪嫌疑人并办理网上追逃。2007年5月22日，许×在陕西省宝鸡市被抓获归案。案发后，许×及其亲属曾多次与银行及公安机关联系，表示愿意退赔银行损失，但同时要求不追究许×的刑事责任。许×至今未退还赃款。

另查明，2006年4月21日17时许，运营商广州××公司对涉案的自动柜员机进行系统升级。4月22日、23日是双休日。4月24日（星期一）上午，广州市商业银行对全行离行式自动柜机进行例行检查时，发现该机出现异常，即通知运营商一起到现场开机查验。经核查，发现该自动柜员机在系统升级后出现异常，1000元以下（不含1000元）取款交易正常；1000元以上的取款交易，每取款1000元按1元形成交易报文向银行主机报送，即持卡人输入取款1000元的指令，自动柜员机出钞1000元，但持卡人账户实际扣款1元。

上述事实，由公诉机关提交，并经法庭质证、认证的下列证据予以证实：

1.广州市商业银行出具的报案陈述，证实：2006年4月24日（星期一）上午，广州市商业银行恒福支行ATM机管理中心在对全行离行式自动柜员机交易情况进行电脑监控时，发现安装在黄埔大道西平云路163号的离行式自动柜员机在4月21日晚出现取款交易异常，经通知运营商一并到现场开机清点查验和查看监控录像，发现自动柜员机短款196004元。经查看日志，发现该自动柜员机在1000元以下（不含1000元）取款交易正常，但对超过1000元的取款交易，自动柜员机则按1元的金额形成交易报文向银行主机报送，造成上述情况的原因是运营商于2006年4月21日17时对该机进行系统升级后出现异常。经核查，发现4月21日21时56分至4月22日12时34分，有人持卡号为6224673131003233003和6224673131008621707的广州市商业银行借记卡以及卡号为9559982409453469513的农业银行卡，连续恶意操作，取款186次，共涉及多占金额193806元，其中卡号为6224673131003233003的银行卡户名为许×。另有卡号为6224673131003532503和9559980081451094718的两名客户取款2笔，涉及多占金额2198元。该行监察保卫部接报后，即根据开户资料查找许×，找到其工作单位，该单位保安部负责人反映许×已于4月24日下午突然请假回山西老家，拨其手机无人接听，随即联系许×的求职担保人要求协助通知许×退款，亦未果，因而报案。

2.广州市公安局经济犯罪侦查支队出具的接受刑事案件登记表、广州市公安局天河分局冼村派出所出具的接受刑事案件登记表、立案决定书及侦办广州市商业银行柜员机内现金被盗窃案件情况说明，证实：广州市商业银行于2006年4月30日向广州市公安局经济犯罪侦查支队报案，同年5月26日此案转由广州市公安局天河区分局办理，该局于同月30日立案后，于次月19日对犯罪嫌疑人许×办理网上追逃。同年11月12日，该局侦查员到山西临汾市找到许×的父亲许××，许××称许×未回家，只与家中通过一次电话，但未说自己在哪里，该局侦查员向许××说明了许×盗取银行柜员机内款项的情况，并让其劝许×早日投案并退还款项，其当时提出能否在退还款项后不再追究许×的法律责任，侦查员说明帮助退清赃款及投案自首后可以减轻处罚，但拒绝其提出的退款后不再抓捕、不追究法律责任的要求。许×被抓获后，许×的父亲曾致电该局侦查员表示愿意帮许×退款，但要求公安机关不追究许×的法律责任，释放许×，侦查员拒绝了许×父亲的要求。许×被带回广州市后，许×的母亲也曾联系侦查员表示愿意为许×退赃，但几天后又称许×的行为不是盗窃，拒绝退还赃款。此后许×的亲属未再为许×退还赃款之事联系侦查员。

3. 西安铁路公安处宝鸡车站公安派出所出具的抓获经过、广州市公安局天河分局冼村派出所出具的抓获情况说明，证实：被告人许×于2007年5月22日在陕西省宝鸡市火车站进站时被公安人员抓获，后被广州市公安局天河区分局带回审查。

4. 证人黄××（广州市商业银行监察保卫部副经理）的证言，证实：2006年4月24日，广州市商业银行恒福支行ATM机管理中心在对全行离行式自动柜员机交易情况进行例行检查时，发现安装在平云路163号的自动柜员机在4月21日晚上的取款交易出现帐户扣帐为1元的情况。因为该行自动柜员机取款金额为100元或者100元的整数倍，不可能出现100元以下的数额，所以恒福支行马上将情况通报了自动柜员机的运营商。随后运营商与商业银行个人银行部一起派人到平云路163号的自动柜员机现场开机查验，发现柜员机的现金已经全部被取光。随即查看自动柜员机流水日志，发现自动柜员机在不超过1000元的取款交易时正常（不含1000元），而1000元以上的取款交易则出现异常，对1000元以上的取款交易，自动柜员机按1元的金额形成交易报文向银行主机报送，即持卡人指令取款1000元，自动柜员机亦出钞1000元，但持卡片人实际扣账为1元。造成这种情况的原因是运营商于2006年4月21日17时对平云路163号的自动柜员机系统升级后出现异常。4月21时17时许，该行放入该自动柜员机金额为20万元人民币，在案发前几个客户取款属于正常取款。经查账，自动柜员机总共短款达196004元。经核查，发现4月21日21时56分至4月22日12时34分，有客户拿着卡号为6224673131003233O3和6224673131008621707的商业银行借记卡、卡号为9559982409453469513的农行卡在该柜员机恶意取款。经查询开户资料，卡号为6224673131003233O3的银行卡户名是许×，开户日期是2006年2月6日。根据许×的开户资料，运营商时任个人银行部经理的卢××找到许×的工作单位，该单位的赵部长反映许×在2006年4月23日晚曾跟他说过要回家考公务员，并收拾衣服之类的东西走了，连手续都没办。于是他们请求赵部长联系许×，但赵部长打了电话之后说许×已关机，并说之前曾和许×有短信联系，大概内容是赵部长让许×回来把手续办了，另外还有一些钱要结算给他，但许×说不要了，他们就请求赵部长联系到许×的入职担保人刘先生，对方在电话里答应见面谈，但后来拒绝见面，并说不想插手此事。他们联系许×的担保人时已告知许×恶意提款的事。其从未接到过许×本人或其家属表示退赃的电话，也没有人和其联系过此事。4月30日，其代表银行向广州市公安经济侦查支队报案。

5. 证人卢××（广州市商业银行营业管理部副总经理）的证言，证实：2006年4月24日上午，广州市商业银行发现有人在2006年4月21日晚利用该行位于平云路163号的离行式柜员机的故障之机，进行多次恶意提款，通过核查该机流水账的持卡人资料，发现其中一名持卡人为许×。柜员机出现的异常情况是超过1000元的取款交易，柜员机只按1元的金额形成交易报文向其主机报送。即持卡人输入取款1000元，柜员机也出钞1000元，但是持卡人账户实际扣账1元。上述异常是由运营商于2006年4月21日17时许对该柜员机系统进行升级造成。2006年4月24日下午其和本行保卫部的黄××根据开卡资料找到许×的工作单位，该单位的保安部赵部长反映许×已回家考公务员，期间赵部长拨打了许×的电话，许×未接，但给赵部长发短信表示已回家。案发后约一个月，一自称是许×的人打电话给其商量如何处理此事，并说因为钱被人偷了，没有这么多钱还，只还一半左右行不行，其当时说希望全部还清，对方说肯定还不清了，最多只有一半左右，其就跟对方说希望他早日到公安机关自首，把事情处理好，之后对方就将电话挂了。在2007年2月或3月份，有自称是保安部长的人打电话来说要商量许×的事，其当时就向对方说明自己已调离原工作岗位，让对方与银行保卫部联系。

6.证人赵××(广州市某物业公司保安部部长)的证言，证实：许×曾是其单位的保安员。2006年4月24日上午许×向其提出辞职，理由是回山西老家考公务员。4月24日下午广州市商业银行的工作人员向其了解许×的情况，其记得当时好像拨了许×的电话没人接，随即用手机发了短信给许×，要他回来结算工资或留下联系方式以便将工资寄给他，当时许×回复了短信称工资不要了。约一个月后，许×来电话说生活全乱套了，弄得家不能回，表示还是想退钱给银行，但又说钱被偷了五万，又花掉了一万多元，如果银行愿意，他愿意退回这些钱。其就把银行卢经理的电话给了许×，但过了约二十分钟，许×又打来电话，内容大概是说银行方面说了已经报案，钱就算退回也要坐牢，跟着就说那就算了，等抓到再说吧，随后挂了电话。此后许×未再与其联系。2007年上半年，许×的担保人刘××找到自己表示许×家人想退钱，希望能给一次改过机会，自己当时说此事要和银行联系，刘××当即和银行的卢××取得联系，卢××表明已调离原部门，要刘××到商业银行总部找人，刘××问了怎么去就离开了，后来有无找银行不清楚。此外，许×在2006年4月24日已经用了一个新手机号码发信息给其，后来两次来电话，也是用该号码。

经辨认照片，赵××指认出被告人许×就是其所在单位的保安员。

7.广州市商业银行提供的被告人许×的开户资料，证实：许×的账户于2006年2月6日开立，帐号为102457023100018，预留了身份证复印件。

8.广州市商业银行提供的完整流水记录数据和涉案帐户取款交易明细，证实：卡号为6224673131003233003的银行卡于2006年4月21日21时56分03

秒插卡，21 时 56 分 16 秒查询，21 时 56 分 41 秒取款 1000 元，21 时 57 分 09 秒再次查询；21 时 57 分 21 秒至 22 时 20 分 21 秒共指令取款 55 次，每次 1000 元，其中最后一次交易失败，共计取款 54000 元；23 时 12 分 57 秒插卡，23 时 13 分 23 秒至 23 时 19 分 59 秒共取款 16 次，每次取款 1000 元，共计取款 16000 元；23 时 23 分 05 秒插卡，23 时 23 分 33 秒指令取款 1000 元，交易失败，未取出款项；次日凌晨 0 时 26 分 04 秒插卡，0 时 26 分 22 秒至 1 时 06 分 22 秒共取款 100 次，前 96 次每次取款 1000 元，后 4 次每次取款 2000 元，共计取款 104000 元。

9. 广州市商业银行提供的账户流水清单，证实：2006 年 4 月 21 日，卡号为 6224673131003233003 的银行卡（户名为许×，账号为 102457023100018）原有存款余额 176.97 元，于 2006 年 4 月 21 日至 4 月 22 日期间，在涉案自动柜员机上先后取款 171 次，其中 167 次每次扣账 1 元，4 次扣账 2 元账户最后余额为 1.97 元。

10. 广州市商业银行科技研发部出具的关于该行综合业务系统交易日期切换机制说明，证实：该行综合业务系统在每日晚 23 时左右开始进行日终处理，同时切换系统会计日期，在进行系统会计日期切换后，把新的会计日期作为交易日期进行记账。

11. 位于广州市黄埔大道西平云路 163 号的广州市商业银行自动柜员机的照片，经被告人许×指认，确认是其取款地点。

12. 广州市商业银行提供的银行监控录像光碟及经被告人许×签认的银行监控录像截图，证实：许×及郭××于 2006 年 4 月 21 日、22 日在涉案自动柜员机上取款。

13. 广州市天河区人民法院于 2007 年 5 月 21 日作出的（2007）天法刑初字第××号刑判决书，证实：郭××与许×于 2006 年 4 月 21 日至 22 日期间，利用广州市商业银行自动柜员机系统出错之机，连续多次分别提取银行款项 19000 元和 17 万余元，事后郭××向公安机关自首并退出赃款 18000 元，天河区人民法院以盗窃罪判处郭××有期徒刑一年，并交会处罚金 1000 元。

14. 山西省临汾市公安局经济技术开发区分局北城派出所出具的常住人口详细信息、调查回复表，证实：被告人许×的身份情况。

15. 郭××的供述及对被告人许×的辨认笔录，证实：2006 年 4 月 21 日晚 21 时许，许×到广州市平云路的商业银行自动柜员机取款，其在马路对面等候，但隔了很久也没见许×回来，很纳闷就过去找许×，见到许×后喊他的名字，许×吓了一跳，很惊恐的样子，还满脸是汗，问他怎么那么久，许×也没说什么，其就和许×一起回到宿舍。在宿舍见到许×钱包里塞满钱，衣服兜里也都是钱，很奇怪，因为之前许×说他卡中只有 100 多元，只能取出 100 元，就问他，开始许×

不肯说,后来才讲他只想取 100 元,但多按了一个“0”,那取款机就真的吐出 1000 元来,可能是那台柜员机出错才会这样。其看许×取出的钱大约有四、五万元,也很心动,就和许×回到那台柜员机取钱。去到后,许×先取钱,因为自己很少用自动柜员机,就让许×教如何用,许×又取出一、二万后,其就用自己的一张农业银行卡插进柜员机取钱,许×在一旁教其取款,果真取出了 3000 元,但自己卡中只有 860 多元,第四次要取 1000 元却无法取出。之后两人又回去拿了塑料袋再次回到现场,其先用自己的农业银行卡取出 5000 元,之后又无法取出了,许×就接着取,取了好多钱,差不多一个小时才停下来,之后其试了几次,但都取不出钱,就回去休息了。第二天,其用假名刘××办了一张假身份证,以该身份证开了一张商业银行卡。当天中午 12 时许,其去到上述柜员机用商业银行卡取款,取出 10000 元左右,之后无法再取出钱就走了。后来见到许×,许说要辞职不干,留下来太危险,自己后来也辞职回湖北老家。其和许×原来都做保安,许×取了大约十七、十八万,没有分给其赃款。

经辨认照片,郭××指认了被告人许×就是 2006 年 4 月 21 日晚与其在平云路 163 号的商业银行自动柜员机取款的人。

16.被告人许×的供述及对郭××的辨认笔录,证实:2006 年 4 月 21 日晚 21 时许,其和郭××结伴外出,自己去广州市平云路附近的商业银行自动柜员机取款,郭××在附近等候。其广州市商业银行卡是工资卡,卡中只有 100 多元。其插入自己的商业银行卡,想取出 100 元出来,但不知怎么多按了一个“0”,那柜员机竟真的吐出 1000 元,其当时觉得不可思议,就立即查询自己卡中的余额,但钱还是那么多,于是就又连续以每次 1000 元取了许多次,总共取出 55000 元。由于取钱花了很长时间,郭××等不及就过来找,见到其取了那么多钱,就很奇怪,问怎么回事,自己就把事情的原委告诉他,之后两人回到单位宿舍,其把钱拿出来,郭××见了很心动,就让其帮他取钱。于是当晚 23 时许,其和郭××回到那台自动柜员机,用自己的商业银行卡又取出一万多元,之后郭××用他的农业银行卡取出 3000 元,后因交易限制取不出钱,两人就又回到宿舍。次日零时许,其拿了一个塑料袋和郭××又回到那台柜员机处,郭××用他的卡取出几千元无法再取出钱,其接着用自己的银行卡取钱,一直取了很长时间,取出 10 万元左右,之后郭××又用他的卡试着取钱,还是取不出钱,于是两人就回到宿舍。其一共取了 175000 万元。其从未试过有这么多钱,头都懵了,知道这样做不对,但又心存侥幸,做完这件事后就一直很后悔。其在取款的第二天还正常上班,到了 4 月 24 日下午 3 时许坐车回山西,没和公司领导打招呼就走了,回到山西省临汾后,发现原来用报纸包着塞在被子里的 5 万元不见了,就没有回家,到一家酒店住下。后来也一直不敢回家,在临汾呆了一个月,然后去太原,和朋友合伙开了一间网吧，其投资10万元，后来这网吧亏本了。

经辨认照片，被告人许×指认了郭××就是2006年4月21日与其在广州市平云路的自动柜员机取款的人。

对被告人许×及其辩护人的辩解、辩护意见，本院评判如下：

1.关于辩护人提出本案事实不清，证据不足的意见，经查：第一，完整流水记录数据和涉案帐户取款交易明细以及帐户流水清单，证实被告人许×的银行卡帐户在案发前余额为176.97元，案发期间共成功取款171次，其中167次每次取款1000元，帐户实际每次扣款1元，4次每次取款2000元，帐户实际每次扣款2元。许×共取款175000元，帐户实际共扣款175元。银行监控录像证实许×及郭××在涉案自动柜员机取款，记录的时间与完整流水记录数据及帐户流水清单记录的时间相对应。此外，许×及郭××的供述，亦证实许×取款前帐户余额只有170多元，但在涉案自动柜员机共取款17万余元。第二，广州市商业银行出具的情况说明，证实该单位每天23时以后切换会计日期记帐，导致帐户流水清单将23时以后的取款日期记录为次日，因而记录的部分时间和次序有误。第三，广州市商业银行的书面报案陈述及其工作人员黄××、卢××的证言，证实涉案自动柜员机的异常是由于系统升级造成，出现的异常情况是持卡人指令取款1000元，自动柜员机也出钞1000元，但持卡人帐户实际扣帐为1元。上述证据在帐户余额、取扣款金额、取扣款次数以及柜员机出现的异常情况等方面均能相互印证，足以证实因涉案自动柜员机出现异常，许×持本人仅有176.97元的银行卡，在该自动柜员机上171次取款175000元，帐户实际仅扣175元的事实。辩护人提出本案事实不清，证据不足的辩护意见不能成立。

2.关于辩护人提出被告人许×的行为不构成盗窃罪，是民法上的不当得利，应对其作出无罪判决，以及许×提出其是保护银行财产而取款的意见，经查：许×是在正常取款时，发现自动柜员机出现异常，能够超出余额取款且不能如实扣账之后，在三个时间段内170次指令取款，时间前后长达3个小时，直至其账户余额仅剩1.97元为止，然后携款逃匿，其取款的方式、次数、持续的时间以及许×关于其明知取款时“银行应该不知道”“机器知道，人不知道”的当庭供述，均表明许×系利用自动柜员机系统异常之机，自以为银行工作人员不会及时发现，非法获取银行资金，与储户正常、合法的取款行为有本质区别，且至今未退还赃款，表明其主观上具有非法占有银行资金的故意，客观上实施了秘密窃取的行为。许×的行为符合盗窃罪的主客观特征，构成盗窃罪。许×关于是为保护银行财产而取款，并准备把款项交给单位领导的辩解，缺乏事实根据，不能成立。辩护人关于许×的行为不构成盗窃罪、属于民法上的不当得利、应对许×作出无罪判决的辩护意见亦不能成立。

3.关于辩护人提出被告人许×的行为不属于盗窃金融机构的意见，本院认为，自动柜员机是银行对外提供客户自助金融服务的专有设备，机内储存的资金是金融机构的经营资金，根据最高人民法院《关于审理盗窃案件具体应用法律若干问题的解释》第八条“刑法第二百六十四条规定的盗窃金融机构，是指盗窃金融机构的经营资金、有价证券和客户的资金等，如储户的存款、债券、其他款物，企业的结算资金、股票，不包括盗窃金融机构的办公用品，交通工具等财物的行为”的规定，许×的行为属于盗窃金融机构。辩护人关于许×的行为不属于盗窃金融机构的辩护意见于法无据，不予采纳。

本院认为，被告人许×以非法占有为目的，采用秘密手段窃取银行经营资金的行为，已构成盗窃罪。许×案发当晚21时56分第一次取款1000元，是在正常取款时，因自动柜员机出现异常，无意中提取的，不应视为盗窃，其余170次取款其银行账户被扣账的174元，不应视为盗窃，许×盗窃金额共计173826元。公诉机关指控许×犯罪的事实清楚，证据确实、充分，指控的罪名成立。许×盗窃金融机构，数额特别巨大，依法本应适用“无期徒刑或者死刑，并处没收财产”的刑罚。鉴于许×是在发现银行自动柜员机出现异常后产生犯罪意图，采用持卡窃取金融机构经营资金的手段，其行为与有预谋或者采取破坏手段盗窃金融机构的犯罪有所不同；从案发具有一定偶然性来看，许×犯罪的主观恶性尚不是很大。根据本案具体的犯罪事实、犯罪情节和对于社会的危害程度，对许×可在法定刑以下判处刑罚。依照《中华人民共和国刑法》第二百六十四条、第六十三条第二款、第六十四条和最高人民法院《关于审理盗窃案件具体应用法律若干问题的解释》第三条、第八条的规定，判决如下：

一、被告人许×犯盗窃罪，判处有期徒刑五年，并处罚金2万元。

（刑期从判决执行之日起计算。判决执行以前先行羁押的，羁押一日折抵刑期一日，即自2007年5月22日起至2012年5月21日止。罚金自本判决发生法律效力的第二日起一个月内向本院缴纳。）

二、追缴被告人许×的犯罪所得173826元，发还受害单位。

如不服本判决，可在接到判决书的第二日起十日内，通过本院或者直接向广东省高级人民法院提出上诉，书面上诉的，应当提交上诉状正本一份，副本二份。

本判决依法报请最高人民法院核准后生效。

审判长　郑××
审判员　钟××
代理审判员　聂××
二〇〇八年三月三十一日

本件与原本核对无异

书记员　曹××

廖××

王××

5.第一审刑事附带民事判决书

根据《刑事诉讼法》规定，刑事附带民事诉讼判决书是被害人在遭受被告人犯罪行为侵害后，就物质损失要求赔偿，在刑事诉讼过程中提起的民事诉讼，按照法律规定刑事附带民事诉讼可以调解，经调解无法达成协议或者调解书签收前当事人反悔的，附带民事诉讼部分同刑事诉讼部分一并判决所形成的法律文书。

被害人死亡或者丧失行为能力的，被害人的法定代理人、近亲属有权提起附带民事诉讼。如果是国家财产、集体财产遭受损失的，人民检察院在提起公诉的时候，可以提起附带民事诉讼。刑事附带民事诉讼判决书要在刑事判决书的基础上加入民事判决部分。

另外，在判决部分有几种情况：

第一，被告人构成犯罪并应赔偿经济损失的。表述为："一、被告人××犯××罪，……(写明判处的刑罚或者免予刑事处分)；二、被告人××赔偿被害人××……(写明赔偿的金额和支付日期)。"

例如："一、被告人严××犯故意伤害罪，判处有期徒刑四年九个月。

(刑期从判决执行之日起计算。判决执行以前先行羁押的，羁押一日抵抵刑期一日，即自2014年2月13日起至2018年11月12日止。)

二、被告人严××赔偿附带民事诉讼原告人俞××医疗费、住院伙食补助费、营养费、护理费、交通费、误工费、残疾赔偿金、鉴定费、后续治疗费共计二十五万五千七百五十四元一角七分，限本判决生效后三个月内履行完毕。

三、驳回附带民事诉讼原告人俞××的其他诉讼请求。

如果未按本判决指定的期间履行给付金钱义务，应当依照《中华人民共和国民事诉讼法》第二百五十三条之规定，加倍支付迟延履行期间的债务利息。"

第二，被告人构成犯罪，但不赔偿经济损失的。表述为："一、被告人××犯××罪，……(写明判处的刑罚或者免予刑事处分)；二、被告人××不承担民事赔偿责任(或免予赔偿经济损失)。"

第三，被告人不构成犯罪但应赔偿经济损失的。表述为："一、被告人××无罪；二、被告人××赔偿……(写明受偿人的姓名以及赔偿的金额和支付日期)。"

第四，被告人不构成犯罪又不赔偿经济损失的。表述为："一、被告人××无罪;二、被告人×××不承担民事赔偿责任。”

下面是附带民事判决书的格式:

××市××区人民法院

刑事附带民事判决书

（　　）×刑初字第　号

公诉机关××人民检察院。

附带民事诉讼原告人(被害人)(姓名、性别、年龄、民族、籍贯、工作单位、职业和住址等)

委托代理人(姓名、身份)

被告人(同原告姓名、性别、出生日期、民族、籍贯、工作单位、职务、住址、曾受过的刑事处分,因本案所受强制措施、现羁押处等)

辩护人(写明姓名、性别、工作单位、职务等)

×××人民检察院于××××年×月×日以被告人×××犯×罪,向本院提起公诉。在诉讼过程中,被害人××又以要求被告人×××赔偿经济损失为由,向本院提起附带民事诉讼。本院受理后,依法组成合议庭(或依法由审判员×××独任审判),公开(或不公开)开庭审理了本案。×××人民检察院检察长(或员)×××出庭支持公诉,附带民事诉讼原告人(被害人)×××及其××代理人×××、被害人×××及其法定代理人×××、诉讼代理人×××、被告人×××及其法定代理人×××、辩护人×××、证人×××、鉴定人×××、翻译人×××等到庭参加诉讼。本案现已审理终结。

××人民检察院指控,……

附带民事诉讼原告人起诉的民事内容……

被告人×××辩称,……

辩护人×××提出的辩护意见,……

经审理查明,……(查明部分还要写明被告人的犯罪行为给被害人所造成的物质损失。)

上述事实,有……证据。

本院认为,……。(还应写明被告人的犯罪行为给被害人造成的物质损失是否应当承担民事责任,如果是多个被害人或被告人,应当划分其各自承担的责任范围。)

依照……法律之规定,判决如下:

……

如不服本判决,可在接到判决书的第二日起十日内,通过本院或者直接向×

×人民法院提出上诉。书面上诉的，应交上诉状正本一份，副本×份。

审判长：××
审判员：××
审判员：××
×年×月×日

本件与原本核对无异

书记员：××

下面是附带民事判决书的范例：

内蒙古自治区××人民法院
刑事附带民事判决书①

（20××）×刑初字第×号

公诉机关××人民检察院。

附带民事诉讼原告人王×，男，1962年7月20日出生于内蒙古××，汉族，初中文化，农民，现住内蒙古自治区××（系被害人王××的父亲）。

附带民事诉讼原告人杨××，女，1967年11月7日出生于内蒙古××，汉族，小学文化，农民，现住内蒙古自治区××（系被害人王××的母亲）。

共同委托代理人郝××，内蒙古××律师事务所律师。

被告人张××，男，1984年2月8日出生于内蒙古××，汉族，初中文化，某保险公司××营业部业务员，住内蒙古自治区呼伦贝尔市××。20××年5月31日因涉嫌犯交通肇事罪被××公安局刑事拘留，同年6月8日经××人民检察院批准，6月10日由××公安局执行逮捕，现羁押于××看守所。

附带民事诉讼被告人孙××，男，1980年12月6日出生于河南省开封市，汉族，初中文化，无职业，户籍所在地河南省开封市杞县××乡，现住北京市。

××人民检察院以阿检刑诉[20××]×号起诉书指控被告人张××犯交通肇事罪，于20××年7月16日向本院提起公诉。在诉讼过程中，附带民事诉讼原告人王×、杨××向本院提起附带民事诉讼。本院受理后依法组成合议庭，公开开庭合并审理了本案，××人民检察院指派检察员李××出庭支持公诉，附带民事诉讼原告人王×、杨××及共同委托代理人郝××，被告人张××，附带民事诉讼被告人孙××到庭参加诉讼。现已审理终结。

---

① 文书来源 http://www.arqfy.gov.cn/index.php/caipanwenshu/2014/12－15/965.html，使用时隐去姓名、公诉机关名称和重要地名。

××人民检察院指控，20××年5月22日17时20分许，被告人张××无证驾驶豫BR71××号吉利美日牌小型汽车沿××某乡道由南向北行驶至4公里+990米处时，未保持安全车速驶入道路左侧路基下翻车，造成乘车人王××、鲁××受伤，王××经送往××人民医院抢救无效死亡。经××公安局交警大队交通事故认定，被告人张××负此次事故的全部责任。上述事实，公诉机关当庭出示了户籍证明、道路交通事故认定书、鉴定意见、证人证言、被告人供述等。依据上述事实及证据，公诉机关认为，被告人张××违反道路交通安全法规，无证驾驶机动车，未确保安全车速，以致发生重大交通事故致一人死亡，负事故的全部责任，其行为触犯了《中华人民共和国刑法》第一百三十三条的规定，应当以交通肇事罪追究其刑事责任。但被告人张××犯罪后能够如实供述犯罪事实，可以考虑轻处罚。

附带民事诉讼原告人王×、杨××要求被告人张××、附带民事诉讼被告人孙××承担连带赔偿责任，共同赔偿人身损害赔偿款546691.82元，其中医疗费5598.62元、护理费183.20元、住院伙食补助费40元、误工费120元、死亡赔偿金463000元、丧葬费23526元、亲属办理丧葬事宜支出4224元、精神损害抚慰金50000元。

被告人张××对公诉机关指控的犯罪事实如实供述，当庭未作任何辩解。对附带民事诉讼原告人的诉讼请求表示同意依法予以赔偿，但无赔偿能力。附带民事诉讼被告人孙××答辩意见：车辆是被告人张××在未征得同意的情况下，私自偷开的，自己不应当承担赔偿责任。

经审理查明，20××年5月22日17时20分许，被告人张××无证驾驶孙××所有的豫BR71××号吉利美日牌小型汽车沿××某乡道由南向北行驶至4公里+990米处时，驶入道路左侧路基下翻车，造成乘车人王××、鲁××受伤，王××经送往××人民医院抢救无效死亡。经××公安局交通警察大队道路交通事故认定，被告人张××负此次事故的全部责任；乘车人王××、鲁××无责任。

另查明，被害人王××系农业家庭户，在××人民医院住院治疗1天花医疗费5598.62元、误工费72.89元、护理费183.20元(91.60元×1天×2人)、住院期间伙食补助费40元(40元×1天)、死亡赔偿金152220元(上年度农牧民人均纯收入7611元×20年)、丧葬费23526元(3921元×6个月)，共计人民币181640.71元。

上述事实的证据由公诉机关及附带民事诉讼原告人提交，并经法庭质证。认证的以下证据予以证明：

证据一，案件来源和到案情况说明，证实20××年5月22日19时30分，被害人王××的弟弟王某丙向××公安局110指挥中心报案，在××××乡×村其姐姐王××乘坐的车辆翻车，现在××人民医院治疗。××交通警察大队事故民警赶往医院，将肇事的驾驶人张××传唤至××交通警察大队的过程。

证据二，被告人张××在侦查机关的供述，证实20××年5月22日下午3点半左右，张××借朋友孙××所有的豫BR71××号吉利美日版轿车，载着女友王××和朋友鲁××从×××镇回××乡××镇自家。18时许，从××乡××镇返回×镇途中行驶至×村时由于速度太快驶入左侧路基下翻车，王××和鲁××受伤，钱××(化名)开奇瑞轿车回××镇看见了，帮张××把王××和鲁××送到××人民医院的过程。

证据三，证人鲁××证言，证实20××年5月22日15时10分，张××打电话给鲁××，开车去接的鲁××后又接上王××一起去××××乡××镇张××家，后由××镇返回×镇途中，车速太快驶入左侧道下了，之后鲁××昏迷被送医院的过程。

证据四，证人孙××的证言，证实2013年5月22日14时许，孙××与刘××，还有两个不认识的人在张××家玩麻将，将自己所有的豫BR71××号吉利车的车钥匙放在了窗台上。17时30分许，发现车钥匙不见了，认为是张××开走的。17时40分许，孙××接到张××电话，车翻下了道，车内人员受伤的事实。

证据五，道路交通现场勘查笔录、照片及现场图、交通事故认定书，证实张××交通肇事现场情况。无证驾驶机动车、未保持安全车速，张××承担此次事故的全部责任；乘车人王××、鲁××无责任。

证据六，××公安局物证鉴定室(×)公(法)鉴(尸鉴)字[20××]××号法医学尸体检验鉴定报告证实，死者王××系因交通肇事致创伤性、失血性休克而死亡。

证据七，被告人张××户籍证明，证实张××，1984年2月8日出生，系完全刑事责任能力人。

证据八，被告人张××提供收据，证实20××年5月23日，被告人张××家属给付被害人王××家属人民币20000元。

证据九，××人民医院住院病历、用药明细、结算收据、诊断书，证实王××在××人民医院住院治疗住院1天，花费5598.62元，经抢救无效死亡。

证据十，户口簿复印件，证实被害人王××及其父亲王×、母亲杨××均系农业家庭户口。

证据十一，公证书证实，2009年10月10日，××镇居民王××与×××镇居民李××房屋买卖合同进行公证的事实。

证据还有公安交通管理强制措施凭证、行驶证复印件，行政处罚决定书，火化证明、死亡注销证明等，以上证据经控辩双方当庭举证、质证，经审查其来源合法，本院予以确认。对附带民事诉讼原告人王×、杨××提供的×镇某社区证明、××便民物业管理有限公司证明、××市××物流运输车队证明欲证明其在×镇居住，要求按照城镇标准予以赔偿。因被害人王××及其父母均为农业家庭户口，未提供经济收入的相关证据予以证明，故不予采纳。

本院认为，被告人张××违反交通运输管理法规，无证驾驶机动车，因而发生交通事故致一人死亡的后果，负事故的全部责任，其行为已构成交通肇事罪，公诉机关指控的事实清楚，证据确实充分，予以支持。鉴于被告人张××在事故发生后能够积极抢救被害人，并且能够如实供述犯罪事实，可予以从轻处罚。由于被告人张××的交通肇事行为造成被害人王××死亡的后果，应依法予以赔偿。附带民事诉讼原告人提供的房屋买卖合同公证书、社区证明、物业公司证明、工作单位证明等证据，不能足以证实被害人王××以城镇收入为主要生活来源，因未提供相关证据予以佐证，故不予支持。因被害人王××系农业家庭户应按照农业家庭标准予以赔偿，死亡赔偿金 152 220 元、丧葬费 23526 元、医疗费 5598.62 元、误工费 72.89 元、护理费 183.20 元、住院期间伙食补助费 40 元，合计人民币 181640.71 元。由被告人张××赔偿被害人的各项经济损失的 80%，即 145312.57 元；附带民事诉讼被告人孙××的答辩系被告人偷开车辆，因无证据证实，不予以采纳。附带民事诉讼被告人孙××系交通肇事车辆所有人，未尽到对所有车辆妥善保管义务，管理人有过错，应当承担相应的赔偿责任。故由附带民事诉讼被告人孙××赔偿被害人各项经济损失的 20%，即 36328.14 元。对附带民事诉讼原告人要求精神赔偿的诉讼请求，无法律依据，不予支持。为维护公共安全，保护公民人身权利不受侵犯，打击刑事犯罪，故依据《中华人民共和国刑法》第一百三十三条、第六十七条第三款、第三十六条和最高人民法院关于适用《中华人民共和国刑事诉讼法》的解释第一百四十三条第一款(一)、(五)项、第一百五十五条第一款、第二款、第三款及《最高人民法院关于审理道路交通事故损害赔偿案件适用法律若干问题的解释》第一条(四)项之规定，判决如下：

一、被告人张××犯交通肇事罪判处有期徒刑 2 年；

(刑期从判决执行之日起计算。判决执行前先行羁押的，羁押一日抵刑期一日。即自 20××年 5 月 31 日起至 20××年 5 月 30 日止。)

二、被告人张××赔偿附带民事诉讼原告人王×、杨××死者王××的死亡赔偿金、丧葬费、护理费、住院伙食补助费、医疗费的 80%，即人民币 125312.57 元(已扣除先行给付的 20000 元)；

三、附带民事诉讼被告人孙××赔偿附带民事诉讼原告人王×、杨××死者王××的死亡赔偿金、丧葬费、护理费、住院伙食补助费、医疗费的20%，即人民币36328.14元。

如不服本判决，可在接到判决书的第二日起十日内，通过本院或者直接向呼伦贝尔市中级人民法院提出上诉，书面上诉的，应当提交上诉状正本一份，副本二份。

审　判　员　李××
代理审判员　尹××
人民陪审员　张××
二○××年九月十三日
书　记　员　刘××

（四）刑事诉讼适用的主要程序类法律、法规、立法解释、司法解释等

1.法律、行政法规：《中华人民共和国刑事诉讼法》（2012年）、《中华人民共和国人民法院组织法》（2006年）、《中华人民共和国人民检察院组织法》（1983）、《中华人民共和国刑法》（2015年）、《中华人民共和国律师法》（2012年）等；

2.立法解释：《全国人民代表大会常务委员会关于国家安全机关行使公安机关的侦查、拘留、预审和执行逮捕的职权的决定》（1983年）、《全国人民代表大会常务委员会关于中国人民解放军保卫部门对军队内部发生的刑事案件行使公安机关的侦查、拘留、预审和执行逮捕的职权的决定》（1993年）、《全国人民代表大会常务委员会关于完善人民陪审员制度的决定》（2004年）；

3.两高等司法解释和其他规范性文件：《最高人民法院关于适用〈中华人民共和国刑事诉讼法〉若干问题的意见》（2012年）、《人民检察院刑事诉讼规则（试行）》（2012年）、《最高人民法院、最高人民检察院、公安部、国家安全部、司法部、全国人大常委法制工作委员会关于实施刑事诉讼法若干问题的规定》（2012年）、《最高人民法院关于在裁判文书中如何表述修正前后刑法条文的批复》（2012年）、《最高人民法院关于审理人民检察院按照审判监督程序提出的刑事抗诉案件若干问题的规定》（2011年）、《最高人民法院关于审判人员在诉讼活动中执行回避制度若干问题的规定》（2011年）、《最高人民法院关于审理未成年人刑事案件具体应用法律若干问题的解释》（2006年）、《最高人民法院关于对被判处死刑的被告人未提出上诉、共同犯罪的部分被告人或者附带民事诉讼原告人提出上诉的案件应适用何种程序审理的批复》（2010年）、《最高人民法院关于人民陪审员参加审判活动若干问题的规定》（2009年）、《最高人民法院关于进一步加强合议庭职责的若干规定》（2009年）、《最高人民法院关于裁判文书引用法律、法规等规范性法律文件的规定》（2009年）、《最高人民法院关于刑事附带民事诉讼范围问题的规定》（2000年）等。

同时，刑事诉讼中可能涉及到的实体法律以及各类案件单独的程序性规定不再予以罗列。

（五）案例

被告人张某某、金某相约驾驶摩托车出去享受大功率摩托车的刺激感，约定目的地，谁先到谁就等谁。随后，由张某某驾驶无牌的大功率摩托车（经过改装），金某驾驶套牌的大功率摩托车（经过改装）出发，全程 28.5 公里，沿途经过多个公交站点、居民小区、学校和大型超市。在行驶途中，二被告人驾车在密集车流中反复并线、曲折穿插、多次闯红灯、大幅度超速行驶。当行驶至某路口时，张某某、金某遇执勤民警检查，遂驾车逃离。其中，在立交（限速 60 km/h）张某某行驶速度 115 km/h、金某行驶速度 98 km/h；在桥面（限速 60 km/h）张某某行驶速度 108 km/h、金某行驶速度 108 km/h；在引桥下匝道（限速 40 km/h）张某某行驶速度大于 59 km/h、金某行驶速度大于 68 km/h；在隧道（限速 60 km/h）张某某行驶速度 102 km/h、金某行驶速度 99 km/h。

后被告人张某某被抓获到案后，如实供述上述事实，并向公安机关提供被告人金某的手机号码。金某接公安机关电话通知后主动投案，并如实供述上述事实。

二、刑事诉讼二审程序

刑事诉讼程序第二审程序是第二审人民法院根据上诉人的上诉或者人民检察院的抗诉，就第一审人民法院尚未发生法律效力的判决或裁定认定的事实和适用法律进行审理时，所应当遵循的程序。

（一）参与人员

审判长、审判员、书记员、法警、公诉机关（抗诉机关）、上诉人、原审其他被告人、证人、鉴定人、翻译人、勘验人等。

第二审程序的提起分为抗诉和上诉两种，抗诉是地方各级人民检察院对同级人民法院第一审判决、裁定的抗诉；上诉是被告人、自诉人、附带民事诉讼的原告人和被告人通过原审人民法院提出上诉。刑事公诉案件的被害人不享有独立上诉权。人民检察院提出抗诉的案件或者第二审人民法院开庭审理的公诉案件，同级人民检察院都应当派人员出席法庭。

（二）程序

开庭审理的刑事公诉案件第二审普通程序仍然包括以下几个部分：

1. 庭前程序

(1)诉讼文书的交接和送达

根据《刑事诉讼法》第二百二十条规定，被告人、自诉人、附带民事诉讼的原告人和被告人通过原审人民法院提出上诉的,原审人民法院应当在三日以内将上诉状连同案卷、证据移送上一级人民法院,同时将上诉状副本送交同级人民检察院和对方当事人。被告人、自诉人、附带民事诉讼的原告人和被告人直接向第二审人民法院提出上诉的,第二审人民法院应当在三日以内将上诉状交原审人民法院送交同级人民检察院和对方当事人。

地方各级人民检察院对同级人民法院第一审判决、裁定的抗诉,应当通过原审人民法院提出抗诉书,并且将抗诉书抄送上一级人民检察院。原审人民法院应当将抗诉书连同案卷、证据移送上一级人民法院,并且将抗诉书副本送交当事人。

(2)确定审理范围

第二审人民法院应当就第一审判决认定的事实和适用法律进行全面审查,不受上诉或者抗诉范围的限制。共同犯罪的案件只有部分被告人上诉的,应当对全案进行审查,一并处理。

(3)组成合议庭

《刑事诉讼法》第一百八十七条第一款规定,第二审人民法院对上诉案件,应当组成合议庭,开庭审理。所以在第二审人民法院审理上诉案件时,合议庭成员不包括人民陪审员。

(4)确定审理方式

①第二审人民法院审理案件包括开庭和不开庭审理两种。应当组成合议庭,开庭审理的案件包括:被告人、自诉人及其法定代理人对第一审认定的事实、证据提出异议,可能影响定罪量刑的上诉案件;被告人被判处死刑的上诉案件;人民检察院抗诉的案件;其他应当开庭审理的案件。本文只介绍开庭审理的案件的程序。

②发回重审。第二审人民法院发现第一审人民法院的审理有下列违反法律规定的诉讼程序的情形之一的,应当裁定撤销原判,发回原审人民法院重新审判:违反本法有关公开审判的规定的;违反回避制度的;剥夺或者限制了当事人的法定诉讼权利,可能影响公正审判的;审判组织的组成不合法的;其他违反法律规定的诉讼程序,可能影响公正审判的。

2.开庭准备:

(1)开庭准备工作由书记员展开,包括如下内容:

①先期到达法庭,检查庭审设施是否完备,标志牌是否齐全、摆放到位。

②检查当事人、证人和其他诉讼参与人是否到齐。

(2)宣布法庭规则和法庭纪律

书记员宣布:“请大家肃静,现在宣布法庭纪律。请公诉人、辩护人和其他诉

讼参与人入庭就坐。”（法庭规则和法庭纪律与一审相同，不赘述）

（3）法官入庭和报告庭审前准备情况

①书记员宣布：“全体起立！请审判长、审判员入庭。”

待法官坐定后，书记员宣布：“请坐下。”

②准备工作就绪后，向审判长报告庭审前准备工作情况：

“报告审判长，法庭准备工作就绪，请审判长主持开庭。”

3. 开庭

（1）宣布开庭

①审判长敲击法槌。

②宣告案名、案由、审理程序和方式。

“××人民法院刑事审判庭，现在开庭。”

“带上诉人（原审被告人）××到庭。”（法警押解被告人到庭，解除其戒具并实施看守）

（2）核对当事人及其诉讼代理人身份。

（3）核实当事人收到一审判决书的情况，包括收到判决书的时间及上诉情况。

审判长：“上诉人（原审被告人）/附带民事诉讼原告人/其他诉讼参与人等，原审人民法院的判决书你收到了没有？什么时候收到的？”

审判长：“判决书认定你犯何罪？判处何种刑罚？”

（4）宣布案由

审判长：“根据《中华人民共和国刑事诉讼法》第一百八十七条的规定，今天××省××人民法院刑事审判庭在这里依法公开（或不公开）审理刑事上诉人××（刑事附带民事上诉人××）不服××人民法院（20××）×刑初字第××号判决一案。”

（5）宣布到庭人员姓名及身份

审判长：“依照《中华人民共和国刑事诉讼法》的规定，本案依法组成合议庭审理，由审判员（代理审判员）××（就是我本人）担任审判长、与审判员（代理审判员）××、审判员（代理审判员）××共同组成合议庭，书记员××担任今天的法庭记录，鉴定人××和勘验人××为法庭提供鉴定意见、勘验结论。翻译人员××担任翻译。”

（6）告知当事人诉讼权利（同第一审刑事案件）

审判长：“上诉人（其他当事人），以上诉讼权利，是否听明白？”

审判长：“上诉人（其他当事人），你是否申请回避？”

(7)宣告庭审的阶段

审判长:“庭审活动分为:法庭调查、法庭辩论、上诉人最后陈述,法庭将于休庭评议后进行宣判。”

4.法庭调查

审判长宣布:“现在进行法庭调查。”

(1)审判员宣读一审判决书。

(2)由抗诉机关或上诉人宣读抗诉状或上诉状。

(3)交叉询问:检察人员、上诉人的辩护人、被害人及其诉讼的代理人、审判人员等,可以向上诉人、被害人、其他诉讼参与人等发问。

(4)当庭举证和质证:上诉人、上诉人的辩护人、检察人员等可以依次向法庭提供证据并质证。

5.法庭辩论

检察人员、上诉人、辩护人等依次发表辩护意见。第一轮辩论结束,审判长归纳各自辩护观点后,如有必要可进行第二轮辩论。最后确认各方均无新的辩护意见后,宣布法庭辩论结束。

6.上诉人最后陈述

审判长:“现在,由上诉人做最后陈述。”

7.休庭评议

审判长:“本案经开庭审理,进行法庭调查和法庭辩论,听取了上诉人的最后陈述,本案的事实已查清。本合议庭休庭评议后,择日宣判。

休庭!”(敲击法槌)

书记员宣布:“全体起立!”

待合议庭成员退庭后,宣布:“散庭。诉讼参加人和旁听人员退庭。”

(三)法律文书

1.刑事抗诉书

刑事抗诉书,是指人民检察院对人民法院确有错误的刑事判决或裁定依法提出抗诉时,所制作的法律文书。制作刑事抗诉书,是引起人民法院第二审或再审的法定程序之一。

抗诉分为两种,一是上诉案件的抗诉,根据我国《刑事诉讼法》第二百一十七、二百一十八条规定,地方各级人民检察院认为本级人民法院第一审裁判确有错误,应当向上一级人民法院提出抗诉;被害人不服地方各级人民法院第一审裁判,有权请求人民检察院提出抗诉。人民检察院提起抗诉的,必须提交抗诉书。二是审判监督程序的抗诉,第二百四十三条规定:“最高人民检察院对各级人民法院已经发生法律效力的判决和裁定,上级人民检察院对下级人民法院已经发生法律效力的判决和裁定，如果发现确有错误，有权按照审判监督程序向同级人民法院提出抗诉。”不论哪种抗诉都需要提交抗诉书，上诉程序的抗诉书和审判监督程序的抗诉书撰写主体均为人民检察院，受体为人民法院，因此基本性质相同，名称相同，写作结构也基本相同，但上诉程序的抗诉书针对未生效判决，审判监督程序抗诉书针对已生效判决，因此在写作方式上有区别。例如需要写明已生效判决的生效时间，又如由于抗诉案件的监督主体不同，因此案件来源也不同，在审判监督程序的抗诉书中要写明案件来源。在此只讲述上诉案件的抗诉书的写法。

刑事抗诉书包括六个部分：抬头、被告人基本情况、案由和案件来源、犯罪事实和证据、起诉的理由和法律根据、落款。

(1)首部

①抬头及案号：“××人民检察院”“刑事抗诉书”，分两行写。案号为×检刑抗字(　)第×号，包括检察院简称、案件性质、立案时间、案件编号等部分。

②被告人基本情况

写明姓名、性别、年龄、民族、籍贯、职业、工作单位、住址、因本案所受强制措施或服刑情况等。

(2)正文

①第一审裁判情况

包括原审理法院名称，裁判文书(裁判时间、裁判文书编号、文书名称)，裁判结果(认定性质、罪名、刑罚等)。例如：原审被告人××一案，由××公安局××市××区人民法院于×年×月×日以(××)×法刑字第×号判决，对被告人××以×××罪判处……。

②审查意见和抗诉理由

第一，写明检察机关对裁判结果的审查意见，明确指出原裁判的错误所在。要求简明扼要，论点清晰明确。例如：“经本院审查认为：一审判决对被告人××的部分犯罪事实应当认定而未认定，导致适用法律不当，量刑畸轻。理由如下：……”

第二，阐述抗诉的理由，要求运用事实和证据论证上述抗诉观点，有理有据，论证清晰，条理分明。

一般从以下几个角度论述：一是原裁判认定的事实错误。事实认定是适用法律和裁判的基础，认定事实错误包括案件所认定的主要事实或重要情节不清楚，缺乏足够的证据为根据，或者认定的案件主要事实和证据与结论之间存在矛盾；发现了新事实、新证据，证明原来认定的事实是错误的；发现当事人伪造证据，或证人作伪证等情形。二是原裁判适用法律错误。对行为人的行为在法律认定上发生重大错误，混淆了罪与非罪、此罪与彼罪，或者是把合法行为认定为犯罪，或者是把犯罪行为认定为无罪；没有正确适用法律条文，对案件性质、罪名认定错误等。三是原裁判量刑错误，案件具有法定从轻、减轻、免除刑罚或者从重、加重情节没有加以考虑，因而没有根据法律进行判处和定罪量刑；原判定性、定罪虽然正确，但量刑畸轻或畸重，超出了法定刑界限，显失公正。四是原裁判过程违反法定程序，例如，原审审判人员在审理该案件时有贪污受贿、徇私舞弊、枉法裁判行为的；原判决遗漏必须参加诉讼的当事人的；无诉讼行为能力人未经法定代理人代为诉讼，或者应当参加诉讼的当事人因不能归责于本人或者其诉讼代理人的事由未参加诉讼的；未经合法传唤缺席判决，或者违反法律规定剥夺当事人辩论权利的；审判组织的组成不合法或者依法应当回避的审判人员没有回避的；原判决、裁定遗漏诉讼请求的；等等。

可以有如下若干种写法：

一、如果事实错误，可循序渐进论述检察机关查明的事实错误之处，再分段论述由于事实错误导致的案件性质认定的错误，量刑的错误等。最后指出“原审被告人上述犯罪事实清楚，证据确实充分，足以认定。”

二、如果原判决裁量错误，可分为若干论点依次加以论述。

三、若干原审被告人均有错误，可按被告人顺序依次论述抗诉理由。

③结论性意见

“本院认为，……”综合上述论点和论据，针对原判决错误之处给出结论性意见。例如：“本院认为，被告人××……，其行为已触犯了《中华人民共和国刑法》第三百八十二条规定，构成××罪，因此××省高级人民法院的裁定确存在定性错误。为了……，特依照《中华人民共和国刑事诉讼法》第二百零五条第（三）款规定，向你院提出抗诉，请依法改判。”

（3）尾部

①此致，受理抗诉的法院名称，署名，日期，印章。

②附件：根据需要附上。

下面是抗诉书的格式：

××人民检察院

刑事抗诉书

×检刑抗字（　　）第×号

原审被告人：（姓名、性别、年龄、出生年月日、出生地、身份证号码、民族、文化程度、职业或工作单位及职务、住址、因本案所受强制措施情况，现羁押处所等）

原审被告人××一案，由××公安局侦查终结并移送本院审查起诉。×年

×月×日××市××区人民法院×法刑初字(　)第×号判决，认定××犯××罪，判处……。经依法审查后认为该判决……(错误之处)，理由如下：

……

综上所述……，为维护司法公正，准确惩治犯罪，依据《中华人民共和国刑事诉讼法》第××条规定，特提出抗诉，请依法判处。

此致

××人民法院

××人民检察院
(院印)
×年×月×日

附：

1.被告人××现羁押于……。

2.新的证据目录。

下面是刑事抗诉书范本：

××人民检察院

刑事抗诉书[①]

×检公诉刑抗(20××)×号

原审被告人高××，女，1962年××月××日出生，居民身份证号码：××××××××××××××××，汉族，小学文化，农民，住××××镇××村××社。因涉嫌故意伤害罪，20××年3月13日被××公安局刑事拘留，同年3月27日经本院批准由该局执行逮捕，同年4月4日由该局取保候审。

原审被告人高××故意伤害一案，由××公安局侦查终结，于20××年4月28日移送本院审查起诉，本院经审查于20××年6月10日提起公诉。××人民法院经审理于20××年10月8日以(20××)×刑初字第××号刑事判决书作出一审判决：被告人高××犯故意伤害罪，判处管制一年。

原审被害人贺××收到本判决后，认为该判决对原审被告人量刑畸轻，于20××年10月16日向本院提出抗诉申请，请求本院依法对××人民法院(20××)×刑初字第××号刑事判决书提出抗诉。

本院依法审查认为，该判决认定事实及适用法律与起诉书内容一致，但量刑畸轻，适用刑罚明显不当。理由如下：

---

① 案例引自人民检察院案件信息公开网，使用时隐去人名。http://www.ajxxgk.jcy.gov.cn/html/20150611/2/684675.html

20××年10月14日9时许，在××××镇××村××社贺××家门前，原审被告人高××与被害人贺××因邻里纠纷引发矛盾并发生打架，打架过程中原审被告人高××使用塑料水桶和木棍将被害人贺××的右手臂打伤，致使被害人贺××右手臂骨折。经××公安司法鉴定中心鉴定，被害人贺××右前臂的损伤评定为轻伤。

××人民法院经审理后认为，原审被告人高××故意伤害他人身体致人轻伤，其行为已构成故意伤害罪。原审被告人高××归案后如实供述其犯罪事实，属坦白，可从轻处罚。据此，××人民法院判决原审被告人高××犯故意伤害罪，判处管制一年。

本院经审查后认为，原审被告人高××故意伤害他人身体致人轻伤的行为构成故意伤害罪，根据《中华人民共和国刑法》第二百三十四条第一款“故意伤害他人的，处三年以下有期徒刑、拘役或者管制”，《最高人民法院关于常见犯罪的量刑指导意见》中关于故意伤害罪量刑起点的规定为“轻伤一人的，在两年以下有期徒刑、拘役幅度内确定量刑起点”，关于坦白情节的规定为“如实供述自己罪行的，可以减少基准刑的20%”，原审被告人高××致一人轻伤，且未对被害人进行民事赔偿，依法应处拘役以上刑罚。××人民法院仅以原审被告人高××具有坦白的量刑情节，再无其他法定及酌定量刑情节情况下，对其判处管制一年，属适用刑罚明显不当，违背了《中华人民共和国刑法》第五条规定的罪责刑相适应原则。

综上所述，原审法院认定事实清楚，适用法律正确，但量刑畸轻，适用刑罚明显不当，为维护司法公正，准确惩治犯罪，保障公民的合法权益，依照《中华人民共和国刑事诉讼法》第二百一十七条之规定，特提出抗诉，请依法改判。

此致

××市中级人民法院

××人民检察院
（院印）
20××年10月24日

附：原审被告人高××现住于其居住地。

2.刑事上诉状

刑事上诉状是刑事公诉案件的有上诉权的诉讼参与人不服一审法院的裁决，在法定的上诉期内，向原审法院的上级法院提出的要求重审改判的法律文书。

根据《刑事诉讼法》第二百一十六条规定，有上诉权的当事人包括原审被告人、自诉人和他们的法定代理人；被告人的辩护人和近亲属，经被告人同意也可以提出上诉；附带民事诉讼的当事人和他们的法定代理人可以对附带民事诉讼部分提起上诉。被害人及其法定代理人只能请求人民法院提起抗诉。

上诉的形式包括口头和书面两种，书面形式即为“刑事上诉状/刑事上诉书”。

刑事上诉状包括以下内容：

(1)首部

①抬头：“刑事上诉状/刑事上诉书”

②上诉人基本情况(姓名、性别、年龄、出生年月日、出生地、身份证号码、民族、文化程度、职业或工作单位及职务、住址、因本案所受强制措施情况，现羁押处所等)

③案由：“上诉人因×××罪一案不服××人民法院(××)××刑初字第×号刑事(附带民事)判决书，现提出上诉。”

(2)正文

①上诉请求：简明扼要，清晰地写明上诉所要达到的目的。

②事实和理由：该部分写法参照抗诉书。

(3)尾部

此致，受诉法院名称，落款，时间等。

下面是上诉状的格式：

刑事上诉状

上诉人(原审被告人)：(姓名、性别、年龄、出生年月日、出生地、身份证号码、民族、文化程度、职业或工作单位及职务、住址、因本案所受强制措施情况，现羁押处所等)

上诉人因××罪一案不服××人民法院(××)××刑初字第××号刑事(附带民事)判决书，现提出上诉。

上诉请求：请求××人民法院依法改判/撤销原判……

事实和理由：……

此致

××人民法院

上诉人：×××

×年×月×日

下面是上诉状范例：

刑事上诉状

上诉人：王××，男，黎族，1984年1月20日出生于海南省××市，初中文化，务农，住五指山市××镇××村××号。现羁押于××市第一看守所；

上诉人因聚众斗殴罪一案，不服××区人民法院(20××)×刑初字第××号刑事判决，现依法提起上诉。

上诉请求：

一审判决存在对上诉人量刑过重和对一审同案被告人钟××、林××、许××认定事实与罪名错误，请求二审法院重新审查案件事实，撤销一审判决，发回重审。

上诉理由：

一、根据本案客观存在的事实经过，结合罪刑相适应原则，原判决对上诉人量刑过重。理由如下：事发当晚，上诉人王××等在"皇后"酒吧消费，因与被告人钟××等一起的女子跳舞引起钟××一伙不满而发生推搡，钟××一伙随即离开酒吧。上诉人等担心遭到钟等报复，也随后离开酒吧。在走出酒吧门口时，即看到被告人林××，上诉人等人上前殴打林后随即离开，如果事件发生到此终止，上诉人应当承担的可能也仅仅是治安处罚行政责任。正是因为后来钟××一伙在上诉人等离开后又纠集他人尾随报复并杀死王××的结果，上诉人等才被追究聚众斗殴的刑事责任。可见，认定上诉人一方人员构成刑事犯罪并处以两年以上的刑罚，与刑法的罪责自负、罪刑相适应的原则不符。虽然一审判决以上诉人等当庭认罪而决定酌情从轻处罚，但实际上对上诉人一方的被告人的处罚均高于最高人民法院关于聚众斗殴6个月至1年6个月量刑基准标准。此外，上诉人此前无前科劣迹，且认罪态度好，其在公安机关和人民法院庭审过程中都能如实交待自己的罪行，基于此种情况，一审法院在定罪量刑的过程中对上诉人考虑不足，希望二审法院能查明案件事实，对上诉人斟酌量刑。

二、一审判决对同案被告人钟××、林××、许××认定罪名错误，对他们预谋、策划、邀约他人和参与报复杀害王××的事实、性质认定不清，判决对罪名的认定和适用法律错误，造成量刑畸轻的结果，有违罪责自负、罪刑相适应的原则。

从案件发生的经过来看，当双方因跳舞发生纠纷后，钟××等人为向上诉人一方人员图谋报复，有计划有预谋地提前走出酒吧，并候在酒吧门口，在上诉人等殴打林××并离开现场10分钟后，判决书认定的三个骑电动车的人"向钟××、林××了解情况"后，共同追上上诉人等厮打，造成王××被刺身亡的后果。

根据以上案件事实经过，根据刑法一百九十二条的规定，钟××等人应定杀人罪或者故意伤害致死罪，而不是聚众斗殴罪。

据以上理由，上诉人提出上诉，请求二审法院公正判决。

此致

××市中级人民法院

上诉人：王××

20××年4月22日

3.第二审刑事判决书

第二审刑事判决书是指上一级人民法院根据依法提出的刑事案件的上诉或者抗诉，对下一级人民法院所做的第一审未生效的判决、裁定依照第二审程序重新进行审理，所做出的改判的书面结论。

第二审人民法院应当就第一审判决认定的事实和适用法律进行全面审查，不受上诉或者抗诉范围的限制。共同犯罪的案件只有部分被告人上诉的，应当对全案进行审查，一并处理。

第二审人民法院对不服第一审判决的上诉、抗诉案件，经过审理后，应当按照下列情形分别处理：原判决认定事实和适用法律正确、量刑适当的，应当裁定驳回上诉或者抗诉，维持原判；原判决认定事实没有错误，但适用法律有错误，或者量刑不当的，应当改判；原判决事实不清楚或者证据不足的，可以在查清事实后改判，也可以裁定撤销原判，发回原审人民法院重新审判。

另外，第二审人民法院审理被告人或者他的法定代理人、辩护人、近亲属上诉的案件，不得加重被告人的刑罚。第二审人民法院发回原审人民法院重新审判的案件，除有新的犯罪事实，人民检察院补充起诉的以外，原审人民法院也不得加重被告人的刑罚。人民检察院提出抗诉或者自诉人提出上诉的，不受此规定的限制。

判决书应当包括如下内容：

(1)首部

①标题。包括作出判决的人民法院的名称和“刑事判决书”，分两行写。若是涉外案件的判决书，各级法院均应冠以国名。

②案号。包括时间，案件性质，审级，案件序号等，表述为(　)×刑终字第×号。

③各方参加人情况。

第一，公诉案件

被告人、被告人近亲属或辩护人(经被告人同意)上诉,写为:

原公诉机关

上诉人(同上诉状写法)

辩护人

人民检察院抗诉案件,写为:

抗诉机关

原审被告人

辩护人

被告人上诉及人民检察院抗诉,写为:

抗诉机关

上诉人(原审被告人)

辩护人

第二,自诉案件

自诉人提出上诉,写为:

上诉人(原自诉人)

原审被告人

被告人提出上诉,写为:

上诉人(原审被告人)

原审自诉人

自诉人和被告人均提出上诉,写为:

上诉人(原审自诉人)

上诉人(原审被告人)

第三,共同犯罪案件

部分被告人上诉,写为:

原公诉机关

上诉人(原审被告人)

辩护人

原审被告人

④案件由来和审理经过。包括:原审理法院名称,原公诉机关名称,罪名,判决(判决书号,判决日期),抗诉机关名称,上诉人姓名,审理方式,审理情况等。

不同情况下案件由来和审理经过的写法:

第一,原审被告人不服一审判决结果,提起上诉的写法:"××人民法院审理××人民检察院指控原审被告人蒋××、廖××、犯××罪一案,于×年×月×日作出(××)×刑初字第××号刑事判决。蒋××、廖××不服,于20××年

×月×日向本院提起上诉。本院受理后，依法组成合议庭，于20××年×月×日在××人民法院刑事审判庭公开开庭审理了本案。××人民检察院指派××出庭履行职务。上诉人(原审被告人)蒋××、廖××到庭参加诉讼。本案现已审理终结。”

第二，原审被告人不服，其辩护人或近亲属经过其同意提出上诉的写法：“……蒋××、廖××的辩护人(或近亲属)××经征得原审被告人同意，提出上诉。……”

第三，检察院不服提起抗诉的写法：“……原公诉机关××人民检察院不服提起抗诉。……”

第四，双方均不服提起抗诉/上诉的写法：“……原公诉机关××人民检察院不服提起抗诉，原审被告人蒋××、廖××亦不服，提起上诉。……”

(2)正文

①审判经过。包括：

“原判认定，……”，简要概括原判决认定的罪名，刑期等。

“抗诉机关认为，……”如果人民检察院抗诉，则先叙述抗诉机关的观点，如果人民检察院没有抗诉，则先论述上诉人的上诉理由。

“上诉人的上诉理由：……”

②审理查明的事实。第二审法院在审理过程中依法认定的事实和证据。注意第二审法院的全面审查原则，不受上诉或抗诉范围的限制。写为“本院经审理查明……”“上述事实有……证据加以证明，足以认定。”

③判决理由。根据上述认定的事实和证据，分析控辩双方的观点和案件争点。

④判决。在正确引用法条的基础上得出判决结论，仍然遵循“大前提→小前提→结论”的写法和思维方式，层次清晰，推论正确。对于第二审裁判结果有如下写法：

一是原判决认定事实没有错误，但适用法律有错误或者量刑不当的，以及原判决事实不清楚或者证据不足的，在查清事实后改判的，使用判决形式。

如果是全部改判，写为：“撤销××人民法院(××)×刑初字第××号判决。改判……”

如果是部分改判，写为：“维持××人民法院(××)×刑初字第××号判决。撤销……第×项，判处……”

二是原判决认定事实和适用法律正确、量刑适当的，维持原判，使用裁定形式驳回上诉或者抗诉；原判决事实不清楚或者证据不足的，发回重审的，使用裁定形式。

(3)尾部

①另起一行写“本判决为终审判决。”

如果第二审判决是高级人民法院拟定，判决有死刑立即执行需要最高人民法院核准的，写为“本判决由本院依法报送最高人民法院核准。”如果是死刑缓期两年执行，写为“本判决为终审判决。”第二审人民法院审理上诉、抗诉案件的判决结果是在法定刑以下判处刑罚，并且依法应当报请最高人民法院核准的，在尾部写明：“本判决报请最高人民法院核准后生效”。

②落款。

下面是第二审刑事判决书(被告人上诉)的格式：

××人民法院

刑事判决书

(　　)×刑终字第　号

原公诉机关××人民检察院。

上诉人(原审被告人)……(姓名、性别、出生日期、民族、籍贯、工作单位、职务、住址、曾受过的刑事处分，因本案所受强制措施、现羁押处等)

辩护人(写明姓名、性别、工作单位、职务等)

××人民法院审理××人民检察院指控原审被告人××犯×××罪一案，于×年×月×日作出(××)×刑初字第××号刑事判决。××不服，于×年×月×日向本院提起上诉。本院受理后，依法组成合议庭，于×年×月×日在××人民法院刑事审判庭公开开庭审理了本案。××人民检察院指派××出庭履行职务。上诉人(原审被告人)××到庭参加诉讼。本案现已审理终结。

原判认定，……

上诉人××称，……

辩护人××提出的辩护意见，……

原公诉机关认为，……

经审理查明，……

上述事实，有……证据。

本院认为，……。

依照……法律之规定，判决如下：

……

本判决为终审判决。

审判长：××

审判员：××
审判员：××
×年×月×日

本件与原本核对无异

书记员：××

下面是第二审刑事判决书的范例：

云南省高级人民法院
刑事判决书①

（20××）云高刑终字第×号

抗诉机关××市人民检察院。

原审被告人排××，男，1987年2月2日生于云南省××县，景颇族，小学文化，农民。因本案于20××年12月2日被刑事拘留，同月31日被逮捕。现羁押于××区看守所。

原审被告人孙××，男，1987年9月29日生于云南省××县，景颇族，小学文化，农民。因本案于20××年12月2日被刑事拘留，同月31日被逮捕。现羁押于××区看守所。

××市中级人民法院审理××市人民检察院指控排××、孙××犯运输毒品罪一案，于20××年5月19日作出（20××）×中刑初字第×号刑事判决。××市人民检察院提出抗诉。本院依法组成合议庭于20××年9月7日在××市中级人民法院法庭公开开庭审理了本案。云南省人民检察院指派检察员陈××、刘××出庭执行职务。排××、孙××到庭参加诉讼。现已审理终结。

原判认定，排××在盈江县受一不知名男子指使运输毒品，后排××又邀约同村的孙××共同运输毒品。20××年11月底二人携带毒品经梁河县并于同年12月2日到腾冲县芒棒乡马场街子。当日二人分别包乘两辆摩托车一同前往潞江东风桥，途经东风桥检查站时经公安机关检查，当场从排××携带的黑色挎包内查获用透明胶带包裹的甲基苯丙胺三砣，净重593克。随后，侦查干警即带排××到潞江小平田街子查找两人所供述的毒品货主，但该货主已逃离现场。原判以运输毒品罪，分别判处排××无期徒刑，剥夺政治权利终身，并处没收个人全部财产；判处孙××有期徒刑十年，并处没收个人全部财产；查获的毒品甲基苯丙胺593克、手机1部依法没收。宣判后，××市人民检察院抗诉称，一审

① 案例引自云南省高级人民法院网，使用时隐去人名。http://www.gy.yn.gov.cn/Article/cpws/xsws/201012/21257.html

法院认定排××为从犯不当，对孙××适用的附加刑有误，请求依法改判。省检察院经审查认为××市检察院抗诉部分正确，建议对孙××的附加刑部分予以改判。

经审理查明，原判认定2009年11月底，排××邀约孙××共同为他人运输毒品，二人于同年12月2日携带毒品途经东风桥检查站时被抓获，公安人员从排××携带的黑色挎包内查获甲基苯丙胺三砣的犯罪事实清楚。有公安机关出具的查获经过材料，证实2009年12月2日排××、孙××在东风桥检查站被公安人员人赃俱获的经过。刑事科学技术鉴定书、指认笔录及照片、称量记录，证实查获的毒品系甲基苯丙胺，净重593克。证人××、××证实，20××年12月2日11时左右，两人为获取250元的运费用摩托车从腾冲县芒棒乡马场街子送两个自称是盈江人的男子到东风桥，到东风桥前面的街子还为两人送过一陌生男子去潞江道街一趟，后继续送两人准备去道街时，在东风桥检查站经检查从其中一人所背的包内查获毒品可疑物的经过。排××、孙××供述了为他人从盈江县运输毒品到保山以牟利的事实，其供述涉及的具体情节如运输毒品的时间、线路、运输方式、目的地、报酬和现行查获的过程与前述证据一致，且两人的供述能互相印证。本案证据确实、充分，足以认定。

本院认为，原审被告人排××、孙××无视国家法律，为牟取非法利益，运输毒品甲基苯丙胺的行为已触犯刑律，均已构成运输毒品罪。应依法惩处。排××、孙××均系受他人指使运输毒品，属从犯，但在运输毒品的过程中排××作用大于孙××，二人到案后认罪态度好，排××还积极协助公安机关查找毒品货主，依法均可对二人从轻或减轻处罚。原判对孙××所适用的附加刑有误，应予纠正。省检察院的抗诉意见予以支持。原判定罪准确，对排××量刑适当，审判程序合法。但对孙××适用附加刑不当。据此，依照《中华人民共和国刑事诉讼法》第一百八十九条(一)、(二)项和《中华人民共和国刑法》第三百四十七条第二款(一)项、第五十七条第一款、第二十五条第一款、第二十七条、第六十一条、第六十四条的规定，判决如下：

一、维持××市中级人民法院(20××)×中刑初字第××号刑事判决第一、三项，即被告人排××犯运输毒品罪，判处无期徒刑，剥夺政治权利终身，并处没收个人全部财产；查获的毒品甲基苯丙胺593克、手机1部依法没收。

二、撤销××市中级人民法院(20××)×中刑初字第××号刑事判决第二项对孙××的附加刑部分。

三、原审被告人孙××犯运输毒品罪判处有期徒刑十年，并处罚金人民币50000元(刑期自2009年12月2日起至2019年12月1日止)。

本判决为终审判决。

审　判　长　张××
审　判　员　谭××
代理审判员　戴××
二〇××年九月二十日

书　记　员　杨××

（四）案例

被告人李×因犯盗窃罪被判处有期徒刑二年，刑满释放后经他人介绍，李×与被害人徐××（女，26岁）建立恋爱关系。二人因经常吵架而分手。某日，当地公安机关到李×的工作单位给李×建立重点人档案时，其单位得知李×曾因犯罪被判刑一事，并以此为由停止了李×的工作。李×认为其被停止工作与徐××有关，于是拨打徐××的手机，因徐××外出，其表妹王××（被害人，时年16岁）接听了李×打来的电话，并告知李×，徐××已外出。后李×又多次拨打徐××的手机，均未接通。当日李×再次拨打徐××的手机，与徐××在电话中发生吵骂，后李×破门进入徐××的卧室，持室内的铁锤多次击打徐××的头部，击打徐××表妹王××头部、双手数下。稍后，李×又持铁锤先后再次击打徐××、王××的头部，致徐××当场死亡、王××轻伤。为防止在场的佟某报警，李×将徐××、王××及佟×的手机带离现场抛弃，后潜逃。之后，李×到其姑母家中，委托其姑母转告其母亲梁××送钱。梁××得知此情后，及时报告公安机关，并于次日晚协助公安机关将来姑母家取钱的李×抓获。在本案审理期间，李×的母亲梁××代为赔偿被害人亲属4万元。

第二章　模拟卫生行政执法

第一节　模拟卫生行政执法简介

一、卫生行政执法

卫生行政执法，是指卫生行政机关和法律法规授权组织、受委托组织及其工作人员依照卫生法律法规和规章的规定处理具体卫生行政事务，将卫生法律规范适用于现实的社会关系的活动。

在实践中，卫生行政执法是一种职能活动，表现为具体的行政行为，即卫生监督。卫生监督是指卫生行政部门执行国家卫生法律、法规，维护公共卫生和医疗服务秩序，保护人民群众健康及其相关权益，对特定的公民、法人和其他组织所采取的能直接产生法律效果的卫生行政执法行为。①

根据卫生部《关于卫生监督体制改革的意见》《关于卫生监督体制改革实施的若干意见》《关于卫生监督体系建设的若干规定》，以及《关于卫生监督体系建设的实施意见》的规定，卫生行政部门设立卫生监督局（所）和卫生监督员，行使卫生监督职责。应该指出的是，由于卫生监督局（所）没有得到我国公共卫生法律、法规的授权，因此不具备独立的监督主体资格，只能以卫生行政部门的名义对外实施监督和处罚权。

二、卫生行政执法的措施

（一）卫生行政许可

卫生行政许可是指卫生行政部门根据公民、法人或者其他组织的申请，依法进行审查并准予其从事与卫生管理相关的特定活动的卫生行政行为。

卫生行政许可通过对申请者是否符合特定条件的审查，把可能危害人身健康和损害社会利益的有害因素控制在生产、经营等各项活动开始之前，最大限度地为社会提供合格的健康相关产品，有利于保护公民健康安全和社会公共利益。

---

① 中华人民共和国卫生部：《卫生法基础》，法律出版社2007版，第6-9页。

1. 卫生行政许可设定权的规定

我国《行政许可法》规定，法律、行政法规、地方性法规可以设定行政许可，行政规章可以依据法律、法规的规定设定行政许可，其他规范性文件不得设定行政许可。

《卫生行政许可管理办法》明确规定：各级卫生行政部门应当依据法律、法规、国务院决定、地方性法规，和省、自治区、直辖市人民政府规章的规定实施卫生行政许可，没有法定依据不得实施卫生行政许可。

2. 卫生行政许可的范围

（1）公共场所卫生许可。

（2）涉及饮用水安全卫生许可：①供水单位卫生许可；②涉及饮用水卫生安全的产品审批。

（3）放射卫生许可：①放射源诊疗技术和医用辐射机构、射线装置准入；②放射医疗工作人员证核发。

（4）职业卫生许可：①使用有毒物品作业场所职业卫生安全许可证；②职业卫生技术服务机构资质认证；③职业健康检查、职业病诊断机构资质认证；④新建、改建、扩建建设项目和技术改造技术引进项目职业病危害预评价报告审核。

（5）消毒安全卫生许可：①消毒产品（一次性使用医疗用品除外）生产企业卫生许可；②消毒剂、消毒器械卫生许可。

（6）医疗卫生机构和人员卫生许可：①医疗机构设置及执业许可；②医师资格及执业注册许可；③外籍医师在华短期执业许可；④护士执业许可；⑤乡村医生执业许可；⑥医疗机构开展戒毒脱瘾治疗审批。

（7）母婴保健许可：①母婴保健技术服务机构执业许可；②母婴保健技术服务人员资格许可；③计划生育技术服务机构从事产前诊断及技术使用辅助生育技术治疗不育症审批；④医疗保健机构从事计划生育技术服务审批；⑤医疗机构设置人类精子库审批；⑥医疗机构开展人类辅助生殖技术审批。

（8）采供血机构和人员的许可：①血站设置及执业许可；②单采血浆站设置审批及执业许可；③设立造血干细胞资料库组织配型实验室和骨髓移植医院审批；④人体血液、组织器官进出口审批。

（9）其他法定的许可：①传染病菌（毒）种使用单位审批；②医疗机构配置制剂审核；③药物临床实验基地资格认定；④发布处方药广告的医疗专业刊物的认定。①

① 中华人民共和国卫生部：《卫生监督基础》，法律出版社 2007 年版，第 3-17 页。

3.卫生行政许可的实施

按照法律法规的规定，卫生行政许可包括卫生行政许可的申请、卫生行政许可申请的受理、卫生行政许可申请的审查和卫生行政许可的决定四个步骤。

(1)卫生行政许可的申请

当申请人符合法定的行为能力或申请条件时，可以向卫生行政部门提出卫生行政许可的申请，除了依法应当由申请人到卫生行政机关提出卫生行政许可申请的方法以外，申请人还可以委托代理人向卫生行政机关提出申请。提出申请的形式以书面形式为主，也可以通过信函、传真、电子邮件等方式提出申请，申请人应完整地表达申请卫生行政许可的理由，并在规定时间内提交有关材料，同时对申请材料实质内容的真实性负责，并承担相应的法律责任。

(2)卫生行政许可申请的受理

卫生行政机关收到申请人提出的卫生行政许可申请后，根据不同的情形可以做出予以受理、要求更正、限期补正、不予受理和驳回申请等处理。

对于许可事项属于本卫生行政机关职权范围的，申请人申报的材料齐全、符合法定形式的卫生行政许可申请予以受理，卫生行政机关应给予申请人书面受理通知书；对于申请人提交的申请材料存在错误可以当场更正的，卫生行政机关应要求其当场更正；对于申请人提交的申请材料不齐全或者不符合法定形式的，卫生行政机关应当场或5日内出具申请材料补正通知书，一次性告知申请人需补正的全部内容；对于不需要申领卫生行政许可的或该许可事项不属于本卫生行政机关职权范围的申请，卫生行政机关应不予受理，同时告知申请人向有权受理申请的行政机关申请；对于申请人提出的申请不符合法定要求或申请材料无法补正的，卫生行政机关应驳回申请，以书面形式说明理由，并告知申请人如对驳回申请许可不服，可寻求行政救济的期限与方式。

(3)卫生行政许可申请的审查

卫生行政许可机关在接到卫生行政许可申请人的申请后，必须在规定的时间内对申请人提出的申请及其附加材料进行审查。卫生行政许可机关除了对申请人提交的申请材料进行审查外，还要对申请材料的实质内容进行实地核查，包括：对申请人从事卫生相关活动的能力，申请内容所涉及的环境、设备、布局等，以及新建、改建、扩建工程的选址及建筑设计审查验收情况进行复核；对产品的卫生检测、检验或检疫合格情况的审查；对申请卫生技术服务和医疗服务的卫生行政许可，应对职业卫生技术服务以及医疗服务的资格进行重点审查。如遇涉及公共利益和安全以及公民生命健康等重大事项的行为许可，应进行听证核查程序。

(4)卫生行政许可的决定

若申请人提交的卫生行政许可申请材料齐全、符合法定形式，受理申请的卫生行政机关审查后，应依法作出书面的卫生行政许可决定；若有法律、法规规定由上级卫生行政机关作出决定的情况，受理申请的卫生行政机关受理申请后，应将初步审查意见和全部申请材料报送上级卫生行政机关，由上级卫生行政机关作出行政许可决定。凡卫生法律、法规对卫生行政许可期限有明确规定的，卫生行政机关应在法定期限内做出卫生行政许可决定；对依法规定作出检验、检测、检疫以及鉴定或专家评审耗费的时间不计算在卫生行政许可决定的期限内；对卫生法律、法规未规定许可期限的，卫生行政机关应依据《行政许可法》的规定，在受理行政许可申请之日起二十日内作出卫生行政许可决定，二十日内不能作出决定的，经本行政机关负责人批准，可以延长十日做出行政许可决定。

(二)卫生监督检查

卫生监督检查是指卫生行政部门依法对卫生行政相对人守法和履行法定义务的情况进行查看、监督的卫生行政执法活动。

卫生监督检查是有效实现卫生监督职能的重要手段，与卫生行政许可、卫生行政强制、卫生行政处罚等卫生行政行为有着密不可分的关系。它既是卫生行政许可、卫生行政强制、卫生行政处罚等行为的先期行为，又是保障卫生行政许可、卫生行政强制、卫生行政处罚等行为得以落实的后期措施。它是各个卫生行政执法行为中的主干行为。①

1. 卫生监督检查的分类

(1) 根据性质和实施阶段不同，卫生监督检查可以分为预防性卫生监督检查和经常性卫生监督检查。

①预防性卫生监督检查

预防性卫生监督检查又叫事前卫生监督检查，是指依据法律、法规，在相对人的某种行为开始之前实施的卫生监督检查，主要指对新建、改建、扩建的建设项目所开展的卫生审查和竣工验收等卫生监督检查活动。如《放射性同位素与射线装置放射防护条例》第六条规定，放射防护设施的设计，必须经所在省、自治区、直辖市的卫生行政部门会同公安等部门审查同意，竣工后须经卫生、公安、环境保护等有关部门验收同意，获得许可登记后方可启用。预防性卫生监督检查的目的是从“源头”上消除可能对公共卫生秩序和人民群众健康造成损害或伤害的潜在隐患或风险，主要任务是审查许可申请方是否具备或符合卫生许可的条件，是卫生监督主体实施卫生许可的前提条件。

---

① 中华人民共和国卫生部:《卫生监督基础》，法律出版社 2007 年版，第 3—17 页。

②经常性卫生监督检查

是指卫生行政部门依据法律、法规对管理相对人遵守卫生法律、法规、规章的情况实施的卫生监督检查。如生活饮用水供水单位的供水过程始终受到卫生行政部门的监督检查。经常性卫生监督检查的主要内容有：取得法定资格的情况、自身管理的情况、环境及卫生情况、卫生设施的配备和使用情况、原料的质量及贮存情况、生产经营过程的卫生情况、依法采取行政强制措施、纠正或查处违法行为和其他卫生情况。

(2)根据检查对象和范围的不同，卫生监督检查可以分为一般性卫生监督检查和特定性卫生监督检查。

①一般性卫生监督检查

是指卫生行政部门对管辖范围内的管理相对人遵守卫生法律、法规、规章的情况，实施的不特定的、全面的、普遍的监督检查。

②特定性卫生监督检查

是指卫生行政部门对管辖范围内的特定的或局部的管理相对人遵守卫生法律、法规、规章的情况进行的监督检查。如高考期间对特定考点学校的专项卫生监督检查。

(3)根据检查时间的固定性，卫生监督检查可以分为定期卫生监督检查和不定期卫生监督检查。

①定期卫生监督检查

是指卫生行政部门按照卫生监督检查工作计划和要求，相隔固定的时间，如一年、一个月，对管理相对人进行的有规律性的卫生监督检查。这种监督检查一般都有比较固定的检查内容和模式，可以对相对人产生稳定的警戒作用，其弊端是相对人往往有应付检查的对策。

②不定期卫生监督检查

是指卫生行政部门不按固定间隔时间进行的卫生监督检查。因为这种监督检查没有规律性，相对人无法有准备地应付检查，所获得的情况更具客观性和真实性，有利于发现问题，纠正违法行为。

另外，根据监督检查内容的不同，卫生监督检查可分为医疗服务监督检查、公共场所卫生监督检查、传染病防治监督检查、生活饮用水卫生监督检查、学校卫生监督检查、职业卫生监督检查、放射卫生监督检查等；根据来源的不同，可分为依职权的和依申请的卫生监督检查。

2.卫生监督检查的方法

卫生监督检查的方法是指卫生行政部门为达到卫生监督检查的目的而采取的手段和措施。主要有以下几种：

(1)现场检查

是指卫生行政部门指派卫生监督人员直接深入现场对相对人的行为、相关物品和环境进行了解和查看。

(2)审查资料

是指卫生行政部门及其卫生监督员对管理相对人的有关记录、档案及相关资料进行查阅核实,以了解有关情况,作出相应的决定。

(3)检验

是指卫生行政部门及其卫生监督员对管理相对人的产品或物品进行采样、送检,以确定其是否符合国家卫生标准的要求或是否存在危害人民群众身体健康的卫生问题。

(4)询问和听取汇报

是指卫生行政部门及其卫生监督员通过向相对人询问或听取其说明情况,来了解相对人守法或违法的状况。

3.卫生监督检查的程序

(1)卫生监督员在进行检查时应不少于两人,向相对人告知身份并出示卫生执法证件,有制服的应穿着制服。

(2)卫生监督员应向相对人说明实施卫生监督检查的原因、依据及进行检查的方法。

(3)卫生监督员根据相对人的具体情况分别行使下列监督检查职权:

①听取相对人的陈述。

②查阅相关证照、主体资格、身份证明、制度、记录、技术资料、必需的财务账目及其他书面文件。

③运用卫生专业技术手段进行实地检查、勘验、测试和采样。

④根据需要对相关人员进行询问。

⑤确定事实证据,并收集相关书证、物证、影响资料等。

(4)卫生监督员应根据检查情况当场制作现场笔录、询问笔录、现场勘验或采样记录,并要求相对人在有关文书上签字,相对人对检查有异议的,允许其申辩,并做好记录。

(5)卫生监督员在监督检查中发现相对人的违法事实,应作如下处理:

①违法事实情节显著轻微的,可以发出责令改正通知书,要求被检查人纠正违法事实。

②违法事实清楚并有法定依据,依照《中华人民共和国行政处罚法》和有关法律、法规和规章,可以适用简易程序当场作出行政处罚的,应当场作出行政处罚。

③违法事实需进一步调查取证予以核实的，应依照《中华人民共和国行政处罚法》和行政处罚程序中的一般程序的有关规定，予以立案并做进一步处理。

④违法行为涉嫌犯罪的，应及时移交公安或司法机关处理。

⑤如有必要，监督和抽检结果可通过有关媒体予以公示或曝光，同时可向社会发布消费警示等。①

（三）卫生行政奖励

卫生行政奖励是指卫生行政部门为鼓励先进，对自觉遵守卫生法律规范、为国家和社会做出较大贡献的管理相对人给予精神利益或物质利益的行政行为。卫生行政奖励通过树立正面楷模，鼓励公民主动守法，具有示范和激励作用，相对于卫生行政处罚，更容易为相对人所接收，是完成卫生监督管理目标过程中不容忽视的措施和手段。

（四）卫生行政处罚

卫生行政处罚是指卫生行政部门依法对相对人违反卫生法律、法规、规章的行为给予制裁的行政执法行为。

1. 卫生行政处罚的种类

（1）警告

警告，属于申诫罚（声誉罚），是一种影响相对人声誉或名誉的卫生行政处罚措施，即卫生行政机关以书面形式对违反卫生法律法规的相对人实施的一种谴责和告诫。警告必须以书面形式做出，以申明相对人的违法行为，并勒令其改正、不再违法。与一般的口头批评教育不同的是，警告不仅具备教育性质，又具有制裁性质。

（2）罚款

罚款属于财产罚，是指卫生行政机关依法强制违法相对人缴纳一定数额的货币，使相对人的某些财产权遭到一定损失的处罚形式。

（3）没收违法所得、没收非法财物

没收违法所得、没收非法财物属于财产罚，是指卫生行政机关依法将违法相对人的部分或全部违法收入、违禁物品、或从事违法活动所使用的工具强制收归国有的处罚形式。

（4）责令停产停业

责令停产停业属于行为罚，是指卫生行政机关依法在一定期限内责令违法相对人停止相关生产经营活动，从而限制或剥夺其从事某种生产或经营活动权利的处罚形式。责令停产停业只适用于较严重的违法行为，《行政处罚法》规定

① 中华人民共和国卫生部：《卫生监督案例汇编》，法律出版社 2007 版，第 329-331 页。

了责令停产停业的听证程序，以保护相对人的合法权益。

(5)暂扣或者吊销许可证

暂扣或者吊销许可证是指卫生行政机关依法对严重违反卫生法律、法规的违法相对人暂时扣押或者吊销许可证，从而限制或者剥夺其从事某种活动的权利或资格的处罚形式。

暂扣卫生许可证和执照，是指卫生行政机关对相对人采取的暂时中止其从事卫生相关活动的资格，待其改正违法行为后或经过一定时期，再发还证件，恢复其行为资格的处罚形式。

吊销卫生许可证和批准文件是卫生行政处罚中最严重的一种行为处罚，是指卫生行政机关吊销允许相对人从事某种活动的权利和资格的凭证，终止其继续从事卫生相关活动的处罚形式。《行政处罚法》规定了吊销许可证、执照的听证程序，以保护相对人的合法权益。

2.卫生行政处罚的简易程序

卫生行政处罚简易程序，即当场卫生行政处罚程序。《卫生行政处罚程序》第四十三条规定："对于违法事实清楚、证据确凿并有下列情形之一的，卫生行政机关可以当场作出卫生行政处罚决定：(一)予以警告的行政处罚；(二)对公民处以五十元以下罚款的行政处罚；(三)对法人或者其他组织处以一千元以下罚款的行政处罚"。适用行政处罚简易程序处理的案件必须同时具备以下三个条件：①违法事实确凿；②具有法定依据；③处罚内容轻微。

卫生行政处罚适用简易程序的步骤必须符合《行政处罚法》和《卫生行政处罚程序》规定的要求：

①卫生监督人员应当向当事人出示行政执法证件；

②现场查清当事人的违法事实，并依法取证；

③向当事人说明违法的事实、行政处罚的理由和依据、拟给予的行政处罚，告知陈述、申辩权利；

④听取当事人的陈述和申辩；

⑤制作《当场行政处罚决定书》。《当场行政处罚决定书》应按预定格式填写、编有号码、盖有卫生行政机关印章，由卫生监督员签名或者盖章，当场交付当事人；

⑥告知当事人履行时限、方式，拒不履行时应承担的法律后果以及申请行政复议或者提起行政诉讼的权利。

卫生监督人员应对以上实施行政处罚的过程制作笔录并将《当场行政处罚决定书》在3个工作日内报所属卫生行政机关备案。

3.卫生行政处罚的一般程序

(1)立案

立案是卫生行政处罚程序的开始,标志着案件调查将深入展开。卫生行政处罚案件的来源主要包括以下几种:

①在卫生监督管理中发现的;

②卫生机构监测报告的;

③社会举报的;

④上级卫生行政机关交办的,下级卫生行政机关报请的或者有关部门移送的;

⑤其他,如新闻舆论等。

卫生行政处罚案件立案的条件主要包括以下几个方面:

①有明确的违法行为人或者危害后果;

②有来源可靠的事实依据;

③属于卫生行政处罚的范围;

④属于本机关管辖;

⑤违法行为发生之日起到被发现之日止未超过2年,法律另有规定的除外。违法行为处于连续或继续状态的,从行为终了之日起计算。

卫生监督员认为确需对违法行为进行立案查处时,应填写《案件受理记录》《立案报告》等相关材料,并报经卫生行政机关负责人审核批准。

(2)调查取证

卫生监督调查取证是指卫生行政机关对决定立案处理的卫生行政违法案件,为查明案件的违法事实真相而依法进行的专门调查、获取证据的活动。

卫生监督证据分为书证、物证、视听资料、证人证言、当事人陈述、鉴定结论、勘验笔录及现场笔录七种。

调查取证应由两名以上卫生监督员进行,卫生监督员在取证过程中应按照相关规范制作《现场笔录》《询问笔录》《采样记录》等文书。

(3)行政处罚的确定

行政处罚的确定包括合议、调查终结、案件审查、告知、听证、审批、决定等步骤:

①由三名或三名以上单数卫生监督员进行合议,并制作《合议记录》;

②完成行政处罚案件的证明任务,并制作《案件终结调查报告》;

③卫生行政机关对调查完毕的案卷材料进行审查核实;

④卫生行政机关将拟做出行政处罚的事实、理由、依据、处罚内容,和享有的陈述、申辩权或者听证权告诉当事人,告知的方式一般是采用书面的形式,需制

作《行政处罚事先告知书》；

⑤对符合法定的听证适用范围的，当事人要求听证的案件，卫生行政机关应当组织听证，并制作《听证报告》；

⑥在经过上述各种程序后，卫生监督机构应当填写《行政处罚决定审批表》，连同其他案卷材料一起报卫生行政机关负责人审批，以此作出相应的行政决定；

⑦各项卫生行政处罚应在立案之日起三个月内作出决定，因特殊原因需延长的，应当报请上一级卫生行政行机关批准。作出行政处罚决定后，卫生监督机构要及时制作《行政处罚决定书》，以卫生行政机关的名义送达当事人。

(4)行政处罚的送达

根据法律、法规、规章的有关规定，卫生行政机关送达法律文书的方式有直接送达、留置送达、邮寄送达、委托送达、公告送达。《行政处罚决定书》应当在宣告后当场交付当事人；当事人不在场的，应当在 7 日内以上述方式送达。直接送达当事人的，由当事人在《送达回执》上注明收到日期，并签名或者盖章。

(5)行政处罚的执行

行政处罚决定依法作出后，当事人应当在行政处罚决定规定的期限内予以履行。若行政处罚决定引起行政争议的，不停止卫生行政处罚决定的执行，除非人民法院和复议机关裁定停止执行。如果当事人在指定的期限内拒绝履行义务的，有关行政机关或法律、法规授权组织（如人民法院）应当采取强制手段执行处罚。

(6)结案

各项卫生行政处罚决定履行完毕后应制作《结案报告》，并将办案过程中形成的材料装订立卷，做到资料齐全、顺序规范、目录清晰、装订整齐牢固，加盖案件承办人印章和负责人签章，归档保存。

（五）卫生行政强制

行政强制包括行政强制措施和行政强制执行。《行政强制法》对行政强制措施和行政强制执行的定义是："行政强制措施，是指行政机关在行政管理过程中，为制止违法行为、防止证据损毁、避免危害发生、控制危险扩大等情形，依法对公民的人身自由实施暂时性限制，或者对公民、法人或者其他组织的财物实施暂时性控制的行为。行政强制执行，是指行政机关或者行政机关申请人民法院，对不履行行政决定的公民、法人或者其他组织，依法强制履行义务的行为。"卫生行政强制是国家行政强制的一种，卫生行政强制也包括卫生行政强制措施和卫生行政强制执行两个方面。

卫生行政强制措施，是指卫生行政机关为实现卫生监督目的，制止违法行为、防止证据损毁、预防和控制对健康的危害、防止危害因素扩散，根据相关法律对公民的人身自由实施暂时性限制，或者对公民、法人或者其他组织的财物实施暂时性控制的行政行为。

卫生行政强制执行，是指卫生行政机关或者由卫生行政机关申请人民法院，对不履行发生法律效力的行政决定的公民、法人或者其他组织，依照相关法律、法规的规定采取强制执行措施，迫使其履行义务的行政行为。

1. 卫生行政强制措施

(1)卫生行政强制措施的方式

《行政强制法》规定的行政强制措施的种类有：①限制公民人身自由；②查封场所、设施或者财物；③扣押财物；④冻结存款、汇款；⑤其他行政强制措施。我国的卫生法律、法规及规章对卫生行政强制措施进行了具体的规定，如在《传染病防治法》《职业病防治法》《医疗废物管理条例》《突发公共卫生事件应急条例》《消毒管理办法》《生活饮用水卫生监督管理办法》等卫生法律、法规中都有相关的行政强制措施的规定，经统计，具体的卫生行政强制措施方式主要包括：①查封场所、设施或有关物品；②进入公民住宅、生活经营场所等进行检查、现场检查、调查、监管；③遇有自然灾害、传染病爆发以及其他严重危害公共安全的紧急情况下采取紧急措施或者临时措施；④扣押财物。

(2)实施卫生行政强制措施的程序

①实施卫生行政强制措施前需向卫生行政机关负责人报审批。情况紧急，需要当场实施卫生行政强制措施的，卫生行政执法人员应当在24小时内向卫生行政机关负责人报告，并补办批准手续。

②由两名以上卫生行政执法人员实施；

③出示执法身份证件；

④通知当事人到场；

⑤当场告知当事人采取卫生行政强制措施的理由、依据及当事人依法享有的权利、救济途径；

⑥听取当事人的陈述和申辩；

⑦制作现场笔录；

⑧卫生行政机关决定实施查封、扣押的，应当制作并当场交付查封、扣押决定书和清单，查封、扣押清单一式二份，由当事人和行政机关分别保存；

⑨现场笔录由当事人和卫生行政执法人员签名或者盖章，当事人拒绝的，在笔录中予以注明；

⑩当事人不到场的，邀请见证人到场，由见证人和卫生行政执法人员在现场笔录上签名或者盖章；

⑪法律、法规规定的其他程序。

另外，查封、扣押的期限不得超过法定时限；对查封扣押的场所、设施或者财物，卫生行政机关应当妥善保管，不得使用或者损毁，造成损失的，应当承担赔偿责任。卫生行政机关采取查封、扣押措施后，应当及时查清事实，在法定期限内做出处理决定；查封、扣押期限已经届满的，卫生行政机关应及时作出解除查封、扣押决定。

2.卫生行政强制执行

(1)卫生行政强制执行的方式

目前卫生行政强制执行的方式主要划分为以下几种：排除妨碍；恢复原状等义务的代履行；加处罚款或者滞纳金的执行罚款；将查封、扣押的财物拍卖或者依法处理；法律规定的其他强制执行方式。

(2)卫生行政机关自行实施强制执行的程序

①催告

有卫生行政强制执行权的卫生行政机关在作出卫生强制执行决定前，应当事先催告当事人履行义务。催告应当以书面形式给出，并载明下列事项：履行义务的期限；履行义务的方式；涉及金钱给付的，应当有明确的金额和给付方式；当事人依法享有的陈述权和申辩权。经催告，当事人自动履行了卫生行政机关给出的卫生行政处理决定所确定的义务的，不再实施卫生行政强制执行。

②听取陈述和申辩

当事人收到催告书后有权进行陈述和申辩。卫生行政机关应当充分听取当事人的意见，对当事人提出的事实、理由和证据，应当进行记录、复核。当事人提出的事实、理由或者证据成立的，卫生行政机关应当采纳。

③作出强制执行决定

经催告，当事人逾期仍不履行行政决定，且无正当理由的，卫生行政机关可以作出强制执行决定。强制执行决定应当以书面形式给出，并载明下列事项：当事人的姓名或者名称、地址；强制执行的理由和依据；强制执行的方式和时间；申请行政复议或者提起行政诉讼的途径和期限；行政机关的名称、印章和日期。在催告期间，对有证据证明有转移或者隐匿财物迹象的，行政机关可以做出立即强制执行决定。

④送达卫生行政强制执行决定书和实施卫生行政强制执行

卫生行政强制执行决定书应当直接送达当事人。当事人拒绝接收或者无法直接送达当事人的，应当依照《中华人民共和国民事诉讼法》的有关规定送达。

各种卫生行政强制执行方式的采取，除遵循上述一般程序外，还必须遵循各执行方式本身特殊的程序性要求。

(3)申请人民法院强制执行程序

①申请人民法院强制执行的前提条件

当事人在法定期限内不申请行政复议或者提起行政诉讼,又不履行行政决定的,卫生行政机关可以在法定期限内,依照相关法律法规的规定申请人民法院强制执行。

②申请的要件

卫生行政机关向人民法院申请强制执行,应当提供下列材料:强制执行申请书;行政决定书及做出决定的事实、理由和依据;当事人的意见及行政机关催告情况;申请强制执行标的情况;法律、行政法规规定的其他材料。强制执行申请书应当由卫生行政机关负责人签名,加盖卫生行政机关的印章,并注明日期。

③人民法院受理

人民法院接到卫生行政机关强制执行的申请,应当在5日内受理。卫生行政机关对人民法院不予受理的裁定有异议的,可以在15日内向上一级人民法院申请复议,上一级人民法院应当自收到复议申请之日起15日内做出是否受理的裁定。

④人民法院的审查和裁定

人民法院对卫生行政机关强制执行的申请进行书面审查,并对是否准予卫生行政强制执行做出裁定。人民法院发现有下列情形之一的,在做出裁定前可以听取被执行人和卫生行政机关的意见:明显缺乏事实根据的;明显缺乏法律、法规依据的;其他明显违法并损害被执行人合法权益的。裁定不予执行的,应当说明理由,并在5日内将不予执行的裁定送达卫生行政机关。卫生行政机关对人民法院不予执行的裁定有异议的,可以自收到裁定之日起15日内向上一级人民法院申请复议,上一级人民法院应当自收到复议申请之日起30日内做出是否执行的裁定。

⑤强制执行

需要采取强制执行措施的,由受理案件的人民法院负责强制执行的机构执行。在人民法院实施强制执行前,应当再次通知被执行人,并告诫其不自动履行义务的法律后果,促使其自动履行义务。如果被执行人仍不履行义务,则由法院负责执行的机构实施强制执行。

三、卫生监督的依据

卫生监督依据是指卫生监督活动借以成立的依据,是卫生监督活动过程中必须自始自终遵照执行的法律、法规、规章、政策和技术规范的总和。卫生监督依据是卫生监督主体赖以存在并拥有卫生监督公共职权的根源,是一个相对抽象的概念，而针对现实社会关系及具体卫生行政事务、事项和行为时，卫生监督依据则必须是具体的、明确的。这里主要介绍卫生监督政策依据、卫生监督法律依据和卫生监督技术依据。

1. 卫生监督政策依据

政策是党和国家为实现一定历史阶段的任务制定的行动纲领或准则。卫生监督政策依据是指党的机关、权利机关、行政机关等在一定的时期制定的，对卫生监督具有规范性、指导性的有关政策性文件，卫生行政机关在实施卫生监督的过程中，应将这些文件作为依据贯彻执行。

卫生监督政策对卫生监督的作用主要表现在：

(1)卫生监督政策能够指导卫生监督的立法工作和相关卫生法规规章的修改工作，还能够指导和及时调整卫生监督的计划和重点。

(2)卫生监督政策能够指导卫生法律的执行，指导卫生行政机关正确地适用卫生法律、法规和规章，处理相关的事务，做出恰当的裁量。

(3)卫生监督政策能够指导卫生行政机关在国家尚未立法的有关方面实施必要的卫生监督措施，弥补卫生法律规范的不足。

2. 卫生监督法律依据

卫生监督法律依据是指卫生行政机关在实施卫生监督，做出卫生监督行为时遵照执行的法律、法规和规章的总和。《中华人民共和国行政处罚法》规定："公民、法人或者其他组织违反行政管理秩序的行为，应当给予行政处罚的，依照本法由法律、法规或者规章规定，并由行政机关依照本法规定的程序实施。没有法定依据或者不遵守法定程序的，行政处罚无效。"因此，卫生监督主体在实施卫生监督，做出卫生监督行为时必须以相应的法律、法规和规章作为依据，没有法定依据或者与法律依据不一致的卫生监督行为是无效的行为，既不能产生法律效力，也不可能约束卫生监督相对人的行为。

卫生监督法律依据的形式包括：

(1)卫生法律，是指由全国人民代表大会及其常务委员会制定颁布的有关卫生方面的规范性文件。如：《中华人民共和国国境卫生检疫法》《中华人民共和国传染病防治法》《中华人民共和国红十字会法》《中华人民共和国母婴保健法》《中华人民共和国献血法》《中华人民共和国执业医师法》《中华人民共和国职业病防治法》《中华人民共和国人口和计划生育法》等。

(2)卫生行政法规，是指由国务院根据宪法和法律制定颁布的有关卫生行政管理方面的规范性文件。如：《公共场所卫生管理条例》《学校卫生工作条例》《医疗机构管理条例》《突发公共卫生事件应急条例》等。

(3)地方性卫生法规，是指省、直辖市及省会所在地的市和经国务院批准的较大的市的人大及其常委会，在法定权限内制定、颁布的有关卫生方面的规范性文件。地方性卫生法规只在本行政区域范围内有效，其地位和效力低于卫生法律和卫生行政法规，不得与卫生法律和卫生行政法规相抵触，否则无效。

(4)卫生自治法规，是指民族自治地方的国家权力机关行使法定自治权所制定、颁布的有关卫生方面的规范性文件。卫生自治法规只在民族自治机关的管辖区域内有效。

(5)卫生行政规章，是指有关行政机关依法制定的有关卫生行政管理的规范性文件。按卫生行政规章制定的主体来分，可分国务院卫生行政部门制定发布的卫生行政规章；省、自治区、直辖市人民政府制定发布的卫生行政规章；省、自治区、直辖市人民政府所在地的市和经国务院批准的较大的市的人民政府制定发布的卫生行政规章。这三种类型的卫生行政规章的法律效力等级是不同的，国务院卫生行政部门制定发布的卫生行政规章的效力高于省、自治区、直辖市人民政府制定发布的卫生行政规章，在全国有效；省、自治区人民政府制定发布的卫生行政规章的效力高于其下级人民政府制定发布的卫生行政规章。卫生行政规章不得与卫生法律、卫生行政法规相抵触。国家卫生与计划生育委员会现行有效的部门规章有近200件，如：《卫生行政处罚程序》《卫生行政执法文书规范》《公共场所卫生管理条例实施细则》《国家职业卫生标准管理办法》《医疗机构管理条例实施细则》《医疗事故技术鉴定暂行办法》等。

卫生监督法律依据的适用规则有：

(1)上位法优于下位法。除宪法中卫生方面相关的法律规定具有最高法律效力以外，当不同位阶的卫生监督法律依据发生冲突时，应当选择适用位阶高的卫生监督法律依据。效力等级高的是上位法，效力等级低的是下位法。

(2)特别法优于一般法。同一机关制定的卫生法律、法规、规章、卫生自治条例和单行条例与一般规定不一致时，适用特别规定。

(3)新法优于旧法。同一机关制定的卫生法律、法规、规章、卫生自治条例和单行条例，新的规定与旧的规定不一致时，适用新的规定。

(4)同位阶的具有同等法律效力。卫生部门规章之间、卫生部门规章与地方政府卫生规章之间具有同等法律效力，在各自的权限范围内施行。

3.卫生监督技术依据

卫生监督技术依据是指卫生行政部门在实施卫生监督，做出卫生监督行为时遵照执行的技术法规，主要是指卫生标准。

卫生标准是指为保护人体健康，针对人的生存、生活、劳动和学习等诸方面的卫生要求而制定的一系列量值规定，以及为保证实现这些规定所必需的技术行为规定和管理要求。卫生标准是以医药卫生科学成果和实践经验为依据，经有关部门协商一致，由主管部门批准，并以特定程序和形式颁布的统一规定。

标准的内容主要包括：

(1)环境卫生标准，包括公共场所、生活饮用水、卫生防护距离等卫生标准。

(2)职业卫生标准，包括职业有害因素接触限值及配套检测方法、职业卫生防护标准等卫生标准。

(3)放射卫生防护标准，包括放射卫生防护基础标准、放射防护器材防护性能标准等卫生标准。

(4)学校卫生标准，包括学校卫生专业基础标准、健康教育规范等卫生标准。

(5)消毒卫生标准，包括消毒相关产品卫生标准、现场消毒操作应用规范及相关基础标准等卫生标准。

(6)医疗服务标准，包括医疗服务项目、医疗服务规范、医疗服务安全行为、医务人员执业等卫生标准。

(7)医疗机构管理标准，包括医疗机构的规模和结构、医疗机构设备及服务设施配置、医用设备的安全卫生和安全使用等卫生标准。

除此之外，还有医院感染控制标准、传染病标准、血液标准、卫生信息标准、病媒生物控制标准、地方病标准、寄生虫病标准等卫生标准。

四、模拟卫生行政执法教学的目的

卫生行政执法是我国公共卫生体系的重要组成部分，是保障人民群众健康的重要保证。随着经济和社会的发展，卫生监督工作任务更加繁重复杂，卫生行政执法面临着新的问题和挑战，对卫生监督员队伍的业务能力和综合执法水平的要求更高，因此，国家卫生计生委近年来不断加大卫生监督队伍能力建设的力度。医事法学专业的学生作为卫生监督工作队伍的后备力量，应加强对卫生行政执法理论的学习和研究，更应该重视卫生监督实践能力的培养。通过卫生行政执法的模拟教学，使得学生融入卫生监督案件的角色中，将学到的理论知识应用到实际案例解决中来，从而加深对卫生行政执法工作意义的认识，并掌握卫生行政执法工作的业务技能，主要包括正确适用法律的能力、洞察力、表达能力、沟通能力、文书写作能力等。

第二节 模拟教学准备

一、教学目标的设定

在模拟卫生行政执法教学开展之前，教师应对本次模拟教学的目标进行设定。本次教学的目标是让学生掌握和熟悉卫生行政执法实际工作基本步骤和程序，培养学生卫生监督实践能力。根据卫生行政执法行为的实际工作内容和特点，本编课程重点针对不同范围的卫生行政监督检查和卫生行政处罚进行案例模拟，锻炼学生正确适用法律的能力、洞察力、表达能力、沟通能力、文书写作能力，要求学生能够熟练运用卫生行政执法理论知识，在实际应用中举一反三，提高综合卫生行政执法的能力和素质。

二、案例选取

模拟卫生行政执法教学选取的案件应具备以下几个方面的特点：

（一）案例材料涵盖的违法事实清楚，有相适应的明确法律条款规定。

（二）能够获取充分证据，形成完整证据链。

（三）可以存在一定的争议焦点，且有明确的思路和方法解决争议。

（四）针对医疗机构和传染病卫生监督、公共场所卫生监督、生活饮用水卫生监督、职业卫生监督分别选取教学案例，保证教学案例范围覆盖面。

（五）案例材料尽量可以适用卫生行政监督检查和卫生行政处罚的全部程序。

三、教师的准备

（一）准备好教学大纲，找到本次模拟课程的重点和难点。

（二）公布本次模拟卫生行政执法课程的案例。

（二）了解学生各自不同的特点，选取学生组成不同的扮演小组，每个小组角色包括卫生监督员、卫生行政机关负责人、被检查单位负责人、被检查单位工作人员等；完成一组模拟案例后，可以组内或组间进行角色变换。

（三）准备模拟课程所需的场景、道具。

（四）发给学生相应的材料。

（五）组织学生进行讨论，明确本次课程的教学目的。

（六）分组予以指导，强调注意事项。

四、学生的准备

（一）全体学生的准备

1. 针对不同的角色扮演，学生须制定学习的计划，即通过本次模拟课程要达到什么样的学习效果，以及如何开展模拟教学活动。

2. 对各自准备的材料进行详细的梳理。

3. 熟悉相关的法律、法规。

4. 制定模拟卫生行政执法工作的计划，对模拟课程过程中可能遇到的问题和困难进行再次的梳理。

5. 在准备自己参与的模拟案例的同时，了解其他模拟小组案例内容，并研究和思考案例的重点和焦点问题。

（二）模拟卫生行政机关及卫生监督员的准备

1. 卫生行政执法证件。

2. 卫生行政执法记录仪（照相机、录像机、录音机等）。

3. 卫生行政执法文书，包括现场笔录、询问笔录、卫生监督意见书、行政处罚事先告知书、行政处罚决定书等。

4. 重点掌握卫生监督检查和卫生行政处罚的程序和注意事项。

5. 讨论确定各自的职责和分工。

（三）模拟被监督对象及单位负责人的准备

1. 熟悉卫生行政执法模拟教学案例场景。

2. 准备卫生许可、健康证、资格证等相关文件材料。

3. 熟悉被监督对象依法必须做好的卫生管理相关工作。

五、模拟卫生行政执法的技巧和重点把握

（一）卫生监督检查的技巧和重点

1. 卫生监督员在进行监督检查前，应熟悉被检查人的基本情况和监督检查的有关内容，熟悉有关卫生法律、法规和规章的相关内容，了解有关卫生标准和卫生要求。

2. 如果有投诉举报案件，应事先针对投诉举报内容进行分析讨论，制定详细调查方案，必要时可以针对投诉举报内容进行前期的暗访摸底。

3. 卫生监督员在进行监督检查前应准备好所需的采样、监测、取证的工具和设备。

4. 卫生监督员在进行监督检查前应准备好所需的现场检查笔录、询问笔录、产品样品采样记录、卫生监督意见书、当场行政处罚决定书等相关文书。

5. 卫生监督员进行检查时应不少于两人，向相关人告知身份并出示卫生执法证件，有制服的应穿着制服。

6. 调查取证由两名以上卫生监督员进行。卫生监督员在监督检查时应表明身份，出示证件，着装整齐，并告知被检查人享有的权利和义务。

7. 卫生监督员在监督检查中应做到严格执法，文明执法，不断提高依法监督和驾驭现场的能力。

8. 监督检查的内容应有所侧重，重点内容的检查应全面、深入、细致，不应满足于局部和表面。

9. 卫生监督员发现证据有可能毁损、灭失或以后难以取得的情况时，应当及时调取或采取证据先行登记保存、封存、留样及摄影摄像等证据保全措施。

10. 监督检查所取证物尽可能是原件、原物，确有困难的，可由提交证据的单位或个人在复制品、照片等物件上签章，并注明“与原件(物)相同”字样或文字说明。

11. 监督检查进入特殊区域时，应遵守被检查人的卫生、安全管理规定，避免影响被检查人的正常工作秩序、工作条件和工作环境等。

12. 现场笔录应当现场制作，不得事后补作，并载明时间、地点和事件等内容。

13. 询问当事人或证人的，应当做好询问笔录。制作询问笔录时，不得对被询问人进行诱导、欺骗、强迫。

14. 在责令被检查人限期整改实施行政处罚后，应及时安排追踪复查，确保整改落实到位；对仍未改正的应当再次立案，并加重处罚。①

(二)卫生行政处罚的重点和技巧

1. 必须以《中华人民共和国行政处罚法》和相应的卫生法律规范为依据，被处罚的行为应确定属于卫生法律规范规定应予处罚的行为。

2. 凡发现有违法事实，符合立案条件的，要及时立案。特别是受理的检举、举报材料，凡经初步核实认为符合立案条件的，就应当及时立案。

3. 处罚程序必须严格遵守《行政处罚法》和卫生法律规范的要求。

4. 卫生执法人员发现案件后，应尽快到达案发现场，立即着手提取和收集各种证据材料。

5. 卫生行政机关应将调查完毕的案卷材料交至卫生行政机关的法制机构进行审查。审查内容主要有：程序是否合法、证据是否有效，案件事实是否清楚、证据是否确凿，案件定性是否准确、处罚是否适当。

---

① 中华人民共和国卫生部:《卫生监督案例汇编》，法律出版社 2007 版，第 329-331 页。

6. 行政处罚事先告知的内容、权利及理由说明应当清晰准确，达到以理服人的要求。

7. 在做出责令停产停业整顿、责令停产停业、暂扣或吊销有关许可证、较大数额罚款和没收等重大的行政处罚决定之前，应当告知当事人有要求举行听证的权利；当事人要求听证的，卫生行政机关应当组织听证。

8. 一般情况下，违法行为必须是在违法行为发生之日起 2 年内被发现的才予处罚，违法行为处于连续或者继续状态的，从违法行为终了之日起计算。单行卫生法律规范另有规定的除外。

9. 卫生监督执法人员应当充分听取当事人的陈述、申辩，对当事人的申辩意见是否采纳及理由，处理决定中从重、从轻、减轻的理由予以说明。

10. 卫生行政执法中，应合法、合理、公平行使自由裁量权。一是在法律法规与规章确定的裁量条件、种类、范围、幅度内，行使自由裁量权；二是应充分考虑和全面衡量地区经济社会发展状况、执法对象情况、危害后果等相关因素，所采取的措施和手段应当必要、适当；三是应当平等对待卫生行政管理相对人，对事实、性质、情节、后果相同的情况应当给予相同的处理。

11. 卫生行政机关在实施行政处罚时，应当先动员，后强制，督促动员当事人自觉履行义务，使其对国家和人民群众的危害降低到最低程度。

12. 对同一个违法行为，不得给予两次以上罚款。

13. 按照相关法律、法规要求制作执法文书。对现场检查记录、证据材料、执法文书等应当立案归档，使执法过程有案可查。

14. 关于期间的计算。根据《行政处罚法》等相关法律、法规、规章及行政解释、司法解释的规定，期间以时、日、月计算，开始计算的“日”是次日，不是当日。同时，期限不包括在途时间。

六、文书制作要求

（一）现场检查笔录

是指卫生行政机关在检查过程中，为现场发生的情况所制作的客观文字记录，通常与现场相关影像资料相配合形成证据链，作为卫生行政执法人员认定案件事实的依据之一。现场检查笔录内容结构分为首部、正文和尾部，其制作要求如下：

1. 首部

首部的内容和制作要求包括：

（1）被检查人：如果被检查人是法人或其他组织，应按照《营业执照》《医疗机构执业许可证》或《卫生许可证》登记的名称全称填写；如果被检查人是自然人，应写明姓名、身份证号。

(2)检查机关:应填写实施检查的卫生行政机关全称。

(3)检查时间:应写明到现场检查的起止时间。

(4)检查地点:应写明被检查场所所在地的地点,应写确切的具体位置,如:××市××路××号××。

(5)执法证件号码:是指具体进行现场检查的卫生行政执法人员的行政执法证的证件编号。

2.正文

现场检查笔录的主体部分,其制作要点和要求包括:

(1)对现场状况和相关人员的行为进行客观、具体的记录。用纪实、叙述的手法记录执法人员在现场所看到的实况,不能写评论性、结论性和推断性语言;记录要细致全面,不能含糊其辞,不能在事实不清的情况下进行记录;对违法事实的描述必须具体,主要从地点(部位)、内容、数量、状况等方面具体描写和叙述。

(2)重点记录主要违法事实。与监督检查范围和查处的案件无关的内容不应记录;与具体案情关联不大的行为,可以简写;对与案情关联紧密的行为、操作过程等要详细记录。

(3)记录正确、书写规范。不能写错别字,不能随意简写。需要修改、补充的,应当按照相关方法和格式要求及时进行修改、补充。如有的卫生行政机关按当地相关规范要求,在修改位置盖好"修改"字样的印章等。

(4)一案多个现场或同一现场进行多次检查的,不能进行综合后只制作一份笔录,而应当分别制作。

3.尾部

尾部的内容和要求包括:

(1)陪同检查人签名。现场笔录制作完毕,向陪同检查人宣读或交给其阅读,陪同检查人对笔录内容无异议的,应在记录下方空白处写上"以上情况属实"或"对上述内容无异议"字样,然后签名或盖章;陪同检查人对笔录内容有异议的,应由其写明具体情况后签名;陪同检查人拒绝到场或者拒绝签名或盖章的,应在笔录上说明。有见证人的,见证人应在笔录上签名或盖章,并注明身份和联系方式。

(2)卫生行政执法人员签名。由具体进行监督检查的所有卫生行政执法人员分别签署自己的姓名。

(3)检查笔录是多页的,应在每份检查笔录右上角注明第几页和共几页,并且每页都应签名。

(二)询问笔录

是指卫生行政执法人员在案件调查、复查及补充调查过程中,就与案件有关的问题,向当事人、证人和其他有关人员调查了解有关情况,客观记载被询问人的陈述,为查明案件真实情况提供的文字记录。询问笔录的制作要求如下:

1.询问笔录必须当场制作。

2.调查询问当事人或证人,应当分别进行,询问笔录应当分别制作。

3.询问笔录中要写明当事人的基本情况。

4.要围绕违法行为的要件和违法事实的基本要素来调查询问,突出询问重点。

5.制作询问笔录要注意合理规范使用语言文字。

6.询问笔录制作完成后必须经被询问人核对,由具体进行询问调查的所有卫生执法人员和被询问人签名或盖章,被询问人拒绝签名的,应当由所有卫生执法人员在笔录上签名并注明情况。

(三)案件调查终结报告

案件调查终结报告指卫生行政机关对立案调查的案件,认为已经查清违法事实,由办案机构(或办案人员)写出全部案件情况和处理意见并呈送有关机构、领导或上级机关的书面报告。案件调查终结报告的制作应载明以下内容:

1.当事人:如果当事人是法人或其他组织,应按照《营业执照》《医疗机构执业许可证》或《卫生许可证》登记的名称全称填写;如果当事人是自然人,应写明姓名、身份证号。

2.案由:通过对当事人所实施的违法事实和证据的综合分析,指出当事人的违法情况。

3.承办机构:实施行政处罚的卫生行政机关的全称。

4.案情及违法事实:写明已查清的违法事实。主要写清当事人实施违法行为的具体过程,包括作案时间、地点、经过、非法经营额、非法所得、违法行为造成的危害后果。

5.相关证据:说明在调查过程中,获得了多少证据,是何种证据,这些证据的证明对象是什么,对证明对象能够证明到什么程度。

6.处理建议:办案机构根据查明的违法事实、性质、处罚依据,结合考虑自由裁量的理由,草拟具体的行政处罚意见。

(四)行政处罚决定书

卫生行政机关负责人做出行政处罚决定后,办案机构应及时制作《行政处罚决定书》,以办案机关的名义送达给当事人。《行政处罚决定书》的适用范围是按一般程序查处的行政违法案件。行政处罚决定书制作的内容和要求包括:

1.卫生监督部门名称、文书名称和发文字号。

2.当事人名称或姓名、地址。

3.违法行为信息，如时间、地点、行为、情节、动机、后果等，写明已查清的违法事实。

4.证据信息，如证据名称、内容、数量、提取(作出)时间、提供(作出)单位等。

5.全面完整详细地展示法律依据，有关案件定性和行政处罚的法律、法规、规章的名称，及具体的条、款、项，要一一列明。

6.行政处罚的种类、幅度信息。

7.行政处罚的履行方式、期限信息。

8.告知不服行政处罚决定的救济途径和期限。

9.告知不履行处罚决定的法律后果。

10.卫生机关印章、作出决定的日期。

七、总结评定

(一)模拟小组内学生的自我评价

模拟小组内学生的自我评价主要内容包括：(1)对制订的学习计划的评价；(2)对准备材料和制订的卫生行政执法工作计划的评价；(3)对卫生行政执法文书制作的评价；(4)对相关的法律、法规的掌握和运用能力的评价；(5)对实务模拟中自我表现的评价；(6)是否达到教学目的的评价；(7)对本次课程获得的经验和教训的总结。

(二)学生的相互评价

学生的相互评价包括小组内学生的相互评价和小组之间的相互评价，评价内容与自我评价内容相同，同时可以指出问题，提出建议。

(三)教师对学生的评价

教师针对学生所作的模拟也应该做出评价，评价的内容包括：

1.学生对法律知识的理解和掌握的情况；

2.学生针对卫生行政执法模拟所作的计划的可行性和质量；

3.学生在模拟过程中的优缺点；

4.学生在模拟过程应注意的事项；

5.是否达到教学目的的评价。

附:1. 卫生行政监督检查流程图

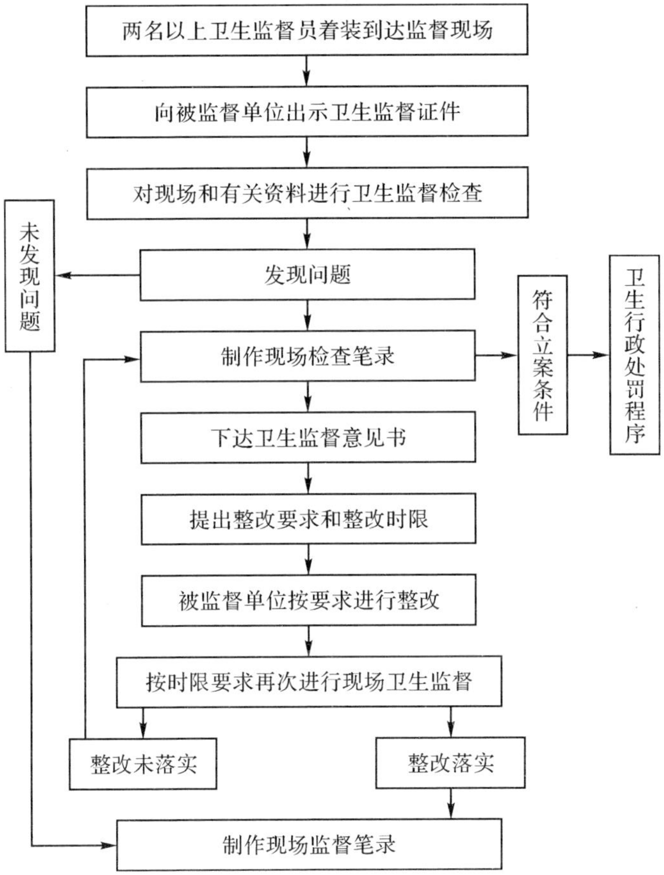

2. 卫生行政处罚流程图

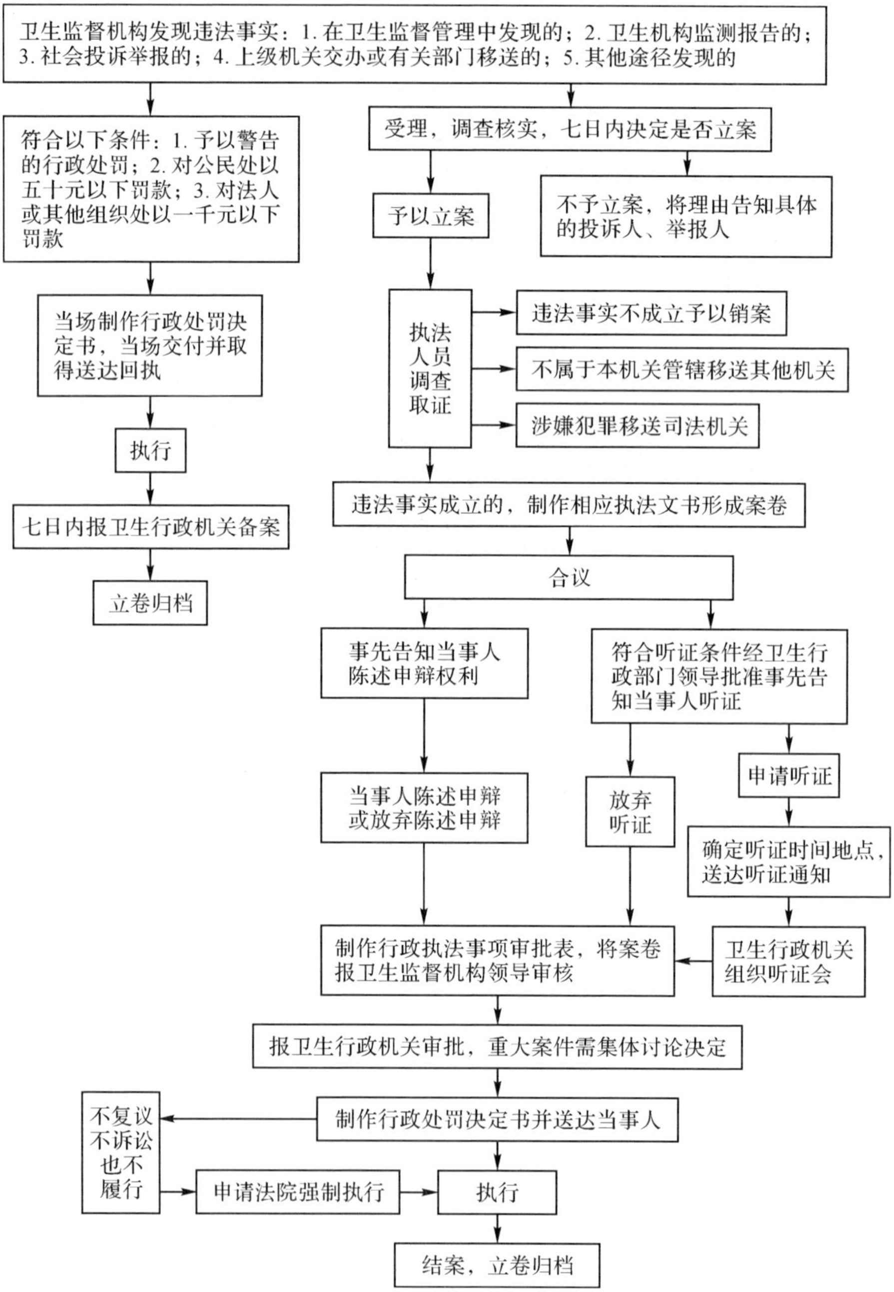
卫生监督机构发现违法事实：1. 在卫生监督管理中发现的；2. 卫生机构监测报告的；3. 社会投诉举报的；4. 上级机关交办或有关部门移送的；5. 其他途径发现的
符合以下条件：1. 予以警告的行政处罚；2. 对公民处以五十元以下罚款；3. 对法人或其他组织处以一千元以下罚款
当场制作行政处罚决定书，当场交付并取得送达回执
执行
七日内报卫生行政机关备案
立卷归档
受理，调查核实，七日内决定是否立案
予以立案
不予立案，将理由告知具体的投诉人、举报人
执法人员调查取证
违法事实不成立予以销案
不属于本机关管辖移送其他机关
涉嫌犯罪移送司法机关
违法事实成立的，制作相应执法文书形成案卷
合议
事先告知当事人陈述申辩权利
符合听证条件经卫生行政部门领导批准事先告知当事人听证
当事人陈述申辩或放弃陈述申辩
放弃听证
申请听证
确定听证时间地点，送达听证通知
卫生行政机关组织听证会
制作行政执法事项审批表，将案卷报卫生监督机构领导审核
报卫生行政机关审批，重大案件需集体讨论决定
制作行政处罚决定书并送达当事人
不复议不诉讼也不履行
申请法院强制执行
执行
结案，立卷归档

附：卫生行政执法主要依据的法律、法规

传染病防控：

《中华人民共和国传染病防治法》

医疗机构：

《医疗机构管理条例》

《医疗机构管理条例实施细则》

《医疗广告管理办法》

《处方管理办法》

《护士条例》

《外国医师来华短期行医暂行管理办法》

《抗菌药物临床应用管理办法》

《医疗机构临床用血管理办法》

医务人员执业：

《中华人民共和国执业医师法》

《护士条例》

《外国医师来华短期行医暂行管理办法》

《处方管理办法》

《麻醉药品和精神药品管理条例》

《抗菌药物临床应用管理办法》

母婴保健技术服务：

《中华人民共和国母婴保健法》

《中华人民共和国母婴保健法实施办法》

医疗废物：

《医疗废物管理条例》

《医疗卫生机构医疗废物管理办法》

《医疗废物管理行政处罚办法》

职业卫生：

《中华人民共和国职业病防治法》

病原微生物安全管理：

《病原微生物实验室生物安全管理条例》

放射卫生：

《中华人民共和国职业病防治法》

《放射诊疗管理规定》

《放射工作人员职业健康管理办法》

公共场所卫生管理：

《公共场所卫生管理条例》

《公共场所卫生管理条例实施细则》

生活饮用水卫生：

《中华人民共和国传染病防治法》

《生活饮用水卫生监督管理办法》

消毒管理：

《中华人民共和国传染病防治法》

《消毒管理办法》

血液及用血安全：

《中华人民共和国献血法》

《血站管理办法》

《医疗机构临床用血管理办法》

医疗事故：

《医疗事故处理条例》

第三节　法律文书

编号：

产品样品采样记录

被采样人：　　　　　　采样地址：　　　　　　采样方法：

采样时间____年____月____日____时　　　　　　采样目的：

样品名称	规格	数量	包装状况或储存条件	生产日期及批号	生产或进口代理单位	采样地点

被采样人签名：　　　　采样人签名________　________　　　　卫生行政机关名称并盖章

年　　月　　日　　　　　　　　　　年　　月　　日

备注：本记录一式三联，第一联留存执法案卷，第二联交被采样人，第三联随样品送检。

中华人民共和国国家卫生和计划生育委员会制定

编号：

非产品样品采样记录

被采样人：

采样地点：

采样方法：

采样时间______年______月______日______时

采样目的：

采样设备或仪器名称：

采集样品名称：

采集样品编号：

采集样品份数：

被采样物品或场所状况：

被采样人签名：　采样人签名______　______　卫生行政机关名称并盖章

　　　　　　　　年　　月　　日　　　　　　　　　　年　　月　　日

备注：本记录一式三联，第一联留存执法案卷，第二联交被采样人，第三联随样品送检。

中华人民共和国国家卫生和计划生育委员会制定

产品样品确认告知书

文号：

__________：

本机关依法于________年________月________日在________采集到标识为你单位生产(进口代理)的产品样品，产地为________，________年________月________日生产的批号为____________，规格为____________，标识为____________的________样品。根据____________的规定，你单位可在收到本告知书________日内将样品真实性的确认意见书面回复本机关或派员携带身份证明、单位授权证明到本机关对产品的真实性进行现场确认。

逾期未回复的，本机关将按照对样品真实性无异议处理。

对样品真实性有异议的，应在上述时限内提出并提供书面证明材料。

联系地址：

邮政编码：

联 系 人：

联系电话：

办公时间：

卫生行政机关名称并盖章

年　　月　　日

备注：本告知书一式二联，第一联留存执法案卷，第二联送产品生产或进口代理单位。

中华人民共和国国家卫生和计划生育委员会制定

检验结果告知书

文号：

____________：

本机关依法对你单位____________进行采样并委托有关单位进行了检验，检验结果不符合________，详见检测报告（编号：____________）。

依据____________的规定，如对本检验结果有异议，可在收到检验报告之日起________日内提出书面复核申请，并申明理由。

有下列情形之一的，不予复检：

一、产品微生物指标超标的；

二、留样超过保质期的；

三、留样在正常储存过程中可能发生改变影响检验结果的；

四、已进行过复检的；

五、逾期提出复检申请的；

六、样品的生产单位或进口代理商对其真实性提出异议，但不能提供有关证明文件的。

特此告知。

联系人：

联系电话：

当事人签收：　　　　　　　　　　　　　　　　　卫生行政机关名称并盖章

年　　月　　日　　　　　　　　　　　　　　　　　　年　　月　　日

备注：本告知书一式二联，第一联留存执法案卷，第二联送样品生产、代理或经营单位。

中华人民共和国国家卫生和计划生育委员会制定

编号：

卫生监督意见书

当 事 人：

地　　址：

联系电话：

监督意见：

当事人签收：　　　　　　　　　　　　　　　　卫生行政机关名称并盖章

　　年　　月　　日　　　　　　　　　　　　　　　　年　　月　　日

备注：本意见书一式二联，第一联留存执法案卷，第二联交当事人。

中华人民共和国国家卫生和计划生育委员会制定

卫生行政执法事项审批表

当事人：____________________

案由：____________________

____

申请审批事项：（请在以下项目□内选择打“√”）

□证据先行登记保存　□查封扣押措施　□查封扣押延期

□行政处罚听证告知　□行政处罚　□案件移送

□申请法院强制执行　□其他事项：________

（申请行政处罚审批时，申请审批事项中应当写明主要违法事实、证据、处罚理由及依据。申请证据先行登记保存、查封扣押审批时，申请审批事项中应当写明原因及依据。）

处理意见：

承办人：________　________

年　月　日

审核意见：

审核人：________

年　月　日

审批意见：

卫生行政机关负责人：________

年　月　日

中华人民共和国国家卫生和计划生育委员会制定

卫生行政控制决定书

文号

__________：

鉴于____

____原因，

根据____

____的规定，

本机关决定对下列物品或场所进行控制：

控制物品或场所名称	控制地点	控制方式

本机关将于________日内对被控制的物品或场所依法作出处理决定。此前，你单位不得销毁或使用被控制的物品或场所，并负有安全保障责任。如不服本控制决定，可依法申请行政复议或向人民法院起诉，但不影响本控制决定的执行。

当事人签收：　　　　　　　　　　　　卫生行政机关名称并盖章

年　　月　　日　　　　　　　　　　　　年　　月　　日

备注：本决定书一式二联，第一联留存执法案卷，第二联交当事人。

中华人民共和国国家卫生和计划生育委员会制定

解除卫生行政控制决定书

文号

____________：

本机关于________年________月________日作出的____________号《卫生行政控制决定书》，对你（单位）的有关物品或场所采取了相应的控制措施，经研究，现决定依法解除控制。

特此通知。

当事人签收：　　　　　　　　　　　　　　卫生行政机关名称并盖章

年　　月　　日　　　　　　　　　　　　　　年　　月　　日

备注：本决定书一式二联，第一联留存执法案卷，第二联交当事人。

中华人民共和国国家卫生和计划生育委员会制定

查封、扣押决定书

文号

当事人：

地址：

经查，你（单位）____行为涉嫌违反____的规定，根据____的规定，本机关决定对你（单位）涉案物品予以扣押，详见物品清单；对你（单位）下列场所、设施予以查封：

本机关将于30日（不包括检测、检验、检疫或者技术鉴定期限）内对上述被查封扣押的场所、设施或财物做出处理决定。

如不服本决定，可在收到本决定书之日起60日内向________或________人民政府申请行政复议，也可在3个月内向________人民法院起诉。

当事人签收：　　　　　　　　　　　　卫生行政机关名称并盖章

　　年　　月　　日　　　　　　　　　　　　年　　月　　日

备注：本决定书一式二联，第一联留存执法案卷，第二联交当事人。

中华人民共和国国家卫生和计划生育委员会制定

查封、扣押处理决定书

文号

__________：

本机关于________年________月________日对你(单位)做出的查封、扣押决定(文号：__________)所查封、扣押的场所、设施或财物，经审查，依据《中华人民共和国行政强制法》第二十一条、二十七条和二十八条规定，本机关决定对你(单位)作出如下处理决定：

当事人签收： 卫生行政机关名称并盖章

年 月 日 年 月 日

备注：本决定书一式二联，第一联留存执法案卷，第二联交当事人。

中华人民共和国国家卫生和计划生育委员会制定

查封、扣押延期通知书

文号

当事人：

地址：

本机关于________年________月________日对你(单位)作出的查封、扣押决定(文号：________)，因________，依据《中华人民共和国行政强制法》第二十五条规定，经批准延长查封、扣押期限________日。

当事人签收：　　　　　　　　　　　　卫生行政机关名称并盖章

年　　月　　日　　　　　　　　　　　　年　　月　　日

备注：本决定书一式二联，第一联留存执法案卷，第二联交当事人。

中华人民共和国国家卫生和计划生育委员会制定

物品清单

（＿＿＿＿＿号＿＿＿＿＿文书附件）

物品名称	数量（单位）	规格、包装状况或储存条件	生产或进口代理单位	生产日期及批号	备注

以上物品品种、数量经核对无误。

当事人签字：　　　　　　　　　　　　承办人签字：

　年　月　日　　　　　　　　　　　　年　月　日

备注：本通知书一式二联，第一联留存执法案卷，第二联交当事人。

中华人民共和国国家卫生和计划生育委员会制定

公　告

文号

本机关于________年________月________日________时对________进行检查，经查实____。

上述活动违反了____的规定，被认定为非法行为，现决定依法对该单位____。

特此公告。

卫生行政机关名称并盖章

年　　月　　日

中华人民共和国国家卫生和计划生育委员会制定

封条

封至　年　月

卫生行政机关名称并盖章

年　月　日

中华人民共和国国家卫生和计划生育委员会制定

公　告

文号

案件受理记录

案件来源：

案发单位(人)：

受理时间：________年________月________日

案情摘要：

经办人签名：

年　　月　　日

负责人意见：

负责人签名：

年　　月　　日

中华人民共和国国家卫生和计划生育委员会制定

立案报告

文号

当事人：

案件来源：　　　　　　　　　　　　受理时间：

案情摘要：

经初步审查，当事人的行为违反了＿＿＿的规定，依法应当给予行政处罚，建议立案。

经办人签名：

年　　月　　日

负责人审批意见：

负责人签名：

年　　月　　日

中华人民共和国国家卫生和计划生育委员会制定

案件移送书

文号

______________：

本机关于________年________月______________日受理的__________案件，因为____，根据____的规定，应当由你单位处理。现将下列材料移送你单位，并请将查处结果函告本机关。

移送的材料目录：

卫生行政机关名称并盖章

年　　月　　日

备注：本移送书一式二联，第一联留存执法案卷，第二联交受移送单位。

中华人民共和国国家卫生和计划生育委员会制定

编号：

现场笔录

第________页共________页

当事人：

检查机关：

检查时间：____年____月____日____时____分至____时____分

检查地点：

卫生监督员示证检查，执法证件号码：__________、__________、__________。

检查记录：

当事人签名：　　　　　　　　　　　　卫生监督员签名________ ________

年　　月　　日　　　　　　　　　　　　　　　　　　年　　月　　日

中华人民共和国国家卫生和计划生育委员会制定

证据先行登记保存决定书

文号

____________：

根据《中华人民共和国行政处罚法》第三十七条第二款规定，本机关决定对你（单位）下列物品作为证据以________________________________方式，从________年________月________日至________年________月________日，在____________进行登记保存。

登记保存的物品清单如下：

物品名称	数量	规格、包装状况或储存条件	生产或进口	代理单位	生产日期及批号

以上证据在保存的期限内应当妥为保管，未经本机关同意，不得销毁或转移。

当事人签收：　　　　　　　　　　　　卫生行政机关名称并盖章

年　　月　　日　　　　　　　　　　　　年　　月　　日

备注：本决定书一式二联，第一联留存执法案卷，第二联交当事人。

中华人民共和国国家卫生和计划生育委员会制定

证据先行登记保存处理决定书

文号

____________：

根据《中华人民共和国行政处罚法》第三十七条第二款规定，对本机关________年________月________日作出的____________号《证据先行登记保存决定书》载明的作为证据保存的物品，作出以下处理决定：

当事人签收：　　　　　　　　　　　　　　卫生行政机关名称并盖章

年　月　日　　　　　　　　　　　　　　　　年　月　日

备注：本决定书一式二联，第一联留存执法案卷，第二联交当事人。

中华人民共和国国家卫生和计划生育委员会制定

案件调查终结报告

当 事 人：

案　由：

承办机构：

案情及违法事实：

相关证据：

争议要点：

处理建议：

承办人：________ ________

年　　月　　日

负责人意见：

负责人签名：________

年　　月　　日

中华人民共和国国家卫生和计划生育委员会制定

合议记录

第________页共________页

案由：

合议主持人：

参加合议人员：

合议时间：____年____月____日____时____分至____时____分

合议地点：

合议意见：（包括违法事实、相关证据、处罚依据及合议建议等内容）

合议记录：（记录合议的过程，对不同的合议意见应当如实记录）

合议人员签名：　　　　　　　　　　　　　　　　　记录人员签名：

年　　月　　日　　　　　　　　　　　　　　　　　年　　月　　日

中华人民共和国国家卫生和计划生育委员会制定

行政处罚事先告知书

文号

______：

你(单位)______________________________

______________________________的行为，

违反了______________________________

______________________________的规定，

依据______________________________

____

的规定，本机关拟对你(单位)做出______________________________

______________________________的行政处罚。

根据《中华人民共和国行政处罚法》第三十一条和第三十二条规定，你(单位)享有对此进行陈述和申辩的权利。可在______年______月______日前到______________________________

______________________________进行陈述和申辩。

(在□内打“√”的为当事人享有该权利。)

□根据《中华人民共和国行政处罚法》第四十二条第一款规定，你(单位)有要求举行听证的权利。如你(单位)要求听证，应当在收到本通知后3日内提出申请。逾期视为放弃听证。

联系电话：　　　　　　　　　　　　联 系 人：

地　　址：　　　　　　　　　　　　邮政编码：

当事人意见记录：

当事人签名：　　　　　　　　　　　　卫生行政机关名称并盖章

年　　月　　日　　　　　　　　　　　　年　　月　　日

备注：本告知书一式二联，第一联留存执法案卷，第二联交当事人。

中华人民共和国国家卫生和计划生育委员会制定

陈述和申辩笔录

第________页共________页

当 事 人：

案　　由：

陈述申辩人：

承办机关：

承 办 人：

陈述和申辩地点：

陈述和申辩时间：______年______月______日______时______分至______时______分

陈述和申辩内容：

陈述申辩人签名：　　　　　　　　卫生监督员签名________　________

年　　月　　日　　　　　　　　　　　　　　　　年　　月　　日

中华人民共和国国家卫生和计划生育委员会制定

陈述和申辩复核意见书

第________页共________页

陈述申辩人：

陈述和申辩的理由和证据：

调查复核情况：

复核人意见：

复核人签名：　年　　月　　日

承办机构意见：

承办机构负责人签名：　年　　月　　日

卫生行政机关意见：

卫生行政机关负责人签名：　年　　月　　日

中华人民共和国国家卫生和计划生育委员会制定

行政处罚听证通知书

文号

____________：

你(单位)提出的听证要求收悉。本机关决定组织听证，现将有关事项通知如下：

一、听证时间________年________月________日________时________分

二、听证地点____

三、听证方式： A、公开听证　B、不公开听证(原因：________)

四、听证主持人________、听证员________、书记员________，如认为上述人员与案件有直接利害关系，可以申请回避。

五、请事先准备好有关证据，通知证人和代理人准时参加。

逾期视为放弃听证。

联 系 人：

联系电话：

当事人签收：　　　　　　　　　　　　　　　卫生行政机关名称并盖章

年　　月　　日　　　　　　　　　　　　　　　　年　　月　　日

备注：本通知书一式二联，第一联卫生行政机关留存，第二联交当事人。

中华人民共和国国家卫生和计划生育委员会制定

听 证 笔 录

第________页共________页

当事人：

委托代理人：

案件承办人：

听证主持人：

听证员：　　　　　　　　　　　　　　　　　　书记员：

听证方式：A、公开听证　　　　　　B、不公开听证

听证地点：

听证时间：______年______月______日______时______分至______时____分

案由：

记录：

参加听证人员签名：

年　　月　　日

中华人民共和国国家卫生和计划生育委员会制定

听证意见书

本机关对____案，拟做出______________的行政处罚，依照《中华人民共和国行政处罚法》第四十二条之规定，本机关于________年________月________日进行了(公开/不公开)听证，当事人与案件承办人员分别就案件事实作了陈述，并进行了相互质证。

当事人陈述的内容和提供的证据主要为：

案件承办人员陈述的内容和提出的证据主要为：

听证人员在充分听取双方意见后，经过综合评议提出以下意见：

听证人员签名：

年　　月　　日

行政机关负责人意见：

负责人签名：

年　　月　　日

中华人民共和国国家卫生和计划生育委员会制定

行政处罚决定书

文号

被处罚人：　　　　　　　　　　地址：

本机关依法查明____

____。

以上事实有____

____为证。

你(单位)违反了________________________________的规定。

现依据____的规定，

决定予以你(单位)____

____的行政处罚。

罚款于收到本决定书之日起15日内缴至____________________。

逾期不缴纳罚款的，依据《行政处罚法》第五十一条第(一)项规定，每日按罚款数额的3%加处罚款。

如不服本处罚决定，可在收到本处罚决定书之日起60日内向________或________人民政府申请行政复议，或者3个月内向________人民法院起诉，但不得停止执行本处罚决定。逾期不申请行政复议也不向人民法院起诉，又不履行处罚决定的，本机关将依法申请人民法院强制执行。

卫生行政机关名称并盖章

年　　月　　日

备注：本决定书一式二联，第一联留存执法案卷，第二联交当事人。

中华人民共和国国家卫生和计划生育委员会制定

编号：

当场行政处罚决定书

__________：

本机关于________年________月________日查明你(单位)有下列违法行为：____

____

____

上述行为已违反了____

____之规定，

现依据____

____规定，

决定予以你(单位)□警告；□罚款________元的行政处罚。同时责令(立即/________日内)改正违法行为。

罚款于收到本决定书之日起15日内缴至______________________。

逾期不缴纳罚款的，依据《行政处罚法》第五十一条第(一)项规定，每日按罚款数额的3%加处罚款。

如不服本处罚决定，可在收到本处罚决定书之日起60日内向________或________人民政府申请行政复议，或者3个月内向________人民法院起诉，但不得停止执行本处罚决定。逾期不申请行政复议也不向人民法院起诉，又不履行处罚决定的，本机关将依法申请人民法院强制执行。

卫生监督员签名____　____　　　　卫生行政机关名称并盖章

年　　月　　日

我于　年　　月　　日 收到本决定书，卫生监督员在处罚前已向我(单位)告知了权利，并听取了我的陈述和申辩。

当事人签名：

年　　月　　日

备注：本决定书一式二联，第一联留存执法案卷，第二联交当事人。

中华人民共和国国家卫生和计划生育委员会制定

送达回执

行政机关：（盖章）

受送达人（单位）：

送达文件名称：　　　　　　　　　　　　　　　　文号：

送达方式：

送达地点：

送达人签名：　　　　　　　　　　送达时间：　年　　月　　日

收件人签名：　　　　　　　　　　收件时间：　年　　月　　日

留置送达：受送达人拒绝接受送达文件，代收人不愿意在送达文书上签名/盖章，送达人员将送达文书留置在____。

见证人签名：________

邮寄送达：送达文书已用挂号信发出，挂号信回证日期为________年________月________日，回证号码为________。

备注（或挂号信回证粘贴处）：

中华人民共和国国家卫生和计划生育委员会制定

文号：

催告书

__________：

你(单位)尚未履行我机关于________年________月________日对你(单位)做出的行政决定(《　　　　　》文号/编号：____________)，收到本催告书之日起10日内，将罚没款________元、加处罚款________元缴至________并履行下列义务____________。如不履行上述义务，本机关将依法申请法院强制执行。

如你(单位)对此有异议，根据《中华人民共和国行政强制法》的有关规定，可在收到本催告书之日起10日内到____________________________________进行陈述和申辩。

当事人签收：　　　　　　　　　　　　　　　　卫生行政机关名称并盖章

年　　月　　日　　　　　　　　　　　　　　　　　　年　　月　　日

备注：本通知书一式二联，第一联留存执法案卷，第二联交当事人。

中华人民共和国国家卫生和计划生育委员会制定

文号

强制执行申请书

____________人民法院：

关于____________一案的行政决定(《   》文号/编号：__________)已于________年________月________日送达，当事人逾期未履行该行政决定，也未申请行政复议或提起行政诉讼，经依法催告仍未履行。根据《中华人民共和国行政强制法》第五十三条之规定，特申请强制执行。当事人基本情况及申请执行的内容如下：

当事人____

地址________________邮编 ________

法定代表人 ________性别____年龄____职务________

申请执行内容：

附件：

申请单位地址：________________邮编：________

联系人：________、________电话：____________

卫生行政机关负责人签名：

卫生行政机关名称并盖章

年　　月　　日

备注：本申请书一式二联，第一联留存执法案卷，第二联送交人民法院。

中华人民共和国国家卫生和计划生育委员会制定

结案报告

当 事 人：

案　　由：

立案日期：________年________月________日

作出行政处罚决定

处罚决定书文号：

(一)处罚内容：

(二)执行方式：

(三)执行日期：

(四)执行结果：(如未执行或未完全执行需说明原因)

不予行政处罚的理由

建议本案结案。

承办人签名：

年　　月　　日

负责人审批意见：

负责人签名：

年　　月　　日

中华人民共和国国家卫生和计划生育委员会制定

______续页

第______页共______页

签字：　　　　　　　　　　　　　年　　月　　日

中华人民共和国国家卫生和计划生育委员会制定

卫生行政执法建议书

文号

卫生行政机关盖章

年　　月　　日

中华人民共和国国家卫生和计划生育委员会制定

第四节　模拟教学实战

一、案情简介

2013 年 6 月 17 日，某市卫生局卫生监督所监督员在日常监督检查中发现，该市某洗浴中心所持的卫生许可证于 2013 年 3 月 30 日到期，22 名无健康证服务人员从事为顾客服务的工作。当日，该市卫生局予以受理和立案。6 月 18 日至 6 月 27 日，卫生监督所受卫生局委托针对该案进行了进一步调查取证。该案件于 6 月 27 日调查终结。卫生监督所合议认为该洗浴中心的上述行为违反了《公共场所卫生管理条例》第七条和第八条的规定，根据《公共场所卫生管理条例实施细则》第三十五条、第三十八条的规定，建议分别处以 500 元、800 元的罚款，合并处罚 1000 元的罚款，并随即下达了行政处罚事先告知书。该洗浴中心放弃陈述和申辩，经按行政处罚程序审批，卫生监督所于 7 月 5 日下达了行政处罚决定书，给予该单位罚款 1000 元的处罚。当事人自觉履行了处罚决定。7 月 10 日，该案结案。

二、监督检查过程及案件解决过程

2013 年 6 月 17 日，某市卫生局卫生监督所两名监督员徐某和张某至某洗浴中心进行日常的监督检查。徐某和张某向该洗浴中心法定代表人王某出示了执法证件并说明了来意，在王某的陪同下进行检查。两名监督员查看到该洗浴中心的卫生许可证已张贴在墙面上进行公示，但发现卫生许可证的有效期截止到 2013 年 3 月 30 日，该店至今未核换卫生许可证，仍继续从事经营活动。监督员发现该洗浴中心共有 22 位工作人员正在为顾客服务，要求查看该 22 位工作人员的健康证件，结果所有工作人员均未能现场出示健康证。就以上检查发现的事实，监督员当场制作了《现场笔录》，并对王某进行了询问，制作了《询问笔录》。王某对笔录内容无异议。王某和两名监督员均在笔录中签字。监督员对检查现场进行了拍照和录像。针对存在的问题，监督员制作了《卫生监督意见书》，提出以下意见："1. ××洗浴中心应当按照规定向卫生行政部门申请换核卫生许可证，必须重新取得《卫生许可证》后，方可营业；2. ××洗浴中心应当组织从业人员每年进行健康检查，从业人员在取得有效健康合格证明后方可上岗。"意见书要求该店改正违法事实，重视日常卫生管理工作，合法经营。当日，该市卫生局卫生监督所制作了《案件受理记录》和《立案报告》，卫生局予以受理和立案。卫生局负责人在《案件受理记录中》写明："请卫生监督所公共场所卫生监督科核实后立案查处。”在《立案报告》中写明:“本案自 2013 年 6 月 17 日起立案,由卫生监督所公共场所卫生监督科徐某、张某承办。”并签署了卫生局负责人姓名。6 月 18 日至 6 月 27 日,卫生监督所受卫生局委托针对该案进行了进一步调查取证。监督员分别对该洗浴中心两名工作人员蔡某和刘某进行了询问调查,并制作《询问笔录》。监督员收集了该店的营业执照、卫生许可证、授权委托书和租赁合同等的复印件,由该单位负责人王某核对无异后在复印件上写明“该复印件与原件相符”字样,并加盖印章。卫生监督所对所取得证据核对后,制作了《案件调查终结报告》,认为该店的上述行为违反了《公共场所卫生管理条例》第七条和第八条的规定,建议根据《公共场所卫生管理条例实施细则》第三十五条、第三十八条予以行政处罚。6 月 27 日,卫生局对调查证据和调查完毕的案卷材料进行了审查,审查通过后,卫生局负责人对该案予以调查终结,并批准了处罚建议。在调查取证的这段时间里,该单位积极配合卫生监督员的工作,并开始向卫生行政部门申请卫生许可证的核换,并组织工作人员进行健康体检。6 月 28 日,卫生监督所的卫生监督员合议认为该洗浴中心的行为违反了《公共场所卫生管理条例》第七条和第八条的规定,根据《公共场所卫生管理条例实施细则》第三十五条、第三十八条的规定,建议分别处以 500 元、800 元的罚款,合并处罚 1000 元的罚款,并随即下达了《行政处罚事先告知书》,将拟处罚的事实、理由、依据、处罚内容等事项告诉当事人,同时告诉当事人其依法享有陈述、申辩权。该洗浴中心收到《告知书》后放弃陈述和申辩。卫生监督所填写《卫生行政执法事项审批表》,连同其他案卷材料一起报至卫生局,获得卫生局负责人审批,于 7 月 5 日下达了《行政处罚决定书》,给予该单位罚款 1000 元的处罚,告知了行政处罚的履行方式和期限、不服行政处罚决定的救济途径和期限,以及不履行处罚决定的法律后果。《行政处罚决定书》以直接送达的方式送达给当事人,当事人在《送达回执》上注明了收到的日期并签名。7 月 10 日,当事人自觉履行了行政处罚,监督员制作了《结案报告》,卫生监督所负责人审核签字后报卫生局审批,卫生局负责人同意该案结案。卫生监督所将办案过程中形成的材料立卷装订,归档保管。(案卷内容见下页)

卫生行政执法文书

现场笔录

编号：×××

第 1 页共 1 页

当事人：××洗浴中心；地址：××市××路××号

法定代表人：王某；性别：男；职务：经理；电话：139××××××××

检查机关：××市卫生局

检查时间：2013 年 6 月 17 日 9 时 10 分至 9 时 50 分

检查地点：××市××路×号

卫生监督员示证检查，执法证号：××××× 、××××× 。

检查记录：

××市卫生局卫生监督所卫生监督员徐某、张某在××洗浴中心经理王某的陪同下，对××洗浴中心进行现场检查。检查人员向王某出示执法证件并了解相关情况，经检查发现：

1. 该洗浴中心卫生许可证有效期截止于 2013 年 3 月 30 日，该店至今未核换卫生许可证仍继续从事经营活动。

2. 检查时正在为顾客服务的 22 位工作人员未能现场出示健康证。

以上笔录属实。

当事人签名：王某　　　　卫生监督员签名 徐某 张某

2013 年 6 月 17 日　　　　2013 年 6 月 17 日

中华人民共和国国家卫生和计划生育委员会制定

卫生行政执法文书

询 问 笔 录

编号：×××

第 1 页共 2 页

被询问人：王某　　性别：男　　年龄：×××

住　　址：×××

证件名称：身份证　号码：×××××××××××

询问机关：×××

询问时间：2013 年6 月17 日10 时00 分至10 时40 分

询问地点：××洗浴中心经理办公室

询问人员示证询问，执法证件号码：×××××、×××××。

现依法向你询问，请如实回答问题。

询问内容：

告知：我们是××市卫生局卫生监督所卫生监督员，（出示证件）证件号×××××　×××××，今天就你店卫生许可证和工作人员健康证向你了解情况，你应当如实回答，不得隐瞒、歪曲、夸大或缩小事实，否则由此产生的后果你要负责，听清楚了吗？

答：听清楚了。

问：你在××洗浴中心从事什么工作？

答：我是××洗浴中心的经理。

问：你店卫生许可证的有效期截止日期是哪天？

答：2013 年 3 月 30 日。

问：你店是否向卫生行政部门进行了卫生许可证核换的申请？

答：没有申请。

问：你店工作人员是否持有健康证上岗工作？

答：工作人员都没有健康证。

问：你店是否有组织工作人员进行健康检查？

答：没有，不知道工作人员需要体检。

中华人民共和国国家卫生和计划生育委员会制定

卫生行政执法文书

询问笔录

编号：×××

第 2 页共 2 页

以上笔录我看过，记录属实。

被询问人阅后签名：王某　　　　卫生监督员签名：徐某　张某

2013 年 6 月 17 日　　　　2013 年 6 月 17 日

中华人民共和国国家卫生和计划生育委员会制定

卫生行政执法文书

询 问 笔 录

编号：×××

第 1 页共 1 页

被询问人：蔡某　　性别：女　　年龄：×××

住　　址：×××

证件名称：身份证　号码编号：×××××

询问机关：

询问时间：2013 年6 月18 日9 时10 分至9 时40 分

询问地点：××洗浴中心 2 楼会议室

询问人员示证询问，执法证件号码：×××××。

现依法向你询问，请如实回答问题。

询问内容：

告知：我们是××市卫生局卫生监督所卫生监督员，（出示证件）证件号×××××　×××××，今天就你店工作人员健康证向你了解情况，你应当如实回答，不得隐瞒、歪曲、夸大或缩小事实，否则由此产生的后果你要负责，听清楚了吗？

答：听清楚了。

问：你在××洗浴中心从事什么工作？

答：我是服务员。

问：你有健康证吗？

答：我没有健康证。

问：你店是否有组织工作人员进行健康检查？

答：从来没有组织过。

以上笔录我看过，记录属实。

被询问人阅后签名：蔡某　　　　卫生监督员签名：徐某　张某

2013 年 6 月 18 日　　　　　　2013 年 6 月 18 日

中华人民共和国国家卫生和计划生育委员会制定

卫生行政执法文书

询问笔录

编号：×××

第 1 页共 1 页

被询问人：刘某　　性别：男　　年龄：×××

住　　址：×××

证件名称：身份证　号码编号：×××

询问机关：

询问时间：2013 年6 月18 日10 时00 分至10 时40 分

询问地点：××洗浴中心 2 楼会议室

询问人员示证询问，执法证件号码：×××。

现依法向你询问，请如实回答问题。

询问内容：

告知：我们是××市卫生局卫生监督所卫生监督员，(出示证件)证件号×××，今天就你店工作人员健康证向你了解情况，你应当如实回答，不得隐瞒、歪曲、夸大或缩小事实，否则由此产生的后果你要负责，听清楚了吗？

答：听清楚了。

问：你在××洗浴中心从事什么工作？

答：我是××洗浴中心的服务员。

问：可以出示下你的健康证吗？

答：我没有健康证。

问：你店是否有组织工作人员进行健康检查？

答：没有组织过。

以上笔录我看过，记录属实。

被询问人阅后签名：刘某　　卫生监督员签名：徐某　张某

2013 年 6 月 18 日　　2013 年 6 月 18 日

中华人民共和国国家卫生和计划生育委员会制定

卫生行政执法文书

案件受理记录

案件来源：日常监督中发现

案发单位(人)：××洗浴中心；地址：××市××路××号

法定代表人：王某　性别：男　职务：经理　电话：139×××××

受理时间：2013 年 6 月 17 日

案情摘要：

2013 年 6 月 17 日现场监督检查中发现：

××洗浴中心卫生许可证过期仍在继续从事经营活动；22 位未取得健康证工作人员正在为顾客服务。

经办人签名：徐某　张某

2013 年 6 月 17 日

负责人意见：

同意经办人意见，请公共场所卫生监督科核实后立案查处。

负责人签名：×××

2013 年 6 月 17 日

中华人民共和国国家卫生和计划生育委员会制定

卫生行政执法文书

立案报告

当事人：××洗浴中心　地址：××市××路××号

法定代表人：王某　性别：男　职务：经理　电话：139×××××

案件来源：日常监督中发现　受理时间：2013 年 6 月 17 日

案情摘要：

2013 年 6 月 17 日现场监督检查中发现：

××洗浴中心卫生许可证过期仍在继续从事经营活动；22 位未取得健康证的工作人员正在为顾客服务。

经初步审查，当事人的行为违反了《公共场所卫生管理条例》第七条、第八条的规定，依法应当给予行政处罚，建议立案。

经办人签名：徐某　张某

2013 年 6 月 17 日

负责人审批意见：

同意立案。

本案自 2013 年 6 月 17 日起立案，由公共场所卫生监督科 徐某　张某承办。

负责人签名：×××

2013 年 6 月 17 日

中华人民共和国国家卫生和计划生育委员会制定

卫生行政执法文书

案件调查终结报告

当 事 人：××洗浴中心

案　　由：××洗浴中心未依法取得公共场所卫生许可证擅自营业、安排未获得有效健康合格证明的从业人员从事直接为顾客服务工作案。

承办机构：××市卫生局卫生监督所

案情及违法事实：

2013 年 6 月 17 日现场监督检查中发现：

××洗浴中心卫生许可证过期仍在继续从事经营活动；22 位未取得健康证的工作人员正在为顾客服务。

相关证据：1.《现场笔录》(2013 年 6 月 17 日)1 份

2.《询问笔录》(2013 年 6 月 17 日、6 月 18 日)3 份

争议要点：

无

处理建议：

以上事实违反了《公共场所卫生管理条例》第七条、第八条的规定，依据《公共场所卫生管理条例实施细则》第三十五条、第三十八条，建议分别处以 500 元、800 元的罚款，合并处以 1000 元的罚款。

承办人：徐某　张某

2013 年 6 月 27 日

负责人意见：

同意以上意见。

负责人签名：×××

2013 年 6 月 27 日

中华人民共和国国家卫生和计划生育委员会制定

卫生行政执法文书

合议记录

第__1__页共__2__页

案由：××洗浴中心未依法取得公共场所卫生许可证擅自营业、安排未获得有效健康合格证明的从业人员从事直接为顾客服务工作案。

合议主持人：徐某

参加合议人员：徐某、张某、杨某

合议时间2013年6月28日9时40分至10时30分

合议地点：××市卫生局卫生监督所204室

合议意见：(包括违法事实、相关证据、处罚依据及合议建议等内容)

2013年6月17日现场监督检查中发现：××洗浴中心卫生许可证过期仍在继续从事经营活动；22位未取得健康证的工作人员正在为顾客服务。以上事实有《现场笔录》(2013年6月17日)1份、《询问笔录》(2013年6月17日、6月18日)3份为证，以上事实违反了《公共场所卫生管理条例》第七条、第八条的规定，应该依据《公共场所卫生管理条例实施细则》第三十五条、第三十八条对该单位进行行政处罚。

合议记录：(记录合议的过程，对不同的合议意见应当如实记录)

张某：我认为从《现场笔录》《询问笔录》上看该案件证据确凿，事实清楚，该单位违反了《公共场所卫生管理条例》第七条、第八条的规定，建议依据《公共场所卫生管理条例实施细则》第三十五条、第三十八条分别给予行政处罚。

杨某：由于该店卫生许可证有效期已过仍在继续营业，且22名工作人员

中华人民共和国国家卫生和计划生育委员会制定

卫生行政执法文书

合 议 记 录

第 2 页共 2 页

未取得健康证从事工作，建议依据《公共场所卫生管理条例实施细则》第三十五条、第三十八条分别处以500元、800元的罚款。由于该店能够积极整改，根据《××市规范行政处罚自由裁量权工作实施方案》关于自由裁量的规定，建议对该单位合并处以1000元的罚款。

徐某：同意两位意见，对该单位合并处以1000元的罚款。

合议人员签名：徐某、张某、杨某　　　　记录人签名：杨某

2013年6月28日　　　　2013年6月28日

中华人民共和国国家卫生和计划生育委员会制定

卫生行政执法文书

行政处罚事先告知书

文号：××卫×告字[2013] ××号

××洗浴中心：

你(单位)未依法取得公共场所卫生许可证擅自营业、安排未获得有效健康合格证明的从业人员从事直接为顾客服务工作的行为，违反了《公共场所卫生管理条例》第七条、第八条的规定，依据《公共场所卫生管理条例实施细则》第三十五条、第三十八条的规定，本机关拟对你(单位)作出分别罚款 500 元、800 元，合并罚款 1000 元的行政处罚。

如你(单位)对此有异议，根据《中华人民共和国行政处罚法》第三十一条和第三十二条之规定，可在 2013 年 7 月 3 日到 ×× 市 ×× 区××号××室(××市卫生局卫生监督所)进行陈述和申辩。逾期视为放弃陈述和申辩。

□根据《中华人民共和国行政处罚法》第四十二条第一款规定，你(单位)有要求举行听证的权利。如你(单位)要求听证，应当在收到本通知后 3 日内提出申请。逾期视为放弃听证。(在□内打"√"的为当事人享有该权利。)

联系电话：×××××　　联 系 人：×××

地　址：××市××区××号××室　　邮政编码：×××××

当事人意见记录：

当事人签名：王某　　某某市卫生局(盖章)

2013 年 6 月 28 日　　2013 年 6 月 28 日

备注：本告知书一式两联，第一联留存执法案卷，第二联交当事人。

中华人民共和国国家卫生和计划生育委员会制定

卫生行政执法文书

卫生行政执法事项审批表

当事人：××洗浴中心

案　由：××洗浴中心未依法取得公共场所卫生许可证擅自营业、安排未获得有效健康合格证明的从业人员从事直接为顾客服务工作案

申请审批事项：（请在以下项目□内选择打"√"）

□证据先行登记保存　□查封扣押措施　□查封扣押延期

□行政处罚听证告知　□行政处罚　□案件移送

□申请法院强制执行　□其他事项：______

（申请行政处罚审批时，申请审批事项中应当写明主要违法事实、证据、处罚理由及依据。申请证据先行登记保存、查封扣押审批时，申请审批事项中应当写明原因及依据。）

2013 年 6 月 17 日现场监督检查中发现：××洗浴中心卫生许可证过期仍在继续从事经营活动；22 位工作人员未取得健康证正在为顾客服务。以上事实有《现场笔录》（2013 年 6 月 17 日）1 份、《询问笔录》（2013 年 6 月 17 日、6 月 18 日）3 份为证，以上事实违反了《公共场所卫生管理条例》第七条、第八条的规定，应该依据《公共场所卫生管理条例实施细则》第三十五条、第三十八条对该单位进行行政处罚。

处理意见：

拟对该单位作出分别罚款 500 元、800 元，合并罚款 1000 元的行政处罚

承办人：徐某　张某

2013 年 7 月 4 日

审核意见：

以上违法事实清楚，证据充分，建议给予行政处罚。

审核人：×××

2013 年 7 月 4 日

审批意见：

同意

卫生行政机关负责人：×××

2013 年 7 月 4 日

中华人民共和国国家卫生和计划生育委员会制定

卫生行政执法文书

行政处罚决定书

文号：××卫×罚字[2013] ××号

被处罚人：××洗浴中心　　　地址：××市××路××号

本机关依法查明 1.未依法取得公共场所卫生许可证擅自营业；2.安排未获得有效健康合格证明的从业人员从事直接为顾客服务工作。

以上事实有 《现场笔录》(2013年6月17日)1份、《询问笔录》(2013年6月17日、6月18日)3份为证为证。

你(单位)违反了《公共场所卫生管理条例》第七条、第八条的规定。

现依据《公共场所卫生管理条例实施细则》第三十五条、第三十八条的规定，决定予以你(单位) 分别罚款500元、800元，合并罚款1000元 的行政处罚。

罚款于收到本决定书之日起15日内缴至×××××××××××××××××，地址××区××路××号。

逾期不缴纳罚款的，依据《行政处罚法》第五十一条第(一)项规定，每日按罚款数额的3%加处罚款。

如不服本处罚决定，可在收到本处罚决定书之日起60日内向××市卫生局或××市人民政府申请行政复议，或3个月内向××市人民法院起诉，但不得停止执行本处罚决定。逾期不申请行政复议也不向人民法院起诉，又不履行处罚决定的，本机关将依法申请人民法院强制执行。

××市卫生局(盖章)

2013年7月5日

备注：本决定书一式两联，第一联留存执法案卷，第二联交当事人。

中华人民共和国国家卫生和计划生育委员会制定

卫生行政执法文书

送 达 回 执

编号：＃＃＃

第 1 页共 1 页

行政机关：（盖章）××市卫生局

受送达人（单位）：××洗浴中心

送达文件名称：行政处罚决定书　　文号：××卫×罚字[2013]××号

送达方式：直接送达

送达地点：××市××路××号

送达人签名：徐某　张某　　送达时间：2013 年 7 月 6 日

收件人签名：王某　　收件时间：2013 年 7 月 6 日

留置送达：受送达人拒绝接受送达文件，代收人不愿意在送达文书上签名/盖章，送达人员将送达文书留置在__××××__。

见证人签名：×××

邮寄送达：送达文书已用挂号信发出，挂号信回证日期为_______年______月_______日，回证号码为_______。

备注（或挂号信回证粘贴处）：

中华人民共和国国家卫生和计划生育委员会制定

卫生行政执法文书

结案报告

当 事 人：××洗浴中心，××卫×罚字[2013]××号，法定代表人：王某

案　　由：××洗浴中心未依法取得公共场所卫生许可证擅自营业、安排未获得有效健康合格证明的从业人员从事直接为顾客服务工作案。

立案日期：2013 年 6 月 17 日

一、作出行政处罚决定

行政处罚决定书文号：××卫×罚字[2013]××号

（一）处罚内容：依据《公共场所卫生管理条例实施细则》第三十五条、第三十八条的规定，分别罚款 500 元、800 元，合并罚款 1000 元。

（二）执行方式：自觉履行。

（三）执行日期：2013 年 7 月 10 日。

（四）执行结果：完全履行。

二、不作行政处罚的理由：

建议本案结案。

承办人签名：徐某　张某

2013 年 7 月 10 日

负责人审批意见：

同意结案。

负责人签名：×××

2013 年 7 月 10 日

中华人民共和国国家卫生和计划生育委员会制定

第五节　教学案例

案例一　某居民楼自备水源污染案

一、案情简介

2014年7月18日，某市卫生监督所接到电话举报，反映该市某居民楼有近40人出现腹痛、腹泻症状。监督所立即派出执法人员赶赴现场调查。调查发现，该居民楼共有48家住户，人口约175人。7月14日至7月18日，有43人出现腹痛、腹泻等消化系统问题。其中有腹痛症状的41人，疼痛部位均在下腹部和脐周，疼痛性质以隐痛、阵痛为主。有腹泻症状的37人，腹泻次数最多的每天20次，23人腹泻物为米泔样，17人有不同程度的恶心、头痛、头晕。有6人到医院就诊治疗，诊断为急性肠炎或痢疾，其余大部分病人自行购药治疗，5人服药后痊愈。该居民楼生活饮用水采用自备水源供水，管理责任单位为该市××有限责任公司；该水源及地下贮水池未经卫生行政部门审查和验收、未取得卫生许可证擅自供水；贮水池所设溢流管直接与雨水阀门井相通，雨水井浸泡在污水中，雨水井在水源防护区内，距蓄水池约5m。上水管线所在地沟灌满了污水，上水管线浸在污水中。监督员对贮水池及居民家末梢水采样进行现场检测，结果显示余氯均<0.05mg / L。采集水样送至该市疾病预防控制中心检验，结果显示该居民楼末梢水菌落总数超标4.6～7.2倍、总大肠菌群超标70～80倍。经综合分析，该案为××有限责任公司的自备水源受到严重污染、水质微生物严重超标，造成居民群体发病事件。

卫生监督所受卫生局委托责令该公司停止使用自备水源供水，清理蓄水池溢流管，排空污水，对供水设施进行清洗消毒，维修下水管线，接通市政自来水或对自备水源采取连续加氯消毒措施，以保证供水安全；对该公司给予罚款人民币3万元的行政处罚。该公司放弃听证，在收到行政处罚决定书30天内缴纳了罚款。①

二、本案焦点

(1)××有限责任公司新建该自备水源未经卫生行政部门审查和验收，未取得卫生许可证擅自供水，自备水源保护区内修建了有碍水源水质卫生的雨水井，供应的饮用水指标不符合国家卫生标准和卫生规范，导致了传染病传播，存在多项违法事实。根据《中华人民共和国传染病防治法》第七十三条第一项规定，饮

---

① 林忆山：《卫生行政处罚执法规范》，中国政法大学出版社2011年版，第27-37页。

用水供水单位供应的饮用水不符合国家卫生标准和卫生规范，导致或者可能导致传染病传播、流行的，县级以上人民政府卫生行政部门应当责令限期改正，可以并处5万元以下的罚款。《生活饮用水卫生监督管理办法》第二十六条第（一）（二）（三）项规定，在饮用水水源保护区修建危害水源水质卫生的设施或进行有碍水源水质卫生的作业的、新改扩建的饮用水供水项目未经卫生行政部门参加选址和设计审查、竣工验收而擅自供水的、供水的单位未取得卫生许可证而擅自供水的，县级以上人民政府卫生行政部门应当责令限期改正，并可处以20元以上5000元以下的罚款。本案影响的人数较多，违法情节较重，卫生行政经过合议裁量，遵循公正和适当的原则，给予××有限公司3万元罚款。

（2）证明供水单位供应的饮用水是否符合国家卫生标准和卫生规范，应该由有资质的检验机构出具检验报告；证明集中式供水单位的行为是否导致或者可能导致传染病传播、流行，应该有如下证据：微生物指标不合格、病例资料、疾病预防控制部门的流行病学调查结果等。

（3）本案罚款数额较大，卫生行政机关在作出行政处罚决定之前，应当告知当事人有申请听证的权利。

案例二　某医疗机构超许可范围行医和聘用非卫生技术人员从事医疗卫生技术工作案

一、案情简介

2013年9月4日，某市卫生监督所执法人员对某皮肤泌尿专科医院进行执法检查时发现，该医院已获得的《医疗机构执业许可证》中的诊疗科目无妇科，但该院二楼设有妇科的科室牌子，诊室内有两名医生坐诊，且有一位女病人正在就诊。在该院二楼设有妇科室，科室内有“电动流产吸引器”1台、宫内节育器13个、缩宫素5支等医疗器械、药品。经调查核实，该医院超许可范围设置的妇科于2013年3月开诊，至被查获时，行医已达6个月，先后有李某等4名医生从事诊疗活动，共开出处方258张，金额62673.50元。在对该院卫生技术人员进行调查时发现，该院泌尿科的医生刘某的医师执业证书注册的执业地点为某市中心医院，执业类别为：医学影像和放射治疗专业。刘某持有该医院加盖公章的聘书，聘期为2013年1月1日至2016年12月31日。至被查获时，刘某已在该院执业8个月，共开出处方294张，金额64998.30元。卫生监督员作了现场笔录、询问笔录、拍下现场照片，并对有关证件进行了复印，由该医院医务科长在复印件上签字“此复印件与原件一致”，并加盖了该医院的公章。

经向市卫生局汇报、合议后认定：该医院违反了《医疗机构管理条例》第二十七条“医疗机构必须按照核准登记的诊疗科目开展诊疗活动”、第二十八条“医疗机构不得使用非卫生技术人员从事医疗技术工作”的规定，依据《医疗机构管理条例》第四十七条、第四十八条和《医疗机构管理条例实施细则》第八十一条的规定，给予该医院吊销《医疗机构执业许可证》和罚款人民币5000元的行政处罚。该医院未提出任何异议，主动放弃听证权利，并自觉接受了处罚。[①]

二、本案焦点

(1)按照《医疗机构管理条例实施细则》第八十一条规定，医疗机构聘用卫生技术人员从事本专业以外的卫生技术工作的，按照聘用非卫生技术人员处理。

(2)确定违法主体的证据应该有该医院提供的或经查实的能够证明具有主体资格的《医疗机构执业许可证》，《医疗机构执业许可证》上应载明医疗机构名称、法定代表人、地址、登记号、诊疗科目、有效期限、发证日期等基本情况。

(3)确定该医院违法事实的证据应包括：超范围开展诊疗活动的诊室、挂牌；与开展某诊疗活动有关的门诊登记本、病历、处方、检验报告、诊断报告等；开展某诊疗活动所使用的药品、器械等；就诊病人的询问笔录；相关的收费价目表、治疗单、收费发票、清单等；对该医院负责人、医务人员的询问笔录等；《医疗机构执业许可证》正副本上未核准与诊疗活动所属相关的诊疗科目、服务方式的名称。证据形式应该包括现场笔录、询问笔录、书证、影像资料等。

案例三 某医院未按照规定配置放射个人剂量计案

一、案情简介

2014年6月11日，某市卫生局卫生监督所执法人员对某医院进行现场监督检查发现：(1)该医院放射科五名放射工作人员均未佩戴个人剂量计，未建立个人剂量档案。执法人员制作了现场笔录、询问笔录和《调取证据清单》，并对现场进行了拍照。经过对该医院分管放射防护工作的院长张某、设备科科长曲某的进一步调查，证实了该院五名放射科工作人员在接触放射线工作时未佩戴个人剂量计，该院未给放射科五名放射工作人员配置个人剂量计和防护设备的违法行为。根据《中华人民共和国职业病防治法》第二十六条第二款的规定：对放射工作场所，用人单位必须配置防护设备和报警装置，保证接触放射线的工作人员佩戴个人剂量计。该院未给放射科五名放射工作人员配戴个人剂量计，该行为违反了《中华人民共和国职业病防治法》第二十六条第二款的规定，依据《中华人民共和国职业病防治法》第八十九条、第七十六条第三项的规定，卫生行政执法部门责令该医院立即为五名放射工作人员配置防护设备和个人剂量计，并处以6000元的罚款。[②]

---

① 中华人民共和国卫生部：《卫生监督案例汇编》，法律出版社2007版，第329-331页。

② 薛晓林，陈锐：《卫生计生监督执法案例评析汇编》，中国协和医科大学出版社，第125-126页。

二、本案焦点

1.《放射诊疗管理规定》第二十二条规定：放射诊疗工作人员应当按照有关规定配戴个人剂量计。《放射诊疗管理规定》第四十一条第四项规定：医疗机构未按照规定对放射诊疗工作人员进行个人剂量监测、健康检查、建立个人剂量和健康档案的，由县级以上卫生行政部门给予警告，责令限期改正；并可处1万元以下的罚款。但根据卫生监督法律适用的上位法优于下位法原则，本案应适用《中华人民共和国职业病防治法》进行处罚。

2.本案调查过程中应当注意区分以下两种情形：一是医疗机构未按规定为放射工作人员佩戴个人剂量计；二是医疗机构已经为放射工作人员佩戴个人剂量计，但工作人员个人疏忽忘记佩戴个人剂量计。所以在搜集证据时，应当对该医院主管放射防护和设备工作的负责人进行详细询问。

案例四　某村卫生室违反医疗废物管理规定案

一、案情简介

某市××区卫生局卫生监督所于2014年5月7日在对某村卫生室监督检查中发现，该卫生室一次性输液器用后未毁形，消毒浸泡液量不足。经现场调查和询问，发现该卫生室获取医疗机构执业许可证的时间为2014年3月10日，该卫生室已开展诊疗活动近2个月，使用后的一次性医疗器具从未作毁形处理。卫生监督员现场制作了现场笔录和询问笔录，并对现场进行摄影录像。卫生监督所根据《医疗废物管理条例》第五十一条的规定，对该卫生室给予责令限期改正和警告的行政处罚。2014年6月4日，卫生监督所执法人员至该卫生室进行复查，现场发现该卫生室一次性输液器用后仍未毁形、消毒浸泡液量不足；一次性注射器(共有13付)用后未作任何处理；治疗室地面上有一根用过的一次性输液器；医用垃圾和生活垃圾混装。卫生监督员当场制作现场笔录，并制作询问笔录3份，对现场进行摄影和录像取证。

卫生监督所对此案立案后，案件承办人员和监督检查人员对于当事人违法事实认定所适用的条款发生了争议。监督检查人员认为当事人的行为违反了《医疗废物管理条例》第十六条(医疗卫生机构应当及时收集本单位产生的医疗废物，并按照类别分置于防渗漏、防锐器穿透的专用包装物或者密闭的容器内。医疗废物专用包装物、容器，应当有明显的警示标识和警示说明。医疗废物专用包装物、容器的标准和警示标识的规定，由国务院卫生行政主管部门和环境保护行政主管部门共同制定)的规定；案件的承办人员则认为当事人的这一行为违反了《医疗废物管理条例》第十四条第二款(禁止在运送过程中丢弃医疗废物；禁止在非贮存地点倾倒、堆放医疗废物或者将医疗废物混入其他废物和生活垃圾)、

第二十一条第一项(不具备集中处置医疗废物条件的农村,医疗卫生机构应当按照县级人民政府卫生行政主管部门、环境保护行政主管部门的要求,自行就地处置其产生的医疗废物。自行处置医疗废物的,应当符合下列基本要求:(一)使用后的一次性医疗器具和容易致人损伤的医疗废物,应当消毒并作毁形处理)和《医疗卫生机构医疗废物管理办法》第二十六条第二款(禁止在非收集、非暂时贮存地点倾倒、堆放医疗废物,禁止将医疗废物混入其他废物和生活垃圾)、第二十七条第一项(不具备集中处置医疗废物条件的农村地区,医疗卫生机构应当按照当地卫生行政主管部门和环境保护主管部门的要求,自行就地处置其产生的医疗废物。自行处置医疗废物的,应当符合以下基本要求:(一) 使用后的一次性医疗器具和容易致人损伤的医疗废物应当消毒并作毁形处理。)的规定。

针对以上争议要点,2014 年 6 月 17 日,卫生监督所进行了一次全所监督员的讨论会,讨论会上,大部分监督员根据现有的违法事实描述,认同当事人的行为违反了《医疗废物管理条例》第十四条第二款、第二十一条第一项和《医疗卫生机构医疗废物管理办法》第二十六条第二款 、第二十七条第一项的规定,小部分监督员存在不同意见。卫生监督所最后认定该卫生室上述行为违反了《医疗废物管理条例》第十四条第二款、第二十一条第一项和《医疗卫生机构医疗废物管理办法》第二十六条第二款 、第二十七条第一项的规定,对该卫生室做出责令限期改正、警告、罚款 5000 元的行政处罚,当事人未提出任何异议,并在收到行政处罚决定书后于 2014 年 7 月 21 日履行了处罚决定。

二、本案焦点

(1)为了准确适用法律法规,避免行政复议和行政诉讼,应高度重视执法过程中对违法事实认定以及适用法律条款的争议。学生可以通过本案例的争议要点认真学习相关法律条款,结合案件事实提出自己的想法和意见,讨论认定违法事实和适用法律条款的理由,培养洞察力、语言表达能力、分析和判断能力。

(2)该案件处罚依据条款中,《医疗废物管理条例》和《医疗卫生机构医疗废物管理办法》均有对同一违法事实的规定。此种情况下如何在处罚依据上进行法律适用,可以让学生进行商榷和决定。

(3)本案当事人存在两个违法事实,对此做出行政处罚时应当分别裁量、合并处罚。

第三章　模拟质证

第一节　模拟质证简介

一、质证

质，就是质疑，证，就是证据。质证是指在各类诉讼、仲裁、听证、调解等活动中，针对对方或第三人出示的书证、物证、证人证言、鉴定意见、视听资料等各种证据材料，通过核对、辩别、询问等方式，就其是否真实、合法、与案件的关联性、有无证明力、证明力的大小等进行质疑、说明与辩驳的活动。

质证是各类诉讼活动中各方当事人都具有的一项基本诉讼权利，也是最重要的诉讼权利之一。根据法律规定，未经质证的证据不能作为认定案件事实的依据，可以说质证的成功与否往往决定了一个案件的成败，其重要性不言而喻。

质证从诉讼种类上来讲可以分为两大类，一类是在民商事诉讼活动中的质证，包括民事诉讼、行政诉讼、听证、调解中进行的质证，其质证的方法和技巧基本相同；一类是在刑事案件中的质证，其质证的原则和目的与民商事诉讼活动中的一致，但刑事案件中的质证方法与技巧与民商事活动中的质证相比又有不同。本书仅涉及民商事诉讼活动中的质证，不涉及刑事案件中的质证。

二、质证的内容

（一）质证的目的

举证的目的在于用证据证明相关案件事实，以证明的案件事实作为论据对论点进行支撑；质证的目的则正好与举证的目的相反，质证的目的是通过质证，使举证方的证据不能够证明举证方想要证明的案件事实，破坏其证据的证明力，从而达到举证方的证据不被法庭采信的目的。通俗点说，质证的目的就是推翻举证方的证据，让该证据失去证明力，不能作为定案依据。

（二）质证的原则

质证时应当遵循一定的原则，质证的原则主要有：

1. 合法性原则

合法性原则是指，质证的方式、方法应当合法，提出的质疑要有法律依据。在质证的过程中，应当按照法律规定进行质证，针对证据的三性即真实性、合法性、关联性进行质证，同时也针对证据有无证明力及证明力的大小发表质证意见。对证据提出的质疑要有法律依据，要明确指出证据不合法之处和不能被采信的理由，避免语言的空洞。

2.实事求是原则

实事求是、诚实信用是我国民事活动各方当事人都应当遵守的基本原则，质证活动也不例外。在质证中，并不是对举证方所有的证据材料都可以提出质疑且都能够提出质疑的，对于那些客观真实的证据、没有疑问的证据，就应当实事求是地进行认可。否则，勉强编造质疑的理由不仅不会被采信，只会有损己方形象，给法庭留下不诚信的坏印象。

3.利己原则

对证据的质证，应当结合己方的诉讼目的以及观点进行，对所有证据的质证都要围绕查明对己方有利的案件事实，有利于己方当事人，有利于实现诉讼的目的。

4.存疑则质原则

只有存有疑问的证据才需要质证，提出异议，若对该证据没有疑问，则无需质证，但也必须发表对该无异议证据的意见。

5.每证必质原则

每一份证据都必须要经过举证、质证，这既是法律的规定，也是质证的基本原则。在质证过程中，一般来说是一证一质，就是举一份证据，质一份证据。但有时候举证方是分组举证，或全部举证，怎样进行举证，需根据法庭审理的需要进行，怎样质证是根据举证的方式及法庭的要求进行的。但是，在质证时，无论举证方是单独举证、分组举证还是全部举证，质证方都必须做到对每一份证据进行质证。

（三）质证的程序

质证在民事诉讼中属于法庭调查程序中的必经程序，《民事诉讼法》规定，证据应当在法庭上出示，并经当事人互相质证。质证时应当遵守相应的程序，根据现行法律规定，质证时应当按照下列程序进行：

1.原告出示证据，被告、第三人与原告进行质证；

2.被告出示证据，原告、第三人与被告进行质证；

3.第三人出示证据，原告、被告与第三人进行质证；

4.人民法院依照当事人申请调查收集的证据，作为提出申请的一方当事人提供的证据，依法进行质证。

人民法院依照职权调查收集的证据应当在庭审时出示，听取当事人意见，并可就调查收集该证据的情况予以说明。

在出示证据的顺序上，一般是先出示书证、物证、鉴定意见、视听资料，有证人出庭的，最后再由证人出庭作证。

（四）质证的要求

1. 依法质证

质证应当依法进行，既包括质证的内容要按照法律的规定去规范和表达，也包括对证据提出的质疑要有法律的依据。

2. 语言简洁、观点要明确

对一份证据，是有异议还是没有异议，有什么样的异议，是否真实合法，是否有证明力，在质证时发表的质证意见一定要观点明确，既不会让人产生歧义，也方便书记员进行记录。质证的语言要简洁，把观点表明即可，不必展开对证据进行分析和论证。司法实践中，常常有人在质证时观点不明确，虽然说了很多，但别人听不懂他对证据的意见到底是什么，也常常有人在质证时长篇大论而被审判者打断其发言。

3. 提前做好证据审查工作，做好充分准备

质证既然是对证据提出质疑，就需要对证据非常熟悉，对证据的每一个字、每一个标点符号都要注意，并联系案件事实进行仔细辨别。对于复杂的案件，还必须提前写好质证意见。若不认真、仔细地对证据加以审查，可能会出现疏漏，质证意见一旦发表，形成庭审记录，就不可能再进行更改。因此，提前获取对方证据材料，进行认真审查是非常有必要的。

（四）质证的方法

质证虽然是对证据的质疑、说明与辩驳，对证据的真实性、合法性、关联性发表意见，但面对举证方众多的证据材料，质证方应当怎么进行质证，这就需要有科学而合法的质证方法。而根据举证方举证方式的不同，其质证方法也不一样，这就需要质证方灵活应变，紧紧围绕质证的目的以及质证方代理案件的观点进行质证。质证的方法主要有以下几种：

1. 一证一质

当举证方一证一举，审判者要求一证一质时，质证方就必须对证据一证一质。这样的举证、质证模式适用于案件事实较为简单、证据较少的案件。若案件较为复杂、证据较多，证据彼此之间存在较强的关联性时，多个证据组合在一起才能证明一个观点时，一证一质就会割裂证据之间的联系，既不利于举证，也不利于质证。

2. 一组证据一质

当举证方将证据分为若干组进行举证时，因举证方一般是针对某个待证事实或观点对证据进行分类，此时，质证方就需要对证据进行一组一质。对证据进行一组一质并非是对该组证据中包含的若干份证据只发表一个质证意见，而是在分别对每一份证据发表质证意见的同时，还需要对整组证据能否证实举证方欲证明的目的进行简要的分析和说明。

3. 分类质证

当举证方证据众多，但有数份证据的形式和证明的目的相同时，质证时可将证据进行分类，按类别进行质证，对该相同类别的证据发表一个主要质证意见，这样既可以明确质证观点，也能够节约时间。

4. 综合质证

综合质证，是指举证方将证据全部举完后由质证方进行质证的一种质证方法。综合质证法因针对举证方已举证的全部证据进行质证，在质证上更具有系统性。同样在综合质证时，也必须对每一份证据发表质证意见，质证时也可以结合上述质证方法进行质证。

总之，质证的方法根据庭审情况的不同而有所不同，并不拘泥于某一种质证方法，但目的只有一个，那就是依法让举证方的证据失去证明力，让法庭对举证方的证据不予采信。

三、模拟质证教学目的

质证是民事诉讼、仲裁等民商事活动中当事各方都具有的一项重要诉讼权利，也是民事案件中的一道必经程序，对于案件的处理具有决定性的意义。因此，让学生掌握质证的程序和方法就显得非常重要。虽然学生可以通过书本和教师的讲解从课堂上学到一定的知识，但学生在课堂上学到的仅是法律中有关质证的简单规定，对于证据应当如何质证，有哪些程序、方法和技巧，学生并不能从书本及授课中获得直观的体验和深刻的印象。模拟法庭中的模拟质证，可以提供学生一种类似于真实的场景，让学生通过角色扮演，将理论知识用于实践，从实战中吸取经验、进行学习，掌握必备的证据审查及质证技能，进一步提高学生的综合素质。模拟质证要求学生具备以下几方面的能力：

（一）对案件进行分析，找到双方争议焦点的能力；

（二）对举证方证据进行审查判断，分析证据的能力；

（三）根据己方观点，对举证方证据进行质疑、辩驳的能力；

（四）适用程序法、实体法对证据进行质证的能力；

（五）对各类型的证据进行科学质证的能力。

四、质证适用的相关法律法规

质证适用的相关法律法规包括两部分，一部分是程序方面的法律法规，另一部分是实体方面的法律法规。程序方面的法律法规主要包括《中华人民共和国民事诉讼法》《最高人民法院关于民事诉讼证据的若干规定》，在民事诉讼中，主要是依据上述两部法律法规确定质证的权利、程序等，在仲裁案件中，除《仲裁法》以外，各仲裁机构的《仲裁规则》也是重要的规定。实体方面的法律法规就相当多了，既包括《民法通则》《中华人民共和国合同法》《侵权责任法》等，也包括各类司法解释、各省高级人民法院做出的会议纪要等，具体会用到什么法律法规，要根据案件的不同类型以及案件的争议焦点进行准备，只要是有关案件的法律法规都可能用到，这里就不再一一例举。若是关于人身损害及医疗服务合同纠纷案件的话，常用的实体法律法规有《侵权责任法》《民法通则》《最高人民法院关于审理人身损害案件适用法律若干问题的解释》《医疗事故处理条例》《病历书写规范》以及相关医疗诊疗规范。若案件发生在云南省内，还可以适用《云南省高级人民法院关于审理人身损害赔偿案件若干问题的会议纪要》等。总之，凡是对质证有帮助的法律法规均可以成为适用和引用的对象，但要根据案情的需要进行相关法律法规的准备。只有这样才能质好证。

第二节　模拟教学准备

一、教学目标的设定

在模拟质证教学开展之前，教师应当对本次模拟教学的目标进行设定。模拟质证教学既可以作为模拟法庭中一个的教学环节进行，也可以单独进行，但在模拟法庭中进行的质证因具有系统性和实践性，其教学效果会好于单独进行的模拟质证。

模拟质证教学的目标是让学生了解、掌握和熟悉质证的程序及方法，着重培养学生的质证能力。具体包括：分析案情的能力、证据的审查判断能力、归纳争议焦点的能力、分析证据的能力、质证的程序、质证的方法、质证的技巧、质证文书的制作，以及为完成质证学生必须具备的正确适用法律的能力、洞察能力、语言表达能力、书写能力等。

二、案例选取

教师在日常的教学中，应注意收集相关的案例。用于质证教学的案例各方当事人都要有证据，且各方的部份证据要具有争议性、可质证性，若所有的证据材料均是客观、真实而不可推翻的，那就失去了质证教学的意义。因此，教师选取的质证案例应具有如下几方面的特点：

1. 各方当事人都有证据；

2. 各方当事人的证据类型丰富，最好包含书证、物证、证人证言、视听资料、鉴定意见等各类证据形式；

3. 证据具有争议性，即部份证据有一定的瑕疵，有不被采信的可能。

三、教师的准备

（一）提前公布本次模拟质证课程教学的案例。

（二）选取扮演不同角色的学生。

以一个普通的医疗损害纠纷案为例，可将学生分为六组：一组扮演原告（患者、患者近亲属、一般亲属、代理律师）；一组扮演被告（医疗机构的负责人、受医疗机构委托处理医疗纠纷的医疗机构工作人员、代理律师）；一组扮演裁判者（法官、人民陪审，其中确定一名主审人）；一组扮演证人（任何一方当事人证人）；一组扮演鉴定人（鉴定机构鉴定专家）；一组扮演观察员（群众、卫生行政机关国家工作人员）。

同时教师将相关的材料发给扮演不同角色的学生，发材料时应针对模拟的不同的角色发给相应的材料，有的角色的材料可能是相同的，有的角色的材料却要少于其他角色。

（三）组织学生进行讨论，明确本次课程的教学目的。

（四）分组予以指导。

四、学生的准备

（一）全体学生应当做的准备

1. 针对不同的角色扮演，学生必须制订学习的计划，明确通过本次模拟课程要达到什么样的学习效果，以及如何开展模拟教学活动；

2. 准备材料和制订举证、质证的策略和计划；

3. 对各自准备的材料进行详细的梳理，形成举证、质证材料清单；

4. 再次熟悉相关的法律、法规；

5. 起草各自的陈述意见，包括举证意见、质证意见、证人证词、专家意见等；

6. 对举证质证过程中可能遇到的问题和困难进行再次的梳理；

7. 根据法律、法规的规定启动举证质证程序。

（二）模拟患方的准备

1.民事起诉状；

2.患方身份证明（包括患者身份证明、委托代理人身份证明、委托书等）；

3.证据材料，包括患方在医方治疗的对己方有利的病历资料，包括病历本，化验单、检验报告、医嘱单、医学影像检查资料、特殊检查（治疗）同意书、手术同意书、麻醉记录单、手术及手术护理记录单、护理资料、出院记录、医疗事故鉴定意见书、司法鉴定意见书等证据材料，以及患者一方当事人可以取得的其他相关证据材料；

4.患方在医方治疗的相关发票；

5.如委托律师参与调解的，准备委托律师的执业资格证明和患者或其近亲属出具的委托书；

6.有证人出庭作证的，还要准备证人出庭申请书；

7.证据要证明的内容要以书面形式进行准备和提交；

8.对对方证据的质证意见。

（三）模拟医疗机构应当作的准备

1.民事答辩状；

2.医疗机构执业许可证、医疗机构法人证明、相关医师执业资质；

3.医疗机构出具的委托其工作人员或其他人员参与诉讼的授权委托书和相关人员的资质证明；

4.证据材料，主要是能证明己方诊疗无过错的相关材料，包括患方相关病历资料，包括病历本，化验单、检验报告、医嘱单、医学影像检查资料、特殊检查（治疗）同意书、手术同意书、麻醉记录单、手术及手术护理记录单、护理资料、出院记录、医疗事故鉴定意见书、司法鉴定意见书等证据材料，以及医疗机构可以取得的其他相关证据材料；

5.证据要证明的内容要以书面形式进行准备和提交；

6.对对方证据的质证意见。

（四）模拟裁判方的准备

1.对案件起诉状、答辩状进行审查，初步归纳案件的争议焦点；

2.对当事人双方提供的证据材料事先进行阅读和审查，材料没有反映的问题，可以通过当庭询问、事后补充相关证据的方式查明；

3.可以向有关的专家进行咨询，了解与本次审理的医疗纠纷有关的专业知识，为案件审理作好充分准备；

4.综合当事人提供的材料和专家咨询的结果，确定当事人双方争议的焦点和审理重点，拟定审理方案，明确哪些事实需要通过庭审进行查明，哪些需要委托鉴定机构进行鉴定予以查明。

（五）模拟证人应作的准备

1.证人只是一方当事人的证人，证人首先应明白到法庭上要证明的事实是什么；

2.证人在作证前不得旁听审理；

3.证人应当依法作证，对所知道的事实客观真实地进行作证。因此，应事先明确证人的身份、证人与一方当事人的关系、证人所知道的有关案件的事实；

4.证人应明确证人出庭的程序。

（六）模拟鉴定人应做的准备

1.涉及到需要鉴定的案件，鉴定人应根据申请者的委托，对双方当事人都认可的鉴定材料作出客观、科学、公正的鉴定意见；

2.在一方当事人对鉴定意见有异议或者裁判者认为鉴定人有必要出庭时，鉴定人应当出庭作证；

3.鉴定人应对当事人双方的争议焦点进行了解，应当对出庭作证各方当事人会提出的问题准备好如何进行作答。

（七）模拟观察员应做的准备

1.对案情有所了解，对各方当事人的争议焦点有所了解；

2.熟悉相关涉案法律法规及程序规定；

3.做好旁听记录；

4.事后对其他角色扮演者在模拟活动中的表现提出自己的见解和意见。

五、模拟各方的技巧和重点把握

（一）模拟患方的重点和技巧

1.尽量收集医学信息，弄清事实真相，如果对损害后果存疑，必要时申请鉴定；

2.准备好相关的病历资料和其他证据材料，以证明自己的诉求，对于必须提供证据证明的事实或问题，应全面收集证据，证据争议较大时，提出鉴定申请；

3.熟悉相关的法律、法规的规定，明确诉求，特别是针对侵权责任承担的赔偿以及相关规定确定合理的诉讼请求；

4.熟悉《民事诉讼法》《侵权责任法》等相关法律法规的规定，熟悉庭审程序；

5.准备好民事起诉状、证据清单、鉴定申请书、证人出庭申请书等诉讼文书；

6.开庭前获取对方的证据材料，准备好质证意见；

7.针对出庭作证的鉴定人准备好询问提纲；

8.针对对方证人准备好发问提纲；

9.针对争议焦点准备好陈述意见,代理律师准备好代理意见;

10.做好调解的准备。

(二)模拟医疗机构一方的重点和技巧

1.针对患方的民事起诉状做出民事答辩状;

2.尽量收集医学资料,实事求是地证明医疗机构方的诊疗行为无过错,患者损害与诊疗行为之间无因果关系,必要时可申请鉴定;

3.熟悉有关法律、法规的规定,熟悉民事案件的程序和开庭程序;

4.给出己方证据的举证意见;

5.开庭前获取对方的证据材料,准备好质证意见;

6.针对出庭作证的鉴定人准备好询问提纲;

7.针对对方证人准备好发问提纲;

8.针对争议焦点准备好陈述意见,代理律师准备好代理意见;

9.做好调解的准备。

(三)模拟裁判者的重点和技巧

1.注意审查原告的起诉是否属于民事诉讼的受案范围;

2.熟悉相关法律法规,做好开庭前的程序性工作,依法给当事人双方指定相同的举证期限;

3.对于一方当事人提出的鉴定及证人出庭申请,依法给出是否同意的意见;

4.按照法律规定启动鉴定程序,制作鉴定委托书;

5.认真分析当事人双方提交的相关证据材料,必要时可以先组织双方进行证据交换;

6.了解纠纷发生过程,归纳双方争议的焦点,确定审理的重点;

7.依双方申请通知鉴定人出庭作证;

8.做好进行调解的准备工作。

(四)模拟证人方的重点和技巧

1.证人应明白自己仅是一方当事人的证人,而不是对方当事人的证人;

2.证人应对自己出庭要证明的事项有明确的认识;

3.证人仅对自己知道的客观事实提供证言,不使用猜测、推断或者评论性的语言;

4.证人不得旁听庭审过程,作证完毕后可以旁听剩余的庭审;

5.证人应携带身份证等能证明自己身份的证件入庭;

6.证人应熟知出庭作证的程序;

7.证人应对当事人双方及法庭有可能发问的问题做事先准备,在回答问题时应当表意清楚、明白。

（五）模拟鉴定人的重点和技巧

1. 鉴定人在进行鉴定时应严格按照鉴定委托书委托的范围进行鉴定，不得超范围进行鉴定，必要时可与委托方进行沟通；

2. 鉴定人应严格按照自己鉴定的资质确定的鉴定范围进行鉴定，不得超越鉴定资质进行鉴定；

3. 鉴定人应客观、公正地进行鉴定；

4. 鉴定人对某些专业鉴定问题可聘请医学专家对当事人双方进行询问，并听取专家的相关专业意见；

5. 鉴定人应依照法律规定出具鉴定意见明确的《鉴定意见书》；

6. 鉴定人接到法庭的出庭作证通知时，应对当事人双方及法庭有可能提出的问题进行事先准备；

7. 鉴定人在法庭上回答问题应当清楚、明白，尽力维护鉴定意见的权威性及科学性。

（六）模拟观察方的重点和技巧

1. 患者方提交的证据材料是否能证明相应的事实，证据是否达到证明其要求的目的，对方的质证是否合理、是否有相应的法律依据；

2. 患者方的诉讼请求是否有相应的法律依据；

3. 医疗机构一方提交的证据材料是否能证明相应的事实，证据是否达到证明其要求的目的，对方的质证是否合理、是否有相应的法律依据；

4. 医疗机构的辩驳是否具有相应的法律依据；

5. 合议庭的组成是否合法；

6. 合议庭的审理程序是否合法 ；

7. 合议庭驾驭庭审的能力和方法是否适当；

8. 证人、鉴定人的出庭作证是否达到出庭的目的；

9. 医患双方的代理人是否对当事人的利益进行了维护。

六、实务模拟

教学模拟质证应当严格按照法律法规的规定进行，才能达到模拟教学的目的和效果，学生在模拟的具体环节中，应严格按照以下几个方面进行：

（一）质证程序的启动

质证程序既可以融合于模拟法庭中，在举证、质证环节进行，也可以就举证、质证单独进行。质证在模拟法庭中的启动是伴随着案件的进展而进行，而单独的质证则仅就某一案件中针对对方所举的证据进行质证。

（二）质证人员的确定

比较简单的质证人员只需要举证方和质证方即可，一方进行举证，另一方进行质证。而较为复杂的质证则需要裁判者(即举证、质证的主持者)、举证方、质证方、证人、鉴定人员等参与,有些特殊案件还会有某方面的专家参与。这种较为复杂的质证最好在模拟法庭中进行,那样模拟起来更为真实。

具体的人员构成方面,以一个普通的医患纠纷为例,原告方可以由患方二人、代理律师二人组成,医院方可以由医院院长及代理律师二人组成;证人可以找两至三人,鉴定人可以由一至两人组成,双方各请一至两名专家辅助人,裁判者可以由两名法官和一名人民陪审员、一至两名书记员组成。

(三)质证的过程

质证前应当将案件材料送达各方当事人,以便有充分的时间准备质证。质证开始时,应当先由原告方出示证据,由被告及第三人质证;后由被告出示证据,由原告及第三人质证;再由第三人出示证据,由原告及第三人质证,最后由法庭出示法庭依法调取的证据,由原告、被告、第三人进行质证。

(四)质证的顺序

质证时,应当先出示书证,后出示物证,再由证人出庭作证,最后播放相关视听资料。有鉴定人出庭作证的鉴定意见在质证时应当由鉴定人在出示鉴定意见前出庭作证。

(五)质证的记录

对于每一方当事人对对方所举证据的质证意见都应当进行记录。质证的记录既可以是庭审笔录中的一段,也可以是单独的质证笔录。记录时应将质证方的质证意见与所质证据一一对应。若质证方发表的质证意见不明确,裁判者可以以发问的方式让质证方进行明确。质证笔录应由当事人并进行确认签字。

(六)对各种不同类型证据的质证方法及技巧

根据《中华人民共和国民事诉讼法》的规定,证据包括八类,每一类证据都有其特点,因此,对不同的证据也有不同的质证方法及技巧,下面针对不同种类的证据的质证方法及技巧分别进行说明:

1. 针对当事人的陈述的质证

当事人的陈述具有单方性、片面性、虚假性与真实性共存等特点。对于对方当事人的陈述,首先需要明确该陈述的内容是对己方有利还是对对方有利,一般来说,当事人只会陈述对己方有利的所谓事实,而对自己不利的事实往往进行隐瞒或者做虚假陈述,但也不排除有的当事人弄不清案件的争议焦点和重点,更弄不清如何陈述对自己有利,从而做出了对自己不利的陈述。因此,如当事人在起诉状、答辩状、陈述及代理词的陈述中承认的对己方不利的事实,质证方应当紧紧抓住并提醒法庭予以确认。对于当事人的陈述不符合客观事实或者对质证方不利的陈述,应当坚决予以否认,并要求举证方对该陈述提供证据予以证明。质证的用词方面，可以用“举证方的说法与客观事实不符、是单方所说、无证据证实”等质证意见。

反过来说，作为举证的一方，应当客观分析案件事实，做到对案件争议焦点明了于心，对哪些案件事实对己方有利清楚明白，以免在陈述中犯下低级错误，陈述了不该陈述的对己方不利的事实。

2.针对书证的质证

书证在每一个案件里面都是最重要的也是最多的一种证据类型。对书证的质证要从证据来源、证据形式、证据内容、有无证明力及证明力大小等方面进行质证。

从书证的来源看，可以分为举证方单方制作、质证方向举证方出具、其他第三人出具等三种。针对举证方单方制作的书证，可以提出“是举证方单方制作、不真实、不客观”等质证意见；对于质证方向举证方出具的书证，应重点审查其真实性，若确实为质证方出具，可提出“真实性无异议，但不能证实对方欲证明的观点”等质证意见；对于第三人出具的书证，可以从证据的真实性及关联性如出具证据的第三人是否有权出具该证据、第三人与举证方有无利害关系等方面入手，提出“对其真实性不予认可、与本案无关联性、不能证实对方欲证明的观点、第三人无权出具该证据、来源不合法、第三人与举证方有利害关系”等质证意见。

因此，在进行内容审查之前，应先对证据作形式审查，有些书证形式上并不符合法律规定，如果该书证形式上都不符合规定，如，应由两人以上进行的调查只有一人进行的话，该证据就属于证据形式不合法的书证，依法不应当采信。

在对书证进行内容审查时，每一页纸的每一个字都要认真仔细地审阅，千万不能走马观花、粗心大意。有些书证初看上去什么都合法，但仔细辨别下来，就能够发现其中的瑕疵。对于证据的形成时间应作重点考虑，对于落款的单位名称、公章、签字等应作对比研究，以找出其破绽。如，有些落款为前几年的时间的书证却使用了现在的纸张，有些落款的公章与之前的公章大小不一致或者名称上相关一两个字一致而其他内容不一致的，像这样的书证上的瑕疵若能找出一两处，便可彻底推翻该书证。

对于客观真实同时具有关联性的书证，或者那些双方均提交作为证据使用的书证，只能从证据内容以及证明力上进行质证，可以提出“对其真实性、关联性无异议，但不能证明举证方欲证明的观点，恰好可能证明我方的观点”的质证意见，并将书证中对己方有利的内容当庭向法庭进行宣读说明以提醒法庭注意。

对于书证，最基本的一个质证方法就是在质证前要求对方出示证据原件，若对方无法出示证据原件，依照相关法律规定，质证方可以不予质证。证据的原件与复印件初看上去没有什么区别，但有些细节只有原件上方能看出不同，如纸张的新旧程度与证据的形成时间是否吻合、有些书证复印件与原件并不相符等，因此，在书证中对于原件的审核是非常重要的。

3.针对物证的质证

现实中物证作为证据使用大多常见于刑事案件当中，民事案件中则较为少见。民事案件中大多数物证见于侵权案件当中，用来证明被侵害的事实，但大部分侵权案件中对于被侵害事实一般由鉴定意见、现场照片和勘验笔录所取代。对于举证方出示的物证，应当首先审查其真实性，是否就是被侵害的物品，其次，应当审查其与案件的关联性，并结合案件发生的过程判断其真伪。

4.针对视听资料的质证

在科学技术发达的今天，视听资料越来越多地被作为证据使用，特别是在那些书面证据不足以证明相关案件事实的情况下，很多举证方选择使用谈话录音、电话录音、秘密录像的方式获取自己想要的证据内容。对于举证方提供的视听资料，首先，要看其是否以合法手段取得，根据法律规定，采取欺诈、威胁、利诱等非法手段取得的视听资料，因侵害了他人的合法权益，明显不能作为定案依据予以采信。其次，根据最高人民法院的批复，未经对方当事人同意，私自录制其谈话内容，系不合法行为，以这种手段取得的录音资料，不能作为证据使用。但若严格按照这一标准来衡量的话，那么，有非常之多的录音资料将不能作为证据使用，因为出于取得证据的现实考虑，没有哪一方在录音时会事先告诉对方现在要开始录音。因此，在具体的司法践中，法官对于偷录、偷拍的视听资料，只要不侵害他人的合法权益且无疑点，一般结合被录音方的质证意见和案件其他证据予以认定。在行政诉讼中，最高法院规定，以偷拍、偷录、窃听等手段获取的侵害他人合法权益的视听资料不能作为定案依据，只是这里的"侵害他人合法权益"同样存在争议，合法权益的界定也没有规定，一般理解为他人的隐私。

对视听资料的质证，应首先要求举证方出示其原始载体，究竟是用什么设备所录制，如没有原始载体，仅有制作好的光盘，则可对其真实性提出质疑。其次，从内容上看，应当注意该视听资料是否有被剪辑或编辑过的痕迹，是否完整、连贯，对于明显被剪辑过的视听资料，对其真实性自然也可以提出质疑。还有些录音，存在谈话人身份不明确，或者回答含糊不清的情况，对其真实性也应提出质疑。在举证方单方伪造录音的情况下，质证方应当提出声纹鉴定，以否定其真实性。

总之，对于视听资料，可以提出"获取手段违法、无法确定说话人的身份、回答不明确无法证明举证方欲证明的观点、并非当事人所说"等质证意见。

5.针对电子数据的质证

随着计算机的普及应用，电子数据的运用越来越广泛，成为我国《民事诉讼法》于2012年修改时新增加的证据种类。电子邮件、网络聊天记录、手机短信等都属于电子数据。电子数据与传统证据有很大的不同,电子数据有易传输、易复制、复印件与原件完全一致等特性,因此,在质证时对其是否为原件的要求显然不能与传统证据相一致。根据《电子签名法》第四条规定,能够有形地表现所载内容,并可以随时调取查用的数据电文,视为符合法律、法规要求的书面形式;第五条规定,符合下列条件的数据电文,视为满足法律法规规定的原件形式要求:(一)有效地表现所载内容并可供随时调取查用;(二)能够可靠地保证自最终形成时起,内容保持完整、未被更改。但是,在数据电文上增加背书以及数据交换、储存和显示过程发生的形式变化不影响数据电文的完整性。因此,针对举证方出示的电子数据,质证方可以利用其特性进行针对性的质证,因电子数据极易被篡改,可以先提出对其真实性的质疑。其次,对于未经当事人同意通过“黑客”等技术手段取得的电子数据,可对其合法性提出质疑。最后,电子数据的属性与设备关联性较大,但与人的关联性不大,如同一台设备上的同一文件,可能被N个人进行修改,但无法确定是谁做的,具体谁做了什么,这种情况下,就可以对电子数据的关联性提出质疑。

对举证方而言,为了保证电子数据的真实性、合法性,达到法律规定的是原始的、未被篡改的电子数据的要求,可以聘请公证机关对电子数据的内容进行公证,若对方还是提出质疑,则可以请求法院委托有资质的鉴定机构对该电子数据进行原件鉴定,以证明该电子数据是原始的。

6.针对证人证言的质证

证人证言是民事案件及刑事案件中最常见的证据,但此类证据往往真假难辨。证人证言一般分为两种:一种是书面证言,证人不出庭作证;另一种是证人出庭作证而形成的证言。

对于证人不出庭的书面证言,要区分证人未出庭的原因,若证人确有困难不能出庭并经人民法院许可的,对于该证言应当从以下几个方面进行质证:证人与当事人的关系、证人的基本情况、证人证言的来源及合法性、证言的内容及要证明的问题、证人前后的证言是否矛盾、证言与其他证据是否矛盾及是否能相互印证。若证人无正当理由拒不出庭的,可以提出“因证人不出庭接受当事人的质询,不能作为证据使用”的质证意见。

对于出庭接受质询的证人证言,质证方可以当庭对该证人进行发问,在发问时,可以对照其书面证言对诸如时间、地点、参与人物等细节进行发问,以找出其矛盾的地方,并综合判断该证言的真实性、关联性及证明力。具体可以提出“证人与举证方有利害关系、证人的当庭说法与书面证言相矛盾、证人证言前后矛盾、证人证言与客观证据相矛盾”等质证意见。

7. 针对鉴定意见的质证

鉴定意见是证据的一种，在2012年修改《民事诉讼法》之前称为鉴定结论，修改后称为鉴定意见，是就某一专门性问题聘请有鉴定资格的鉴定人分析鉴别后所得出的专家性意见。在很多民事案件中都会涉及鉴定意见，如对价格的鉴定、对工程造价的鉴定，在人身损害案件中则涉及伤残等级的鉴定、后期治疗费的鉴定，医患纠纷中则主要涉及到伤残等级鉴定及医院的诊疗行为是否存在过错，过错与损害后果是否有因果关系的鉴定。因为裁判者与诉讼参与者对于专业性问题均不了解，即便了解，一方陈述的意见往往不能被裁判者所采信，因此，在诸如医患纠纷之类的案件当中，进行司法鉴定大多是审案法官的选择。审案法官根据鉴定意见来判案成为一种普遍存在的现象。因此，在类似于医患纠纷的案件中，对鉴定意见的质证显得尤为重要。同时，作为质证方要明白的是鉴定意见作为证据的一种，同样必须经过查证属实后才能作为认定事实的根据，并不是所有的鉴定意见法院都必须采纳作为证据使用。

鉴定意见作为证据的一种，质证时同样具有与普通证据相同的质证方法，但鉴定意见因其专业性较强，又有其独特的质证方法。作为质证方，对于对方申请鉴定或人民法院依职权委托鉴定的鉴定意见，鉴定意见若对己方有利，肯定是予以认可的，若鉴定意见对己方不利，就应当依法提出异议并申请鉴定人出庭作证。而对鉴定意见的质证，则要首先审查其委托单位的合法性，为法院委托还是举证方自行委托；其次，要审查鉴定单位和鉴定人是否有相应的鉴定资质，是否超资质进行鉴定；最后，要审查鉴定意见的程序是否合法、鉴定意见依据是否充分、鉴定所依据的材料是否真实。对于举证方单方委托的、鉴定单位和鉴定人超越鉴定资质做出的、超越委托鉴定范围的、鉴定意见明显依据不足的、鉴定所依据的材料不真实的、鉴定人拒不出庭作证的鉴定意见，质证方可以提出"系举证方单方委托、鉴定单位或鉴定人超越资质、超越鉴定范围、据以鉴定的材料不真实、鉴定意见不得作为认定事实的根据"等质证意见。必要时，质证方应当申请法院重新委托其他有资质的鉴定机构进行重新鉴定或者就某一问题进行补充鉴定。

若质证方对于鉴定涉及的专门性问题的专业知识不足，可以申请人民法院通知有专门知识的人出庭，就鉴定人给出的鉴定意见或者专业问题提出意见。

在医患纠纷中最重要的鉴定意见是"医院方对患者的诊疗行为是否存在医疗过错，过错程度如何？医院方的诊疗行为与患者的损害后果之间有没有因果关系？"有的鉴定意见还会有"医院方的诊疗行为与患者损害后果之间的原因大小"的鉴定意见。因此，在医患纠纷中，如何确定人民法院委托鉴定的事项非常重要，如果法院委托鉴定的事项不明确，鉴定的意见就有可能不明确，将会给双方当事人带来麻烦。

质证方对鉴定意见的质证，除了要熟悉鉴定的法律法规和鉴定程序之外，对于鉴定意见文书的格式、形式要件也应当熟悉，以便面对对己方不利的鉴定意见时能够提出重新鉴定的合理理由和依据。

对于医院一方来说，面对不利的鉴定意见时，应充分利用自身的专业素养和专业知识，对鉴定意见是否科学提出质疑，对患者自身疾病和过错提出专业意见，必要时可申请法院通知行业内专家对鉴定意见提出专家意见，从而促使法院进行重新鉴定或补充鉴定。对于医院方确实存在一定过错的鉴定意见，必须明确其过错大小，否则，类似于“有一定过错、有一定因果关系”等表述同样对医院方不利，法院依然有可能判决医院方承担全部赔偿责任。

而对于患者一方来说，在面对不利的鉴定意见时，可以从鉴定材料的真实性、鉴定专家与医院是否存在利害关系、鉴定程序和鉴定意见的科学性进行质证。有条件时，也可申请法院通知业内权威的专家提出意见，以争取重新鉴定或补充鉴定。

总之，对鉴定意见的质证，只有在充分掌握法律规定及规则并了解相应的专业知识的前提下，才能质证好该鉴定意见，否则，极有可能出现“以鉴定代替审判”的问题。

8. 针对勘验笔录的质证

勘验笔录作为固定物证或现场的一种证据，用于间接证明物证或案发现场的相关情况。对于勘验笔录，应着重审查其程序的合法性，勘验人是否持有并出示人民法院的证件、是否邀请当地基层组织或者当事人所在单位派员参加、勘验笔录记载的情况是否与客观实际相符。质证时，可以提出“勘验程序不合法、无其他与案件无利害关系的人参与、与客观证据或举证方陈述不一致”等质证意见。

七、总结评定

在模拟质证结束后，教师应当组织对模拟质证教学活动的总结评定，总结评定可以事先不告诉参加模拟的学生，以免学生在模拟的过程中将过多的精力放于事后的自我评价中，而不能全身心的投入模拟的过程。教师可在模拟结束后预留一定的时间，当场布置自我评价和相互评价，当场进行总结评定。

（一）学生的自我评价

其他同学和教师评价之前，进行模拟质证的学生应对自己在模拟质证中的表现做出自我评价。评价的内容包括：(1)对制订的学习计划的评价；(2)对制订的举证、质证计划的评价；(3)对准备的材料的评价；(4)对相关的法律、法规的掌握和运用能力的评价;(5)对实务模拟中自我表现的评价;(6)是否达到教学目的的评价;(7)对本次课程获得的经验和教训的总结。

(二)学生的相互评价

学生的相互评价包括不同小组之间的相互评价和模拟小组内部的相互评价。评价的内容和学生的自我评价内容相同。

(三)教师对学生的评价

教师针对学生所作的模拟也应该作出评价,评价的内容包括:(1)学生对法律知识的理解和掌握的情况;(2)学生针对模拟质证所作的计划的可行性和详尽程度;(3)学生在模拟质证过程中的优缺点和表现情况;(4)学生在模拟过程中应注意的事项;(5)是否达到教学目的。

第三节　法律文书

质证一般来讲并没有严格意义上的法律文书及格式,且司法实践当中很多有经验的律师的质证并没有成文的质证文书,大多是当庭口头对对方的证据进行质证。但对于无经验的代理人及当事人而言,庭前做好质证意见是很有必要的,可以避免当庭由于紧张而有遗漏。质证文书可采用如下格式:

一、首部

首部标题可写明"对××人诉××人××纠纷一案中原告(或被告)证据的质证意见",以便于识别。

二、内容

内容部分可以这样写:

1. 对于原告提交的第××组证据,证据名称为××

质:对该证据的真实性、合法性、关联性无异议,但不能证明原告想要证明的观点。

2. 对于原告提交的第××组证据,证据名称为××

质:对该组证的三性均不予认可,因为……(写明对该证据不予认可的简要理由)

三、尾部

尾部写明提交人,注明日期即可。

第四节　模拟教学实战

模拟质证的教学最好是与模拟法庭相结合，这样才能让学生充分了解案情，也才能更好地进行质证。当然，单独就质证而言，教师可准备一些证据材料，用于证明单独的目的，然后交由学生进行质证。例如，举出原告身份，证明原告与受害人之间为近亲属关系，交由学生进行质证；举出有涂改但没有在涂改处签字按印的合同交由学生进行质证。教师也可以在介绍完案件及相关鉴定过程后，将存在问题的鉴定意见交由学生进行质证。下面是一个对返还原物纠纷中对被告证据的质证案例：

一、案情简介

原告朱某诉称，其向第三人钱某购买了挖掘机一台，但挖掘机被被告卢某强行拉走，要求被告返还并赔偿损失。被告卢某辩称，该挖掘机是卢某购买的某石料厂的机械设备之一，原告朱某只是卢某的代理人，挖掘机所有权应当归被告所有，被告不存在侵权，没有返还义务。为此，原、被告双方向法庭出示证据来证明自己的观点。

被告为证明其观点，向法庭提交了下列证据：

1.被告的身份证；

2.第三人钱某与挖掘机公司签订的《挖掘机买卖合同》，以证明挖掘机是某石料厂所购买；

3.2012年11月2日卢某委托朱某代表自己与某石料厂的五位股东签订的《某石料厂股份转让协议》一份；以及未注明日期的卢某与朱某签订的《委托书》一份，以证明挖掘机属某石料厂的设备，朱某只是卢某的代理人而不是挖掘机的购买人。

4.2012年11月2日，原某石料厂法定代表人李某与卢某签订的《移交清单》，在移交清单中有该挖掘机，以证明挖掘机是某石料厂的设备之一。

5.钱某及李某的《调查笔录》，以证明该挖掘机是随石料厂一并转让给卢某。

6.银行打款凭证两张，以证明支付挖掘机款的事实。

二、对原告证据的质证

初看上去，被告方提交的证据能够证明被告辩称的挖掘机是被告所购买的事实，而原告只是代理人。面对如此不利的证据，原告又是如何质证的呢？

原告的代理人通过认真查阅被告方提交的证据，根据案件的事实，对于被告所提交的证据做出了如下的质证意见：

1.对原告的身份证的真实性、合法性、关联性无异议，但不能证实挖掘机为被告购买及所有的事实。

2.对第三人钱某与挖掘机公司签订的《挖掘机买卖合同》的真实性予以认可，但该合同充分说明挖掘机的原始购买人是钱某而不是某石料厂，不能证明被告欲证明的观点。

3.对2012年11月2日卢某委托朱某代表自己与某石料厂的五位股东签订的《某石料厂股份转让协议》及《委托书》的真实性无异议，但从转让协议的内容上看，不能证明挖掘机属于某石料厂的设备，《委托书》也只能证明卢某委托朱某代其购买某石料厂，而不能证明卢某委托朱某代买挖掘机。

4.对《移交清单》的真实性有异议，该移交清单是被告方事后为了打官司的需要而伪造。因为，2012年11月2日卢某因无法到场才委托朱某代为卢某签订转让合同，石料厂的移交也是由朱某办理，然而该移交清单的日期同样为2012年11月2日，但却是被告卢某签字接收，显然与被告提交的证据《委托书》相互矛盾，明显是事后伪造。

5.对钱某及李某的调查笔录，从形式上看，调查人只有一名，不符合调查必须两人以上的规定。其次，调查笔录在证据分类中属于证人证言，根据法律规定，证人必须出庭接受双方当事人的质询方能作为定案依据，证人未到庭，因此，依法不能作为定案依据。其三，该证人证言与客观书证《挖掘机买卖合同》证明的事实相冲突，书证的证明效力要大于证人证言。因此，该调查笔录依法不能作为定案依据，对其三性均不予认可。

6.对银行打款凭证的真实性无异议，但不能证明被告支付该款项是用于购买本案诉争的挖掘机，不排除被告与收款人存在其他债权债务关系的可能。

三、法庭的认证

法庭经过审理，对于原、被告双方无异议的证据予以采信，对于有争议的证据认为《移交清单》与《委托书》及被告陈述因无法到场委托原告代办某石料厂的购买相矛盾而不予采信，对钱某及李某的调查笔录以形式上不符合法律规定且证人未出庭作证为由不予采信，对于其他证据认为不能证实被告欲证明的观点。

第五节　教学案例

案例一　对评估报告的质证

上诉人赵××因不服高新技术产业开发区人民法院作出的一审判决上诉至

四川省成都市中级人民法院，并向二审法院提交了新证据成衡评报字(2010)第10138号《旧机动车鉴定评估报告书》。赵××的代理律师认为：(一)双方在签订两份《抵偿协议》过程中存在被胁迫和受欺诈的事实；(二)该鉴定结论证明了诉争车辆的价值与抵偿价格差异较大，《抵偿协议》内容并非赵××的真实意思表示，约定双方的权利义务明显不对等、不公平，违反了公平原则；(三)给出该报告书的主体和程序合法。该报告书应当作为证据予以采信。

被上诉人代理人的质证意见：(一)上诉人赵××未提交相应证据证明双方在签订两份《抵偿协议》过程中存在被胁迫和受欺诈的事实，对该意见不予质证，法院也应不予认定；(二)该报告书的鉴定结论鉴定程序违法：报告书载明车辆价值的鉴定程序需对车辆进行查勘，但鉴定机构因未找到车辆而未履行该查勘车辆的鉴定程序，其鉴定结论系根据上诉人赵××的口述给出的，故该鉴定结论不符合证据的三性(真实性、合法性、关联性)，法院应当不予采信。

四川省成都市中级人民法院认为：成衡评报字(2010)第10138号《旧机动车鉴定评估报告书》不具有证明力，对该证据不予采信。

申请再审人赵××因不服四川省成都市中级人民法院(2010)成民终字第3432号民事判决向四川省高级人民法院申请再审。赵××的代理律师认为：二审判决对本案基本事实的认定缺乏证据证明。理由是：(一)成衡评报字(2010)第10138号《旧机动车鉴定评估报告书》是认定本案基本事实的重要证据；(二)给出该报告书的主体和程序合法；(三)四川××融资担保有限公司对该报告书并未提出相反证据予以反驳，亦未申请重新鉴定，法院应当确认其证明力，而二审判决对此却不予采信，明显违反规则和逻辑推理。

被申请再审人代理人的质证意见：原二审法院根据《最高人民法院关于民事诉讼证据的若干规定》第二十九条、第六十四条、第六十五条及第七十三条第二款“因证据的证明力无法判断导致争议事实难以认定的，人民法院应当依据举证责任分配的规则作出裁判”的相关规定不予采信成衡评报字(2010)第10138号《旧机动车鉴定评估报告书》是符合本案事实的客观情况及于法有据的。

四川省高级人民法院认为：根据《最高人民法院关于民事诉讼证据的若干规定》第七十三条第二款“因证据的证明力无法判断导致争议事实难以认定的，人民法院应当依据举证责任分配的规则作出裁判”的相关规定，对赵××提供的成衡评报字(2010)第10138号《旧机动车鉴定评估报告书》不予采信并无不当。

案例二 医患纠纷案件中对《鉴定意见》的质证

一、基本案情

张某甲之母段某某因“停经39＋2周”于2009年1月12日9:00入住某市

A人民医院产科待产。段某某孕2产1,末次来例假日期为2008年4月10日,预产期为2009年1月17日。停经2+周进行B超检查提示:宫内妊娠11+周(胎儿存活)。孕21+周孕妇在某大学附属第一医院进行三维彩超提示未见明显异常。段某某孕期定期在某市A人民医院产检,未见明显异常;2008年6月28日在某临床检验中心检测优生5项未见异常;10月16日在某市A人民医院进行彩超检查提示:宫内妊娠,活胎孕27+周,脐动脉血流指标正常;孕30+周孕妇因"支气管哮喘"曾在某市A人民医院住院治疗,经治疗后好转出院;孕38+周孕妇因心动过速曾在某市A人民医院住院治疗,经治疗后好转出院;12月26日孕37+周在某市A人民医院行B超检查示:宫内见一胎儿声线;头先露,双顶径9.0cm,股骨长7.3cm,胎心率136次/分,后壁胎盘,厚5.0cm,功能Ⅱ+级,羊水前后径2.6cm,羊水指数8.8cm,脊柱弯连续;2009年1月2日孕38+周B超提示:胎儿头先露,双顶径9.1cm,股骨长7.3cm,胎心率150次/分,后壁胎盘,厚4.5cm,功能Ⅱ+级,羊水前后径4.2cm;羊水指数14.0cm,脊柱弯连续。

孕妇段某某自主择于2009年1月13日行剖宫手术,某市A人民医院向其告知术中可能出现的风险及并发症等情况,1月13日9:40—11:30在腰硬膜联合麻醉下进行剖宫产手术,9:59分娩出一男婴,体重3700g,Apagars评分10分—10分—10分,外观无畸形;术中羊水三度浑浊,羊水量200ml,胎盘、胎膜完整,胎膜黄染,术程顺利,术中有新生儿科医生在场。1月18日(即术后第5天)产妇一般情况可,生命体征平稳,腹部切口未拆线,患方要求出院,某市A医院建议继续住院治疗,患方表示拒绝并于当天签字后母子共同出院,出院诊断:G2P2宫内妊娠39+3周,ROT,剖宫产,疤痕子宫,胎儿窘迫等。

张某甲家属陈述,产后16天,患儿张某甲不能正常视人,眼球运动不自然,呈现斜视白眼状态,不爱笑,不追声、不追物。

2009年1月29日在某医院行头颅CT检查示:双顶额叶白质区见少许低密度减低影,CT值最低约15HU;脑室、脑池系统及脑沟大小、形态和位置未见异常,中线结构无移位。1月31日该院诱发电位检查显示:阈值40ds(可疑)。

2009年2月—6月在某军区总医院按"缺血缺氧性脑病"进行了6个疗程康复治疗。

2009年12月至2010年8月在某医科大学分院进行了儿童神经心理发育评估,均建议:按早教指导训练,定期随访。

张某甲目前情况:基本正常。

二、鉴定情况

法院委托某鉴定机构出具意见:(一)某市A人民医院对孕妇的产前诊断正

确,孕妇有剖宫产指征,术程处理得当,未发现有违反产科临床诊疗常规情形;(二)本案诊断新生儿缺氧缺血性脑病缺乏足够诊疗依据,某市A人民医院不存在漏诊漏治问题;(三)患方认为"术中羊水重度浑浊,某市A人民医院未给予应有重视,未对新生儿进一步检查"的问题,鉴定意见认为:剖宫产术中虽见三度浑浊,但胎儿娩出后新生儿Apagars评分1分钟、5分钟、10分钟均为10分,无须做特殊处理。当然也存在一定不足:医疗文书书写欠规范;患方沟通不足,如术中出现三度浑浊时,未及时告知患者。

该案某市A人民医院不存在导致张某甲损害后果的过错。

三、法院审理情况

一审法院未采信鉴定意见,而是以医方沟通不足认定医疗机构承担80%的责任,判决某市A人民医院赔偿张某甲人民币124432.5元。

四、点评

该案中,张某甲家人提供了至少五家其他医院的诊疗资料,确认了张某甲"缺血缺氧性脑病"之事实,医院提供的中华医学会儿科分会新生儿学组《足月新生儿HIE诊断标准》鉴定专家的解读过于绝对和机械,不全部符合四条HIE诊断标准,但有其他客观证据证实仍可以诊断为HIE。其次,医疗机构存在漏诊,漏诊HIE导致张某甲错过了最佳治疗时机,导致损害后果进一步扩大;再次,某市A人民医院缺不谨慎,术前B超诊断羊水正常、术中诊断"胎儿窘迫、羊水过少"、且羊水出现三度浑浊,且孕妇之前因心动过速在某市A人民医院住院治疗,因此应尽更大的谨慎与注意义务,张某甲出生后应进行检查,是否存在其他疾病等。

因此法院最终没有采信鉴定机构意见,而是对证据进行分析后,认定医院应承担主要责任。

第四章 模拟医疗纠纷人民调解

第一节 模拟医疗纠纷人民调解简介

一、医疗纠纷人民调解

调解是指人民调解委员会通过说服、疏导等方法，促使当事人在平等协商基础上自愿达成调解协议，解决民间纠纷的活动。相应的，医疗纠纷人民调解是医疗纠纷人民调解委员会通过说服、疏导等方法，使当事人在平等协商的基础上自愿达成调解协议、解决医疗纠纷的活动。

二、医疗纠纷人民调解的内容

根据《中华人民共和国人民调解法》和相关法律、法规的规定，调解主要包括以下几个方面的内容：

（一）医疗纠纷人民调解的原则

1. 在当事人自愿、平等的基础上进行调解；

2. 不违背法律、法规和国家政策；

3. 尊重当事人的权利，不得因调解而阻止当事人依法通过仲裁、行政、司法等途径维护自己的权利。

（二）医疗纠纷人民调解委员会

2010 年，司法部、原卫生部和保监会颁布了《关于加强医疗纠纷人民调解工作的意见》，医疗纠纷人民调解委员会原则上在市（区、县）设立。截至 2014 年 5 月，全国共建立医疗纠纷人民调解组织 3396 个，配有人民调解员 2.5 万多人，55％的医疗纠纷人民调解委员会有了政府财政的支持。①

医疗纠纷人民调解委员会是依法设立的调解民间纠纷的群众性组织。人民调解委员会由委员 3—9 人组成，设主任 1 人，必要时可以设副主任若干人。

（三）医疗纠纷人民调解员

医疗纠纷人民调解委员会人员，包括具有较强专业知识和较高调解技能、热

① http://news.xinhuanet.com/2014—05/05/c_1110546378.htm，2014 年 7 月 23 日。

心于调解事业的离退休医学专家、法官、检察官、警官，以及律师、公证员、法律工作者和专职人民调解员。每个医疗纠纷人民调解委员会至少配备3名以上专职人民调解员；涉及保险工作的，应有相关专业经验和能力的保险人员。

（四）医疗纠纷人民调解的调解程序

医疗纠纷人民调解的调解程序，包括调解程序的启动、调解人员的确定、调解的方式、调解的中止、调解的终止等。

（五）调解协议

调解协议是经过医疗纠纷人民调解委员会调解，双方当事人在平等协商的基础上自愿达成的协议。调解协议包括调解协议书的内容；调解协议书的生效；调解协议书的法律效力；调解协议书的司法确认等。

三、医疗纠纷人民调解模拟教学的目的

众所周知，医疗纠纷人民调解是解决医疗纠纷的重要途径之一，较之一般的调解，医疗纠纷人民调解具有准司法和专业性的特点。医疗纠纷人民调解对调解员的能力、素质要求更高。医事法学专业的学生要适应医疗纠纷人民调解的需要，必须具备相应的素质和能力，要完成这些能力的培养除了理论教学，实践教学更为重要。医疗纠纷人民调解的模拟教学，可以给学生提供一种在类似真实场景中解决医疗纠纷的途径。学生解决扮演的案件是真实发生的案件，学生通过医患双方、调解中立方的角色，可以对学习到的专业理论知识进行检验，掌握调解的必要职业技能，从经验当中学习。通过这种实践学习，学生应该获得以下几方面的能力：

（一）正确适用法律的能力；

（二）组织协调的能力；

（三）驾驭调解的能力；

（四）深刻洞察的能力；

（五）语言表达的能力；

（六）写作的能力。

四、医疗纠纷人民调解适用的相关法律、法规

医疗纠纷人民调解必须遵循的相关法律、法规包括：《中华人民共和国人民调解法》、司法部《人民调解工作的若干规定》《最高人民法院、司法部关于进一步加强新时期人民调解工作的意见》《关于审理涉及人民调解的民事案件的若干规定》等。

同时，医疗纠纷人民调解中可能适用的法律、法规包括：《中华人民共和国民

法通则》《中华人民共和国侵权责任法》《中华人民共和国执业医师法》《中华人民共和国民事诉讼法》《医疗机构管理条例》《医疗事故处理条例》等。

第二节　模拟教学准备

一、教学目标的设定

在模拟医疗纠纷人民调解教学开展之前，教师应对本次模拟教学的目标进行设定。本次教学的目标是让学生熟悉和掌握医疗纠纷人民调解程序的环节，着重培养学生的实践能力。教学环节具体包括：调解的启动程序、调解人员的确定、调解开始前的准备、调解过程、调解的中止程序、调解的终止程序、调解协议书的制作。以及为完成调解学生必须具备的正确适用法律的能力、组织协调能力、驾驭调解的能力、洞察能力、语言表达的能力和写作能力等。

二、案例选取

教师在日常的教学中，由于医疗纠纷的形成具有多因性和类型特殊的特点，应充分收集相关的医疗纠纷人民调解案例。典型的案件对调解经验的提炼和学生能力的锻炼具有十分重要的作用。每次模拟课程开始之前，教师应针对本次课程主要教学目标选取有针对性的案件开展教学。具体来说，模拟人民调解教学选取的案件应具备以下几个方面的特点：

（一）案例材料事实清楚，双方争议的焦点或谈判的目标明确；

（二）谈判双方各自都有解决争议或达成目标的思路和要求；

（三）争议或目标有通过协商或谈判解决的可能性；

（四）双方有讨价还价的余地但同时又可能达成最终的协议。

三、教师的准备

（一）公布本次模拟调解课程的案例。

（二）选取扮演不同角色的学生。将学生分为四组：一组扮演患者方（患者、患者近亲属、一般亲属、代理律师）；一组扮演医疗机构（医疗机构的负责人、受医疗机构委托处理医疗纠纷的医疗机构工作人员、医疗活动的实施者、医疗机构的代理律师）；一组扮演医疗纠纷人民调解员（离退休医学专家、法官、检察官、警官及律师、公证员、法律工作者和人民调解员，其中确定一名主持人）；一组扮演观察员（群众、卫生行政机关国家工作人员等）。

同时教师将相关的材料发给扮演不同角色的学生，特别注意不能将所有材料发给所有的同学，应针对模拟的角色的不同发给相应的材料。

（三）组织学生进行讨论，明确本次课程的教学目的。

（四）分组予以指导。

四、学生的准备

（一）全体学生应当做的准备

1.针对不同的角色扮演，学生必须制订学习的计划，即通过本次模拟课程要达到什么样的学习效果，以及如何开展模拟教学活动；

2.准备材料和制订谈判策略和计划；

3.对各自准备的材料进行详细的梳理，可以参照向法庭提交的证据材料进行准备；

4.再次熟悉相关的法律、法规；

5.起草各自的陈述意见；

6.对调解过程中可能遇到的问题和困难进行再次的梳理；

7.根据法律、法规的规定启动调解程序。

（二）模拟患方应当做的准备

1.准备调解申请书；

2.患方身份证明（包括患者身份证明、法定代理人身份证明、委托代理人身份证明、委托书等）；

3.患方在医方治疗的相关病历资料，包括病历本，化验单、检验报告、医嘱单、医学影像检查资料、特殊检查（治疗）同意书、手术同意书、麻醉记录单、手术及手术护理记录单、护理资料、出院记录、医疗事故鉴定意见书、司法鉴定意见等证据材料，以及患者一方当事人可以取得的其它相关证据材料；

4.患方在医方治疗的相关发票；

5.患方陈述材料（纠纷发生的经过以及患方的赔偿要求）；

6.如委托律师参与调解的，准备委托律师的执业资格证明和患者或其近亲属出具的委托书。

（三）模拟医疗机构方应当做的准备

1.准备调解申请书；

2.医疗机构执业许可证、医疗机构法人证明、相关医师职业资格证；

3.医疗机构出具的委托其工作人员或其他人员参与调解的授权委托书和相关人员的资质证明；

4.患方相关病历资料，包括病历本，化验单、检验报告、医嘱单、医学影像检查资料、特殊检查（治疗）同意书、手术同意书、麻醉记录单、手术及手术护理记录单、护理资料、出入院记录、医疗事故鉴定意见书、司法鉴定结论等证据材料，以及医疗机构可以取得的其它相关证据材料；

5.患方在医方治疗的相关发票；

6.医方陈述材料(纠纷发生的经过以及医方意见)。

(四)模拟调解方应当做的准备

(1) 对当事人双方的调解申请材料进行审查，以确定是否是医疗纠纷人民调解委员会受理的范围，不属于医疗纠纷人民调解委员会受理的事项范围的，书面告知双方当事人。如属于医疗纠纷人民调解委员会受理的事项范围的，书面通知双方当事人拟进行调解的时间和地点；

(2)对当事人双方提供的材料进行阅读和审查，认为需要当事人补充提供的，可以要求当事人补充提供相应的材料；

(3)可以向有关的专家进行咨询，了解与本次调解的医疗纠纷有关的专业知识，为调解作准备；

(4)综合当事人提供的材料和专家咨询的结果，确定当事人双方争议的焦点和调解重点，拟定调解的方案。

五、模拟各方的技巧和重点把握

(一)模拟患方的重点和技巧

1. 尽量收集医学信息，弄清事实真相，如果对损害后果存疑，必要时申请鉴定；

2. 准备好相关的病历资料和其他证据材料，为自己的要求提供证据支撑；

3. 熟悉相关的法律、法规的规定，特别是侵权责任承担和赔偿的相关规定，不提过高、甚至无理的赔偿要求和其他要求；

4. 熟悉关于调解的相关法律、法规，认清调解的性质；

5. 注意调解过程中克制自己的情绪，针对医疗机构工作人员不能采取辱骂或殴打等行为；

6.准备好陈述意见书，对自己的要求和理由的陈述合理、具体；

7.按照医疗纠纷调解委员会的通知，准时参加调解，调解过程中遵守调解秩序，尊重调解人员；

8.如果对法律、法规和调解认识不够，可聘请相关的人员如律师参与调解；

9.调解达成协议后，可以申请司法确认；

10.出现调解中止、终止事由时，及时通知医疗纠纷人民调解委员会中止、终止调解。

(二)模拟医方的重点和技巧

1.在医疗纠纷发生的第一时间，如果不能和患者达成协议的，第一时间申请医疗纠纷人民调解委员对医疗纠纷进行调解，避免纠纷的进一步扩大；

2.尽量收集医学资料，实事求是地证明患者损害与诊疗行为之间是否有因果关系，诊疗行为是否有过错，必要时可申请鉴定；

3.熟悉有关法律、法规的规定，特别是对侵权和赔偿的相关规定；

4.本着实事求是的态度设身处地地理解患者的处境，对患者和其近亲属进行人文关怀；

5.积极主动地面对纠纷，对患者及其近亲属不采取回避的态度，以避免纠纷的扩大和矛盾冲突的加剧；

6.积极配合医疗纠纷人民调解委员会的调解，按照医疗纠纷人民调解委员会的通知，及时参加调解，不能认为自己的诊疗行为没有过错，而对调解持消极和不配合的态度；

7.参与调解工作的人员应是医疗机构内部专业处置类似事件的人员，必要时，可由相关的医疗专家说明诊疗行为的风险和相关的医学知识；

8.准备好陈述意见书，对自己的理由做详细的陈述；

9.调解达成协议以后，可申请司法确认；

10.经过鉴定确认本医疗机构的诊疗不存在过错的，不应为了息事宁人，给予患者高额赔偿试图解决纠纷，而应该以理服人，争取取得患者的理解，平息纠纷。

（三）模拟医疗纠纷人民调解委员会的重点和技巧

1.注意审查双方当事人申请调解的事项是否属于医疗纠纷人民调解的事项范围；

2.调解前积极做准备，多方请教医学专家，尽量把握现行的诊疗标准，为调解工作的顺利进行打下基础；

3.向当事人双方说明有关的法律、法规以及阐明医疗纠纷人民调解的特点，确保调解的中立性；

4.平等对待双方当事人，在调解过程中不带个人情绪，不对一方有倾向性的意见，不对医患双方的行为做道德上的评价；

5.如果患方情绪较为激动，要以耐心细致的工作缓解患方的情绪；

6.认真分析相关资料，了解纠纷发生过程，把握双方争议的焦点，找到调解的工作的突破口；

7.如果医疗机构在诊疗过程中存在过错，可以指出医疗机构的过错，促使医疗机构认识自己的问题，承担相应的责任，避免以后发生类似的行为；

8.向患者说明诊疗过程中存在的风险，如果患方所提要求过高或不合理，尽力说服患者放弃过高的赔偿要求和不合理的要求；

9.向双方说明医疗纠纷人民调解协议书的性质,告知司法确认的法律规定;

10.出现调解中止事由的,及时告知双方,待中止事由排除时,及时恢复调解;

11.出现调解终止事由的,及时终止调解,告知双方可以寻求其他的纠纷解决方式。

(四)模拟观察方的重点和技巧

1.患者方提交的证据材料是否能证明相应的事实;

2.患者方的要求是否有相应的法律依据;

3.医疗机构一方提交的证据材料是否能证明相应的事实;

4.医疗机构的意见是否具有相应的法律依据;

5.调解委员会的调解员的组成是否合法;

6.调解委员会的调解程序是否合法;

7.患者方的陈述和提交的证据是否达到证明其要求的目的;

8.医疗机构方的陈述和提交的证据是否达到证明其要求的目的;

9.调解员的调解是否把握住了问题的焦点。

六、实务模拟

医疗纠纷人民调解的模拟应完全遵循法律、法规对医疗纠纷人民调解的规定进行,具体程序包括以下几个方面,在实践教学中,学生在具体的模拟环节中应严格按照以下几个方面进行:

(一)调解程序的启动

医疗纠纷的调解可依照《中华人民共和国人民调解法》的规定由当事人申请,也可以由调解委员主动调解。但是,如果当事人任何一方明确拒绝调解的,不得进行调解。模拟调解可以选其中一种进行。

(二)调解申请的受理

医疗纠纷人民调解委员会收到调解申请后,可以对申请进行审查,并针对不同的情况,决定是否受理调解申请。受理调解申请后,医疗纠纷人民调解委员会可以向双方当事人发出受理的通知。

(1)应当受理调解申请的情形包括:当事人双方自愿申请调解的且当事人系医疗纠纷双方当事人的。

(2)不应当受理调解申请的情形包括:申请调解的纠纷不是医疗纠纷的;医疗纠纷的发生地不在医疗纠纷人民调解委员会辖区范围的;纠纷当事人一方或双方明确拒绝调解的;纠纷已经由其他部门处理过或正在处理的,并且不宜由医疗纠纷调解委员会进行调解的;根据法律、法规的规定,不属于由医疗纠纷人民调解委员会调解的医疗纠纷情形的。

（三）调解人员的确定

《调解法》规定：人民调解委员会根据调解纠纷的需要，可以指定一名或者数名人民调解员进行调解，也可以由当事人选择一名或者数名人民调解员进行调解。人民调解员根据调解纠纷的需要，在征得当事人同意后，可以邀请当事人亲属、邻里、同事等参与调解，也可以邀请具有专门知识、特定经验的人员或者有关社会组织的人员参与调解。医疗纠纷人民调解委员会人员，包括离退休医学专家、法官、检察官、警官以及律师、公证员、法律工作者和人民调解员。原则上每个医疗纠纷人民调解委员会至少配备3名以上专职人民调解员；涉及保险工作的，应有相关专业经验和能力的保险人员。医疗纠纷人民调解委员的人员组成采取专兼职相结合的形式。

1.调解员的确定

当事人申请医疗纠纷人民调解委员会进行调解的，医疗纠纷人民调解委员会可以指定一名或者数名调解员进行调解，也可以由当事人选择一名或者数名调解员进行调解。但当事人选择的调解员应该是医疗纠纷人民调解委员会专家库中的成员。调解员确定后，可以在确定的调解员中选择一名作为主持人，该主持人的地位和作用不同于诉讼中的合议庭的审判长和仲裁中的首席仲裁员，而只是在调解过程中对调解程序起到主持的作用。

2.调解员的回避

医疗纠纷人民调解委员会的调解员有以下情形的，应当主动或应当事人的要求回避：

（1）调解员是医疗纠纷的当事人的；

（2）调解员与医疗纠纷的当事人有利害关系的；

（3）调解员有其他可能影响调解的公正的情形。

3.调解员的罢免或解聘

医疗纠纷人民调解员在调解工作中有下列行为的，由其所在的人民调解委员会给予批评教育、责令改正，情节严重的，由推选或者聘任单位予以罢免或者解聘：

（1）偏袒一方当事人的；

（2）侮辱当事人的；

（3）索取、收受财物或者牟取其他不正当利益的；

（4）泄露当事人的个人隐私、商业秘密的。

在医疗纠纷的调解过程中，如果调解员存在上述情形的，当事人双方可以向调解委员会申请中止调解、更换调解人员或者终止调解。

（四）调解的过程

1. 调解开始前的准备过程

调解开始前，调解委员会的调解员可以做如下准备：

（1）对当事人双方提供的材料进行阅读和审查，认为需要当事人补充提供的，可以要求当事人补充提供相应的材料；

（2）可以向有关的专家进行咨询，了解与本次调解的医疗纠纷有关的专业知识，为调解做准备；

（3）综合当事人提供的材料和专家咨询的结果，确定当事人双方争议的焦点和调解的重点，拟定调解的方案；

（4）对于已经确定调解的时间、地点和参加人员的，向参加人员发出调解会议通知书，该通知书的发出时间，一般应在调解会议开始前三天。

2. 调解的过程

（1）告知程序

在调解开始前，调解主持人应向双方当事人告知如下事项：

①医疗纠纷人民调解委员会是依法设立的调解医疗纠纷的专业性人民调解组织，是群众性组织；

②医疗纠纷人民调解委员会受理本辖区内的医疗机构与患者之间的医疗纠纷。受理范围包括患者与医疗机构及其医务人员就检查、诊疗、护理等过程中发生的行为、造成的后果及原因、责任、赔偿等问题而产生的纠纷；

③医疗纠纷人民调解委员会调解医疗纠纷，遵循以下原则：在当事人自愿、平等的基础上进行调解的原则；不违背法律、法规和国家政策的原则；尊重当事人的权利，不得因调解而阻止当事人依法通过仲裁、行政、司法等途径维护自己的权利；

④当事人在医疗纠纷人民调解活动中享有以下权利：选择或接受人民调解员；接受调解、拒绝调解或要求终止调解、要求调解公开进行或者不公开进行；自主表达意愿、自愿达成调解协议；

⑤当事人在医疗纠纷人民调解中履行以下义务：如实陈述纠纷事实；遵守现场秩序，尊重人民调解员；尊重对方当事人行使权利。

（2）询问程序

调解主持人向双方当事人告知以后，应对双方当事人的情况进行询问，询问的内容包括以下几个方面：

①双方当事人的基本情况，对于患者一方，应询问其姓名、性别、职业、家庭住址，非患者本人参与调解还应当询问参与人与患者的关系，除患者死亡情形的，患者不能参与调解时，理论上应出具授权委托书。对于医院一方，应询问医

疗机构名称、法定代表人、医疗机构的地址、医方参与调解的人员的姓名、职务，非法定代表人参与调解的，出具相应的授权委托书；

②询问双方当事人是否确属医疗纠纷的双方当事人并是否都是自愿申请医疗纠纷人民调解委员会进行调解的；

③询问双方当事人对医疗纠纷人民调解委员会的调解员是否申请回避；如当事人要求回避的，要求当事人提供申请回避的事实和理由，事实和理由属实的，可由医疗纠纷人民调解委员会的负责人对调解员进行更换，并再次征求双方当事人的意见。如当时不能达成一致意见的，可中止调解程序，待调解员确定后重新开始调解程序。

（3）宣读调解注意事项

为了保证调解的顺利进行，医疗纠纷人民调解委员会可以拟定相应的调解注意事项，要求双方当事人在调解过程中予以遵守，具体包括：

①在调解过程中不得喧哗，保持调解工作的顺利进行；

②在调解过程中不得使用侮辱、诽谤、辱骂等言辞；

③在调解过程中不得使用暴力等方式威胁对方当事人或调解员的安全；

④除双方当事人或其近亲属外，其他人员不得随意干扰调解的活动。

（4）调解过程

医疗纠纷人民调解的调解过程，可以先由双方当事人依次进行事实和理由的陈述，并提出相应的证据予以证明。医疗纠纷人民调解员应当坚持原则、明法析理、主持公道，充分听取当事人的陈述，讲解有关法律、法规和国家政策，耐心疏导，在当事人平等协商、互谅互让的基础上提出纠纷解决方案，帮助当事人自愿达成调解协议。

在调解过程中，调解员应当制作调解笔录，调解笔录的内容包括：调解的时间、地点、调解员、双方当事人、当事人双方的要求、事实和理由。调解笔录是调解过程的真实、客观反映。但调解笔录不是法律文书，没有法律效力，不能充当调解协议。

医疗纠纷人民调解员在调解纠纷的过程中，发现纠纷有可能激化的，应当采取有针对性的预防措施；对有可能引起治安案件、刑事案件的纠纷，应当及时向当地公安机关或者其他有关部门报告。

（5）调解的期限

《调解法》并未对调解的期限作出相应的规定，但人民调解的立法宗旨在于及时解决纠纷，所以医疗纠纷人民调解的期限不宜太长，对于不能迅速通过医疗纠纷人民调解解决的案件（一般最长期限是两个月），可以告知当事人通过其他方式解决纠纷。

(6)调解的中止

医疗纠纷人民调解委员会在调解医疗纠纷的过程中,有下列情形的,可以中止调解:

①无法联系当事人超过一定期限的;

②患者在申请调解后死亡,尚没有确定继承人的;

③患者在申请调解后丧失民事行为能力,尚未确定法定代理人的;

④医疗机构的法人资格终止,尚未确定权利义务的承受人的;

⑤其他应当中止调解的情形。

(7)调解的终止

医疗纠纷人民调解委员会在调解医疗纠纷的过程中,有下列情形的,可以终止调解:

①一方当事人明确拒绝继续调解的;

②在调解过程中患者死亡且没有继承人或继承人放弃继续调解的;

③当事人向人民法院起诉或者向其他机关要求解决纠纷的;

④在调解过程中,双方当事人确实无法达成一致意见的,调解不成的,调解员应终止调解,并依据有关法律、法规的规定,告知当事人可以依法通过仲裁、行政、司法等途径维护自己的权利。

(五)调解协议

1.调解协议书的制作

《调解法》规定:经人民调解委员会调解达成调解协议的,可以制作调解协议书。当事人认为无须制作调解协议书的,可以采取口头协议方式,人民调解员应当记录协议内容。对于医疗纠纷人民调解达成调解协议的,医疗纠纷人民调解委员会可以制作调解协议书,而且由于医疗纠纷较一般的民事纠纷更为复杂,一般都应当制作调解协议书。

2.调解协议书的内容

医疗纠纷人民调解协议书应包括以下内容:

(1)当事人的基本情况;

(2)纠纷的主要事实、争议事项以及各方当事人的责任;

(3)当事人达成调解协议的内容,履行协议的方式、期限。

3.调解协议书的效力

(1)调解协议书自各方当事人签名、盖章或者按指印,人民调解员签名加盖医疗纠纷人民调解委员会印章之日起生效。调解协议书由当事人各执一份,人民调解委员会留存一份;

(2)口头调解协议自各方当事人达成协议之日生效;

(3)经医疗纠纷人民调解委员会调解达成的调解协议，具有法律约束力，当事人应按照约定履行；医疗纠纷人民调解委员会应当对调解协议的履行情况进行监督，督促当事人履行约定的义务；

(4)经医疗纠纷人民调解委员会调解达成调解协议后，当事人之间就调解协议的履行或者调解协议的内容发生争议的，一方当事人可以向人民法院提起诉讼；

(5)经医疗纠纷人民调解委员会达成调解协议后，双方当事人认为有必要的，可以自调解协议生效之日起三十日内共同向人民法院申请司法确认，人民法院应当及时对调解协议进行审查，依法确认调解协议的效力。人民法院依法确认调解协议有效，一方当事人拒绝履行或者未全部履行的，对方当事人可以向人民法院申请强制执行；人民法院依法确认调解协议无效的，当事人可以申请人民调解委员会变更原调解协议或者达成新的调解协议，也可以向人民法院提起诉讼。

六、总结评定

(一)学生的自我评价

学生的自我评价是模拟教学评价中最基础的一部分，在其他同学和教师评价之前，模拟的学生应对各自的表现给出评价。评价的内容包括：

(1)对制订的学习计划的评价；

(2)对准备材料和制订谈判策略和计划的评价；

(3)对准备的材料的评价；

(4)对相关的法律、法规的掌握和运用能力的评价；

(5)对实务模拟中自我表现的评价；

(6)是否达到教学目的的评价；

(7)对在本次课程中获得的经验和教训的总结。

(二)学生的相互评价

学生的相互评价包括不同小组之间的相互评价和模拟小组内部的相互评价。评价的内容和学生的自我评价内容相同。

(三)教师对学生的评价

教师针对学生所做的模拟也应该给出评价，评价的内容包括：

1.学生对法律知识的理解和掌握的情况；

2.学生针对模拟调解所作的计划的可行性和质量；

3.学生在模拟过程中的优缺点；

4.学生在模拟过程应注意的事项；

5.是否达到教学目的的评价。

附：医疗纠纷人民调解程序示意图

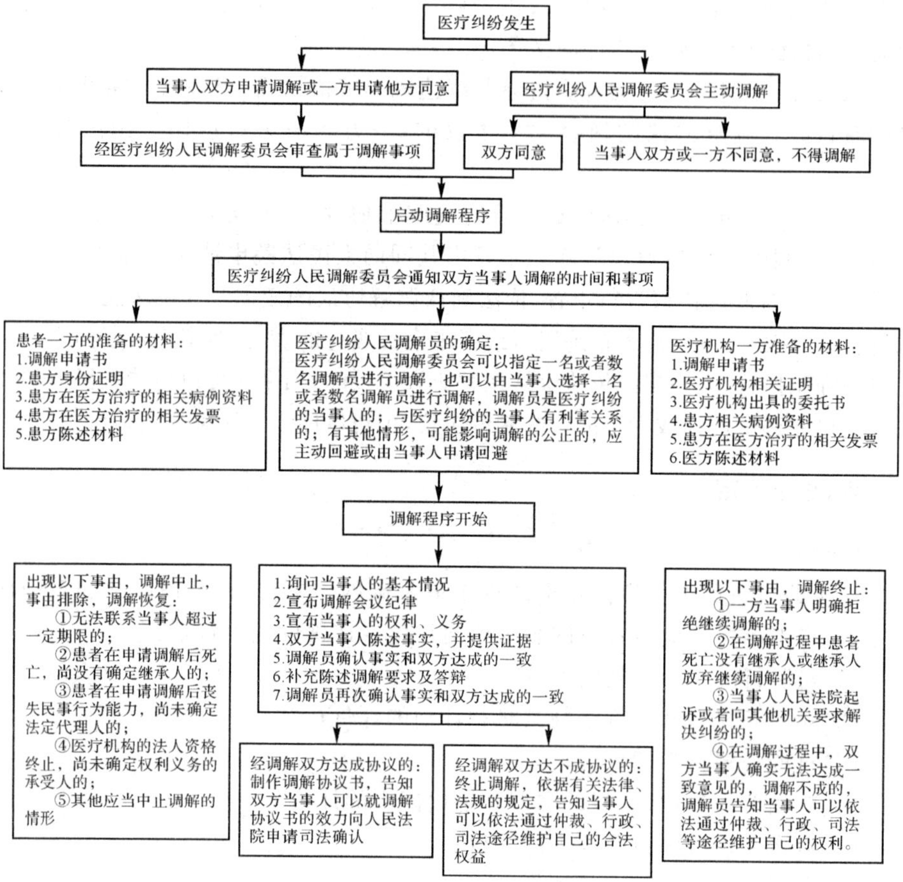

第三节 法律文书

医疗纠纷人民调解申请表

申请人	姓名		民族		年龄		职业	
	单位或住址		是否为纠纷当事人		与纠纷当事人的关系		联系方式	
被申请人	姓名		民族		年龄		职业	
	单位或住址		是否为纠纷当事人		与纠纷当事人的关系		联系方式	

续　表

纠纷简况	
当事人申请事项	
备注	我已充分了解有关医疗纠纷人民调解的相关规定，现自愿申请人民调解委员会进行调解。 申请人： 年　　月　　日

××医疗纠纷人民调解委员会
医疗纠纷调解申请受理通知

申请人：

你（单位）向××医疗纠纷人民调解委员会提出的调解申请，属于医疗纠纷人民调解的事项范围，现定于　月　日（上/下）午时 分，在　　　　针对你　与　　　的医疗纠纷事项进行调解，请按时参加，除已提交的申请、证据外，如尚有其他的证据，请于调解之前或调解之时提交。

特此通知

××医疗纠纷人民调解委员会
年　　月　　日

××医疗纠纷人民调解委员会调解笔录

时　间：________________________

地　点：________________________

调解主持人：________　　调解员：________

记　录　人：________________________

患方当事人：________________________

医方当事人：________________________

____

____

____

____

××医疗纠纷人民调解委员会
中止调解通知书

当事人：

与　　的医疗纠纷，现因　　，调解已无法继续进行，经过征求你们双方当事人意见，对此纠纷中止调解，待中止事项消除后，再恢复调解。特此通知。

××医疗纠纷人民调解委员会

年　月　日

××医疗纠纷人民调解委员会
变更当事人通知书

当事人：

与　　的医疗纠纷，现因对方当事人　　，特申请变更当事人为　　，经过征求你方意见，你方已经同意变更当事人，现将对方当事人变更为　　，特此通知。

××医疗纠纷人民调解委员会

年　月　日

××医疗纠纷人民调解委员会
终结调解通知书

当事人：

与　　的医疗纠纷，××医疗纠纷人民调解委员会已于　年　月　日和　年　月　日开展了　　次调解工作。因　　，双方当事人难以达成协议，导致调解无法继续进行，经过征求双方当事人的意见，现决定终结本例医疗纠纷的调解工作，建议双方当事人通过其他途径妥善解决纠纷。特此通知。

××医疗纠纷人民调解委员会

年　月　日

第四节　模拟教学实战

一、案情简介

2011 年 8 月 23 日，患者因“心悸 3 天，呈阵发性，伴胸闷、头昏、出汗，休息好转。”到某市医院就诊，当天接诊查体：“血压 150 / 100mmHg，一般情况可，心律 80 次 / 分，律齐，未闻杂音，双下肢无浮肿”。心电图检查结果：(1)窦性心律；(2)A 型预激综合征，该院建议患者行射频消融术。

2011 年 9 月 26 日 9 时 20 分患者被收入该院心内科诊治。入院查体：体温 36.4℃，脉搏 88 次 / 分，血压 140 / 90mmHg。神智清楚，口唇无发绀，颈软，颈静脉无怒张。……生理征存在，病理征阴性。入院诊断：(1)心律失常：预激综合征并阵发性室上速；(2)高血压待观察。入院后处理：(1)完善相关辅助检查；(2)择日行心腔内电生理检查，必要时行射频消融治疗；(3)请上级医师指导诊治等处理。

2011 年 9 月 27 日 16 时，经术前准备及患者家属同意在局麻下行“心腔内电生理检查术及射频消融术”。术中诊断：左侧壁旁道并阵发性室上性心动过速，手术顺利。19 时患者出现心悸、出汗。查体：全身出汗，血压 84/51mmHg，双肺呼吸音清，心率 68 次/分，律齐，未闻杂音。因患者未进食，加之手术刺激，考虑高迷走反射。予地塞米松及右旋糖苷葡萄糖注射液治疗后症状缓解。

2011 年 9 月 28 日 8 时 50 分查房时患者正常。

2011 年 9 月 28 日 13 时 30 分患者“突发抽搐，全身大汗，意识丧失，牙关紧闭，血压 70/40mmHg，心率 80 次/分……”抢救至 16 时 43 分患者死亡，从而引发纠纷。

2011 年 9 月 29 日上午 10 时许，在医院办公室里，患者家属 20 多人已将办公室及医护人员围堵，并要求院方对患者死亡给个说法。

2011 年 9 月 29 日下午 2 时 30 分，医院将该案件通知某医疗纠纷调解委员会。某医疗纠纷调解委员会派出工作人员到达现场，将家属暂时劝离，双方同意第二天到医疗纠纷调解委员会进行调解。

2011 年 9 月 30 日上午 8 时，为了迫使医方接受要求，组织了亲属几十人到医院拉横幅进行围堵，甚至准备到大街上游行。

2011 年 9 月 30 日上午 9 时，医疗纠纷调解委员会工作人员到达医院，对患方进行了 3 个小时的劝解工作。患方同意其主要家属到医疗纠纷调解委员会进行调解。

二、案件解决过程

（一）调解程序的启动

在本案例中，当事人双方并非第一时间向医疗纠纷人民调解委员会申请调解，而是当纠纷发生到一定阶段的时候，医方当事人首先通知的医疗纠纷人民调解委员会。医疗纠纷人民调解委员会人员到达医院以后开始工作，双方当事人同意到医疗纠纷调解委员会对纠纷进行调解。这个案件中调解程序的启动属于医疗纠纷人民调解委员会主动调解，当事人双方同意的情形。在实践中，医疗纠纷发生后患者一方往往会先找医院的医务部门或主治医师进行协商，协商不成就可能导致纠纷的扩大。所以实践中，有的医疗机构可能在医疗纠纷发生的第一时间就申请医疗纠纷人民调解委员会主动进行调解，但也有可能是医患双方协商不成到医疗纠纷人民调解委员会申请调解。

（二）调解案件的受理

在本案例中，医疗纠纷人民调解委员会是应医疗纠纷的通知主动介入调解的，同时医疗纠纷人民调解委员会在主动介入的过程中了解到本医疗纠纷属于医疗纠纷人民调解委员会调解的事项范围，并没有不属于医疗纠纷人民调解委员会不宜调解的情形。在医疗纠纷人民调解委员会工作人员的主动介入之下，双方当事人同意于第二日到医疗纠纷人民调解委员会的工作场所进行调解。医疗纠纷人民调解委员会是有自己的办公场所的。由于医疗纠纷人民调解委员会是中立的第三方，在医疗纠纷人民调解委员的办公场所进行调解，双方当事人的抵触情绪没有在医疗机构所在场所明显。在本案例中，患者一方在第二日上午反悔，在医疗机构所在地将矛盾冲突升级，于是医疗纠纷人民调解委员会的工作人员又主动进行工作，双方当事人同意于同日下午到医疗纠纷人民调解委员会进行调解。

（三）调解人员的确定

在本案例中，该医疗纠纷人民调解委员会是专门的医疗纠纷调解人民委员会，有专职的调解员，三名事先介入本例纠纷的工作人员作为调解员对本例医疗纠纷进行调解，并且由其中的一名退休法官，资深调解员作为主持人。

（四）调解的过程

1. 调解开始前的准备过程

在调解开始前，调解员了解到，对于患者一方而言，患者近亲属主要是无法接受已经被医生宣布手术成功的患者为什么会突然死亡，亲人的突然死亡让患者的近亲属产生应激反应，使其认为是医疗机构的医务人务的诊疗行为出了问题。死者的妻子、哥哥、妹夫、儿子、女儿等人一致认为，医方在对患者诊疗过程中存在严重的问题，诊治极其不负责任才导致患者的死亡，第一阶段提出976967元的赔偿要求。其中，在其部分亲戚的鼓动下，死者家属情绪更加失控，要求赔偿的数额提高到一个更高的数额。而医院一方则认为：医方在为患者的诊断和手术治疗过程中是符合病情和诊疗规范的；在术后的护理和诊疗过程中没有任何过错，患者的猝死是由于医生不能预见的原因和患者自身突发疾病而猝死，属医疗意外，不构成医疗事故和医疗过错，故不应赔偿。双方当事人争议的焦点是患者为什么会死亡，以及由此导致的赔偿数额的要求无法达成一致。矛盾的焦点在于患者的死亡到底是医疗机构的医务人员的诊疗行为出了问题导致的，还是术后并发症和患者自身的特异体质和自发疾病导致的。

针对上述焦点，医疗纠纷人民调解委员会的调解员咨询了相关的专家，认为要弄清楚患者为什么会死亡，最好借助专业的鉴定。

2.调解的过程

(1)调解主持人就相应事项对双方当事人进行告知

在调解开始前，医疗纠调解委员会的调解主持人应向双方当事人告知如下事项：

①医疗纠纷人民调解委员会是依法设立的调解医疗纠纷的专业性人民调解组织，是群众性组织；

②医疗纠纷人民调解委员会受理本辖区内的医疗机构与患者之间的医疗纠纷。受理范围包括患者与医疗机构及其医务人员就检查、诊疗、护理等过程中发生的行为、造成的后果及原因、责任、赔偿等问题而产生的纠纷；

③医疗纠纷人民调解委员会调解医疗纠纷，遵循以下原则：在当事人自愿、平等的基础上进行调解的原则；不违背法律、法规和国家政策的原则；尊重当事人的权利，不得因调解而阻止当事人依法通过仲裁、行政、司法等途径维护自己的权利；

④当事人在医疗纠纷人民调解活动中享有以下权利：选择或接受人民调解员；接受调解、拒绝调解或要求终止调解、要求调解公开进行或者不公开进行；自主表达意愿、自愿达成调解协议；

⑤当事人在医疗纠纷人民调解中履行以下义务：如实陈述纠纷事实；遵守现场秩序，尊重人民调解员；尊重对方当事人行使权利。

(2)调解主持人对相关事项进行询问

调解主持人向双方当事人告知以后，对双方当事人的下列情况进行了询问：

①双方当事人的基本情况；

②双方当事人是否确属医疗纠纷的双方当事人且是否是自愿申请医疗纠纷人民调解委员会进行调解；

③双方当事人对医疗纠纷人民调解委员会的调解员是否申请回避。

经过主持人的询问，双方当事人确属纠纷的当事人双方，患者一方为死亡患者的配偶及父母及其他亲属一名。医院一方为医院医务科科长，有医院法定代表人的授权委托。双方当事人对医疗纠纷人民调解委员会的调解员无异议，不要求其回避。

（3）调解主持人宣读调解注意事项

调解主持人为了保证医疗纠纷调解的顺利进行，要求双方当事人在调解过程中做到：①在调解过程中不得喧哗，保持调解工作的顺利进行；

②在调解过程中不得使用侮辱、诽谤、辱骂等言辞；

③在调解过程中不得使用暴力等方式威胁对方当事人或调解员的安全；

④除双方当事人或其近亲属外，其他人员不得随意干扰调解的活动。双方当事人均表示接受这样的要求。

（4）调解委员会调解本案的过程

在调解过程中，调解委员会的工作人员耐心细致地听取了双方当事人的要求和理由，发现患者一方当事人的情绪异常激动，如果让双方当事人继续面对面地开展调解工作，将不可能达成解决纠纷的目的。于是，医疗纠纷人民调解委员会的调解员对患方进行了3个小时的劝解工作。对患者的近亲属讲述了相关的法律、法规，并针对患者近亲属最关心的死亡原因提出了进行鉴定的建议。经过医疗纠纷人民调解委员会的调解，患方同意将赔偿数额降至50万元。由于医方仍坚持不予赔偿，纠纷解决未果。但双方一致同意申请某司法鉴定机构对患者的死因进行鉴定。鉴于此种情形，医疗纠纷人民调解委员会的调解员决定等鉴定结果出来以后，再对双方的纠纷进行调解。2011年11月1日，某司法鉴定机构的鉴定意见为：死者死亡原因是因肠坏死、出血并发心功能衰竭死亡。随后，××医学会受理医疗事故鉴定，鉴定结论为：本病例不属于医疗事故。在此基础上，医疗纠纷人民调解委员会的调解员对本例纠纷再次进行了调解，由于已经弄清楚了患者死亡的原因，患者近亲属了解到了患者的死亡确实不是医疗机构的过错导致的。患者接受了医疗纠纷人民调解委员会的调解，不再要求医疗机构承担责任。医患双方的纠纷就此化解。

第五节　教学案例

B市人民医院与患者赵某医疗纠纷案

一、案例摘要

患者，赵某，女，66岁，因“反复胸闷、气促半年余，加重十天余”，于2015年7

月 2 日去 B 医院就诊，经系统检查，初步诊断为“风湿性联合瓣膜病，二尖瓣狭窄并关闭不全，主动脉瓣关闭不全，三尖瓣关闭不全”，医生建议住院治疗。当日被 B 市人民医院心血管外科收治入院。患者入院后，经专家会诊后，明确诊断，完善相关术前检查，拟定手术方案，于 2015 年 7 月 7 日行全麻外循环下二尖瓣置换术＋三尖瓣形成术。术后，患者赵某转入 ICU 继续治疗。手术当日下午 16:07，患者突然出现血压下降，血压值为 30/21mmHg，手术切口有大量鲜红色引流液流出，量约 1000ml，医生立即对其进行抢救，给予胸外心脏按压并手控皮囊供氧，头置冰帽保护脑组织，效果不佳时，对赵某进行了床旁开胸，心内按摩，同时进入手术室紧急建立体外循环转流，探查心脏，见赵某出现心肌水肿，且心脏左室后壁出现两个破裂口，大小分别为 0.5cm×0.5cm，0.8cm×0.5cm，破口周围心肌组织水肿明显，质脆，按原切口打开右房及房间隔，探查二尖瓣机械开闭正常，未见瓣周撕裂及瓣周漏。随后使用室壁瘤缝线带涤粘条修补破口，复温，缝合心脏各切口，开放升主动脉，后患者心脏自动复跳，体外循环辅助转流，转流过程中，心肌收缩无力，用血管活性药物，室后壁修补处周围仍见大量血液溢出，但患者心肌脆弱，无法再次进行修补。当灌注压为 45—50mmHg 时，出血进一步增多，大量血管活性药物及全流量体外循环转流支持下心肌收缩及出血无明显好转，于当日晚 21:00，体外辅助循环过程中患者突发心脏骤停。再次进行心内按摩，并继续予以肾上腺素、异丙肾上腺素、多巴胺、碳酸氢钠等药物抢救治疗，心跳不能恢复。术中曾多次对其进行动脉血气检查，提示患者内环境严重紊乱。当晚 21:10，患者赵某经抢救无效死亡。

随后，患者家属（其子：骆某昆、骆某学，其弟：赵某生、赵某强）无法接受这一事实，对医院的治疗过程提出了质疑，并向医院的管理部门进行了投诉。然而，在沟通过程中，双方产生分歧，继而引发纠纷。随后，患者家属提出通过医疗纠纷人民调解委员会对此次纠纷进行调解，B 市人民医院表示同意。

2015 年 7 月 15 日，患者家属向 B 市医疗纠纷人民调解委员会提交了医疗纠纷调解申请书，同时提交了申请人相关身份证明，B 市人民医院也向调解委员会提交了委托冯某、李某某代为承认、变更、放弃调解意向、代为参与调解、终结调解、代为领取本次纠纷相关法律文书的授权委托书等材料。B 市医疗纠纷人民调解委员会经过对申请人和被申请人身份、调解意愿、申请事项进行审查后，认为患者赵某家属与 B 市人民医院的争议属于医调委的受理范围，做出受理决定，并将受理通知书送达双方当事人。后经双方共同协商选定调解员杨某某、曹某某作为本次纠纷调解员，确定 2015 年 7 月 20 日上午 9:00，在 B 市医疗纠纷人民调解委员会第二调解室组织双方进行调解。

调解开始之前，申请人（患方）向医调委提交了以下材料：

(1)患者赵某在B市人民医院治疗的相关病历资料，包括病历本、化验单、检验报告、医嘱单、医学影像检查资料等相关证据材料；

(2)患者在医方治疗的各类缴费发票等；

(3)患方关于本次纠纷的一份陈述材料。在调解材料中，患者家属提出，医院在赵某入院治疗的过程中，医院的治疗行为存在多处不当，造成赵某死亡。对医院方面的质疑主要包括：①赵某手术前没有进行详细的身体检查，没有根据赵某的身体情况进行手术评估，对赵某是否适合进行手术判断错误；②医院在赵某手术前没有告知患者可以在两种瓣膜中进行选择，也没有向患者解释和说明手术方案；③抢救手术进行过程中，打开胸腔时，医生既然发现赵某的心脏心肌脆弱却没有及时向家属说明情况，也没有征得家属同意就继续手术；④医方所说的赵某死亡是因为心室破裂，是否是因为医院的输血行为导致的，心脏破裂后医院的抢救措施是否得当；⑤抢救过程中，医院没有及时和家属沟通情况，也未能尊重家属的知情同意权利。

因此，患者方面认为患者死亡是由于医院的诊疗行为存在过错导致的，患方向医院提出包括：死亡赔偿金340186元，丧葬费27184元，精神损害赔偿金32620元，护理、交通、住宿、伙食费合计20000元，误工费10000元，赔偿金额共计为429990元，并要求医院退还患者赵某住院产生的医疗费60000元。

医方在接到受理通知后，也向医调委提交了相关材料：

(1)患者赵某在B市人民医院治疗时的相关病历资料，包括住院病历、特殊检查(治疗)同意书、手术同意书、麻醉记录单、手术及手术护理记录单、抢救记录等证据材料。

(2)医方提交了相关调查情况说明，医方提出，根据卫计委规定的相关程序，在本次纠纷发生的第一时间，医方针对患方提出的相关质疑，对此事件进行了情况调查。医方认为：①医院对患者赵某的术前评估是完善的，对赵某所进行的手术符合相关疾病的手术指征；②第一个手术(二尖瓣膜置换和三尖瓣成形术)中对于瓣膜的选择，医方不存在问题，医方选择机械瓣膜是根据患者自身的情况以及对患者利益最大化的考虑而做出的最佳选择，并没有损害患者的利益；③关于心室破裂的问题，赵某的心室破裂是自发性的，是末梢血液动力学突发改变引起的，并非手术本身的原因。而且心室破裂难以预见，难以防范，临床上基本没有抢救的可能；④关于心室破裂后的抢救预案，对此手术前与患方所签订的的手术风险告知书中手术后可能出现的并发症一项已经明确注明包括出现心室破裂的可能，且家属也在知情同意书上签字。因此，医院认为，医院对赵某的医疗不存在过错，赵某的死亡是因为其自身疾病发展所导致的，故医方拒绝患方提出的赔偿请求。

医疗纠纷调解员在接手案件后，对纠纷情况和双方提交的相关材料进行了审查，包括医患双方当事人的基本信息，患者赵某的诊疗活动的详细资料，医患双方当事人所提出的要求等。

在完成了前期的举证和调查后，调解程序正式启动。双方当事人于2015年7月20日参加了由B市医疗纠纷调解委员会组织的医疗纠纷调解。

调解开始后，调解员确认医患双方当事人的身份及代理权限，并向双方当事人说明人民调解的相关规定和程序。在确认医患双方当事人对承担调解工作的调解员（杨某某和曹某某）的选任没有异议后，调解工作正式开始。

首先，医患双方当事人分别向调解员介绍并陈述了自己的主张。患方坚持认为医方在对赵某的治疗过程中所采取的相关治疗方案和治疗手段存在问题并导致了患者赵某的死亡。同时，患方对医方的调查材料所确认的事实不认可，认为医方的陈述不客观，不真实。患方重申了其在所提交材料中提出的质疑和赔偿主张。

而医方则强调，虽然医方对患者赵某经抢救无效死亡的客观事实表示遗憾，对患者家属的伤痛也很同情，但医方坚持，在对赵某的诊疗过程中，医方的检查、诊断、所选择的治疗方案、实施的治疗行为都不存在过错。在医方所提供的赵某的病历资料中详细记录了赵某的病程发展及医院所采取的各项医疗措施、治疗方案，完全是严格按照相关疾病的诊疗操作规范进行的，不存在任何过失，在整个医疗活动中，医方都尽到了法律规定的相关义务，赵某的死亡是由于其自身疾病发展的客观原因导致的，医院对赵某的死亡没有责任，因此，医方不能接受患方提出的赔偿要求。

在初步了解了医患双方对本纠纷所持主张后，由调解员针对患方所提出的质疑对双方进行耐心调解。首先，调解员向患者说明了医患之间的关系应该是建立在互相信任和互相理解的基础上的，并希望患方能够理解医学科学本身存在的缺陷性，强调虽然医疗活动的结果大部分是好的，但有一部分问题和疾病确实是当今医疗技术无法解决和治愈的，任何医院和医生都不可能保证百分之百地治愈疾病，在多重因素的作用下，难免会出现人们不希望看到的结果。患者也应该客观地看待这些问题，不能将其全部归结为医疗的不尽责。接下来，调解员针对患方所提出的问题，也做出了详细的解释。调解员根据所调取专业文献结合医患双方所提供的相关资料，确认：①医院对患者赵某的术前评估、术前检查是完善的，且赵某的检查显示其符合相关手术指征；②第一个手术（二尖瓣膜置换和三尖瓣成形术）中对于瓣膜的选择问题，根据赵某术前检查的情况及两类瓣膜在临床上的适用范围(展示相关资料信息)①,医院选择机械瓣膜的医疗方案本身并无不当。③关于左心室破裂的问题,二尖瓣置换术后左心室破裂的情况在临床比较少见,发生率为0.5%—2.0%,但是却是最严重的并发症,一旦发生,死亡率高达75%。② 诱发左心室破裂的原因比较复杂,不好确定,如果确实需要认定责任,可以选择通过申请司法鉴定、医疗事故技术鉴定等途径来确定,关于这一点你们可以考虑。④医院在为赵某实施手术前曾向家属提供了相关手术的风险告知书,心室破裂明确记录在可能的手术并发症中,并且有家属的签字。在调解员对相关问题进行了解释后,调解员询问患方对所解释问题是否还有疑问,并建议患方认真思考和商量一下,确认调解主张。

在患者方进行思考的间隙,调解员又对医方进行了说服,从法律的角度解释了医患双方虽然是合同关系,但是医方需要明白,在实践中,医方需要承担更多的社会责任,因为医疗关系到每个人的生命健康。希望医院能站在患方的角度,考虑到患方在医疗结果不利的情形下所承受的痛苦和无奈,多从人道主义的角度去考虑。同时,调解员也告诉医方,虽然医方在医疗程序和医疗方案、措施等问题上符合相关疾病的临床诊疗规范,但是在患者权益保障方面所采取的措施还不够完善,在制定和实施治疗方案前没能充分尊重患者的自主权利,给予患者及其家属了解和选择的机会,这些都导致患方对治疗方案的质疑、不信任,对医疗活动中出现不良后果难以接受,在这方面医方的做法是有缺失的。调解员希望医方能够充分认真地考虑调解员的意见,思考和协商后再进行一次调解。

经过短暂的休息后,调解员组织医患双方再一次进行调解。再次回到调解室后,患方表示,患方对调解员所提到的几个问题的说明进行了思考,并且查阅了调解员提供的相关资料,患者家属经过商量,对调解员说明的几个问题表示认同,但对医方在诊疗过程中没有进行相关诊疗方案的告知,导致患方没有行使选择的权利,仍然坚持就此问题向医方提出赔偿要求,患方同意将赔偿数额从489 990元降至120 000元,同时,提出希望医方考虑到患者家庭经济情况较为困难,且医方所进行的诊疗活动并没能帮助患者恢复健康,希望医方能退回本次医疗活动所产生的医疗费用,并能给予适当的补偿或救济。

对于患方提出的新的主张,医方表示,虽然医方能够理解患方的心情,也非常同情患方所承受的伤痛,但是,医方仍然坚持,赔偿必须是在明确医方在患者赵某死亡的问题上存在过错的前提下才能成立的,需要通过司法确认,没有经过确认,医方不同意对此事承担赔偿责任。但是,医方也表示愿意考虑患方的实际

① 陈立军:《机械瓣膜置换术与生物膜置换术治疗老年心脏瓣膜病的研究》,《现代实用医学》2014年第12期。

② 冯利、李秀毛:《二尖瓣置换术后左心室破裂原因分析和处理》,《医学信息》2015年第5期。

情况，从人道主义出发，医方愿意向患方提供一定额度的人道主义补偿，但数额有限。

患方对医方仅仅做出人道主义补偿表示不能接受，但同时患方也表示，因为考虑到诉讼周期比较长，诉讼成本较高，患方不选择走司法途径解决。患方希望医方能够考虑患方提出的退还医疗费用，并在人道主义补偿的基础上以申请贫困家庭救济款的方式进行精神抚慰。

在双方各自做出一定程度的让步后，医患双方的调解分歧仍然较大。调解员再次耐心对患方进行解释说明，进一步向患方详细介绍了贫困家庭医疗救济款的领取需符合相关政策，包括申请程序和减免额度等。患方在了解了相关政策后表示，贫困家庭救济申请手续较为麻烦，而且减免额度较小，患方决定放弃这条途径，希望医方考虑退还医疗费用，提高人道主义补偿额度。针对患方提出的新的调解请求，调解员对医方进行了进一步说服，医方同意退还患者赵某住院治疗期间产生的各项医疗费共计 60000 元，同时向患者家属提供人道主义补助 30000 元。患方亲属经过协商后，对此也表示同意，在调解员的主持下，双方签署了调解协议。

二、调解过程点评

医患双方在调解前，双方都做了较为充分的准备，收集和整理了各方的证据材料，包括患者赵某的就诊材料和一些证明材料，并及时提供给调解员，保证各方当事人对自己的主张都有相应的证据支撑，也保证了调解员在调解前能够获得对案件较为充分的了解，较好地确定调解主题。

调解一开始，患方当事人情绪较为激动，所做的相关事件陈述较为笼统和混乱，不利于调解的顺利展开，调解员为了使患方能够在平和的情绪状态下来进行谈话，调解员决定更换调解环境，选择了较为安静的环境和患方进行单独接触，这样的调整有利于缓解当事人的情绪。然后，调解员在表达了对患方失去亲人后情绪波动的理解后，建议患者家属讨论推举或委派一人作为主要的谈话对象，这一建议被患方接受，顺利地促成了调解工作有序进行。

患方接受调解员的建议，共同推选患者赵某的儿子骆某昆作为代表参加调解。这样的选择是正确的，对于患方来讲，既然选择调解作为解决纠纷的途径，就应该选择或委托一位思路清晰、思维敏捷并具有一定沟通交流能力和专业知识的人作为代理人来参与调解协商，这有利于患方将自己的主要观点和主张陈述清楚，并制订出较为理性的谈判计划，通过所选择的代理人来具体执行，有效提高协商效果，实现协商目标。

本案中，医方和调解员在和患方进行沟通之前，都对患方正在经受的痛苦表示出理解和慰问,这是缓解患方对抗情绪,建立沟通情感的基础。患方也能克制情绪且理性地听从调解员的引导,迅速做出调整,为医患双方的调解进行奠定了基础。调解开始后,调解员在调解说服时,针对医患不同的角色,通过换位思考的方式,分别采用了不同的表述,使双方在两个方面建立了共识:①在医疗活动过程中,医方和患方的诊疗活动是建立在双方善意的基础上的,医疗活动出现的不良结果是医患双方都不愿意看到的;②医学学科的缺陷性是客观存在,也永远不会消亡的事实,对于医疗活动过程中的风险,需要医患双方共同来承担。这样的共识为后面医患双方的互相让步奠定了良好的心理基础。

医方在进入调解前,其实是选择了“有策略的退让”方式来解决纠纷,医方在确定了其调解底线后,在调解进行的过程中坚持原则不放弃,如对赔偿问题,又阶段性地释放和解善意,从最初的无责不赔,到人道主义补偿到最后的退还医疗费用加人道主义补偿,让患方逐步感觉到医方所能做出的最大调整莫过于此,患方在心底也逐渐接受了这样的事实。

而患方在调解中其实也设定了调解底线,但在不掌握专业话语权的情况下,如果患方不愿意通过司法途径进行进一步的争取,就意味着调解是患方唯一寻求的解决之道,这就决定了,对患方来讲,如果不掌握确凿的证据或者没有寻求专业人士的支持,也只能采用“漫天要价,坐地还钱”的策略。在本案中,患方虽然对医方在医疗活动中的行为有着一定的了解和认知,也确实寻找到了质疑的焦点,但却对这些质疑信心不足,也没有提供充分的证据支撑,导致患方在调解过程中,无法对自己的主张进行坚持,只能退而求其次的降低自己的要求。但是,在调解过程中,患方还是在退让的同时尽可能的以情动人,努力通过情感的释放争取让医方同意退还医疗费用和提高补偿数额,最终也算是获得一个较好的结果。

调解员在本案中比较成功地充当了一个合格的“倾听者”和适时的“说服者”,调解员通过认真地倾医患方双方的陈述,向医患双方传递了这样一组信息:一是能够给患方一个释放不满、愤怒的过程,缓解其激烈对抗的情绪,了解其真实的意图;二是能够较为迅速地了解患者不满和愤怒的原因,准确分析纠纷的症结所在,思考相应的对策。调解员的“听”让患者接受调解员建议变得更为容易,当调解员建议患者家属确定一个人参与调解,避免一窝蜂地乱嚷嚷时,患方很顺利的就接受了。同时,认真的倾听能够拉近患方和调解员的心理距离,容易让患方将调解员当作感同身受的“同盟者”,使患方建立对调解员能够帮助他解决问题的信任,向被调解者释放调解善意,为促进双方调解协议的达成奠定基础。同时,调解人员在充当“说服者”的时候,注意根据说服对象的不同,使用了不同的说服内容,用专业知识有效化解了患方对医方医疗方案存在的疑虑,也让医方明白其医疗活动切实存在的问题，让双方自己权衡所提要求的合理性，并给予当事双方充分的时间考虑、协商，调整双方的心理预期。而在调解后期，调解人员又充分发挥其对法律专业知识的熟悉和掌握，恰当地为双方提供调解建议，准确掌握推进时机，在医患双方做出让步达到合理程度下，促成双方协议。

在本案的调解中，医、患、调三方主体以患方所提出的几个问题为核心进行沟通，包括手术活动开展的相关程序，医疗方案的合理性和选择程序的正当性，手术不良后果产生的原因探寻等，三方主体的主张和陈述层次分明，交谈语言的应用客观而恰到好处，从前期的铺垫到后期的你来我往的谈判，循序渐进的沟通，较好地推进了医患双方将自己主张向客观、理性方面调整。

三、调解要点

在医疗纠纷的调解中，医方、患方和调解员都应该以建立良好的交谈气氛为铺垫，然后确立“谈”的主体、主题和主要目的，在具体交谈时各方应该注意以下几个方面：

(1)调解中，医、患、调三方首先应该保证交谈态度端正，交谈内容注意层次和分寸。在调解中，医、患、调三方应当分别注意“看、听、问、答”手段的使用，多数情况下，患方采用“问”的方式进行沟通，希望通过询问清楚地了解事实和真相，而医方较多地采用“答”的手段来应对，从事情的发生、发展到专业问题的辩解。而调解员更多通过“看和听”，观察医患双方的表现，听取双方的交流陈述，了解双方真实的意图，适时推进和协助说明，保证调解的方向，促进和解的达成。

(2)三方所进行的交流沟通应该紧紧围绕调解开始时申请人所提出的质疑为核心，三方对所提出的争议问题应该事先有较为清楚的认知，医方、患方和调解员在交谈进行之前都需要对核心问题中的专业知识进行必要的了解，并提供相应的支撑材料和证据来佐证自己的主张或说明，以保证交谈过程中交流信息的对等和顺畅。同时，在阐述立场时，医患双方都需要注意阐述的准确性和逻辑性，避免陷入非理性的纠缠。

(3)明确调解员是调解过程的主导者，调解员在调解开展过程中，应当注意对申请人申请事由的把握客观、公正，有科学依据，注重引导和调节调解方向。调解员的调解工作可采用说服加以相关资料展示，保证其调解的中立性不被任何一方当事人所影响，并能够据此做出公正的判断。如，在本案的调解工作，调解员先期对患方质疑的几个问题进行了有针对性地研究，后期的调解逻辑清晰，说理充分，非常明确地将核心问题逐一进行了解释，使双方当事人更容易接受和理解，也就更容易促成相互的谅解。

(4)调解员的调解方法应以说服为主，对法律、法规和政策制度的把握要非常到位，对各类赔偿、补偿救济的计算方法、申领程序等非常熟悉，语言使用注意分寸和尺度，对专业知识的使用也要注意时机，并能及时察觉出医患双方的心理变化，以便能够适时调整调解的思路和重心，避免误导当事人。如，在本案例中，在患方提出贫困救济时，调解员清楚地向其解释了贫困救济申请的相关内容，及时的提醒让患方在心理上降低了对不合理利益的期待。在医方做出退还医疗费用，并提供一定数额的人道主义补助让步后，调解员知道这是医疗机构权限范围内所能做出的较大的让步，因此，抓住这个时机，调解员将说服的重心放在了患方，让其成功地接受了这个结果，促成了双方调解协议的达成。

(5)调解中，医患双方都应以客观的态度来对待调解员的说服，在事实和充分的证据面前，医患双方应理性适度地权衡利益和调整自己的调解目标。

(6)调解员应当注意调解节奏的控制，在沟通和交流之后，调解员需要给予医患双方一定的思考时间和空间，便于双方理解和消化交谈的内容，最大程度地将双方的和解决定建立在理性基础上，这样有利于调解协议达成后的长期稳定。

(7)在调解的过程和结果方面，医方、患方和调解员都应该注意合法、合情、合理，调解协议的达成更应该符合法律的相关规定。

第五章　模拟司法鉴定

第一节　司法鉴定的一般规定

一、司法鉴定概述

（一）司法鉴定的概念

1.广义的司法鉴定

是指在争议解决过程中，鉴定人运用科学技术或者专门知识对争议解决中涉及的专门性问题进行鉴别和判断并提供鉴定意见的活动。

2.狭义的司法鉴定

是指在诉讼活动中，鉴定人运用科学技术或者专门知识对诉讼中涉及的专门性问题进行鉴别和判断并提供鉴定意见的活动。

3.立法定义

2005年2月28日第十届全国人民代表大会常务委员会第十四次会议通过《全国人民代表大会常务委员会关于司法鉴定管理问题的决定》（以下简称《决定》）对司法鉴定概念进行了立法界定，将司法鉴定活动限定在诉讼过程中：

司法鉴定是指在诉讼活动中鉴定人运用科学技术或者专门知识对诉讼涉及的专门性问题进行鉴别和判断并提供鉴定意见的活动。

（二）司法鉴定人的概念

司法鉴定人是在诉讼活动中，依法接受委托对诉讼涉及的专门性问题进行鉴别和判断并提出鉴定意见的自然人。

因此，司法鉴定人必须具有解决案件中所涉及的专门性问题的能力，必须掌握相当的科学技术或者专门知识并取得《司法鉴定人执业证》，经省级司法行政机关审核登记，按照登记的司法鉴定执业类别，从事司法鉴定业务等。

（三）司法鉴定意见的概念

司法鉴定意见是司法鉴定人对鉴定中的专门性问题进行鉴别判断后的结论性意见，是司法鉴定人作为个人的认识和判断，表达的只是司法鉴定人个人的意见，鉴定意见是法定的证据种类之一，必须符合证据的要求。

（四）司法鉴定的特点

1.司法鉴定是在诉讼活动中进行的科学技术活动。

在我国，诉讼活动主要包括刑事诉讼、民事诉讼和行政诉讼三种，因此，《决定》规定的司法鉴定仅指在以上三种诉讼活动中所进行的鉴定。其他非诉讼性鉴定，不属于司法鉴定。

2.司法鉴定是为了解决案件中涉及的专门性问题。

3.司法鉴定的主体是司法鉴定人。

4.司法鉴定的方法是运用科学技术或者专门知识进行检验、鉴别和判断。

5.司法鉴定的结果是司法鉴定人应当提供鉴定意见。

二、司法鉴定的基本原则

（一）依法鉴定原则

是指司法鉴定从程序到实体，从形式到内容，从技术手段到技术标准都必须严格遵守国家法律法规的规定，违法鉴定意见不得作为证据使用的原则。

1.鉴定程序严格遵守《司法鉴定程序通则》（修订版）、诉讼法及其他相关法律法规的规定，包括司法鉴定的申请、委托、受理、实施、补充鉴定、重新鉴定等各个环节。

2.司法鉴定机构必须经过国家司法鉴定的主管部门批准和授权或经司法机关临时指聘。

3.鉴定客体（对象）仅限于案件中经过法律或法定程序确认的某些专门性问题，鉴定对象的来源（含提取、保存、运输、监督等）必须合法。

4.鉴定主体必须是取得司法鉴定许可证的鉴定机构和具有司法鉴定人执业资格的自然人。

5.鉴定活动属于以科学技术手段核实证据的诉讼参与活动，鉴定标准要符合法定标准。

6.鉴定意见主要表现为司法鉴定文书必须具备法律规定的格式和内容。鉴定意见是法定的证据种类之一，必须符合证据要求。

（二）尊重科学客观原则

司法鉴定科学客观性原则是指鉴定意见的真实性和公正性。主要体现在：

1.司法鉴定必须遵守法定程序，自觉接受法律监督，这是坚持鉴定活动客观性的法律保障；

2.司法鉴定必须坚持科学方法和技术标准，这是坚持鉴定意见客观性的科学保障。

（三）独立鉴定原则

司法鉴定人应当独立行使鉴定权，不受任何其他因素干预，以确保鉴定意见的客观性、公正性。

一方面，鉴定意见作为诉讼中的证据种类之一，实质上是一种个人意见，是鉴定人凭借其专门知识对某个问题作出的一种认识和判断，鉴定意见是否客观正确，取决于鉴定人自己的科学技术水平和判断能力，应当由鉴定人自己负责，鉴定意见实行司法鉴定人负责制；

另一方面，为了保障鉴定人根据科学技术进行鉴定，必须防止权势、人情和金钱的干扰，坚持鉴定人独立地进行鉴定的原则。

（四）鉴定中立原则

是指鉴定机构和司法鉴定人在鉴定过程中必须站在科学技术的客观立场上，不偏向诉讼主体的任何一方。主要表现在两个方面：

1.鉴定活动中应当依照有关诉讼法律和《司法鉴定程序通则》（修订版）的规定实行回避；司法鉴定人不得直接介入侦查、检察活动；

2.实施鉴定仅对案件中专门性问题的科学性、真实性负责，了解案情要全面客观，而不对委托方负责。

（五）鉴定公开原则

鉴定公开主要是针对鉴定活动方式而言，包括鉴定项目公开，鉴定收费标准公开，鉴定方法、手段、标准公开，鉴定程序公开，鉴定人姓名公开等。

三、司法鉴定的分类

（一）依据《决定》分类

1.法医类鉴定，包括法医病理鉴定、法医临床鉴定、法医精神病鉴定、法医物证鉴定和法医毒物鉴定。

2.物证类鉴定，包括文书鉴定、痕迹鉴定和微量鉴定。

3.声像资料鉴定，包括对录音带、录像带、磁盘、光盘、图片等载体上记录的声音、图像信息的真实性、完整性及其所反映的情况过程进行的鉴定和对记录的声音、图像中的语言、人体、物体做出种类或者同一认定。

4.根据诉讼需要由国务院司法行政部门和最高人民法院、最高人民检察院确定的其他应当对鉴定人和鉴定机构实行登记管理的鉴定事项。

（二）依据鉴定执业类别分类

《司法鉴定执业分类规定（试行）》中也对司法鉴定的种类进行了分类，其分类依据是司法鉴定对象。包括法医病理司法鉴定、法医临床司法鉴定、法医精神病司法鉴定、法医物证司法鉴定、法医毒物司法鉴定、会计司法鉴定、文书司法鉴定、痕迹司法鉴定、微量物证司法鉴定、交通司法鉴定、电子证据司法鉴定、建筑工程司法鉴定、声像资料司法鉴定等。

（三）依据诉讼性质分类

1. 刑事诉讼中的司法鉴定

在刑事诉讼中，遇有专门问题时可以委托或聘请专家进行鉴定，其司法鉴定决定权，在不同诉讼阶段分别由公安机关、人民检察院和人民法院行使。

2. 民事诉讼中的司法鉴定

我国的司法鉴定机制的建立是以刑事鉴定为基础的，随着市场经济的不断发展和民事审判科学化的要求，司法鉴定在民事诉讼中的应用日益增多，主要涉及笔迹鉴定、文件真伪鉴定、文书材料鉴定、亲子鉴定、工程质量鉴定和知识产权鉴定等。

3. 行政诉讼中的司法鉴定

从鉴定的性质看，行政诉讼与民事诉讼中的司法鉴定具有相似之处。一般是针对原告与被告行政机关之间的争议，就行政机关的具体行政行为中涉及的专门性问题进行的认定和鉴定。

（四）依据学科基础进行分类

依据司法鉴定的传统学科可分为法医学司法鉴定、物证技术学司法鉴定、法医精神病学司法鉴定、司法会计学司法鉴定、司法工程学司法鉴定、环境学司法鉴定、微量物证学司法鉴定等。随着科学技术的日新月异，学科交叉的日益普遍，新的学科和新的技术成果不断地应用于司法鉴定领域，将会产生许多新的司法鉴定的分支学科。

（五）依据鉴定意见所确定的事实与案件中的关系进行分类

1. 认定同一的鉴定

鉴定意见是直接确定与案件有关的具体人或物的同一。

认定人的同一，是通过同一认定肯定或否定侦查、审判活动中所要证实的具体人是否为某一人，如指纹鉴定、DNA 亲子鉴定等。

物的同一认定，证明被认定的物与案件具有某种联系。

2. 认定种类的鉴定

种属认定的鉴定意见既可确定人的种属范围，又可确定物的种类范围，还涉及动物、植物的种属范围等。

种属鉴定的否定意见，可以直接否定某种事实，甚至否定犯罪嫌疑人；肯定意见只能证明案件中某些事实可能存在，不能证明其一定存在；鉴定意见所确定的种属范围越小，其证明作用越大。如人的血型鉴定的意见就是一种典型的种属认定意见，它只能确定某人为何种血型，而不能认定人的同一。

种属认定的鉴定与同一认定的鉴定既有联系又有区别，其鉴定意见只表明检材与样本种属相同，或单独确定被认定客体的种属范围，不能肯定认定客体与被认定客体的同一关系。

3.认定事实真伪的鉴定

鉴定的目的在于确定案件中的某些争议事实的真假问题。如对可疑货币、证券、商标、印章、印文真伪鉴定等。鉴定意见肯定，确定虚假事实的，可以直接证明被怀疑的某种事实的存在；否定意见则可以直接证明被怀疑的某种事实不存在。

4.确定事实有无的鉴定

包括显示事实、恢复事实的鉴定和确保物质中“有什么”、“没什么”的鉴定两种类型。

“有什么”，如对刮擦、消退、掩盖、添写、密写、损毁等文书的鉴定，其任务在于显现事实、恢复事实，目的是通过鉴定案件中所反映的某种现象，确定是否存在某种事实，即确定事实的有无。

“没什么”的鉴定意见一般能提示鉴定所确定的事实存在或不存在，但却不能直接肯定或否定某种事实，还需要通过准确的定量分析，才可能为确定事实存在与否提供科学依据。

5.确定事实程度鉴定

该鉴定指通过鉴定确定案件中需要查明事实的危害程度或行为人责任能力、行为能力的大小等，是司法鉴定中一种常见的鉴定类型。

如交通事故损害赔偿案件中的鉴定，医疗损害责任中的鉴定，侵权案件中的人体伤害、损伤程度的鉴定，司法精神病学中的责任能力和行为能力的鉴定等，都属于确定事实程度的鉴定，这类鉴定意见有严格的法定标准，其证明作用也不能超过法定的范围。

6.确定事实因果的鉴定

确定事实因果的司法鉴定是鉴定人利用专业知识和检验手段，对案件中某种事实造成的结果或对引起某种事实发生的原因进行分析评断，它也是司法鉴定的一种常见类型。如死亡、爆炸、起火事故原因等的鉴定。这种鉴定既要根据案件的相关事实，结合各种证据材料，并依据现场的物质现象进行分析，有时还要考察现场及其周围的环境，通过仔细的分析研究与科学合理推断才能给出意见。

（六）依据鉴定程序的要求进行分类

1.初次鉴定

是指就一个具体的鉴定对象和鉴定要求而言，司法机关委托鉴定人进行的第一次鉴定。

2.补充鉴定

原鉴定的延续，是指在原鉴定的基础上对原鉴定事项进行修正，或要对原鉴定遗漏的事项进行补充的鉴定。

3. 重新鉴定

是指委托机关对原鉴定的鉴定意见存在疑虑，委托原鉴定机构以外的鉴定人再次进行的鉴定。特殊情况下也可以委托原鉴定机构的其他鉴定人完成鉴定。

四、司法鉴定的一般程序

依据《司法鉴定程序通则》(修订版)总则第二条规定：司法鉴定程序是指司法鉴定机构和司法鉴定人进行司法鉴定活动的方式、步骤以及相关规则的总称。

司法鉴定程序由司法鉴定启动、受理、实施和后续程序四部分组成。

(一)司法鉴定启动程序

司法鉴定的启动包括司法鉴定的申请、决定和委托三个环节。

1. 鉴定的申请

司法鉴定的申请是指民事、行政案件的诉讼当事人，刑事案件的犯罪嫌疑人或者被告人、被害人、原告以及其他诉讼参与人，为了维护自身的合法权益向办案机关提出对案件中涉及的某些专门性问题进行司法鉴定的口头或书面的请求。

对案件中需要鉴定的专门性问题提出申请是司法鉴定的第一道程序。依据提出申请司法鉴定的程序，实践中申请人可以在案件整个诉讼阶段提出司法鉴定的申请。民事案件、刑事自诉案件在提出起诉前，当事人可以自行委托相关事项的鉴定。刑事诉讼、民事诉讼、行政诉讼中当事人及其代理人可向办案机关口头或书面提出司法鉴定的申请。

2. 鉴定的决定

对于诉讼案件中司法鉴定的申请，办案机关根据法律规定，对鉴定的要求进行审核后，有权做出是否鉴定的决定。如同意进行司法鉴定其决定的内容主要包括：决定进行司法鉴定的依据、鉴定对象、鉴定项目、鉴定要求、鉴定适用的标准、拟委托的鉴定机构、鉴定人、鉴定时间、地点。即根据什么做出鉴定决定，决定由谁在什么时间、地点对什么对象做何种鉴定，鉴定需要解决诉讼中的什么问题。以内部批文的形式反映并记录办案机关内部工作流程与审批的情况及鉴定决定的具体内容。

办案机关做出的司法鉴定的决定既可以是基于犯罪嫌疑人、被告人、被害人、诉讼当事人或代理人提出司法鉴定的申请而做出，亦可根据办案需要直接做出。

司法鉴定的申请不是办案机关做出司法鉴定决定的必经程序。

3.鉴定的委托

是指办案机关决定鉴定后，依法选择司法鉴定机构和司法鉴定人并办理委托事项的过程。

司法鉴定委托的程序通常是司法鉴定的委托人应携带鉴定所需的材料以及委托机关出具的司法鉴定委托书到鉴定机构当面委托。在有些特定情况下，也可以通过函件方式进行委托。司法鉴定的委托形式一般要求书面委托，具体可以通过委托书、委托合同、鉴定聘请书等方式进行委托。

司法鉴定的委托需提供下列有关材料：

(1)鉴定委托书；

(2)鉴定材料及清单；

(3)案情介绍资料；

(4)被鉴定人的基本情况；

(5)如果是重新鉴定，还须提交初次鉴定的意见书及相关附件材料。

(二)司法鉴定受理程序

司法鉴定受理是指司法鉴定机构对办案机关的委托做出是否接受的决定并由双方签订委托协议的活动。司法鉴定受理过程：

1.审查委托方主体资格是否符合法律规定；

2.听取委托方与鉴定相关的案情介绍和委托鉴定的具体要求；

3.审查鉴定事项及鉴定用途是否合法，是否属于本机构司法鉴定业务范围；

4.双方共同审查、核对并记录委托方提供的鉴定材料，并签名确认；

5.在法定的期限内决定是否受理；

6.司法鉴定机构决定受理鉴定委托的，签订司法鉴定委托书。

按照司法鉴定质量管理体系的要求，在司法鉴定受理过程中应进行司法鉴定委托合同评审。包括：

1.对委托方的鉴定事项及鉴定委托合同的有效性进行评审，确保鉴定机构能完全理解并确认具有满足委托方期望和需求的能力和资源；

2.司法鉴定机构如需要利用委托方提供的外部信息资料，应对其完整性和可采用性进行核查，适当时，应对有重要影响的外部信息资料进行复检、验证或在报告中注明。

(三)司法鉴定实施程序

司法鉴定的实施是司法鉴定机构受理委托后，由司法鉴定人按照委托要求，对诉讼中涉及的专门性问题进行鉴别和判断并提供鉴定意见的活动。司法鉴定的实施是司法鉴定程序的核心环节，是保障鉴定工作质量的关键。

司法鉴定的实施步骤：

1.指定本机构具有相关鉴定事项执业资格的司法鉴定人进行鉴定，并遵循回避程序；

2.制定鉴定实施方案；

3.鉴定方法确认；

4.鉴定材料处理；

5.鉴定过程实时记录并签名；

6.鉴定复核；

7.出具司法鉴定意见书。

（四）司法鉴定后续程序

1.补充鉴定

是原委托鉴定的组成部分，是对原鉴定进行补充、修正、完善的再鉴定活动。补充鉴定应当由原司法鉴定人进行。

2.重新鉴定

是指经过鉴定的专门性问题，由于鉴定程序、方法、结果的某种缺陷或争议，诉讼当事人或办案机关按程序申请或委托进行重新鉴定产生的一系列活动的过程。

重新鉴定，应当委托原司法鉴定机构以外的列入司法鉴定机构名册的其他司法鉴定机构进行；因特殊原因，也可以委托原司法鉴定机构，但应当指定原司法鉴定人以外的其他符合条件的司法鉴定人进行。

《司法鉴定程序通则》（修订版）第三十二条规定：接受重新鉴定委托的司法鉴定机构的资质条件应当不低于原司法鉴定机构，进行重新鉴定的司法鉴定人中应当至少有一名具有相关专业高级专业技术职称。

五、司法鉴定意见的审查、质证与认证

（一）司法鉴定意见的审查

根据诉讼法律的规定，鉴定意见是证据之一，证据必须经过查证属实才能作为定案的根据。因此，从程序方面审查鉴定意见是否合法，从实质方面审查鉴定意见是否科学是诉讼法的法定程序。

具体的审查内容包括：鉴定委托主体的合法性、鉴定机构和鉴定人的合法性、鉴定材料来源的真实性、鉴定对象的合法性、鉴定过程和鉴定方法的科学性、鉴定意见与鉴定要求的一致性、司法鉴定意见书作为法律文书的完整性及规范性等。

（二）司法鉴定意见的质证

鉴定意见的质证是指在庭审过程中，由控辩双方或者诉讼当事人对鉴定人

提供的鉴定意见在法庭上进行审查、核实，以确定鉴定意见作为证据具有证明力的活动。

根据《决定》及相关法律法规规定，在诉讼中，当事人对鉴定意见有异议的，经人民法院依法通知，司法鉴定人应当出庭作证，回答与鉴定事项有关的问题。

（三）司法鉴定意见的认证

鉴定意见的认证是指审判人员在审理案件过程中，为了证实案件事实和情节，通过鉴定意见的举证、质证等一系列的活动，就鉴定意见的客观性、关联性和合法性进行最终的审查认定，以确认其有无证据效力及证明力大小的一种职权行为。

对鉴定意见的认证的实质是对鉴定意见证据能否被采用和如何采用的问题。主要从两个方面进行：一是对司法鉴定意见有无证据效力进行认证；二是对鉴定意见证明力大小的认证。

在诉讼过程中不同的鉴定意见在案件中的证明力不同。一般而言，能够证明案件的主要事实的鉴定意见，其证明力大于其他证据；对人的鉴定意见的证明力大于对物的鉴定意见；同一认定鉴定意见的证明力大于种属认定鉴定意见；认定事实真伪、事实有无、事实因果和事实程度的鉴定意见的证明力大于其他证据。

六、司法鉴定的相关法律法规

《全国人民代表大会常务委员会关于司法鉴定管理问题的决定》、《司法鉴定程序通则》(修订版)、《司法鉴定文书规范》、《司法鉴定协议书(示范文本)》、《司法鉴定机构登记管理办法》、《司法鉴定人登记管理办法》、《刑事诉讼法》、《民事诉讼法》、《行政诉讼法》、《司法鉴定执业分类规定(试行)》、《法医临床检验规范》SF/ZJD0103003－2011、《人体损伤程度鉴定标准》、《法医学尸体解剖规范》等。

第二节 实践教学准备

一、司法鉴定实践教学的目的

司法鉴定学是一门综合性的应用学科，是法学与自然学科的交叉学科，强调实践性与操作性，而司法鉴定作为一种重要的不可替代的科学实践活动，日益受到诉讼当事人和办案机关的关注。因此，加强和改进司法鉴定课程实践教学，是提高法学人才的培养质量，完善未来法学专门人才的知识结构和提高运用司法鉴定手段解决司法实践中的法律事实认定水平的一个重要的环节。

司法鉴定实践教学，提供给学生一种模拟处理案件全过程的思维方式及方法，学生解决的案件是社会真实存在的相关案例，学生通过对当事人双方、司法鉴定人等角色的扮演，可以对通过理论学习习得的专业知识进行检验，从实践当中学习掌握鉴定相关的必要内容，以更好地与自己的法学专业知识相结合。通过这种实践教学，学生应该具备以下几方面的能力：知识迁移能力、逻辑思维能力、分析问题和解决问题的能力、动手能力和操作能力、证据运用能力、语言表达沟通能力、文书写作能力。

二、教学目标的设定

在司法鉴定实践教学开展之前，教师应对本次实践教学的目标进行设定。本次教学的目标是帮助学生熟悉并掌握司法鉴定的基本知识及相关案件处理的各个环节，以提升法律知识理解能力、法律逻辑思维能力、动手操作能力、证据运用能力和法律文书写作能力等。具体目标如下：

1. 掌握司法鉴定的相关概念及特点；
2. 熟悉司法鉴定的基本原则；
3. 了解司法鉴定的分类；
4. 通过相关案例角色扮演，在实践中学习司法鉴定的一般程序；
5. 通过真实案例和证据材料来引导学生对案件进行分析研究；
6. 了解司法鉴定文书写作要求；
7. 熟悉了解司法鉴定相关法律法规。

三、案例选取

教师在日常的教学中，应充分收集相关的司法鉴定案例，典型的案件对学生能力的锻炼及相关法律法规的理解运用具有十分重要的作用。每次实践课程开始之前，教师应针对本次课程主要教学目标选取有针对性的案件开展教学。具体来说，实践教学选取的案件至少应具备以下几个方面的特点：

（一）相关案件中的典型案例，具有广泛代表性；

（二）案例反映的相关法律法规的典型运用；

（三）案件反映的技术标准价值。

四、教师的准备

（一）公布本次实践课程的案例。

（二）选取扮演不同角色的学生。

将学生分为四组：

1.扮演诉讼当事人(成员可由扮演诉讼当事人及其亲属或相关负责人、工作人员、律师以及具体行为的实施者的学生组成);

2.扮演委托方(成员可由扮演法官、检察官、警官、诉讼当事人的学生组成,其中确定一名主持人);

3.扮演司法鉴定机构(成员可由扮演各类司法鉴定人的学生组成);

4.扮演司法鉴定人(成员可由扮演具体实施司法鉴定的学生组成)。

同时教师将相关的材料发给扮演不同角色的学生,特别注意不能将所有材料发给所有的同学,应针对模拟的角色的不同发给相应的材料。

(三)组织学生进行讨论,明确本次课程的教学目标。

(四)分组予以指导。

五、学生的准备

(一)全体学生应当做的准备

1.熟悉司法鉴定基本知识,重点掌握司法鉴定的一般程序。

2.针对不同的角色扮演,学生必须制定学习计划,即通过本次模拟课程要达到什么样的学习效果,以及如何开展模拟教学活动。

3.根据案例准备材料和制订相应不同环节的程序内容。

4.对各自准备的材料进行详细地梳理。

5.再次熟悉相关的法律、法规。

6.依据相关法律、法规的规定启动司法鉴定流程。

(二)模拟诉讼当事人应当做的准备

1.司法鉴定申请书。

2.诉讼当事人身份证明(包括当事人身份证明、法定代理人身份证明、委托代理人身份证明、委托书等)。

3.相关案例资料,包括所有涉案过程中的全套纸质文本材料、视频录像、录音、照片等所有证据材料,以及一方当事人可以取得的其它相关证据材料。

4.诉讼当事人陈述材料(案件发生的经过以及申请鉴定的事由、目的)。

(三)模拟委托方应当做的准备

1.司法鉴定委托书(载明委托人的名称、拟委托的司法鉴定机构的名称、委托鉴定事项、鉴定用途等内容)。

2.委托方的身份证明,委托人委托他人代理的,应出具委托书。

3.提供与鉴定相关的案情介绍和委托的具体要求。

4.提供委托鉴定事项所需的鉴定材料,包括生物检材和非生物检材、比对样本材料以及其他与鉴定事项有关的鉴定资料。

5.与司法鉴定机构共同核实提交的鉴定材料并签字确认。

6.委托人对鉴定材料的真实性、合法性负责。

7.选择具有资质的司法鉴定机构。

8.解决诉讼当事人对鉴定材料有异议的问题。

(四)模拟司法鉴定机构应当做的准备

1.准确掌握司法鉴定相关的法律、法规的规定。

2.要求委托人提供其身份证明。

3.对委托鉴定事项、鉴定材料等进行审查。

4.核对并记录鉴定材料并签字确认。

5.决定是否受理司法鉴定的委托。

6.司法鉴定机构决定受理鉴定委托的,应当与委托人签订司法鉴定委托书,载明鉴定相关事项。

7.确定开展鉴定活动的司法鉴定人。

8.对司法鉴定人是否需要回避作出决定。

9.建立鉴定材料管理制度。

10.鉴定完成后对鉴定程序和鉴定意见进行复核。

(五)模拟司法鉴定人应当做的准备

1.准确掌握司法鉴定相关的法律、法规的规定。

2.严格遵循回避程序。

3.熟悉案情经过,明确鉴定事项,整理鉴定材料,制定具体实施方案。

4.准确把握司法鉴定相关专业领域的技术标准、技术规范和技术方法。按照相应专业技术的检验规则和方法规范操作,并对鉴定过程进行客观、全面、准确地实时记录并签名。

5.确定鉴定时限。

6.在完成委托的鉴定事项后,向委托人出具司法鉴定意见书。

7.司法鉴定人出庭作证。主要内容包括:陈述本次鉴定的意见以及根据庭审需要,回答与鉴定事项有关的问题。

六、模拟各方的技巧和重点把握

(一)模拟诉讼当事人的重点和技巧

1.尽量多地搜集案例相关资料,以充分证明开展司法鉴定的必要性。

2.整理好案例资料,以有效支撑相关鉴定需求。

3.尽可能取得其它相关证据材料。

4.熟悉相关法律、法规,以期在案件鉴定中提出具有针对性的要求。

5.规范填写司法鉴定申请书，明确提出鉴定的事由及目的。

6.陈述材料详尽描述案件始末，突出案件疑点。

7.注意情绪的把控，清晰叙述案件事实。

8.认真听取办案机关及司法鉴定机构的建议，客观、理性对待案件处理。

（二）模拟委托方（办案机关）的重点和技巧

1.认真听取案件经过，耐心了解当事人反映的意见及相关问题，细致分析案情，正确处理诉讼当事人的司法鉴定申请。

2.注意安抚当事人的情绪，以免扩大事态。

3.规范撰写司法鉴定委托书，明确提出委托鉴定的具体要求。

4.准确把握相关法律、法规，规范履行法律程序，备好相应的身份证明。

5.全面搜集并整理好相关鉴定材料，以便准确无误地与司法鉴定机构对接。

6.按有关法律法规的规定委托具有资质的司法鉴定机构。

（三）模拟司法鉴定机构的重点和技巧

1.查验委托人身份证明，审查委托方的主体资格是否符合法律规定。

2.充分听取诉讼双方的案件陈述，要求委托方尽可能提供全面的涉案材料。

3.明确相关法律、法规，熟知本机构司法鉴定业务范围。

4.注意审查鉴定资料的完整性、真实性及合法性，移交材料注意确认签字。

5.审查鉴定事项与鉴定用途是否合法及是否符合司法鉴定执业规则等。

6.在法律规定时间范围内做出受理与否的决定。

7.规范签订司法鉴定委托书，载明鉴定相关事项。

8.选取两名有相应执业资格的司法鉴定人实施鉴定。

（四）模拟司法鉴定人的重点和技巧

1.严格遵循回避程序。

2.全程参与案件整个交接环节。

3.详细了解案情经过，注意案件关键性证据的搜集。

4.仔细查验所有鉴定材料，注意其完整性及有效性。

5.商定具体鉴定实施方案，如有必要可以咨询相关专业领域的专家。

6.严格执行有关鉴定方法采用顺序的规定，并按照相应专业技术的检验规则和方法规范操作，对鉴定过程进行客观、全面、准确地实时记录并签名。

7.注意鉴定时限的问题，严格按照法律法规的规定来完成。

8.按规定规范出具司法鉴定意见书。

9.出庭质证时，只回答与鉴定事项有关的问题。

七、实务模拟

司法鉴定实践教学的模拟训练应完全遵循相关法律、法规对司法鉴定的规定进行，在实践教学中，学生在具体的模拟环节中应严格按照以下几个方面进行：

（一）司法鉴定启动程序

1. 鉴定的申请

司法鉴定申请权属于举证权。根据我国法律、法规、司法解释部门规章的规定，司法鉴定申请实行与举证相一致原则，凡是在诉讼活动中具有举证责任的诉讼当事人均有申请司法鉴定的权利。在不同的诉讼活动中，由于举证责任权限不同，诉讼当事人的申请权有一定的差别。在刑事诉讼中，鉴定主要由侦查机关或侦查人员提请，有时也由被害人及其亲属提出申请；在民事诉讼、行政诉讼中，当事人及其代理人可以提出司法鉴定申请。

在实践中，申请人可以在案件整个诉讼阶段提出司法鉴定的申请。民事案件、刑事自诉案件在提出起诉前，当事人可以自行委托相关事项的鉴定。刑事诉讼、民事诉讼、行政诉讼中当事人及其代理人可向办案机关口头或书面提出司法鉴定的申请。

2. 鉴定的决定

在实践中，刑事公诉案件是否进行鉴定，在侦查阶段由公安机关或人民检察院决定；在起诉阶段由人民检察院决定；在审判阶段由人民法院决定。刑事自诉、民事、行政等案件的鉴定由人民法院决定。对非诉案件或准备起诉的案件，当事人及其代理人为了解决举证问题可以自行决定。

对申请鉴定的决定应以书面形式及时通知申请人，对于做出不同意鉴定决定的，应附理由。如果是主动决定鉴定的，应将决定的依据记录在案。

3. 鉴定的委托

办案机关委托司法鉴定，根据尊重当事人选择和人民法院指定相结合的原则，组织诉讼双方当事人共同协商确定有鉴定资格的司法鉴定机构。诉讼双方当事人协商不一致的，由人民法院指定。

委托人应明确委托鉴定事项，并向司法鉴定机构提供真实、完整、充分的鉴定材料，并对鉴定材料的真实性、合法性负责。

委托人不得要求或者暗示司法鉴定机构、司法鉴定人按其意图或者特定目的提供鉴定意见。

（二）司法鉴定受理程序

1. 受理的主体条件

受理司法鉴定的主体必须具备两个基本条件：一是受理鉴定的机构必须是法定鉴定机构，应当具有《鉴定机构资格证书》或《司法鉴定许可证》；二是受理司法鉴定的鉴定人必须是依法取得鉴定资格的鉴定人，应当具有《鉴定人资格证书》或《司法鉴定执业证》。

2.受理委托规定

依据《司法鉴定程序通则》(修订版)规定，司法鉴定机构应当统一受理办案机关的司法鉴定委托。司法鉴定机构接受鉴定委托，应当要求委托人提供其身份证明，明确鉴定事项，并提供委托鉴定事项所需的鉴定材料。委托人委托他人代理的，应当要求出具委托书。

司法鉴定机构应当对委托鉴定事项、鉴定材料等进行审查。对属于本机构司法鉴定业务范围，鉴定用途合法，提供的鉴定材料能满足鉴定需要的委托，应当受理。对于鉴定材料不完整、不充分，不能满足鉴定需要的，司法鉴定机构可以要求委托人补充；经补充后能够满足鉴定需要的，应当受理。

3.受理期限

司法鉴定机构应当自收到委托之日起七个工作日内做出是否受理的决定。对于复杂、疑难或者特殊鉴定事项的委托，司法鉴定机构可以与委托人协商决定受理的时间。

4.签订司法鉴定委托书

司法鉴定机构决定受理鉴定委托的，应当与委托人签订司法鉴定委托书。司法鉴定委托书应当载明下列事项：委托人和司法鉴定机构的名称；委托鉴定事项及用途；是否属于重新鉴定；委托鉴定事项涉及的基本案情；鉴定材料的提供和归还、鉴定风险，以及双方商定的鉴定时限、鉴定费用及收取方式、双方权利义务等其他需要载明的事项。

(三)司法鉴定实施程序

1.确定司法鉴定人

司法鉴定机构受理鉴定委托后，应当指定本机构内具有该鉴定事项执业资格的司法鉴定人进行鉴定。委托人有特殊要求的，经双方协商一致，也可以从本机构中选择符合条件的司法鉴定人进行鉴定。司法鉴定机构对同一鉴定事项，应当指定或者选择两名司法鉴定人进行鉴定；对复杂、疑难或者特殊鉴定事项，可以指定或者选择多名司法鉴定人进行鉴定。

司法鉴定人按《司法鉴定程序通则》(修订版)规定遵循相应的回避程序。

2.鉴定材料的处理

司法鉴定机构应当建立鉴定材料管理制度，严格监控鉴定材料的接收、保管、使用和退还。司法鉴定机构和司法鉴定人在鉴定过程中应当严格依照技术规范保管和使用鉴定材料，因严重不负责任造成鉴定材料损毁、遗失的，应当依法承担责任。

3. 鉴定技术标准

司法鉴定人进行鉴定，应当依下列顺序遵守和采用该专业领域的技术标准、技术规范和技术方法：国家标准；行业标准和技术规范；该专业领域多数专家认可的技术方法。

4. 鉴定实施过程

司法鉴定人进行鉴定，应当对鉴定过程进行实时记录并签名。记录可以采取笔记、录音、录像、拍照等方式。记录应当载明主要的鉴定方法和过程，检查、检验、检测结果，以及仪器设备使用情况等。记录的内容应当真实、客观、准确、完整、清晰，记录的文本、音像资料等应当存入鉴定档案。

涉及有关《司法鉴定程序通则》（修订版）第二十五条、第二十六条相关鉴定事项的，按照规定执行。

5. 鉴定时限

司法鉴定机构应当在与委托人签订司法鉴定委托书生效之日起三十个工作日内完成委托事项的鉴定。鉴定事项涉及复杂、疑难、特殊技术问题或者鉴定过程需要较长时间的，经本机构负责人批准，完成鉴定的时限可以延长，延长时限一般不得超过三十个工作日。鉴定时限延长的，应当及时告知委托人。司法鉴定机构与委托人对鉴定时限另有约定的，从其约定。在鉴定过程中补充或者重新提取鉴定材料所需的时间，不计入鉴定时限。

6. 鉴定结果

司法鉴定机构和司法鉴定人在完成委托的鉴定事项后，应当向委托人出具司法鉴定文书。司法鉴定文书的制作应当符合统一规定的司法鉴定文书格式，由司法鉴定人签名，多人参加司法鉴定，对鉴定意见有不同意见的，应当注明，并加盖司法鉴定机构的司法鉴定专用章。司法鉴定机构出具的司法鉴定文书一般应当一式四份，三份交委托人收执，一份由司法鉴定机构存档。司法鉴定文书出具后，发现有《司法鉴定程序通则》（修订版）第四十一条规定的情形，司法鉴定机构可以按其规定进行补正。

司法鉴定文书包括司法鉴定意见书和司法鉴定检验报告书。

（四）司法鉴定后续程序

1. 补充鉴定

依据《司法鉴定程序通则》（修订版）第三十条规定，有下列情形之一的，司法鉴定机构可以根据委托人的要求进行补充鉴定：

（1）原委托鉴定事项有遗漏的；

（2）委托人就原委托鉴定事项提供新的鉴定材料的；

（3）其他需要补充鉴定的情形。

补充鉴定是原委托鉴定的组成部分，应当由原司法鉴定人进行。

2. 重新鉴定

依据《司法鉴定程序通则》(修订版)第三十一条规定，有下列情形之一的，司法鉴定机构可以接受办案机关委托进行重新鉴定：

(1)原司法鉴定人不具有从事委托鉴定事项执业资格的；

(2)原司法鉴定机构超出登记的业务范围组织鉴定的；

(3)原司法鉴定人应当回避没有回避的；

(4)办案机关认为需要重新鉴定的；

(5)法律规定的其他情形。

接受重新鉴定委托的司法鉴定机构的资质条件应当不低于原司法鉴定机构的，进行重新鉴定的司法鉴定人中应当至少有一名具有相关专业的高级专业技术职称。

(五)不予受理的鉴定事项

依据《司法鉴定程序通则》(修订版)第十五条规定，具有下列情形之一的鉴定委托，司法鉴定机构不得受理：

1. 委托鉴定事项超出本机构司法鉴定业务范围的；

2. 发现鉴定材料不真实、不完整、不充分或者取得方式不合法的；

3. 鉴定用途不合法或者违背社会公德的；

4. 鉴定要求不符合司法鉴定执业规则或者相关鉴定技术规范的；

5. 鉴定要求超出本机构技术条件和鉴定能力的；

6. 委托人就同一鉴定事项同时委托其他司法鉴定机构进行鉴定的；

7. 其他不符合法律、法规、规章规定的情形。

司法鉴定机构决定不予受理的，应当向委托人说明理由，退还鉴定材料。

(六)终止鉴定的事项

依据《司法鉴定程序通则》(修订版)第二十九条规定，司法鉴定机构在鉴定过程中，有下列情形之一的，可以终止鉴定：

1. 发现有《司法鉴定程序通则》第十五条第二项至第七项规定情形的；

2. 鉴定材料发生耗损，委托人不能补充提供的；

3. 委托人拒不履行司法鉴定委托书规定的义务、被鉴定人拒不配合或者鉴定活动受到严重干扰，致使鉴定无法继续进行的；

4. 委托人主动撤销鉴定委托，或者委托人、诉讼当事人拒绝支付鉴定费用的；

5. 因不可抗力致使鉴定无法继续进行的；

6. 其他需要终止鉴定的情形。

终止鉴定的，司法鉴定机构应当书面通知委托人，说明理由并退还鉴定材料。

八、总结评定

（一）学生的自我评价

学生的自我评价是模拟教学评价中最基础的一部分，在其他同学和教师评价之前，参加模拟的学生应对自我的表现做出评价。评价的内容包括：

（1）对制订的学习计划的评价；

（2）对准备材料的评价；

（3）对相关的法律、法规的掌握和运用能力的评价；

（4）对模拟训练中自我表现的评价；

（5）是否达到教学目的的评价；

（6）对本次课程获得的经验和教训的总结。

（二）学生的相互评价

学生的相互评价包括不同小组内部的相互评价和模拟小组之间的相互评价。评价的内容和学生的自我评价内容相同。

（三）教师对学生的评价

教师针对学生所作的模拟也应该做出评价，评价的内容包括：

1. 学生对法律知识的理解和掌握的情况；

2. 学生针对模拟鉴定所作的计划的可行性和质量；

3. 学生在模拟过程中的优缺点；

4. 学生在模拟过程应注意的事项；

5. 是否达到教学目的的评价。

第三节　司法鉴定文书范本

在司法鉴定整个程序中主要涉及以下各项鉴定文书(示范文本附后)。

一、司法鉴定申请书

司法部没有统一规范格式，各鉴定申请人自行拟定，按常规需含有本节附录一的司法鉴定申请书示范文本的相关内容。

二、司法鉴定委托书

司法部没有统一规范格式，各委托单位自行拟定，本节附录二示范文本仅供参考。

三、司法鉴定协议书

参照司法部关于印发《司法鉴定文书规范》和《司法鉴定协议书(示范文本)》的通知的示范文本,见附录三。

四、司法鉴定文书

司法鉴定文书包括司法鉴定意见书和司法鉴定检验报告书。参照《司法鉴定文书规范》,见附录四和附录五。

附录一　司法鉴定申请书

司法鉴定申请书

申请人：

姓名________性别________身份证号码________

住址________联系电话________

被申请人：

姓名或单位名称____

地址_____________________________　联系电话____________

请求事项：

事实和理由：

此致

×××人民法院

申请人：

申请日期：

附录二 司法鉴定委托书

司法鉴定委托书

<table>
<tr><td>受理委托单位</td><td colspan="2">×××司法鉴定中心</td></tr>
<tr><td>案件名称</td><td colspan="2"></td></tr>
<tr><td>简要案情</td><td colspan="2"></td></tr>
<tr><td>鉴定目的和要求</td><td colspan="2"></td></tr>
<tr><td>案件材料清单</td><td colspan="2"></td></tr>
<tr><td>既往鉴定情况</td><td colspan="2"></td></tr>
<tr><td rowspan="3">委托单位</td><td>送检人</td><td>联系电话</td></tr>
<tr><td></td><td></td></tr>
<tr><td colspan="2">签字：　　　　年　　月　　日　单位公章</td></tr>
<tr><td rowspan="3">鉴定机构
受理意见</td><td>接案人</td><td>联系电话</td></tr>
<tr><td></td><td></td></tr>
<tr><td colspan="2">鉴定机构负责人审核意见：

签字：　　　　年　　月　　日　单位公章</td></tr>
<tr><td>备注</td><td colspan="2"></td></tr>
</table>

注：此表由委托单位送检人填写一式两份，经鉴定机构签收后，受委托鉴定机构和委托单位各存留一份。

附录三　司法鉴定协议书

司法鉴定协议书

编号：________

<table>
<tr><td>委 托 人</td><td></td><td>联 系 人</td><td></td></tr>
<tr><td>联系地址</td><td></td><td>联系电话</td><td></td></tr>
<tr><td>委托日期</td><td></td><td>送 检 人</td><td></td></tr>
<tr><td>司法鉴定机构</td><td colspan="3">机构名称：　　　　　　许可证号：
地　　址：　　　　　　邮　　编：
联 系 人：　　　　　　联系电话：</td></tr>
<tr><td>委托鉴定
事项及用途</td><td colspan="3"></td></tr>
<tr><td>委托鉴定要求</td><td colspan="3"></td></tr>
<tr><td>是否属于
重新鉴定</td><td colspan="3"></td></tr>
<tr><td>检案摘要</td><td colspan="3"></td></tr>
<tr><td rowspan="2">鉴定材料目
录和数量</td><td colspan="3">检材：</td></tr>
<tr><td colspan="3">鉴定资料：</td></tr>
<tr><td rowspan="2">鉴定费用及
收取方式</td><td colspan="3">□按照委托鉴定事项分项目收费：
××××　鉴定
××××　项目　□标准　□协议
　　　　　项目　□标准　□协议
　　　　　项目　□标准　□协议
　　　　　项目　□标准　□协议
□特殊鉴定项目收费</td></tr>
<tr><td colspan="3">预计收费总计　　　　元，人民币大写　　　　元整。</td></tr>
<tr><td>鉴定文书发送方式</td><td colspan="3">□自取
□邮寄　　　　　　地址：
□其他方式（注明）</td></tr>
</table>

续　表

协议事项：

1. 鉴定机构应当严格依照有关技术规范保管和使用鉴定材料。鉴定委托人同意或者认可：

☐ 因鉴定需要耗尽检材；

☐ 因鉴定需要可能损坏检材；

☐ 鉴定完成后无法完整退还检材；

☐ 检材留样保存3个月。

2. 鉴定时限：从协议签订之日起________个工作日完成。

☐ 遇复杂、疑难、特殊的技术问题，或者检验过程确需较长时间的，延长________个工作日；

3. 特殊情形鉴定：

☐ 需要对女性作妇科检查；

☐ 需要对未成年人的身体进行检查；

☐ 需要对被鉴定人进行法医精神病鉴定；

☐ 需要到现场提取检材；

☐ 需要进行尸体解剖。

4. ☐ 需要补充或者重新提取鉴定材料的，延长________个工作日。

☐ 委托人要求鉴定人回避。被要求回避的鉴定人姓名________。

5. 鉴定过程中如需变更协议书内容，由协议双方协议确定。

其他约定事项	
协议变更事项	
鉴定风险提示	1.鉴定意见属于专家专业性意见，其是否被采信取决于办案机关的审查和判断，鉴定人和鉴定机构无权干涉； 2.由于鉴定材料或者客观条件限制，并非所有鉴定都能得出明确的鉴定意见； 3.鉴定活动遵循独立、客观、公正的原则，因此，鉴定意见可能对委托人有利，也可能不利。

委托人（机构） （签名或者盖章） 年　　月　　日	接受委托的鉴定机构 （签名、盖章） 年　　月　　日

备注

说明：1.文内为5号宋体。

2.涉及选择项目的，确定后需将☐涂黑。

附录四——司法鉴定文书示范文本一

××司法鉴定中心司法鉴定意见书

（司法鉴定机构的名称＋司法鉴定文书类别的标题：一般2号或者小1号宋体，加黑，居中排列）

司法鉴定许可证号：000000000

（司法鉴定机构许可证号：3号仿宋体，居中排列）

声　　明

（2号宋体，加黑，居中排列）

1.委托人应当向鉴定机构提供真实、完整、充分的鉴定材料，并对鉴定材料的真实性、合法性负责。

2.司法鉴定人按照法律、法规和规章规定的方式、方法和步骤，遵守和采用相关技术标准和技术规范进行鉴定。

3.司法鉴定实行鉴定人负责制度。司法鉴定人依法独立、客观、公正地进行鉴定，不受任何个人和组织的非法干预。

4.使用本鉴定文书应当保持其完整性和严肃性。

（声明内容：3号仿宋体）

地　　址：××市××路××号（邮政编码：000000）

联系电话：000—00000000

（司法鉴定机构的地址及联系电话：4号仿宋体）

共　　页第　　页

标　　题

（司法鉴定机构名称＋委托鉴定事项，小2号黑体，居中排列）

编号××司法鉴定中心[200×]×鉴字第×号

（编号：包括司法鉴定机构缩略名、年份、专业缩略语、文书性质缩略语及序号；年份、序号采用阿拉伯数字标识，年份应标全称，用方括号“[　]”括入，序号不编虚位。5号宋体，居右排列。编号处加盖司法鉴定机构的司法鉴定专用章钢印）

一、基本情况（3号黑体）

委 托 人：××××（二级标题：4号黑体，段首空2字）

（文内4号仿宋体，两端对齐，段首空2字，行间距一般为1.5倍。日期、数字等均采用阿拉伯数

字标识。序号采用阿拉伯数字“1.”等顺序排列。下同）

委托鉴定事项：

受理日期：

鉴定材料：

鉴定日期：

鉴定地点：

在场人员：

被鉴定人：

二、检案摘要

三、检验过程

四、分析说明

共　　页第　　页

五、鉴定意见

六、落款

司法鉴定人签名或者盖章

《司法鉴定人执业证》证号：

司法鉴定人签名或者盖章

《司法鉴定人执业证》证号：

（司法鉴定机构司法鉴定专用章）

二〇××年×月×日

（文书制作日期：用简体汉字将年、月、日标全，“零”写为“〇”，居右排列。日期处加盖司法鉴定机构的司法鉴定专用章红印）

说明：1. 本司法鉴定意见书各页之间应当加盖司法鉴定机构的司法鉴定专用章红印，作为骑缝章。

2. 司法鉴定意见书中需要添加附件的，须在鉴定意见后列出详细目录。

3. 对司法鉴定意见书中需要解释的内容，可以在正文的落款后另加附注予以说明。（附注为4号仿宋体）

附录五——司法鉴定文书示范文本二

××司法鉴定中心司法鉴定检验报告书

（司法鉴定机构的名称＋司法鉴定文书类别的标题：一般2号或者小1号宋体，加黑，居中排列）

司法鉴定许可证号：000000000

（司法鉴定机构许可证号：3号仿宋体，居中排列）

声　　明

（2号宋体，加黑，居中排列）

1. 委托人应当向鉴定机构提供真实、完整、充分的鉴定材料，并对鉴定材料的真实性、合法性负责。

2. 司法鉴定人按照法律、法规和规章规定的方式、方法和步骤，遵守和采用相关技术标准和技术规范进行鉴定。

3. 司法鉴定实行鉴定人负责制度。司法鉴定人依法独立、客观、公正地进行鉴定，不受任何个人和组织的非法干预。

4. 使用本鉴定文书应当保持其完整性和严肃性。

（声明内容：3号仿宋体）

地　址：××市××路××号（邮政编码：000000）

联系电话：000—00000000

（司法鉴定机构的地址及联系电话：4号仿宋体）

共　　页第　　页

标　　题

司法鉴定机构名称＋委托鉴定事项，小 2 号黑体，居中排列）

编号××司法鉴定中心[200×]×检字第×号

（编号：包括司法鉴定机构缩略名、年份、专业缩略语、文书性质缩略语及序号；年份、序号采用阿拉伯数字标识，年份应标全称，用方括号“[　]”括入，序号不编虚位。5 号宋体，居右排列。编号处加盖司法鉴定机构的司法鉴定专用章钢印）

一、基本情况（3 号黑体）

委 托 人：××××（二级标题：4 号黑体，段首空 2 字）

（文内 4 号仿宋体，两端对齐，段首空 2 字，行间距一般为 1.5 倍。日期、数字等均采用阿拉伯数

字标识。序号采用阿拉伯数字“1.”等顺序排列。下同）

委托鉴定事项：

受理日期：

鉴定材料：

鉴定日期：

鉴定地点：

在场人员：

被鉴定人：

二、检案摘要

三、检验过程

四、检验结果

一般采用文字或者图表形式。例如：

	××××××	
×××	×××	×××
×××	×××××××××	×××××××××
×××	×××××××××	×××××××××

（表格一般采用三线表，居中排列，图表说明和表内文字居中排列，5号宋体）

五、落款

司法鉴定人签名或者盖章

《司法鉴定人执业证》证号：

司法鉴定人签名或者盖章

《司法鉴定人执业证》证号：

（司法鉴定机构司法鉴定专用章）二〇××年×月×日

（文书制作日期：用简体汉字将年、月、日标全，“零”写为“〇”，居右排列。日期处加盖司法鉴定机构的司法鉴定专用章红印）

说明：1. 本司法鉴定检验报告书各页之间应当加盖司法鉴定机构的司法鉴定专用章红印，作为骑缝章。

2. 司法鉴定检验报告书中需要添加附件的，须在检验结果后列出详细目录。

3. 对司法鉴定检验报告书中需要解释的内容，可以在正文的落款后另加附注予以说明。（附注为4号仿宋体）

共　　页第　　页

第四节　模拟教学实战

一、案情摘要

2013年5月21日，被鉴定人“因夜间腹胀、右腰痛1＋月”到某医院泌尿外科就诊，CT增强提示：左肾下极占位，考虑肾癌可能，请结合临床。为求进一步诊治，以“左肾占位”收住院。患者入院后仍诉腹部不适，查体：上腹膨隆，腹软，左侧腹至右下腹压痛，左侧腹有反跳痛，无明显肌紧张，腹部叩诊呈鼓音，移动性浊音(－)，肠鸣音弱，间接门静脉造影示：门静脉海绵样变性。请消化内科、介入科及肝胆外科会诊后考虑：门静脉海绵样变，建议密切观察病情变化。院方与患者沟通目前治疗方案有如下几种：(1)患者为年轻女性，为进一步明确诊断可考虑先行肾肿瘤穿刺活检，但可能出现结果不准确，甚至穿刺活检后发生肿瘤种植转移可能；(2)行左肾肿瘤根治术，可能出现术后病理结果与术前诊断不符(病理结果为良性)，也不能排除肿瘤复发、转移可能。经多次反复与家属交流沟通后家属坚决选择左肾肿瘤根治术。家属愿意承担一切后果，不与医院发生纠纷，签字为凭。

2013年5月22日9:00查房记录：诊断明确，请肝胆科再次会诊，看门静脉海绵样变对左肾占位根治是否有影响，做术前准备，择期手术。2013年5月22日肝胆外科会诊记录：会诊意见：(1)患者门静脉海绵样变但病人无门脉高压典型表现，我科随诊观察，暂无特殊处理；(2)2013年5月24日8:30术前查房记录：主任术前查看病人，再次就手术方式、风险、并发症向患者家属说明，患者及家属表示理解并同意手术。

手术记录：手术日期：2013年5月24日，手术名称：后腹腔镜下左肾肿瘤根治手术(中转开放)，首先游离显露肾周围筋膜，见到肾脏与周围组织粘连严重，于肾脏下极分离时损伤一变异血管，出血量大，无法接扎，立即纱布填塞中转开放手术，切除左肾。术后诊断：(1)左肾肿瘤；(2)门静脉海绵样变；(3)贫血原因？

病理报告单诊断：1、左肾：切面见一灰白区，体积3cm×2.5cm×1.2cm，位于肾上极，切面质中，界清，似浸及肾周脂肪，诊断：(左)肾慢性肾盂肾炎，并与肾周脂肪粘连，肾周脂肪内纤维组织增生玻变，小血管扩张、充血出血、多灶性炎细胞浸润。(左肾蒂旁淋巴结)为纤维脂肪血管，未见明显病变。

患者及其亲属认为该院为被鉴定人提供的医疗服务过程存在过错，遂向所在区人民法院提出申请进行医疗过错鉴定。

二、案件解决过程

（一）司法鉴定启动程序

1.鉴定的申请

在本案中，鉴定的申请是由患者及其家属即患方作为诉讼当事人，为了保障自身的合法权益向所在区人民法院提出对案件中涉及的某些专门性问题即医疗服务过程是否存在过错进行司法鉴定的口头或书面的请求。

2.鉴定的决定

办案机关根据诉讼当事人提出的司法鉴定的申请经审查后做出是否进行司法鉴定的决定。

本案涉及的区人民法院根据法律规定，对鉴定的要求进行审核，做出同意进行司法鉴定的决定。

3.鉴定的委托

本案当事人即患方申请鉴定经人民法院同意后，按规定由双方当事人即患方和院方共同协商确定有鉴定资格的鉴定机构，协商不成的，由人民法院指定。本案由人民法院指定鉴定机构。

提请鉴定的区人民法院委托某具有相关资质的某司法鉴定中心就患者在院的诊断、治疗期间是否存在医疗过错进行司法鉴定。委托人应携带鉴定所需的材料包括相关病历文书材料、案情介绍材料、被鉴定人的基本情况等，以及委托机构出具的司法鉴定委托书到鉴定机构当面委托。在某些特定情况下，委托人也可以通过函件方式进行委托。

（二）司法鉴定受理程序

本案中受委托的某司法鉴定中心收到鉴定委托后，首先查验司法鉴定委托书，并查看委托方相应身份证明，对委托的鉴定事项及鉴定相关材料进行审查。经审查，委托鉴定用途合法，属于本机构司法鉴定业务范围，提供的鉴定材料完整、充分，能够满足鉴定需要，因此，予以受理并与委托人签订司法鉴定委托书。

（三）司法鉴定实施程序

1.确定司法鉴定人

该司法鉴定机构受理鉴定委托后，严格遵循回避制度，指定本机构中具有该鉴定事项执业资格的两名司法鉴定人共同进行鉴定。

2.制定鉴定方案

两名司法鉴定人熟悉案情，梳理鉴定材料，明确鉴定事项，制定相应的鉴定步骤和方法。

首先，召开鉴定听证会。

请双方当事人到场，充分听取双方当事人对案件事实的陈述，详细了解整个诊疗过程，并做好记录请双方签字确认。

其次，明确鉴定事项。

在鉴定听证会上，向双方当事人就鉴定事项进行确认，进一步明确鉴定要求。鉴于本案是医疗纠纷案件，委托方需签署医疗纠纷案件沟通告知书，以明确双方的权利义务，更好地开展鉴定活动。

第三，鉴定材料处理。

本案鉴定材料主要涉及病历及其他相关资料。在鉴定听证会上，对已封存的病历请双方确认后开启，做好病历拆封后内容记录并请双方当事人签字确认，复印留取整套病历材料后返还病历原件，连同医患双方提供的其他相关资料与复印病历一起汇总保存作为鉴定材料使用。

第四，对被鉴定人进行法医临床学检查。

被鉴定人由家属陪同步行进入诊室，神志清楚，对答切题，查体合作。头颅五官无畸形，贫血貌，颈软，腹部膨隆如孕 5 月大小，叩诊移动性浊音(＋)，左腰部检见 25.0cm×1.0cm 斜行暗红色陈旧性手术缝合疤痕，稍高于皮面；右肾区叩击痛。生理反射存在，病理反射未引出，其余未见明显异常。被鉴定人自诉最近右肾区时有阵发性绞痛，腹胀，胸痛。

第五，组织专家会鉴。

鉴于案情复杂特殊，组织医学相关专家进行现场专家会鉴，听取专家意见，不同意见记录在案，做好记录并签名。

第六，分析说明，得出鉴定意见。

根据送检文审资料、法医临床检验检查结果结合专家会鉴意见综合分析，最终出具司法鉴定意见书，鉴定意见为："医方对被鉴定人的诊断、治疗期间存在以下过错：(1)对病情的认识不到位；(2)术前手术方式的选择不当；(3)沟通和告知不到位；(4)病历书写不规范。"

第七，鉴定复核。

最后，司法鉴定意见书制作并发放。

3. 鉴定技术标准

按照《法医临床检验规范》SF/ZJD0103003－2011 对被鉴定人进行检验。

4. 鉴定时限

该司法鉴定机构在与委托人签订司法鉴定委托书生效之日起三十个工作日内完成委托事项的鉴定。

5. 鉴定后续处理

委托方及当事人取得司法鉴定意见书后如有异议或提供新的鉴定材料的，

可以由委托方申请重新鉴定或者补充鉴定。

经人民法院依法通知，司法鉴定人应当出庭作证，回答与鉴定事项有关的问题。

第五节　教学案例

案例一

据某县卫生局及医院提供资料：被鉴定人廖××，女，39岁。2013年5月5日因停经39周收住某医院，经医生检查后初步诊断为：(1)G5P2孕39周，头位单活胎待产；(2)疤痕子宫。5月6日上午10:40分，在腰硬联合麻醉下行子宫下段剖宫产术，10:49剖出一活男婴。术中切开子宫后见胎盘附着于切口处，出血呈喷射状，术中出血约3500ml，尿量约80ml，输液约3500ml。12:30按压宫底见阴道内仍有鲜血流出，经家属同意后行子宫次全切除术，手术于14:10结束。术中诊断为：(1)凶险性前置胎盘；(2)胎盘植入？(3)术中急性大出血、失血性休克。输悬浮红细胞8U，血浆590ml。14:35经抢救后廖××心率30次/分、血压仍测不出。16:10经抢救无效宣布死亡。被鉴定人曾于2009年行剖宫产术。为明确死亡原因，该县卫生局委托某司法鉴定中心对廖××进行尸体解剖检验。

案例二

据委托方提供资料：被鉴定人，1天。2012年3月3日19:28分出生，足月顺产，重2.6kg，Argar评分9—10—10分。3月4日早上7时左右新生儿正常进食，9:30左右新生儿洗澡，9:40分左右医生给其注射疫苗（乙肝疫苗、卡介苗）。至13:00，护理人员发现患儿颜面青灰、口唇紫绀明显、全身皮肤苍白，心率60次/分，无明显自主呼吸，遂对新生儿进行抢救，进行气管插管并从气管内吸出的约3ml褐色液体，13:55抢救无效死亡。为明确死亡原因，死者家属及所在医院委托某司法鉴定中心进行尸体解剖检验。

第六章 模拟行政处罚听证

第一节 模拟行政处罚听证简介

一、行政处罚听证

行政处罚听证，是指行政机关做出涉及公民、法人或者其他组织利益的重大事项或者重大决定之前，充分听取公民、法人或者其他组织的意见的活动。听证制度是促进权力机关、行政机关依法决策、依法行政，维护公民、法人或者其他组织合法权益的一项重要制度，可分为行政处罚听证、价格决策听证和行政立法听证。这里主要阐述行政处罚听证。

二、行政处罚听证的内容

根据《中华人民共和国行政处罚法》和相关法律、法规的规定，行政处罚听证主要包括以下几个方面的内容：

（一）行政处罚听证的适用范围

行政机关做出责令停产停业、吊销许可证或者执照、较大数额罚款、没收较大数额违法所得等行政处罚决定之前，应当告知当事人有要求举行听证的权利；当事人要求听证的，行政机关应当组织听证。

《云南省人民政府转发国务院关于贯彻实施〈中华人民共和国行政处罚法〉文件的通知》规定：我省暂定为对公民处以1000元以上罚款、对个体工商户处以1万元以上罚款、对法人或者其他组织处以3万元以上罚款的应当告知当事人有要求举行听证的权利。法律、法规另有规定的除外。

（二）行政处罚听证的有关法律文书

行政处罚听证的有关法律文书包括案件受理记录、立案报告、案件调查终结报告、监督检查的现场笔录、证明违法事实的证据材料、合议记录、卫生行政执法事项审批表、行政处罚事先告知书、行政处罚听证告知书、行政处罚听证通知书、听证笔录、听证意见书、行政处罚决定书及送达回执、结案报告等文书。

说明：行政处罚听证是行政处罚程序中的一部分，下面主要介绍行政处罚听证告知书、行政处罚听证通知书、听证笔录、听证意见书四种听证需要的文书。

1.行政处罚听证告知书。是行政机关在对适用听证程序的案件做出行政处罚决定前,按照《行政处罚法》的规定,告知当事人做出行政处罚决定的事实、理由、依据及当事人依法享有要求举行听证的权利时所制作的法律文书。本文书一式两份,一份交当事人,一份留存执法案卷。

2. 行政处罚听证通知书。是行政机关在收到当事人要求听证的申请后,将举行听证会的具体时间、地点、方式等事项通知当事人而制作的法律文书。

3. 听证笔录。是指行政机关在听证会上制作的,记录听证会全过程和听证主持人、案件承办人员、当事人和其他听证参加人在听证会上发言内容的文书。听证笔录只是客观记录听证会的进行过程、听证参加人员的发言内容,不对案件事实、证据、理由、依据等问题进行评价或者作出结论。

4.听证意见书。是指依法举行的行政处罚案件听证会结束后,由听证主持人写出听证情况和评议意见并呈报行政机关领导的书面报告,是内部运转的文书。

(三)行政处罚听证的人员组成

参加行政处罚听证的人员有当事人、有关人员、案件承办人员、听证主持人、听证员、书记员等人员。

(四)行政处罚听证的程序

行政处罚听证的程序是行政机关在对适用听证程序的案件做出行政处罚决定前,对当事人送达《行政处罚听证告知书》,当事人提出听证申请,送达《行政处罚听证通知书》,举行听证会,充分听取当事人的陈述、申辩,并允许当事人及利害关系人与执法人员进行质证,制作《听证笔录》和《听证意见书》,进入行政处罚程序。

听证依照以下程序组织:

(1)当事人要求听证的,应当在行政机关告知后三日内提出;

(2)行政机关应当在听证的七日前,通知当事人举行听证的时间、地点;

(3)除涉及国家秘密、商业秘密或者个人隐私外,听证公开举行;

(4)听证由行政机关指定的非本案调查人员主持;当事人认为主持人与本案有直接利害关系的,有权申请回避;

(5)当事人可以亲自参加听证,也可以委托一至二人代理;

(6)举行听证时,调查人员提出当事人违法的事实、证据和行政处罚建议;当事人进行申辩和质证;

(7)听证应当制作笔录;笔录应当交当事人审核无误后签字或者盖章;

(8)听证结束后,行政机关依照有关规定,做出决定。

三、行政处罚听证模拟教学的目的

行政处罚听证是保护当事人的合法权利的一个重要手段，是行政机关作出处罚决定之前，给当事人提供发表意见、提出证据的机会，对处罚事项进行质证、辩驳的程序，其实质是听取当事人的意见。医事法学专业的学生要掌握行政处罚听证必须具备相应的素质和能力，这些能力的培养除了通过理论教学获得，实践教学更为重要。行政处罚听证的模拟教学，提供学生一种在类似真实场景中完成行政处罚听证的方式。学生解决的案件是真实发生的案件，学生通过对当事人、案件承办人、听证主持人、听证员、书记员的扮演，对通过理论学习到的专业知识进行检验、掌握行政处罚听证的主要内容，从实践当中学习。通过这种实践学习，学生应该掌握以下几方面的能力：

（一）正确适用法律的能力；

（二）组织协调能力；

（三）举行听证的能力；

（四）制作法律文书的能力；

（五）语言表达的能力。

四、行政处罚听证适用的相关法律、法规

行政处罚听证必须遵循的相关法律、法规主要是：《中华人民共和国行政处罚法》等。

同时，行政处罚听证中可能适用的法律、法规包括：《中华人民共和国民法通则》《中华人民共和国执业医师法》《中华人民共和国民事诉讼法》《职业病防治法》《医疗机构管理条例》等。

第二节　模拟教学准备

一、教学目标的设定

在模拟行政处罚听证教学开展之前，教师应对本次模拟教学的目标进行设定。本次教学的目标是让学生掌握和熟悉行政处罚听证的程序、环节及着重培养学生的某些能力。具体包括：行政处罚听证的适用范围、听证人员的确定、听证开始前的准备、听证过程、听证意见书的制作及为完成听证，学生必须具备的正确适用法律的能力、组织协调能力、举行听证的能力、制作法律文书的能力、语言表达的能力等。

二、案例选取

教师在日常的教学中，应充分收集相关的行政处罚听证案例。行政处罚听证一般关于处罚较重、对当事人产生较严重影响的处罚决定。典型的案件对听证经验的提炼和学生能力的锻炼具有十分重要的作用。每次模拟课程开始之前，教师应针对本次课程主要教学目标选取有针对性的案件开展教学。具体来说，模拟听证教学选取的案件应具备以下几个方面的特点：

（一）在法律法规中有明确的处罚条款；

（二）违法事实明确，证据充分；

（三）适用行政处罚听证程序；

（四）当事人提出听证申请；

（五）当事人对听证结果未提起行政复议或者行政诉讼的。

三、教师的准备

（一）公布本次模拟听证课程的案例。

（二）选取扮演不同角色的学生，将学生分为四组：一组扮演当事人（当事人、当事人的委托人）；一组扮演案件承办人员（不少于 2 名的执法人员、执法机构负责人）；一组扮演听证人员（听证主持人、听证员、书记员的，其中确定一名主持人）；一组扮演观察员（群众、卫生行政机关国家工作人员、利益相关人等）。

同时教师将相关的材料发给扮演不同角色的学生，特别注意应针对模拟的角色的不同发给相应的材料。

（三）组织学生进行讨论，明确本次课程的教学目的。

（四）分组予以指导。

四、学生的准备

（一）全体学生应当做的准备

1. 针对不同的角色扮演，学生必须制订学习的计划，即通过本次模拟课程要达到什么样的学习效果，以及如何开展模拟教学活动；

2. 准备材料和制做听证有关法律文书；

3. 对各自准备的材料进行详细的梳理；

4. 再次熟悉相关的法律、法规；

5. 起草各自的陈述意见；

6. 对听证过程中可能遇到的问题和困难进行再次的梳理；

7. 根据法律、法规的规定召开听证会。

（二）模拟当事人应当做的准备

1.听证申请书；

2.当事人身份证明（包括当事人身份证明、法定代理人身份证明、委托代理人身份证明、委托书等）；

3.通知证人和代理人准时参加；

4.与案例相关的资料，包括有关证据；

5.当事方陈述申辩材料（与案件有关的证明材料，整改措施等）；

6.如委托律师参与听证的，准备委托律师的执业资格证明和委托书。

（三）模拟案件承办人应当做的准备

1.行政处罚案卷；

2.有关执法依据。

（四）模拟听证人员应当做的准备

（1）下达听证通知书；

（2）通知当事人和案件承办人员及有关人员参加听证会；

（3）可以向有关的专家进行咨询，了解与本次听证有关的专业和法律知识，为听证做准备；

（4）综合当事人提供的证据和案件承办人员提供的证据，确定行政处罚是否执行，拟定听证笔录和听证意见书。

五、模拟各方的技巧和重点把握

（一）模拟当事人的重点和技巧

1.准备好相关的证据和证人，以证明自己的要求。

2.熟悉相关的法律、法规的规定，特别是跟案件和听证有关的内容。

3.熟悉关于听证的相关法律、法规的规定，认清听证的性质。

4.准备好陈述申辩资料，对自己的要求和理由的陈述合理、详尽。

5.按照听证通知书的通知，准时参加听证，听证过程中遵守听证会的要求。

6.如果对法律、法规和听证认知不够，可聘请相关的人员，如律师参与听证。

7.如法人不能参加，提供委托书和委托人身份证。

（二）模拟案件承办人的重点和技巧

1.在下达听证告知书的同时，准备好所有案件资料。

2.尽量收集证据，实事求是地证明当事人存在违法行为，且依据明确的法律文书进行处罚。

3.掌握相关的法律、法规的规定，特别是跟案件和听证有关的内容。

4.掌握关于听证的相关法律、法规的规定，认清听证的性质。

5. 准备好资料，对案件的陈述客观准确。

6. 按照听证通知书的通知，准时参加听证，听证过程中遵守听证会的要求。

（三）模拟听证人员的重点和技巧

1. 注意审查行政处罚案件是否属于需要听证的范围。

2. 听证前积极作准备，熟悉案件情况，熟悉有关法律法规和听证程序。

3. 确定听证主持人、听证员和书记员。

4. 向当事人和案件承办人双方说明有关的法律、法规的规定及听证的有关事项。

5. 平等对待双方，在听证中不掺杂个人情绪，不对一方有倾向性的意见。

6. 拟定听证笔录和听证意见书。

（四）模拟观察员的重点和技巧

1. 当事人提交的证据材料是否能证明相应的事实。

2. 当事人的要求是否有相应的法律依据。

3. 提交的证据材料是否能证明相应的事实。

4. 案件承办人的意见是否具有相应的法律依据。

5. 听证人员的组成是否合法。

6. 听证程序是否合法。

7. 当事人的陈述和提交的证据是否达到证明其要求的目的。

8. 案件承办人的陈述和提交的证据是否达到证明其要求的目的。

9. 听证主持人是否把握住了案件的核心。

六、实务模拟

行政处罚听证的模拟应完全遵循法律、法规对行政处罚听证的规定进行，具体程序包括以下几个方面，在实践教学中，学生在具体的模拟环节中应严格按照以下几个方面进行：

（一）听证程序的启动

依照《中华人民共和国行政处罚法》规定，卫生行政机关在对适用听证程序的案件做出行政处罚决定前，对当事人送达《行政处罚听证告知书》，当事人在规定期限内提出听证申请，则按要求举行听证会。当事人提出陈述、申辩或者提出听证要求的期限，为送达《行政处罚听证告知书》之日起 3 日内，逾期视为放弃陈述、申辩或者听证权利。

（二）听证申请的受理

卫生行政机关在收到当事人要求听证的申请后，应当在 10 日内组织听证，并制作《行政处罚听证通知书》。在听证举行 7 日前书面通知当事人举行听证的时间、地点、主持人和听证员姓名,告知当事人有申请回避、委托代理人的权利,并提示当事人准备证据,通知证人。当事人收到通知书时,应当在听证通知书送达回执上签字。与行政处罚案件有直接利害关系的第三人,可以要求举行听证或者通知其参加听证。

(三)听证人员的确定

听证人员包括听证主持人、听证员和书记员,听证人员应由单数非本案调查人员组成。

由行政部门指定1名法制工作人员担任听证主持人;根据案件需要,指定一至数名本级卫生行政执法人员担任听证员,协助主持人工作;并指定1名本级卫生行政执法人员担任书记员,负责听证笔录的制作和其他事务。

(四)听证的过程

1.听证准备

行政部门应当在决定受理听证申请之日,确定听证主持人、听证员和书记员。案件承办人员应当按照听证主持人的要求及时将案卷移送听证主持人。听证主持人应当在当事人提出听证要求之日起2日内确定举行听证的时间、地点和方式,制作《行政处罚听证通知书》,在举行听证的7日前将《行政处罚听证通知书》送达当事人,并将举行听证的时间、地点、方式通知案件承办人员。通知案件承办人员时,听证主持人应当同时退回案卷到案件承办人。当事人接到听证通知书后,应当按期出席听证会。因故不能如期参加听证的,应当事先告知,并且获得批准。除涉及国家秘密、商业秘密或者个人隐私外,听证应当公开举行。

公开举行听证的,应当将听证的内容、时间、地点以及有关事项,予以公示。公开进行的听证,应当允许旁听。经听证主持人许可,旁听人员可以发表意见。对违反纪律的旁听人员,听证主持人有权责令其退席。

2.听证的过程

听证由听证主持人主持。听证会设听证人员席、案件承办人员席、当事人席和旁听席,听证人员席与听证参加人席相对摆设,当事人席、第三人系设于听证人员席对面右边,案件承办人员席设于听证人员席对面左边,旁听席设于听证参加人席后排。

当事人无正当理由拒不到场,又未委托代理人到场参加听证的,或者未经听证主持人允许中途退场的,视为放弃听证权,听证终止。听证书记员予以书面记载,记入《听证笔录》。

案件承办人员无正当理由拒不到场参加听证的,或者未经听证主持人允许中途退场的,听证主持人有权责令其到场参加听证;案件承办人员不到场参加听证的,不得对当事人做出卫生行政处罚决定。

听证应当按照下列程序进行：

（一）由听证主持人宣布听证开始，宣布听证纪律，核对听证参加人身份，宣布案由，宣布听证主持人、听证员、书记员名单；

（二）告知听证参加人在听证中的权利和义务，询问当事人是否申请回避；

申请听证员、书记员回避的，由听证主持人当场决定。

申请听证主持人回避的，听证主持人应当宣布暂停听证，报请领导决定是否回避，同意回避申请的，另行确定听证主持人，宣布本次听证延期举行，并按规定通知当事人重新举行听证的时间、地点和方式。

（三）案件承办人员提出当事人违法的事实、证据，适用的法律、法规和规章，以及拟做出的卫生行政处罚决定；

（四）当事人或者其代理人就案件事实进行陈述、申辩，并提交证据材料；

（五）第三人或者其代理人进行陈述；

（六）听证主持人就案件事实、证据及有关法律依据进行提问，并对有关证据材料进行质证、核实；

（七）当事人或者其代理人和案件承办人员就本案的事实和法律问题进行辩论；

（八）当事人最后陈述；

（九）听证主持人宣布听证结束。

有下列情形之一的，可以延期举行听证：

（一）当事人有正当理由未到场的；

（二）当事人提出回避申请理由成立，需要重新确定听证主持人的；

（三）需要通知新的证人到场，或者有新的事实需要重新调查核实的；

（四）其他应当延期的情形。

听证应当制作《听证笔录》，由听证人员签名。

听证结束后，听证主持人应当将《听证笔录》当场交当事人和案件承办人员审核后签名或盖章；如有遗漏或错误，当事人有权申请补正，主持人认为确属遗漏或错误的，由书记员按行政执法文书规范要求补正。拒绝签名的，由听证主持人在《听证笔录》上说明。

听证结束后，听证主持人应当依据听证情况，主持听证人员会议，提出听证意见，制作《听证意见书》。

行政部门应当根据听证情况进行复核，违法事实清楚的，依法做出行政处罚决定；违法事实与原来认定有出入的，应重新指定执法人员进行调查核实，在查清事实后，做出行政处罚决定。对重大、复杂的案件由行政部门组织集体讨论决定。

听证告知书、听证通知书、听证笔录、听证意见书等相关材料，一并归入行政处罚案件材料，按要求归档。

（五）听证文书制作

1.行政处罚事先告知书（行政处罚听证告知书）

是卫生行政机关履行法定程序的重要证据记载；同时，制作并送达行政处罚听证告知书对于保护当事人的合法权利也具有重要作用。如有固定格式的按固定格式填写式文书，具体见后文。

2.听证通知书的制作

如有固定格式的按固定格式填写式文书，具体见后文。

3.听证笔录的制作

听证笔录对保护当事人听证权利和保证行政处罚案件质量，防止差错发生等方面都具有非常重要的作用。听证笔录应写明下列事项：（一）案由；（二）当事人、第三人、其他听证参加人姓名或者名称、地址；（三）听证主持人、听证员、书记员姓名；（四）听证时间、地点和方式；（五）调查人员提出的事实、证据，拟作出行政处罚的依据、意见；（六）当事人、第三人的陈述、申辩，提供的证据和质证的内容；（七）双方在辩论中阐述的理由、依据；（八）听证记录应当交由当事人、第三人阅后签名。拒绝签名的，由书记员在听证记录中注明情况。

4. 听证意见书的制作

由听证人员写出的听证情况和评议意见并呈报行政机关领导的书面报告，要写明案由、拟做出的行政处罚决定、听证时间、当事人陈述的内容和提供的主要证据、案件承办人员陈述的内容和提出的主要证据、听证人员在充分听取双方意见经过综合评议后提出的意见、听证人员签名、行政机关负责人意见。

六、总结评定

（一）学生的自我评价

学生的自我评价是模拟教学评价中最基础的一部分，在其他同学和教师评价之前，模拟的学生应对各自的表现做出评价。评价的内容包括：(1)对制订的学习计划的评价；(2)对准备材料和制作执法文书的评价；(3)对准备的材料的评价；(4)对相关的法律、法规的掌握和运用能力的评价；(5)对实务模拟中自我表现的评价；(6)是否达到教学目的的评价；(7)对本次课程的获得的经验和教训的总结。

（二）学生的相互评价

学生的相互评价包括不同小组之间的相互评价和模拟小组内部成员的相互评价。评价的内容和学生的自我评价内容相同。

（三）教师对学生的评价

教师针对学生所作的模拟也应该做出评价，评价的内容包括：

1. 学生对法律知识的理解和掌握的情况；
2. 学生针对模拟听证所作的计划的可行性和质量；
3. 学生在模拟过程中的优缺点；
4. 学生在模拟过程应注意的事项；
5. 是否达到教学目的的评价。

附：卫生行政处罚听证程序示意图

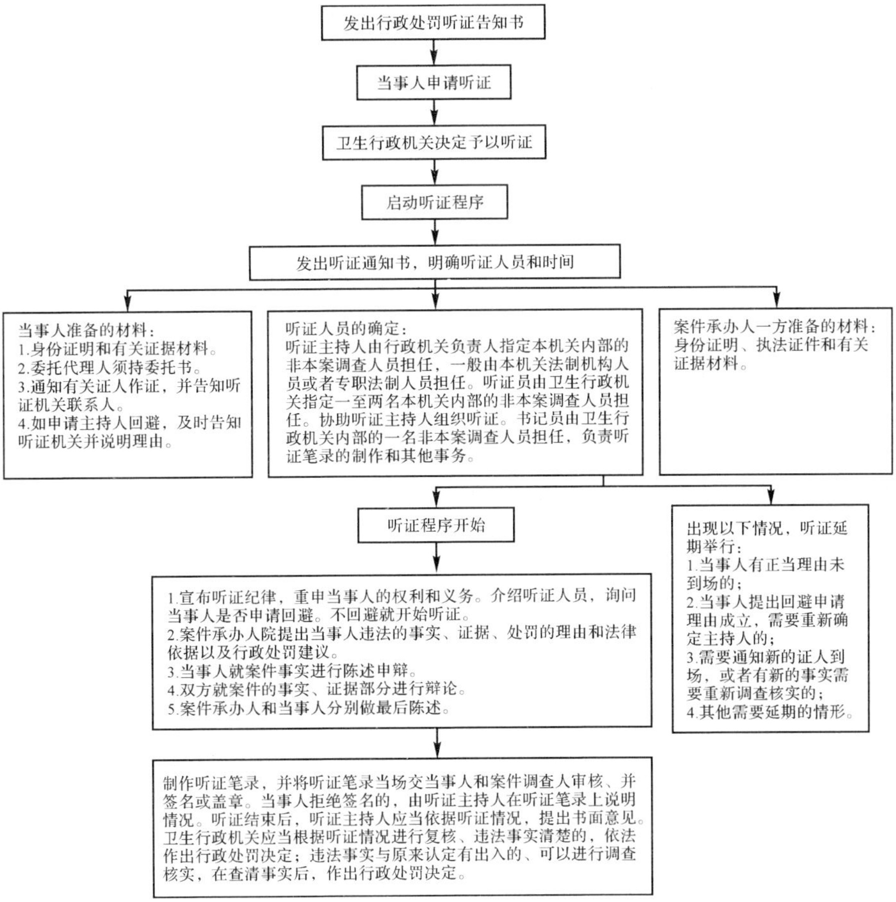

第三节 法律文书

卫生行政执法文书

行政处罚事先告知书

文号

__________:

你(单位)____

____的行为，

违反了____

____的规定，

依据____的规定，

本机关拟对你(单位)做出____

____的行政处罚。

根据《中华人民共和国行政处罚法》第三十一条和第三十二条规定，你(单位)享有对此进行陈述和申辩的权利。可在________年________月________日前到________________________进行陈述和申辩。

□根据《中华人民共和国行政处罚法》第四十二条第一款规定，你(单位)有要求举行听证的权利。如你(单位)要求听证，应当在收到本通知后三日内提出申请。逾期视为放弃听证。(在□内打“√”的为当事人享有该权利。)

联系电话：　　　　　　　　　　　　　　联 系 人：

地　　址：　　　　　　　　　　　　　　邮政编码：

当事人意见记录：

当事人签名：　　　　　　　　　　　　卫生行政机关名称并盖章

　　年　　月　　日　　　　　　　　　　　　年　　月　　日

备注：本告知书一式二联，第一联留存执法案卷，第二联交当事人。

中华人民共和国卫生部制定

卫生行政执法文书

行政处罚听证通知书

文号

____________：

你(单位)提出的听证要求收悉。本机关决定组织听证,现将有关事项通知如下：

一、听证时间________年________月________日________时________分

二、听证地点____________________

三、听证方式： A、公开听证　B、不公开听证(原因：________)

四、听证主持人________、听证员________、书记员________,如认为上述人员与案件有直接利害关系,可以申请回避。

五、请事先准备好有关证据,通知证人和代理人准时参加。逾期视为放弃听证。

联 系 人：

联系电话：

当事人签收：　　　　　　　　　　　　卫生行政机关名称并盖章

年　　月　　日　　　　　　　　　　　　年　　月　　日

备注：本通知书一式二联,第一联卫生行政机关留存,第二联交当事人。

中华人民共和国卫生部制定

卫生行政执法文书

听证笔录

第________页共________页

当事人：

委托代理人：

案件承办人：

听证主持人：

听证员：　　　　书记员：

听证方式：　A、公开听证　B、不公开听证

听证地点：

听证时间：____年____月____日____时____分至____时____分

案由：

记录：

参加听证人员签名：

年　　月　　日

中华人民共和国卫生部制定

卫生行政执法文书

听证意见书

本机关对＿＿＿＿＿＿＿＿＿＿＿＿＿＿＿＿＿＿＿＿＿＿＿＿＿＿＿＿＿＿案，拟做＿＿＿＿＿＿的行政处罚，依照《中华人民共和国行政处罚法》第四十二条之规定，本机关于＿＿＿＿年＿＿＿＿月＿＿＿＿日进行了(公开/不公开)听证，当事人与案件承办人员分别就案件事实做了陈述，并进行了相互质证。

当事人陈述的内容和提供的证据主要为：

案件承办人员陈述的内容和提出的证据主要为：

听证人员在充分听取双方意见后，经过综合评议提出以下意见：

听证人员签名：

年　　月　　日

行政机关负责人意见：

负责人签名：

年　　月　　日

中华人民共和国卫生部制定

第四节　模拟教学实战

一、案情简介

2015 年 5 月，某区卫生局在对某医院开展放射介入骨科手术现场的监督检查中，该单位不能出示参与开展放射介入骨科手术的麻醉科医务人员和骨科医师（放射工作人员）有效的有资质体检机构出具的职业健康体检报告。经过立案调查、合议、法治审查等，认为该院未按规定组织开展放射介入骨科手术的麻醉科医务人员和骨科医师进行职业健康检查的行为，违反了《放射工作人员职业健康管理办法》第十九条和《中华人民共和国职业病防治法》第三十六条第一款的规定，依据《中华人民共和国职业病防治法》第八十九条、第七十二条第四项规定，建议给予该院警告的行政处罚，同时责令 14 日内改正违法行为。该院安排未经职业健康检查的麻醉科医务人员和骨科医师从事放射介入骨科手术的行为，违反了《放射工作人员职业健康管理办法》第十八条第二款和《中华人民共和国职业病防治法》第三十六条第二款的规定，依据《中华人民共和国职业病防治法》第八十九条、第七十六条第七项的规定，建议给予罚款人民币 5 万元的行政处罚，同时，责令 15 日内改正违法行为，合并以上处罚，拟给与该院警告、罚款人民币 5 万元的行政处罚，同时责令 15 日内改正违法行为。于 6 月 29 日对当事人送达了行政处罚事先告知书。6 月 31 日，该院提出了听证申请，7 月 6 日，区卫生局向该院行政负责人送达了行政处罚听证通知书，告知该院于 7 月 15 日举行听证。

二、实施听证过程

（一）听证程序的启动

在本案例中，行政处罚数额较大，符合听证条件，且该院提出了听证申请。

（二）听证的受理

在本案例中，该院提出了听证申请，且符合听证要求，卫生局予以受理，并按规定时限送达了听证告知书。

（三）听证人员的确定

在本案例中，区卫生局确定了法制工作人员为听证人员，有关负责人为主持人，熟悉听证工作的另外两名工作人员分别为听证员和书记员。

（四）听证的过程

1. 听证开始前的准备过程

在听证开始前，听证人员要了解案件基本情况，对该院的违法事实和执法人员进行行政处罚的法律适用进行了解和核实，了解听证程序，做好记录准备。

2.听证的过程

(1)听证主持人就相关事项对双方当事人进行告知。

在听证开始前，听证主持人要宣布听证纪律，核对参加人员身份，宣布参加听证人员名单，询问当事人是否申请回避。

主持人:现在宣布听证纪律。当事人享有以下权利:①要求或放弃听证;②申请上述人员回避;③陈述、申辩、质证和做最后陈述;④核对听证笔录。

主持人：请核对听证参加人员身份。

书记员：经核对，听证参加人为:该院当事人×××，案件承办人×××、×××。

主持人：关于“××医院安排未经职业健康检查人员进行放射介入骨科手术案”听证会听证主持人由×××担任，听证员是×××，书记员是×××。请问当事人是否申请回避?

当事人:要求听证，不申请回避。

(2)先由案件承办人陈述违法事实，处罚理由，相关法律依据，出示有关证据。

案件承办人陈述了该院一直开展放射介入骨科手术，参与放射介入骨科手术的麻醉科医务人员和骨科医师共有42人，当场不能出示参与开展放射介入骨科手术的麻醉科医务人员和骨科医师(放射工作人员)有效的由具备资质的职业健康机构出具的上岗前、在岗期间职业健康体检报告，院方承认，上述42人未按规定到有职业健康检查资质的机构进行职业健康检查。证据有:现场检查笔录，介入手术室个人剂量发放表复印件、麻醉记录复印件、手术护理记录单复印件、手术记录复印件、麻醉科医生护士排班表复印件、现场提取经医院确认的该院医疗机构执业许可证正副本及放射诊疗许可证副本复印件。案件承办人员根据以上证据，明确了该院的两个违法事实，一是该院未按规定组织开展放射介入骨科手术的麻醉科医务人员和骨科医师进行职业健康检查的行为，违反了《放射工作人员职业健康管理办法》第十九条和《中华人民共和国职业病防治法》第三十六条第一款的规定，依据《中华人民共和国职业病防治法》第八十九条、第七十二条第(四)项的规定，建议给予警告的行政处罚;二是该院安排未经职业健康检查的麻醉科医务人员和骨科医师从事放射介入骨科手术的行为，违反了《放射工作人员职业健康管理办法》第十八条第二款和《中华人民共和国职业病防治法》第三十六条第二款的规定，依据《中华人民共和国职业病防治法》第八十九条、第七十六条第七项的规定，建议给予罚款人民币五万元的行政处罚。合并以上处罚，建议给予该院警告、罚款人民币五万元的行政处罚。

接着，主持人请当事人进行陈述和申辩，对案件承办人提出的证据进行质证，并对所提主张进行举证。

当事人陈述了该院对职业健康检查理解不到位，未及时向有资质的机构申报放射介入诊疗人员职业健康检查工作，导致职业健康检查未完成，由于认识不到位，在卫生监督意见书下达后，才组织人员到有资质的机构进行职业健康检查。

主持人请双方就案件的事实、证据部分进行辩论。

案件承办人；医院提供的材料属实，卫生监督意见书下发后该院进行了健康检查，但不能提供结果，在未取得检查合格证的情况下不得上岗从事相关工作，本案事实清楚、法律依据充分，证据确凿，按照原处罚决定进行处罚。

当事人：由于具体负责人员刚刚调任从事此工作，对法律法规认识不够到位，未了解到从事放射工作的相关人员未取得职业健康检查的合格证，继续从事相关工作，但已经根据监督意见书进行了积极的整改。

主持人：由案件承办人做最后陈述。

案件承办人：当事人未提出新证据，以上违法事实是清楚的，证据是确凿的，行政处罚程序合法，法律依据正确，载量准确。依法给予该院警告、罚款人民币5万元的行政处罚。

主持人：下面由当事人做最后陈述。

当事人：我院认同违法事实和证据，鉴于卫生监督检查以规范教育为主，不以处罚为目的，请求减轻或减免对我院的行政处罚。

主持人：听证会结束。

（五）听证意见书

书记员在听证会现场完成听证笔录，请听证人员、案件承办人签字，并请当事人每页签字。经过听证人员综合评议提出了听证意见：该院安排未经职业健康检查人员进行放射介入骨科手术违法事实清楚，证据充分，适用法律正确。医院已采取措施，安排人员体检，积极进行整改，本着教育为主、处罚为辅的目的，给予从轻处罚。经听证合议综合考量一致认为：给予该院警告、罚款人民币5万元的行政处罚，同时责令立即改正违法行为。听证人员签字，报行政机关负责人同意后，下达了行政处罚决定书。

该院在规定时间内自觉履行了处罚内容，缴纳了罚款，未申请行政复议和诉讼，该案结案。

第五节　教学案例[①]

案例一

某医院未按规定对放射诊疗设备由省级以上卫生行政部门资质认证的检测机构每年至少进行一次状态检测、未按规定组织放射工作人员进行职业健康检查案。

某区卫生局于2011年11月8日，在对某医院进行现场卫生监督检查时发现，该院存在以下情况：(1)在放射科所使用的数字减影X线等10台设备，现场未见到省级以上卫生行政部门资质认证的职业卫生技术服务机构出具的状态检测报告。当事人的上述行为违反了《放射诊疗管理规定》第二十条第一款第(二)项的规定。卫生局依据《放射诊疗管理规定》第四十一条第(三)项的规定，给予警告、并处人民币一万元罚款的行政处罚，同时责令立即改正违法行为。(2)放射科、核医学科、肿瘤放疗科从事放射诊疗活动的卫生技术人员王某等13人2009年8月以后均未进行过放射工作人员职业健康检查。当事人的上述行为违反了《放射工作人员职业健康管理办法》第十九条的规定。依据《放射工作人员职业健康管理办法》第三十八条的规定，按照《中华人民共和国职业病防治法》第六十四条第(四)项的规定，给予警告，并处5万元人民币罚款的行政处罚，同时责令立即改正违法行为。合并上述处罚，拟给予警告、并处人民币6万元罚款的行政处罚，同时责令立即改正违法行为。

12月2日某区卫生局对当事人送达了行政处罚事先告知书；12月4日，该院提出了听证申请；12月7日，区卫生局送达了行政处罚听证通知书，告知该院于12月15日举行听证。

案例二

某门诊部诊疗活动超出登记范围案。

某区卫生局于2006年11月8日接到群众对当事人的投诉材料，包含患者陈某的"某门诊部门诊病历"1本，该患者2006年9月3日"某门诊部门诊医药费专用收据联"等资料。门诊医药收费专用收据联中记录收取该患者药费合计人民币1362元。

2006年11月28日某区卫生局再次接到患者康某对当事人的投诉材料，包含该患者的"某门诊部门诊病历"1本，该患者2006年9月13日、14日、15日共3张"某门诊部门诊医药费专用收据联"等资料。3张门诊医药收费专用收据联

---

① 薛晓林、陈锐主编：《卫生计生监督执法案例评析汇编》，协和医科大学出版社2015年版。

中记录收取该患者药费合计人民币 3000 元。

经查，某门诊部在 2006 年 8 月 9 日注销了中医科后却擅自从事中医科的诊疗活动，为患者陈某诊疗脑瘫，获取非法所得人民币 1362 元；未被核准开设“皮肤科性传播疾病科”却擅自从事了性传播疾病的诊疗活动，为患者康某诊疗尖锐湿疣，获取非法所得人民币 3000 元。上述非法所得共计人民币 4362 元。当事人使用具有执业范围为“外科专业”的医师胡某从事为患者开展“皮肤科性传播疾病专业”的诊疗活动。

当事人的行为违反了《医疗机构管理条例》第二十七条、第二十八条的规定。依据《医疗机构管理条例》第四十八条、《医疗机构管理条例实施细则》第八十条第二款第一项的规定，某区卫生局拟做出：诊疗活动超出登记范围，罚款人民币 3000 元，并吊销《医疗机构执业许可证》的行政处罚。

2007 年 4 月 9 日，某区卫生局发出了行政处罚事先告知书；同日，当事人提出了听证申请；2007 年 4 月 12 日，某区卫生局发出行政处罚听证通知书，并于 2007 年 4 月 25 日举行了听证。

第七章　模拟仲裁

第一节　模拟仲裁简介

一、仲裁及仲裁机构简介

（一）仲裁简介

仲裁，指当事人双方在争议发生前或争议发生后达成协议，自愿将争议提交给依法成立的仲裁机构，并由非官方身份的仲裁员组成的仲裁庭进行裁决，并受该裁决约束的一种解决民事争议的制度。

仲裁发源于古罗马时代，独立与公正是仲裁的原则和核心精神。仲裁与诉讼制度一样，是解决民事争议的方式之一。仲裁在性质上是兼具契约性、自治性、民间性和准司法性的一种争议解决方式。民事争议如果在当事人之间无法通过协商的方式解决的话，通常有两种解决方式：一是向人民法院起诉；二是申请仲裁机构进行裁决。

仲裁机构与法院不同。法院作为国家的司法部门之一，依法行使国家赋予的审判权，当事人因发生纠纷向人民法院起诉，是当事人依法具有的权利，当事人之间无需达成起诉的协议，只需按法律规定约定管辖的法院，法院受理案件后，另一方当事人必须应诉，不应诉的，人民法院可以按缺席判决。而仲裁机构属于非官方组织，具有民间团体的性质，仲裁机构受理仲裁案件主要依据争议当事人双方事前或事后达成的仲裁协议，无仲裁协议或者仲裁协议约定不明的，仲裁机构都没有管辖权。当事人协议由仲裁机构仲裁的，人民法院对该争议没有管辖权，一方当事人违背协议起诉至人民法院的，除非另外一方当事人同意该起诉，否则，被诉方当事人可能依据仲裁协议向受诉法院提出管辖异议，法院按照仲裁法的规定，将对具有有效仲裁协议的起诉予以驳回并让当事人将争议交付仲裁。

仲裁与诉讼相区别而具有以下的特点：

1. 自愿性。必须由争议当事人自愿协议将争议交由仲裁机构仲裁，是否提交仲裁，提交给哪一个仲裁机构仲裁都是由当事人自主选择。

2.一裁终局。仲裁实行一裁终局制度。仲裁裁决一经仲裁庭做出即发生法律效力，仲裁与诉讼的一审、二审、再审等诉讼程序相比，具有快捷性、便利性的特点，能够使当事人的纠纷得以快速解决。

3.保密性。仲裁以不公开审理为原则，一般案件都不公开审理，不允许无关人员旁听，除非争议双方当事人同意他人旁听。因此，仲裁可以更好地保护当事人的商业秘密。

4.经济性。仲裁不像诉讼那样多审级收费，因时间的节省，仲裁支付的费用及成本相对较低。

5.独立性。仲裁机构独立于行政机构，仲裁机构之间无隶属关系，在仲裁过程中，仲裁庭独立进行裁决，不受仲裁机构以及任何国家机关、社会团体的干预。

6.专业性。民商事纠纷范围广泛，很多案件涉及专业的技术和知识，而人民法院的法官往往法律水平高但专业知识不足，很多案件必须借助于鉴定才能解决。而仲裁员的大多是由在某一方面具有较高水平的专家担任，因仲裁员专业领域的宽广性，也使得仲裁机构可以解决复杂的民商事纠纷。

7.国际性。随着国际经济的发展，当事人很可能来自不同的国家，越来越多的当事人选择进行国际仲裁。仲裁人员的构成不局限于国内专家，有许多国际专家也被聘为国内仲裁机构的仲裁员。有些仲裁机构还允许当事人选择仲裁员名册之外的专家进行仲裁。在仲裁的执行方面也越来越国际化。

仲裁有其范围，不是所有的纠纷都可以进行仲裁。《仲裁法》第二条规定："平等主体的公民，法人和其他组织之间发生的合同纠纷和其他财产权益纠纷，可以仲裁。"

这里明确了三条原则：一是发生纠纷的双方当事人必须是民事主体，包括国内外法人、自然人和其他合法的具有独立主体资格的组织；二是仲裁的争议事项应当属于当事人有权处分范畴；三是仲裁范围必须是合同纠纷和其他财产权益纠纷。

合同纠纷是在经济活动中，双方当事人因订立或履行各类经济合同而产生的纠纷，包括国内、国外平等主体的自然人、法人、以及其他组织之间的国内各类经济合同纠纷、知识产权纠纷、房地产合同纠纷、期货和证券交易纠纷、保险合同纠纷、借贷合同纠纷、票据纠纷、抵押合同纠纷、运输合同纠纷和海上纠纷等，还包括涉外的、涉及香港、澳门和台湾地区的经济纠纷，以及涉及国际贸易、国际代理、国际投资、国际技术合作等方面的纠纷。

其他财产权益纠纷，主要是指由侵权行为引发的纠纷，以产品质量责任和知识产权领域的侵权纠纷较多。

根据仲裁法的规定，有两类纠纷不能仲裁：

1.婚姻、收养、监护、扶养、继承纠纷不能仲裁。这类纠纷虽然属于民事纠纷,也不同程度涉及财产权益争议,但这类纠纷往往涉及当事人本人不能自由处分的身份关系,需要法院做出判决或由政府机关做出决定,所以,不属仲裁机构的管辖范围。

2.行政争议不能仲裁。行政争议,亦称行政纠纷,行政纠纷是指国家行政机关之间,或者国家行政机关与企事业单位,社会团体及公民之间,由于行政管理而引起的争议。这类纠纷应当依法通过行政复议或行政诉讼解决。

《仲裁法》还规定:劳动争议和农业集体经济组织内部的农业承包合同纠纷的仲裁由国家另行规定,也就是说解决这类纠纷不适用仲裁法。这是因为,劳动争议、农业集体经济组织内部的农业承包合同纠纷虽然可以仲裁,但它不同于一般的民事经济纠纷,因此只能另作规定予以调整。

根据仲裁种类的不同,仲裁大致可以分为国内仲裁和涉外仲裁、机构仲裁和临时仲裁、依法仲裁和友好仲裁等。

仲裁机构依法做出的仲裁裁决书与人民法院的生效判决书、调解书一样,都是有效的法律文书。对于在中国履行的仲裁裁决,如果一方当事人逾期不履行,对方当事人可向仲裁机构所在地或财产所在地的中级人民法院申请依法执行。中国和某些国家签订的双边贸易、航海和经济合作条约或协定中,需要订有相互保证仲裁裁决执行的条款。对于需要到外国去执行的裁决可根据这些条约或协定的规定,向对方国家的法院或执行机构申请执行。

(二)仲裁机构简介

世界上许多国家都制定了仲裁法规并设立了仲裁机构。1958 年联合国通过了《承认和执行外国仲裁裁决的公约》(中国已参加)。联合国国际贸易法委员会又于 1976 年制定了《仲裁规则》,推荐各国经济贸易界采用。仲裁作为解决国际商事争议的一种方式,已在国际上得到普遍承认和广泛采用。各国仲裁机构有的附设在商会性质的社会团体内,有的独立存在。各国的仲裁机构在设立、仲裁规则等方面不尽相同,但其性质都是独立解决民商事纠纷的社会团体和组织,具有民间性和非官方性。

国际上主要的仲裁组织是国际商事仲裁委员会和瑞典斯德哥尔摩商会仲裁院。国际商事仲裁委员会是国际仲裁界最大的民间性国际仲裁组织,其宗旨是促进国际仲裁合作和统一化,交流仲裁工作经验。1961 年,第一届国际仲裁大会举行,国际商事仲裁委员会是国际仲裁大会的常设机构。瑞典斯德哥尔摩商会仲裁院成立于 1917 年,是瑞典最重要的常设仲裁机构,由于瑞典的仲裁历史悠久,体制完善,加上瑞典是中立国,因此斯德哥尔摩商会仲裁院成为受理国际经济争端的一个重要场所。目前,瑞典斯德哥尔摩商会仲裁院可以受理世界上任何国家当事人所提交的商事争议。瑞典斯德哥尔摩商会仲裁院没有仲裁员名单，当事人可自由指定任何国家，任何身份的人作为仲裁员。通常当事人双方各自选择一位同胞作为仲裁员，并共同选择第三名仲裁员，组成三人仲裁庭。此举提高了仲裁的效率，也便于在各个国家执行。随着我国对外开放的不断深入，许多涉外合同当事人选择瑞典斯德哥尔摩商会仲裁院作为解决其争议的仲裁机构。

中国目前有180多家仲裁机构，国内知名度最高的仲裁机构是北京仲裁委员会、中国国际经济贸易仲裁委员会等。

中国国际经济贸易仲裁委员会（英文简称CIETAC，中文简称"贸仲委"）是世界上主要的常设商事仲裁机构之一。根据1954年5月6日中央人民政府政务院第215次会议通过的《关于在中国国际贸易促进委员会内设立对外贸易仲裁委员会的决定》，贸仲委于1956年4月由中国国际贸易促进委员会（简称"中国贸促会"）组织设立，当时的名称为对外贸易仲裁委员会。中国实行改革开放政策以后，为了适应国际经济贸易关系不断发展的需要，根据国务院发布的《关于将对外贸易仲裁委员会改称为对外经济贸易仲裁委员会的通知》，对外贸易仲裁委员会于1980年改名为对外经济贸易仲裁委员会，又于1988年根据国务院《关于将对外经济贸易仲裁委员会改名为中国国际经济贸易仲裁委员会和修订仲裁规则的批复》，改名为中国国际经济贸易仲裁委员会。2000年，中国国际经济贸易仲裁委员会同时启用中国国际商会仲裁院的名称。五十多年来，贸仲委以其仲裁实践和理论活动为中国《仲裁法》的制定和中国仲裁事业的发展做出了突出贡献。贸仲委还与世界上主要仲裁机构保持着友好合作关系，以其独立、公正和高效在国内外享有盛誉。在2000年以前的律师资格考试中，贸仲委的《中国国际经济贸易仲裁委员会仲裁规则》还一度属于考试的范围。

二、仲裁的内容

（一）仲裁机构的设立

根据我国《仲裁法》第十条的规定，仲裁委员会可以在直辖市和省、自治区人民政府所在地的市设立，也可以根据需要在其他设区的市设立，不按行政区划层层设立。仲裁委员会由前款规定的市的人民政府组织有关部门和商会统一组建。设立仲裁委员会，应当经省、自治区、直辖市的司法行政部门登记。设立仲裁仲裁委员会应当具备下列条件：

1. 有自己的名称、住所和章程；
2. 有必要的财产；
3. 有该委员会的组成人员；

4.有聘任的仲裁员。

5.依照仲裁法制定仲裁委员会的章程。

（二）仲裁员的构成

根据我国《仲裁法》第十三条的规定，仲裁委员会应当从公道正派的人员中聘任仲裁员。

仲裁员应当符合下列条件之一：

1.从事仲裁工作满8年的；

2.从事律师工作满8年的；

3.曾任审判员满8年的；

4.从事法律研究、教学工作并具有高级职称的；

5.具有法律知识、从事经济贸易等专业工作并具有高级职称或者具有同等专业水平的。

仲裁委员会按照不同专业设仲裁员名册。

从上述法律规定不难看出，法律规定的可能担任仲裁员的人员大多还是与法律相关的人员。但随着仲裁的发展，将会有越来越多的各行各业的专家进入各个仲裁机构，也将会有越来越多的外国专家成为中国仲裁机构的仲裁员。

（三）仲裁的提出及仲裁协议

发生争议的一方当事人向仲裁机构提出仲裁申请必须要有仲裁协议，否则仲裁机构不予受理。根据我国《仲裁法》的规定，仲裁协议包括合同中订立的仲裁条款和以其他书面方式在纠纷发生前或者纠纷发生后达成的请求仲裁的协议。仲裁协议应当具有下列内容：

1.请求仲裁的意思表示；

2.仲裁事项；

3.选定的仲裁委员会。

有下列情形之一的，仲裁协议无效：

1.约定的仲裁事项超越法律规定的仲裁范围的；

2.无民事行为能力人或者被限制民事行为能力人的订立仲裁协议的；

3.一方采取胁迫手段，迫使对方订立仲裁协议的。

仲裁协议对仲裁事项或者仲裁委员会没有约定或者约定不明确的，当事人可以补充协议；达不成补充协议的，仲裁协议无效。

仲裁协议独立存在，合同的变更、解除、终止或者无效，不影响仲裁协议的效力。当事人对仲裁协议的效力有异议的，可以请求仲裁委员会做出决定或者请求人民法院做出裁定。一方请求仲裁委员会做出决定，另一方请求法院做出裁定的，由人民法院裁定。

司法实践当中，因很多当事人对仲裁似懂非懂、一知半解，在订立协议时，对于解决争议的方式往往写成"双方在履行合同过程中发生争议的，由双方友好协商解决，协商不成时，任何一方均可向××仲裁委员会申请仲裁或向人民法院起诉"，这样的约定貌似有了仲裁协议，其实这样的约定因是选择性约定不具有确定性，因而最高人民法院明确规定这样的约定属于无效约定。仲裁协议无效的情形还包括：

1. 当事人只约定某地仲裁机构仲裁而没有选择具体的仲裁机构，若该地有两个以上的仲裁机构，当事人事后不能就仲裁机构选择达成一致的；

2. 当事人约定两个以上的仲裁机构，而事后不能就仲裁机构选择达成一致的；

3. 当事人约定的仲裁机构名称不准确不能够确定仲裁机构的。

总之，当事人在有仲裁意向并达成仲裁协议的过程中，应当明确发生争议时由哪一家仲裁机构进行仲裁，否则，出现约定不明或仲裁协议无效的情形时，该纠纷就只能进行诉讼而不能再申请仲裁了。

（四）仲裁庭的组成

根据我国《仲裁法》的规定，仲裁庭可以由三名仲裁员或者一名仲裁员组成。由三名仲裁员组成的，设首席仲裁员。当事人约定由三名仲裁员组成仲裁庭的，应当各自选定或者各自委托仲裁委员会主任指定一名仲裁员，第三名仲裁员由当事人共同选定或者共同委托仲裁委员会主任指定。第三名仲裁员是首席仲裁员。当事人约定由一名仲裁员成立仲裁庭的，应当由当事人共同选定或者共同委托仲裁委员会主任指定仲裁员。当事人没有在仲裁规则规定的限期内约定仲裁庭的组成的方式或者选定仲裁员的，由仲裁委员会主任指定。

我国的每一个仲裁机构均设置有仲裁员名册，国内案件的当事人一般只能在仲裁员名册内选定仲裁员，但北京仲裁委员会允许国际商事案件的当事人在北仲的仲裁员名册之外选定仲裁员。

对于当事人一方选定或由仲裁委员会主任指定的仲裁员，若有下列情形之一的，对方当事人可提出申请该仲裁员回避：

1. 是本案当事人或者当事人、代理人的近亲属；

2. 与本案有利害关系；

3. 与本案当事人、代理人有其他关系，可能影响公正仲裁的；

4. 私自会见当事人、代理人，或者接受当事人、代理人的请客送礼的。

当事人提出回避申请，应当说明理由，在首次开庭前提出。回避事由在首次开庭后知道的，可以在最后一次开庭终结前提出。仲裁员是否回避，由仲裁委员会主任决定；仲裁委员会主任担任仲裁员时，由仲裁委员会集体决定。仲裁员因回避或者其他原因不能履行职责的，应当依照法律规定重新选定或者指定仲裁员。

因回避而重新选定或者指定仲裁员后，当事人可以请求重新进行已进行的仲裁程序，是否准许，由仲裁庭决定；仲裁庭也可以自行决定已进行的仲裁程序是否重新进行。

（五）仲裁程序

仲裁的程序与诉讼有相同或类似之处，均分为立案受理、送达相关法律文书、指定举证期限、开庭进行审理，开庭过程中也分为核查当事人身份及代理人权限、调查阶段、举证质证阶段、辩论阶段、调解阶段、最后陈述阶段等。但是仲裁在程序上有其特点：一是当事人可以协议不开庭，由仲裁庭根据仲裁申请书、答辩书及其他材料做出裁决；二是仲裁可以不公开进行开庭，当事人协议公开开庭的才公开。

具体的仲裁程序则由各仲裁机构在不违反《仲裁法》的前提下进行规定，体现于各仲裁机构制定的《仲裁规则》中。

（六）仲裁裁决书

仲裁案件在经过一次或者多次开庭审理后调解不成的，仲裁庭应当做出仲裁裁决书。根据我国《仲裁法》的规定，仲裁裁决应当按照多数仲裁员的意见做出，少数仲裁员的不同意见可以记入笔录。仲裁庭不能形成多数意见时，裁决应当按照首席仲裁员的意见做出。

裁决书应当写明仲裁请求、争议事实、裁决理由、裁决结果、仲裁费用的负担和裁决日期。当事人协议不愿写明争议事实和裁决理由的，可以不写。裁决书由仲裁员签名，加盖仲裁委员会印章。对裁决持不同意见的仲裁员，可以签名，也可不签名。

仲裁庭仲裁纠纷时，其中一部分事实已经清楚，可以就该部分先行裁决。对裁决书中的文字、计算错误或者仲裁庭已经裁决但在裁决书中遗漏的事项，仲裁庭应当补正；当事人自收到裁决书之日起 30 日内，可以请求仲裁补正。

裁决书自给出之日起发生法律效力。

（七）仲裁裁决的执行

根据我国《仲裁法》的规定，当事人应当履行仲裁裁决，一方当事人不履行时，另一方当事人可以依照民事诉讼法的有关规定向人民法院申请执行，受申请的人民法院应当裁定执行。

被申请人提出证据证明仲裁裁决有下列情形之一的，经人民法院组成合议庭审查核实，裁定不予执行：

1. 当事人在合同中没有签订仲裁条款或者事后没有达成书面仲裁协议的；

2.裁决的事项不属于仲裁协议的范围或者仲裁机构无权仲裁的；

3.仲裁庭的组成或者仲裁的程序违反法定程序的；

4.裁决所根据的证据是伪造的；

5.对方当事人向仲裁机构隐瞒了足以影响公正裁决的证据的；

6.仲裁员在仲裁该案时有贪污受贿，徇私舞弊，枉法裁决行为的。

人民法院认定执行该裁决违背社会公共利益的，裁定不予执行。裁定书应当送达双方当事人和仲裁机构。

仲裁裁决被人民法院裁定不予执行的，当事人可以根据双方达成的书面仲裁协议重新申请仲裁，也可以向人民法院起诉。

一方当事人申请执行裁决，另一方当事人申请撤销裁决的，人民法院应当裁定中止执行。

人民法院裁定撤销裁决的，应当裁定终结执行。撤销裁决的申请被裁定驳回的，人民法院应当裁定恢复执行。

涉外仲裁委员会做出的发生法律效力的仲裁裁决，当事人请求执行的，如果被执行人或者其财产不在中华人民共和国领域内的，应当由当事人直接向有管辖权的外国法院申请承认和执行。

（八）对败诉的一方当事人的救济

仲裁一裁终局，裁决书自做出之日起发生法律效力。那么，对于错误的仲裁裁决书，败诉的一方当事人又有什么救济途径呢？我国《仲裁法》并没有像《民事诉讼法》那样规定对仲裁裁决可以申请再审，作出仲裁裁决的仲裁机构也无权主动撤销该错误裁决。但是，《仲裁法》规定仲裁当事人提出证据证明裁决有下列情形之一的，可以向仲裁委员会所在地的中级人民法院申请撤销裁决：

1.没有仲裁协议的；

2.裁决的事项不属于仲裁协议的范围或者仲裁委员会无权仲裁的；

3.仲裁庭的组成或者仲裁的程序违反法定程序的；

4.裁决所根据的证据是伪造的；

5.对方当事人隐瞒了足以影响公正裁决的证据的；

6.仲裁员在仲裁该案时有索贿受贿，徇私舞弊，枉法裁决行为的。

人民法院经组成合议庭审查核实裁决有前款规定情形之一的，应当裁定撤销。人民法院认定该裁决违背社会公共利益的，应当裁定撤销。

人民法院受理撤销裁决的申请后，认为可以由仲裁庭重新仲裁的，通知仲裁庭在一定期限内重新仲裁，并裁定中止撤销程序。仲裁庭拒绝重新仲裁的，人民法院应当裁定恢复撤销程序。

当事人除申请撤销外，也可以在执行过程中根据《民事诉讼法》的规定申请不予执行，但申请撤销被驳回，又以同一事实和理由在执行中申请不予执行抗辩的，人民法院不予支持。

仲裁机构有独立于人民法院的裁判权，但是，从上述规定可以看出，人民法院有权对符合撤销规定的裁决进行撤销，也有权在撤销中通知仲裁庭在一定期限内重新仲裁，对于符合规定的裁决，人民法院也有权不予执行。但无论是人民法院撤销还是通知仲裁机构重新仲裁，都必须符合法律规定，否则，即便是人民法院也要尊重仲裁机构做出的仲裁裁决。仲裁裁决除证据是伪造、隐瞒足以影响公正裁决的证据、违背社会公共利益的情形外，人民法院对仲裁裁决的监督更多的体现在程序方面。仲裁虽然有其优点，但救济途径稍显不足，遇到仲裁结果不太正确但又不属于可撤销、不执行的裁决的话，当事人也只能服从。因此，当事人对于争议是诉讼解决还是仲裁解决必须慎重决定。

三、仲裁模拟教学目的

仲裁模拟的教学目的，主要是让学生知道除诉讼之外，仲裁也是解决当事人纠纷的方式之一，让学生掌握仲裁与诉讼的相同之处和不同之处。以诉讼的方式解决纠纷无需约定，日常生活中也较为常见，也可以组织学生到法院旁听，但以仲裁方式解决纠纷并不常见，加之仲裁的不公开审理，让学生进行仲裁的旁听也不太现实。因此，仲裁模拟教学，能够让学生在角色扮演中掌握仲裁的特点、体会仲裁的优点和缺点，熟悉仲裁程序，将理论与实践相结合，掌握仲裁的技巧。通过仲裁模拟，学生应当掌握以下几方面的能力：

（一）在合同条款中正确书写仲裁协议条款的能力；

（二）启动仲裁程序的能力；

（三）制作相关仲裁文书的能力；

（四）依据不同的仲裁规则参与仲裁活动的能力；

（五）正确适用仲裁法律法规的能力。

四、仲裁适用的相关法律法规

仲裁适用的法律主要有《中华人民共和国仲裁法》《中华人民共和国民事诉讼法》《最高人民法院关于适用〈中华人民共和国仲裁法若干问题的解释〉》，除了上述法律规定及司法解释外，仲裁最重要的程序规定是每一家仲裁机构自己制定的《仲裁规则》，每一家仲裁机构的《仲裁规则》虽然都不能违反《仲裁法》的规定，但是每一家仲裁机构制定的《仲裁规则》都不尽相同。因此，每一个参与仲裁的当事人，仲裁委员会都会将该仲裁委员会的《仲裁规则》和仲裁员名册送达给当事人，以方便当事人知晓《仲裁规则》和更好地选定仲裁员。

当然，仲裁员对案件进行仲裁，不是天马行空，想怎么裁就怎么裁，所有的裁决书和民事判决书一样都要有相应的事实依据和法律依据，根据每一个案件的不同，其所适用的法律法规也是多种多样，因此，有关民商事的其他法律法规在仲裁案件中也是适用的法律。

为了让大家对仲裁规则有所了解，本书附上昆明仲裁委员会的仲裁规则及收费标准（如下附件），在进行模拟仲裁时，可以将仲裁的机构模拟为昆明仲裁委员会并以该仲裁委员会的仲裁规则进行仲裁，当然也可以选择其他仲裁机构的仲裁规则进行模拟仲裁。

附：

昆明仲裁委员会仲裁规则(2004)

2003年10月28日昆明仲裁委员会第三届委员会第一次会议讨论通过

第一章　总　则

第一条　为保证公正、及时地仲裁经济纠纷，保护当事人的合法权益，根据《中华人民共和国仲裁法》(以下简称《仲裁法》)和《中华人民共和国民事诉讼法》(以下简称《民事诉讼法》)的有关规定，制定本规则。

第二条　昆明仲裁委员会(以下简称仲裁委员会)依法仲裁平等主体的公民、法人和其他组织之间发生的合同纠纷和其他财产权益纠纷。

仲裁委员会不受理下列纠纷和争议提出的仲裁申请：

(一)婚姻、收养、监护、继承纠纷；

(二)依法应当由行政机关处理的行政争议；

(三)劳动争议和农业集体经济组织内部的农业承包合同纠纷。

第三条　当事人采用仲裁方式解决纠纷，应当双方自愿，达成仲裁协议。没有仲裁协议，一方当事人申请仲裁的，仲裁委员会不予受理。

当事人协议向仲裁委员会申请仲裁的，即视为同意按本规则进行仲裁。

第四条　仲裁委员会依据仲裁协议受理仲裁申请，不受当事人住所地、居所地、营业地或者财产所在地、争议标的数额大小的限制。

第五条　仲裁协议，包括合同中订立的仲裁条款和以其他书面方式在纠纷发生前或者纠纷发生后达成的请求仲裁的书面协议及其补充协议。其他书面方式是指信件、电报、电传、传真、电子数据交换和电子邮件等可以有形地表现所载内容的方式。

仲裁协议应当具有下列内容：

(一)请求仲裁的意思表示；

(二)仲裁事项；

(三)选定本仲裁委员会的意思表示。

第六条　仲裁协议独立存在，合同的变更、解除、终止或者无效，不影响仲裁协议的效力。

仲裁庭有权确认合同的效力。

第七条　当事人对仲裁协议的效力有异议，可以请求仲裁委员会作出决定或者请求人民法院作出裁定。一方请求仲裁委员会作出决定，另一方请求人民法院作出裁定的，由人民法院裁定。

当事人对仲裁协议的效力有异议的，应当在仲裁庭首次开庭前提出。当事人协议不开庭的，应当在首次提交答辩书前提出。

当事人未在前款规定期限内提出异议的，视为认可仲裁协议的效力。但属于法律规定的仲裁协议无效的情形除外。

第二章　申请与受理

第八条　当事人向仲裁委员会申请仲裁，应当符合下列条件：

（一）有仲裁协议；

（二）有具体的仲裁请求和事实、理由；

（三）属于本仲裁委员会的受理范围。

第九条　申请人申请仲裁，应当向仲裁委员会递交下列文件：

（一）仲裁协议；

（二）仲裁申请书及其副本；

仲裁申请书应当载明下列事项：

1. 申请人和被申请人的姓名、性别、年龄、职业、工作单位和住所，法人或者其他组织的名称、地址和法定代表人或者主要负责人的姓名、职务；

2. 仲裁请求和所根据的事实、理由；

3. 证据和证据来源、证人姓名和住所。

申请书应当由申请人或申请人委托的代理人签名或者盖章。

（三）仲裁请求依据的证据材料；

（四）下列身份证明文件之一：

1. 自然人身份证明复印件或其他身份证明文件；

2. 法人的营业执照复印件及法定代表人的身份证明书；

3. 其他组织成立的批准文件。

第十条　仲裁委员会收到仲裁申请书之日起5日内，认为符合受理条件的，应当受理，并书面通知当事人；认为不符合受理条件的，应当书面通知当事人不予受理，并说明理由；认为仲裁申请书不符合本规则第九条规定的，可以要求当事人限期补正，逾期不补正的，视为未申请。

第十一条　当事人提出仲裁申请时，应当按照云南省物价局、云南省财政厅核准的仲裁案件收费标准预交案件受理费和案件处理费。

当事人预交案件受理费和案件处理费有困难的，由当事人提出书面申请，经仲裁委员会批准，可以缓交。当事人不预交案件受理费和案件处理费，又不提出缓交申请或提出缓交申请仲裁委员会未批准的，视为撤回仲裁申请。

第十二条　仲裁委员会受理仲裁申请后，应当在10日内将仲裁受理通知书、本规则和仲裁员名册送达申请人，并将仲裁应诉通知书、仲裁申请书副本和本规则、仲裁员名册送达被申请人。

被申请人自收到仲裁应诉通知书、仲裁申请书副本后，应当在15日内（简易程序在10日内）向仲裁委员会递交答辩书，并按申请人人数提交答辩书副本。仲裁委员会应当在收到答辩书起10日内，将答辩书副本送达申请人。被申请人未提交答辩书的，不影响仲裁程序的进行。

第十三条　答辩书应当载明下列内容：

（一）答辩人的姓名、性别、年龄、职业、工作单位和住所，法人或者其他组织的名称、住址和法定代表人或者主要负责人的姓名、职务；

（二）答辩书根据的事实、理由；

（三）证据和证据来源、证人姓名和住所。

第十四条　申请人可以放弃或者变更仲裁请求。被申请人可以承认或者反驳仲裁请求，有权提出反请求。反请求书应当载明反请求事项及其相应的证据和证据来源、证人姓名和住所。申请人变更仲裁请求，被申请人提出反请求应当在首次开庭前以书面形式向仲裁委员会或仲裁庭提出。首次开庭后，申请人变更仲裁请求，被申请人提出反请求或变更反请求的，仲裁庭认为有正当理由且可以合并仲裁的，由仲裁庭决定，期限可以适当延长，并提请仲裁委员会同意。

被申请人提出反请求，应当按照本规则第十一条第一款规定预交案件受理费和案件处理费。

仲裁委员会收到反请求书之日起5日内，将反请求书副本送达申请人，申请人应当自收到反请求书之日起15日内（简易程序在10日内）提交答辩书，未提交答辩书的，不影响仲裁程序的进行。

第十五条　当事人提交的仲裁申请书、答辩书、反请求书和有关证明文件，应一式5份（简易程序一式3份），如果当事人超过二人，则应增加相应份数。

第十六条　一方当事人因另一方当事人的行为或者其他原因，可能使裁决不能执行或者难以执行的，可以申请财产保全。

当事人申请财产保全的，仲裁委员会应当将当事人的申请依照《民事诉讼法》的有关规定提交人民法院。

申请保全有错误的，申请人应当赔偿被申请人因财产保全所遭受的损失。

第十七条　当事人、法定代表人可以委托律师和其他代理人进行仲裁活动，但最多不得超过2人。委托律师、其他代理人进行仲裁活动的，应当向仲裁委员会提交记明委托事项和代理权限的授权委托书。律师代理的，还应当提交律师代理证明。

第三章　仲裁庭的组成

第十八条　仲裁庭可以由3名仲裁员或者1名仲裁员组成。由3名仲裁员组成的，设首席仲裁员。

简单的仲裁案件，仲裁庭由1名仲裁员组成。

第十九条　当事人自收到仲裁受理通知书、仲裁应诉通知书之日起15日内（简易程序5日内）依据本规则第18条第一款的规定，对仲裁庭的组成方式进行约定，并选定仲裁员。没有约定仲裁庭的组成方式或者选定仲裁员的，由仲裁委员会主任指定。

第二十条　当事人约定由3名仲裁员组成仲裁庭，应当各自在仲裁委员会仲裁员名册中选定或者各自委托仲裁委员会主任指定1名仲裁员，第3名仲裁员由当事人共同选定或者共同委托仲裁委员会主任指定。第3名仲裁员是首席仲裁员。

当事人约定由1名仲裁员组成仲裁庭的，应当由当事人共同选定或者委托仲裁委员会主任指定仲裁员。

第二十一条　仲裁委员会应当自仲裁庭组成之日起5日内将仲裁庭组成情况书面通知当事人。

第二十二条　仲裁员有下列情形之一的，当事人应当按照本规则第十九条、第二十条规定的程序重新选定或指定仲裁员：

（一）出差、出国的；

（二）患病休息的；

（三）依法应当回避的；

（四）其他不能履行职责的。

第二十三条　仲裁员有下列情形之一的，必须回避，当事人也有权提出回避申请：

（一）是本案当事人或者当事人、代理人的近亲属的；

（二）与本案有利害关系的；

（三）与本案当事人、代理人有其他关系，可能影响公正仲裁的；

“其他关系”是指：

(1)对于承办的案件事先提供过咨询的；

(2)与当事人或其代理人在同一单位的；

(3)曾任或者现任当事人法律顾问或者代理人的；

(4)因介绍案件谋取利益的；

(5)其他影响公正仲裁的事项。

(四)私自会见当事人、代理人，或者接受当事人、代理人的请客送礼的。

第二十四条　当事人申请仲裁员回避的，应当在首次开庭前提出并说明回避理由；回避事由在首次开庭后知道的，可以在最后一次开庭终结前提出。

当事人提出回避申请的，仲裁员是否回避，由仲裁委员会主任决定；仲裁委员会主任担任仲裁员时，是否回避，由仲裁委员会集体决定。

第二十五条　仲裁员因回避或者其他原因不能履行职责的，应当依照仲裁法和本规则的规定重新选定或者指定仲裁员。

因回避而重新选定或者指定仲裁员后，当事人可以请求进行的仲裁程序重新进行，是否准许，由仲裁庭决定；仲裁庭也可以自行决定已进行的仲裁程序是否重新进行。

第二十六条　仲裁员有本规则第二十三条第(四)项规定情形，情节严重的，或者有索贿受贿，徇私舞弊，枉法裁决行为的，应当依法承担法律责任，仲裁委员会应当将其除名。

第四章　证 据

第二十七条　当事人对自己提出的仲裁请求所依据的事实或者反驳对方仲裁请求所依据的事实有责任提供证据加以证明。

证据主要有：书证、物证、视听资料、证人证言、当事人陈述、鉴定结论、勘验笔录等。没有证据或者证据不足以证明当事人的事实主张的，由负有举证责任的当事人承担不利后果。

第二十八条　当事人应当在本规则规定的期限内积极、全面、正确、诚实地完成举证。

当事人因客观原因不能自行收集证据，由当事人提出调取该证据的申请和线索，经仲裁庭认定或仲裁庭认为确有必要收集的证据，仲裁庭可以自行收集证据。自行收集证据时，双方当事人或者相关单位应予以支持协助。仲裁庭可以通知双方当事人到场，当事人经通知不到场的，不影响仲裁庭收集证据。

第二十九条　在合同纠纷中，主张合同关系成立并生效的一方当事人对合同订立和生效的事实承担举证责任；主张合同关系变更、解除、终止或撤销的一方当事人对引起合同关系变动的事实承担举证责任。

对合同是否履行发生争议的负有履行义务的当事人承担举证责任。

对代理权发生争议的，由主张有代理权一方当事人承担举证责任。

第三十条　在法律、法规、规章、有关司法解释和本规则没有具体规定，无法确定举证责任承担时，仲裁庭可以根据公平原则和诚实信用原则，结合当事人举证能力等因素确定举证责任的承担。

第三十一条　仲裁过程中，一方当事人对另一方当事人陈述的案件事实明确表示承认的，另一方当事人无需举证。

对一方当事人陈述的事实，另一方当事人既未表示承认也未否认，经仲裁庭充分说明并询问后，其仍不明确表示肯定或者否定的，视为对该项事实的承认。

当事人委托代理人参加仲裁的，代理人的承认视为当事人的承认。但未经特别授权的代理人对事实的承认直接导致承认对方仲裁请求的除外；当事人在场但对其代理人的承认不作否认表示的，视为当事人的承认。

当事人在仲裁庭辩论终结前撤回承认并经对方当事人同意，或者有充分证据证明其承认是在受胁迫或者重大误解情况下作出且与事实不符的，不能免除对当事人的举证责任。

第三十二条　下列事实当事人无需举证证明，仲裁庭可以直接认定：

（一）众所周知的事实；

（二）自然规律及原理；

（三）根据法律规定或者已知事实和日常生活经验法则，能推定出的另一事实；

（四）已为人民法院发生法律效力的裁判所确认的事实；

（五）已为仲裁机构生效裁决所确认的事实；

（六）已为有效公证文书所证明的事实。

前款（一）、（三）、（四）、（五）、（六）项当事人有相反证据足以推翻的除外。

第三十三条　当事人向仲裁委员会或仲裁庭提供证据，应当提供原件或者原物。如需自己保存证据原件、原物或者提供原件、原物确有困难的，可以提供经仲裁委员会或仲裁庭核对无异的复制件、复制品。

提供外文文本和证明材料的，应同时提供相应的中文译本。

第三十四条　当事人应当在收到仲裁受理通知书和仲裁应诉通知书之日起，在首次开庭前将相关证据材料提交仲裁委员会或仲裁庭。

前款规定的举证期限也可以由当事人协商确定，并经仲裁委员会或仲裁庭认可。

仲裁庭基于查明案件事实的需要，认为需要当事人补充证据的，可以限定当事人的补充举证期限。

当事人协议不开庭的，当事人应当按照仲裁庭的要求和限定的期限提交仲裁所需的书面材料及证据。

当事人在举证期限内有正当理由证明提交证据材料确有困难的，应当在举证期限届满前向仲裁委员会或仲裁庭书面申请延期举证，经仲裁委员会或仲裁庭准许，可以适当延长举证期限。

第三十五条　当事人在举证期限内不提交证据，又未书面向仲裁委员会或仲裁庭申请延期举证或延期举证申请仲裁委员会或仲裁庭未同意的，且拒不提交证据的，视为放弃举证权利。

双方当事人逾期提交的证据材料，仲裁庭审理时不组织质证，但对方当事人同意质证的除外。

变更仲裁请求或者提供反请求的举证期限由仲裁委员会或仲裁庭确定，但不得超过变更仲裁请求或者提出反请求后的首次开庭期限。

第三十六条　当事人应当对其提交的证据材料逐一分类编号，对证据材料的来源、证明对象和内容作简要说明，签名盖章，注明提交日期，并依照本规则第十五条规定份数提交副本。仲裁委员会或仲裁庭收到当事人提交的证据材料，应当出具收取证据材料的收据，注明证据材料的名称、份数和页数以及收到的时间，由经办人签名或者盖章。

第三十七条　当事人双方提交证据材料后，仲裁委员会或仲裁庭应当将证据材料副本或复制件送达对方当事人。

仲裁庭对于证据较多或者复杂疑难的案件，应当组织当事人在答辩期限届满后，首次开庭前交换证据。

交换证据的时间可以由当事人协商确定，并经仲裁委员会或仲裁庭认可，也可以由仲裁委员会或仲裁庭指定。交换证据应当在仲裁庭组成人员或仲裁庭秘书的主持下进行。

第三十八条　当事人申请证人出庭作证，应当自首次开庭5日前提出，并经仲裁委员会或仲裁庭许可。

第三十九条　仲裁庭对专门性问题需要鉴定或者当事人书面请求对专门性问题进行鉴定，并经仲裁庭准许的，可以交由当事人共同约定的具有鉴定资格的鉴定部门、鉴定人员或专家鉴定（国家有关部门未明确规定需具备相关鉴定资格的项目除外、下同）；未共同约定的由仲裁委员会或仲裁庭指定的具有鉴定资格的鉴定部门、鉴定人员或专家鉴定。

对需要专门性问题进行鉴定的事项负有举证责任的当事人，在仲裁庭决定的期限内无正当理由不提供相关材料或者不预交鉴定费用，致使对案件争议的事实无法通过鉴定结论予以认定的，应当对该事实承担举证不能的法律后果。

根据当事人的请求或者仲裁庭的要求，鉴定部门应当派鉴定人员或专家参加开庭。

庭审中，当事人经仲裁庭的许可，可以向鉴定人或专家提问。鉴定人或专家应当就鉴定报告和仲裁庭、当事人的有关提问作出解释。

第四十条　当事人对仲裁委员会或仲裁庭指定的鉴定部门作出的鉴定结论有异议申请重新鉴定，提出证据证明存在下列情形之一的，仲裁庭应予准许。

（一）鉴定机构或者鉴定人员不具备相关的鉴定资格的；

（二）鉴定程序严重违法的；

（三）鉴定结论明显依据不足的；

（四）经过质证认定不能作为证据使用的其他情形。

对有缺陷的鉴定结论，可以通过补充鉴定、重新质证或者补充质证等方法解决的，不予重新鉴定。

第四十一条　一方当事人自行委托有关部门作出的鉴定结论，另一方当事人有证据足以反驳并申请重新鉴定的，仲裁庭应予准许重新鉴定。

第四十二条　仲裁庭对鉴定人出具的鉴定书，应当审查是否具有下列内容：

（一）委托人姓名或者名称，委托鉴定的内容；

（二）委托鉴定的材料；

（三）鉴定的依据及使用的科学技术手段；

（四）对鉴定过程的说明；

（五）明确的鉴定结论；

（六）对鉴定人鉴定资格的说明；

（七）鉴定人员及鉴定结构签名盖章。

第四十三条　证据应当在开庭时出示，并经当事人互相质证和仲裁庭认定。不开庭书面审理的仲裁案件，应当以书面质证的方式提交书面质证意见。未经质证的证据，不能作为认定案件事实的依据。

第四十四条　有证据证明一方当事人持有证据无正当理由拒不提供，如果对方当事人主张该证据的内容不利于证据持有人，可以推定该主张成立。

第四十五条　在证据可能灭失或者以后难以取得的情况下，当事人可以申请证据保全。

当事人申请证据保全的，仲裁委员会应当将当事人的申请提交证据所在地的基层人民法院。

第五章　开庭和裁决

第四十六条　仲裁应当开庭进行。当事人协议不开庭的，或者仲裁庭认为不必要开庭并征得双方当事人书面同意的，仲裁庭可以根据仲裁申请书、答辩书以及其他材料作出裁决。

第四十七条　仲裁不公开进行。当事人协议公开的，可以公开进行，但涉及国家秘密的除外。

第四十八条　仲裁不公开进行的，仲裁员和当事人以及其他仲裁参与人，不得对外透露案件情况和仲裁进行情况。

第四十九条　开庭仲裁在仲裁委员会或者其他办事处住所地进行。经仲裁委员会秘书长同意，也可以在其他地点进行。

第五十条　仲裁委员会应当在仲裁庭开庭10日前（简易程序5日前）将开庭日期书面通知双方当事人；经双方当事人书面约定，可以提前开庭；当事人有正当理由申请延期开庭的，应当在开庭5日前向仲裁庭书面提出。是否提前或者延期开庭，由仲裁庭决定。

第一次开庭以后的开庭审理日期的通知，不受10日期限的限制。

第五十一条　申请人经书面通知，无正当理由不到庭或者未经仲裁庭许可中途退庭的，可以视为撤回仲裁申请。

被申请人经书面通知，无正当理由不到庭或者未经仲裁庭许可中途退庭的，可以缺席裁决。

第五十二条　当事人在仲裁过程中有权进行辩论。辩论终结时，首席仲裁员或者独任仲裁员应当征询当事人的最后意见。

第五十三条　仲裁庭应当将开庭情况记入笔录。当事人和其他仲裁参与人认为对自己陈述的记录有遗漏或者差错的，有权申请补正；仲裁庭不予补正时，应当记录该申请。笔录由仲裁员、书记员、当事人和其他仲裁参与人签名或者盖章。

仲裁案件开庭时，仲裁委员会可以录音或录像。录音或录像仅供仲裁委员会或仲裁庭使用。

第五十四条　当事人申请仲裁后，可以自行和解。达成和解协议的，可以请求仲裁庭根据和解协议的内容作出裁决，也可以撤回仲裁申请。

第五十五条　当事人达成和解协议，撤回仲裁申请后又反悔的，可以根据仲裁协议重新申请仲裁。

第五十六条　仲裁庭在作出裁决前，可以先行调解。当事人自愿调解的，仲裁庭应当调解。

调解不成的，仲裁庭应当及时作出裁决。但任何一方当事人均不得在其后的仲裁程序、司法程序和其他任何程序中援引对方当事人或仲裁庭在调解过程中的任何陈述、意见、观点或建议作为其请求、答辩或反请求的依据。

调解达成协议的，仲裁庭应当将协议结果制作笔录，由对方当事人阅读后签名，并制作调解书或者根据协议的结果制作裁决书。调解书与裁决书具有同等法律效力。

第五十七条　调解书应当写明仲裁请求和当事人协议的结果。调解书由仲裁员签名，加盖仲裁委员会印章，送达双方当事人。

调解书经双方当事人签收后，即发生法律效力。

在调解书签收前当事人反悔的，仲裁庭应当及时作出裁决。

第五十八条　裁决应当按照多数仲裁员的意见作出，少数仲裁员的不同意见可以记入笔录。仲裁庭不能形成多数意见时，裁决应当按照首席仲裁员的意见作出。

第五十九条　仲裁庭仲裁纠纷时，其中一部分事实已经清楚，可以就该部分先行裁决。先行裁决自作出之日起发生法律效力。

仲裁庭认为有必要或者当事人提出经仲裁庭同意，可以在最终裁决作出之前就案件中争议的问题作出中间裁决或者部分裁决。当事人不履行中间裁决，不影响仲裁程序的继续进行和仲裁庭作出最终裁决。

第六十条　仲裁庭应当最迟在仲裁庭组成后4个月（不包括对专门问题作出鉴定的期间）内，作出仲裁裁决。有特殊情况确需要延长期限的，由仲裁庭提请仲裁委员会主任批准，可以适当延长。

第六十一条　裁决书应当写明仲裁请求、争议事实、裁决理由、裁决结果、仲裁费用的负担和裁决日期。

当事人协议不愿写明争议事实和裁决理由的，可以不写。

裁决书由仲裁员签名，加盖仲裁委员会印章。对裁决持不同意见的仲裁员，可以签名，也可以不签名。

第六十二条　裁决自作出之日起发生法律效力。

仲裁庭的裁决是终局裁决，对双方当事人均有约束力。

第六十三条　对裁决书中的文字、计算错误或者仲裁庭已经裁决但在裁决书中遗漏的事项，仲裁庭应当补正；当事人自收到裁决书之日起30日内，可以请求仲裁庭补正。

仲裁庭作出的补正或者补充裁决，是原裁决书的组成部分。

第六十四条　当事人应当在仲裁裁决书规定的期限内履行裁决。一方当事人不履行的，另一方当事人可以依照《仲裁法》《民事诉讼法》的有关规定向人民法院申请执行。

第六十五条　当事人提出证据证明裁决有下列情形之一的，可以自收到仲裁裁决书之日起6个月内向仲裁委员会所在地的中级人民法院申请撤销仲裁裁决：

（一）没有仲裁协议的；

（二）裁决的事项不属于仲裁协议的范围或者仲裁委员会无权仲裁的；

（三）仲裁庭的组成或者仲裁程序违反法定程序的；

（四）裁决所根据的证据是伪造的；

（五）对方当事人隐瞒了足以影响公正裁决的证据的；

（六）仲裁员在仲裁案时有索贿受贿，徇私舞弊，枉法裁决行为的。

第六章　简易程序

第六十六条　除非当事人另有约定，凡是争议金额不超过20万元（人民币、下同），适用简易程序。

争议金额超过20万元简单的仲裁案件，经双方当事人书面申请或书面同意的，可以适用简易程序。

争议金额不超过20万元的仲裁案件，仲裁委员会认为案情复杂或当事人双方书面申请不同意适用简易程序的，适用普通程序。

第六十七条　申请人向仲裁委员会提出仲裁申请，经审查可以受理并适用简易程序的，仲裁委员会应当即时向双方当事人发出仲裁通知书。双方当事人在收到仲裁通知书之日起五日内在仲裁委员会名册中共同选定或者共同委托仲裁委员会主任指定一名独任仲裁员。逾期由仲裁委员会主任指定。

第六十八条　被申请人应当自收到仲裁通知书之日起十日内向仲裁委员会提交答辩书及有关证明文件。

仲裁委员会收到答辩书之日起五日内，将答辩书送达申请人。如有反请求，申请人应当自收到反请求申请之日起十日内提交答辩书。

被申请人未提交答辩书或申请人未提交反请求答辩书的，不影响仲裁程序的进行。

第六十九条　当事人应当按照仲裁庭的要求和限定的日期提交仲裁所需的书面材料及证据材料。

第七十条　开庭审理的案件，仲裁庭确定开庭日期后，仲裁委员会应当于开庭前五日将开庭日期通知双方当事人。经双方当事人书面请求或书面同意，开庭日期可不受五日限制。

第七十一条　在进行简易仲裁程序过程中，任何一方当事人没有按照本简易仲裁程序进行，不影响程序的进行和仲裁庭作出裁决。

第七十二条　适用简易程序的仲裁案件，仲裁庭应当在仲裁庭组成后30日内作出裁决。有特殊情况确需延长期限的，经仲裁委员会批准，可以适当延长。

第七十三条　本章未规定的事项，适用本规则有关规定。

第七章　涉外仲裁程序特别规定

第七十四条　涉外经济贸易、运输和海事中发生的纠纷的仲裁，适用本章规定。本章没有规定的，适用本规则其他有关规定。

第七十五条　涉外仲裁案件，采用国内仲裁案件收费标准收取案件有受理费和处理费,未交纳仲裁费用的,视为未申请。

第七十六条　申请人或被申请人在收到仲裁通知书之日起二十日内没有约定仲裁庭组庭方式或者选定仲裁员的,由仲裁委员会主任指定。

第七十七条　被申请人应当在收到仲裁通知书之日起四十五日内向仲裁委员会提交答辩书及有关证据文件。

第七十八条　当事人申请财产或者证据保全的,仲裁委员会应当将当事人的申请提交财产或者证据所在地的中级人民法院。

第七十九条　仲裁委员会应当在仲裁庭开庭三十日前将开庭日期书面通知双方当事人。经双方当事人书面约定,可以提前开庭;当事人有正当理由书面申请延期开庭,由仲裁庭决定。

第一次开庭后的开庭日期的通知,不受三十日期限的限制。

第八十条　仲裁庭应当最迟在仲裁庭组成后八个月内作出仲裁裁决。

第八十一条　一方当事人不履行发生法律效力的仲裁裁决,另一方当事人可以根据中国法律的规定向中国有管辖权的法院申请执行。如果被执行人或者财产不在中华人民共和国领域内,由当事人根据《承认及执行外国仲裁裁决公约》或者中国缔结、参加的其他国际条约,向有管辖权的外国法院申请承认和执行。

第八章　附　则

第八十二条　仲裁委员会进行仲裁以中文为正式语言。当事人提供外文文本和证明材料的,应同时提供相应的中文译本。仲裁庭开庭时,如果当事人或其他代理人、证人需要语文翻译,仲裁委员会应提供翻译,也可以由当事人自行提供翻译。

当事人一方提供的中文译本,另一方当事人有证据足以反驳或申请重新翻译的,可以共同委托或者由仲裁委员会指定翻译机构重新翻译。重新翻译后当事人对译本的条款理解还有争议的,由仲裁庭按照书证的有关条款、行为的目的、交易习惯以及诚实信用原则确认该条款的真实意思。

第八十三条　法律对仲裁时效有规定的,从其规定。法律对仲裁时效没有规定的,适用诉讼时效的规定。

第八十四条　仲裁委员会的有关仲裁文书、通知材料,可以直接送达、递交或以邮寄、特快专递、传真、电报、留置等送达方式送达、递交当事人或其代理人。受送达人下落不明、或本条规定的其他方式无法送达的,可以通过公告送达方式送达。

第八十五条　仲裁委员会向当事人及其代理人发送的仲裁文书、材料,经当面递交受送达人或邮寄到受送达的营业地点、经常住所地或通讯地址,即视为已经送达。

直接送达的，受送达人在送达回证上签收日期为送达日期。

留置送达的，以证明人在送达回证上签名或盖章的日期为送达日期。

公告送达的，自发出公告之日起，经过60日，即视为送达。

第八十六条　期间以时、日、月、年计算。期间开始的时和日不计算在期间内。

期间届满的最后一日是节假日的，以节假日后的第一日为期间届满的日期。

期间不包括在途时间，仲裁文书、材料、通知在期满前交邮、交发的，不算过期。

第八十七条　当事人因不可抗拒的事由或者其他正当理由耽误期限的，在障碍消除后的10日内，可以申请顺延期限；是否允许，由仲裁委员会或者仲裁庭决定。

第八十八条　仲裁员报酬执行《昆明仲裁委员会仲裁员给付报酬办法》，由仲裁委员会按照仲裁员办理仲裁案件的工作时间、难易程度、争议标的大小等情况确定。

仲裁员报酬从本仲裁委员会收取的案件受理费中支付。

第八十九条　本规则由昆明仲裁委员会负责解释。

第九十条　本规则自2004年1月1日起施行。2000年2月1日昆明仲裁委员会施行的《昆明仲裁委员会仲裁规则》终止执行。

昆明仲裁委员会仲裁费收费标准

收费依据：云价费发(1996)109号　　　　单位：元(人民币)

争议金额	受理费收费额	处理费收费额
1000元以内	40～100元	免收案件处理费
1000元～5万元	100元加5%	案件受理费金额的40%
5万元～10万元	2600元加5万元以上部份的4%	案件受理费金额的35%
10万元～20万元	4600元加10万元以上部份的3%	案件受理费金额的30%
20万元～50万元	7600元加20万元以上部份的2%	案件受理费金额的25%
50万元～100万元	13600元加50万元以上部份的1%	案件受理费金额的20%
100万元以上	18600元加100万元以上部份的0.5%	案件受理费金额的15%

云南省物价局、云南省财政厅　　　　一九九六年二月六日

第二节　模拟教学准备

一、教学目标的设定

在模拟仲裁开展之前，教师应当对本次模拟仲裁的教学目标进行设定。本次模拟教学的目标是让学生掌握仲裁的程序、熟悉仲裁的规则、了解仲裁与民事诉讼的不同之处，具体包括：仲裁协议的起草、仲裁程序的启动、仲裁前的准备工作、仲裁员的选定和指定、按选定的仲裁规则进行仲裁及仲裁申请书、仲裁裁决书等法律文书的制作，着重培养学生适用不同规则解决相同纠纷的能力、法律适用能力、组织协调能力、驾驭仲裁的能力、语言表达能力和写作能力等。

二、案例的选取

仲裁模拟最重要的目的是让学生了解仲裁与诉讼的不同，因此，仲裁案例的选取可以不用太复杂，简单的商品房买卖合同纠纷或者民间借贷纠纷的案例都可以作为很好的教学案例。仲裁案例应具备以下几个特点：

（一）案件事实清楚；

（二）当事人有明确的仲裁协议；

（三）能够获得仲裁机构的《仲裁规则》和仲裁员名册。

三、教师的准备

（一）公布本次模拟仲裁的案例。

（二）选取扮演不同角色的学生，将学生分为四组：一组扮演申请人一方（申请人、代理律师）；一组扮演被申请人一方（被申请人、代理律师）；一组扮演仲裁机构人员（仲裁委员会主任、仲裁机构工作人员、三名仲裁员、书记员）；一组扮演观察员（群众、当事人一方的亲属、朋友，当然前提是仲裁双方当事人同意公开审理）。

在选定扮演不同角色学生的同时，教师应当将相关的材料发给不同的学生，应当注意哪些学生持有哪些材料，不能将全部材料发给全部学生，应针对不同的角色发放相应的材料。

（三）组织学生进行讨论，明确本次课程的教学目的。

（四）分组予以指导，让各组学生明白自己需要完成的任务。

四、学生的准备

(一)全体学生应当做的准备

1.针对不同的角色扮演,学生须制订学习的计划,即通过本次模拟课程要达到什么样的学习效果,以及如何开展模拟教学活动。

2.准备材料和制订仲裁计划。

3.对各自准备的材料进行详细的梳理,可以参照民事诉讼中提交的证据材料进行准备。

4.再次熟悉相关的法律、法规、仲裁规则。

5.起草各自在仲裁中所需的法律文书及陈述意见。

6.对仲裁过程中可能遇到的问题和困难进行再次的梳理。

7.根据法律、法规的规定启动仲裁程序。

(二)模拟申请人一方应当做的准备

1.仲裁申请书。

2.仲裁庭组成人员的选定方案。

3.仲裁应提交的相关证据材料。

4.如委托律师参与仲裁的,准备委托律师的执业资格证明和委托书。

5.准备举证、质证的相关书面意见。

6.准备代理意见。

7.对仲裁中可能出现的情况进行相应准备。

(三)模拟被申请人一方应当做的准备

1.仲裁答辩状。

2.仲裁庭组成人员的选定方案。

3.仲裁应提交的相关证据材料。

4.如委托律师参与仲裁的,准备委托律师的执业资格证明和委托书。

5.准备举证、质证的相关书面意见。

6.准备代理意见。

7.对仲裁中可能出现的情况进行相应准备。

(四)模拟仲裁机构人员一方应当做的准备

1.案件受理通知书、应诉通知书、仲裁规则和仲裁员名册、开庭传票。

2.组织双方当事人选定仲裁员或指定首席仲裁员的准备。

3.做好仲裁开庭和调解的准备工作。

4.做好双方证据材料送达的准备工作。

5.仲裁裁决书。

6.对仲裁过程中可能出现的情况进行相应准备。

（五）模拟观察员一方应当做的准备

1.熟悉仲裁法律法规及仲裁规则。

2.了解案情及争议焦点。

3.做好记录和评判的准备。

五、模拟各方的技巧及重点把握

（一）模拟申请人一方的重点和技巧

1.申请人一方首先应当把握的就是提出仲裁申请的合同中是否有明确的仲裁协议条款，若没有仲裁协议或者协议约定不明确，提出仲裁申请则不会被受理。

2.仲裁申请书的格式与民事起诉状差不多，都要有请求事项、事实和理由，与民事起诉状所不同的是民事诉讼中称双方当事人为“原告、被告”，而在仲裁中称“申请人与被申请人”，民事诉讼中的“诉讼请求”在仲裁中称为“申请请求”。仲裁申请书应当请求明确、逻辑清楚、事实部份有证据支撑。

3.在仲裁申请被受理后，应当熟悉仲裁机构的《仲裁规则》，以便充分利用该规则进行仲裁活动。

4.选定自己认为专业水平高、公正的仲裁员。

5.做好证据收集、举证、质证、开庭的准备，提前做好举证质证意见、代理意见。

（二）模拟被申请人一方的重点和技巧

1.模拟被申请人一方作为申请人一方的对立方，为了体现对抗性，往往要与申请人唱反调。在仲裁中，被申请人一方首先要对仲裁协议进行审查，有无仲裁协议、仲裁协议约定是否明确，对于不明确的或是无效的仲裁协议，应当先提出管辖异议，以打乱申请人一方的步骤。

2.在管辖异议不成立之后，被申请人一方同样应当熟悉仲裁机构的《仲裁规则》，以便充分利用该规则进行仲裁活动。

3. 选定自己认为专业水平高、公正的仲裁员。

4.针对申请人的仲裁请求、事实和理由准备好书面答辩状和反驳的证据材料，提前准备好举证质证意见、代理意见。

5.被申请人一方可以提出反请求，以吞并或抵消申请人一方的仲裁请求。

（三）模拟仲裁机构人员的重点和技巧

1.仲裁机构人员作为争议纠纷的裁决方，无论是在仲裁程序上还是在实体裁决中，最重要的是要体现公平和公正，以充分保障各方在仲裁中享有的权利。

2. 仲裁机构的工作人员，应当提前准备好各种仲裁文书，做好送达工作，确保仲裁庭组成程序合法，并做好开庭记录。

3. 仲裁机构的主任，其职责则是在申请人与被申请人双方无法就首席仲裁员达成一致意见时为双方指定首席仲裁员。

4. 仲裁庭组成人员应熟悉《仲裁规则》，审查双方的争议焦点，做好开庭准备。

5. 庭审结束后，合议庭成员应按相关规定进行合议，按照多数仲裁员的意见做出仲裁裁决。

6. 为节约模拟时间，可提前将仲裁裁决书前半部分起草好，待开庭合议后再增加后半部分。

（四）模拟观察员一方的重点和技巧

1. 作为观察员，不仅仅应在仲裁开庭时进行现场旁听，有条件和可能的话，应当全程对仲裁申请的提出、受理、仲裁员的选定和指定、合议等程序和环节进行观察。

2. 观察员不仅仅是观看，实际也具有评判的性质，因此，观察员必须也要熟悉相关仲裁法律规定及《仲裁规则》，用相应法律及规则去检验其他模拟人员的行为是否规范合法，技巧是否得当。

3. 观察员应对申请人、被申请人、仲裁机构人员的好的和不好的表现进行仔细观察并提出意见。

六、实务模拟

仲裁模拟应当遵守法律、仲裁规则，在教学实践中，学生在模拟仲裁中应当按照以下几方面的程序进行：

（一）仲裁申请的提出

仲裁申请的提出，必须由申请人按照合同中的仲裁条款或者事后双方达成的仲裁协议向选定的仲裁机构提出。在仲裁申请的提出上，教师可以设计几种不同的仲裁协议，有效的或无效的、约定不明的、可以通过补充达成协议的等等，以便于学生掌握不同的仲裁协议产生的不同后果。

仲裁申请的提出，申请方应当向双方选定的仲裁机构提出，根据仲裁规则或者仲裁机构的要求提供立案的基本证据并按要求提交仲裁申请书副本，有的仲裁机构要求提供的副本数为 5 份，有的则只要求提供 3 份。

（二）仲裁申请的受理

申请人提出仲裁申请后，仲裁委员会应审查是否符合受理条件，并根据不同的情况做出是否受理的决定。申请不符合受理条件的，应当不予受理。申请符合条件决定受理的，应当向申请人发出案件受理通知书，并向申请人发出缴纳仲裁费用的通知，在申请人按规定缴纳仲裁费用之后正式立案。

（三）首次开庭前的准备

仲裁委员会应当在受理案件后在规定的时间内通知被申请人，向被申请人发出应诉通知书、举证通知书以及其他法律文书并送达仲裁申请书、《仲裁规则》、仲裁员名册等资料。

（四）仲裁员的选定

仲裁委员会应当在规定的时间内通知当事人双方各自选定仲裁员和首席仲裁员，当双方就首席仲裁员的选定无法达成一致意见时，由仲裁委员会主任依法指定首席仲裁员。选定仲裁员的程序如果是违法的，做出的仲裁裁决将会被人民法院依法撤销。争议金额不超过 20 万元的案件，可以适用简易程序进行处理，简易程序由一名仲裁员进行仲裁，双方无法共同选定时，由仲裁委员会主任指定仲裁员。

（五）首次开庭

仲裁委员会组成仲裁合议庭后，应在合理的时间内确定首次开庭的时间及地点并书面通知当事人双方。

首次开庭按照仲裁委员会的《仲裁规则》规定的程序进行。仲裁不公开审理，若现场有非当事人或代理人等其他人员在场的话，则仲裁庭应当在开庭前询问各方当事人是否同意有人旁听，若有一方不同意有人旁听的话，则应当将旁听人员请出后方可开庭审理。

（六）反请求的提出

在首次开庭前，被申请人可以提出反请求，在首次开庭后，被申请人也可以提出反请求，合议庭认为有正当理由并且可以合并审理的，仲裁庭可以决定受理反请求，报仲裁委同意后延长审理时间。

（七）调解

在做出仲裁裁决前，可以进行调解，但调解也要以双方当事人自愿为前提，若一方不愿意调解或者调解不成的，则应当及时进行裁决。

（八）裁决

仲裁庭应当在案件受理之日起 4 个月内做出仲裁裁决书，经仲裁委员会主任批准可以延长期限。裁决书应当写明仲裁请求、争议事实、裁决理由、裁决结果、仲裁费用的负担和裁决日期。当事人协议不愿写明争议事实和裁决理由的，可以不写。裁决书由仲裁员签名，加盖仲裁委员会印章。对裁决持不同意见的仲裁员，可以签名，也可以不签名。

裁决书自做出之日起发生法律效力。仲裁庭的裁决是终局裁决，对双方当事人均有约束力。

(九)送达

仲裁裁决书虽是自做出之日起发生法律效力，但必须依法送达双方当事人。收到仲裁裁决书的当事人认为仲裁裁决书有法律规定的可撤销的情形存在的，可以向仲裁机构所在地的中级人民法院申请撤销。

(十)仲裁裁决的撤销和不予执行

仲裁一裁终局，没有可供上诉的机构。对于仲裁裁决对自己不利且确有错误的一方当事人，只能依法向仲裁机构所在地的中级人民法院申请撤销或者在对方申请强制执行时提出不予执行的执行异议。除此之外，就连做出仲裁裁决的仲裁机构本身，也不具有自我纠错的权利。因仲裁本身的特殊性，对于已发生法律效力的仲裁裁决书模拟进行撤销和申请不予执行是很有必要的，让学生明白和掌握仲裁的救济方式与民事诉讼中的救济方式完全不同。

(十一)仲裁裁决的执行

生效的仲裁裁决，具有执行权利的一方当事人，在对方不主动履行仲裁裁决时，可以向仲裁机构所在地或被执行当事人财产所在地的中级人民法院申请强制执行。

七、总结评定

(一)学生的自我评价

在整个模拟仲裁完成后，模拟的学生应对各自的表现进行评价。评价的内容包括：

(1)对制订的学习计划的评价；

(2)对准备材料和法律文书的评价；

(3)对相关的法律、法规的掌握和运用能力的评价；

(4)对实务模拟中自我表现的评价；

(5)是否达到教学目的的评价；

(6)对本次课程获得的经验和教训的总结。

(二)学生的相互评价

学生的相互评价包括不同模拟小组之间的相互评价和其他未担任模拟小组成员的学生对模拟小组成员的评价，评价的内容和学生的自我评价内容相同。

(三)教师对学生的评价

教师针对学生所作的模拟仲裁也应该进行评价，评价的内容包括：

1.学生对仲裁制度的理解和掌握的情况；

2.学生针对模拟仲裁所作的计划的可行性和质量；

3.学生在模拟仲裁过程中的表现及优缺点
4.学生在模拟仲裁过程应注意的事项；
5.是否达到教学目的的评价。

第三节　法律文书

一、表格示例

仲裁申请书

申请人：
法定代表人(负责人)：　职务：
住所：
电话：

被申请人：
法定代表人(负责人)：　职务：
住所：
电话：

仲裁请求：

____
____
____

事实与理由：

____
____
____
____
____

此致
××仲裁委员会

申请人：
(印章)
年　　月　　日

答辩书

答辩人(被申请人):

被答辩人(申请人):

答辩人就与被答辩人之间的争议仲裁案(案件编号:(__________)×仲案字第________号)提出答辩意见如下:

____

____

____

____

____

____

____

____

____

____

____

____

____

____

____

____

____

此致

××仲裁委员会

答辩人:

(印章)

年　　月　　日

法定代表人身份证明书

××仲裁委员会：

________同志现任我单位________职务，为我单位的法定代表人，特此证明。

（单位印章）

年　　月　　日

附：法定代表人　住址：

电话：

注：如本单位无法定代表人的，可填写本单位主要行政负责人。

授权委托书

（自然人使用）

××仲裁委员会：

兹委托下列人员在我方与______________________________因______________________________纠纷引起的争议仲裁案中，作为我方仲裁活动代理人：

（1）姓名：　　　　　工作单位：

职务：　　　　　固定电话：　　　　　手机：

电子信箱：　　　　　　　　　　传真：

联系地址：　　　　　　　　　　邮编：

代理权限：

（2）姓名：　　　　　工作单位：

职务：　　　　　固定电话：　　　　　手机：

电子信箱：　　　　　　　　　　传真：

联系地址：　　　　　　　　　　邮编：

代理权限：

委托人：　　　　（签名）

年　　月　　日

注：须列明委托事项和具体代理权限。除特别声明外，本会视授权委托书中所列代理人有代为领取各种仲裁文书的权限。代理人或代理权限发生变更，委托人应当书面告知本会。代理权限一栏请用正楷字填写，也可从以下列表中选择，将相应序号填写入该栏。

代理权限列表：

1. 代为提出、承认、变更、撤回、放弃仲裁请求；
2. 代为进行答辩，提出、承认、变更、撤回、放弃仲裁反请求；
3. 代为约定仲裁庭组成方式、选定仲裁员；
4. 参加开庭审理、陈述事实及代理意见并参加调查、质证活动；
5. 接受调解、和解；
6. 其他（请注明）。

授权委托书

（法人或其他组织使用）

××仲裁委员会：

兹委托下列人员在我方与________________________

因________________________________纠纷

引起的争议仲裁案中，作为我方仲裁活动代理人：

（1）姓名：　　　　工作单位：

职务：　　　　固定电话：　　　　手机：

电子信箱：　　　　　　　　　　　传真：

联系地址：　　　　　　　　　　　邮编：

代理权限：

（2）姓名：　　　　工作单位：

职务：　　　　固定电话：　　　　手机：

电子信箱：　　　　　　　　　　　传真：

联系地址：　　　　　　　　　　　邮编：

代理权限：

委托单位：　　　　（单位盖章）

法定代表人（负责人）：　　　　（签名或盖章）

年　　月　　日

注：须列明委托事项和具体代理权限。除特别声明外，本会视授权委托书中所列代理人有代为领取各种仲裁文书的权限。代理人或代理权限发生变更，委托单位应当书面告知本会。代理权限一栏请用正楷字填写，也可从以下列表中选择，将相应序号填写入该栏。

代理权限列表：

1.代为提出、承认、变更、撤回、放弃仲裁请求；

2.代为进行答辩，提出、承认、变更、撤回、放弃仲裁反请求；

3.代为约定仲裁庭组成方式、选定仲裁员；

4.参加开庭审理、陈述事实及代理意见并参加调查、质证活动；

5.接受调解、和解；

6.其他（请注明）。

关于约定仲裁庭组成方式及选定仲裁员的函

（普通程序使用）

××仲裁委员会：

关于我方__________与__________之间因__________纠纷引起的争议仲裁案[案件编号为（__________）×仲案字第________号）]，根据《中华人民共和国仲裁法》第三十一条和《××仲裁委员会仲裁规则》的相关规定：

1.（　　）我方在××仲裁委员会《仲裁员名册》中选定________为仲裁员。

（　　）我方委托仲裁委员会主任指定仲裁员。

2.（　　）我方在××仲裁委员会《仲裁员名册》中选定________为首席仲裁员。

（　　）我方委托仲裁委员会主任指定首席仲裁员。

特此函告。

申请人/被申请人：

委托代理人：

年　　月　　日

注：

1.除非双方当事人另有约定，凡案件争议金额超过100万元人民币的，适用普通程序，由三名仲裁员共同审理。

2.上述1、2两项中自行选定仲裁员和委托仲裁委员会主任指定仲裁员两种方式当事人只能选择其中一种。

3.请在相应的选择项前的括号内打“√”确认。

4.本格式仅供当事人参照使用，当事人可另行书写。如使用本格式，则需按要求填写，否则致使表意不清的视为放弃约定仲裁庭组成方式及选定仲裁员的的权利。

关于约定仲裁庭组成方式及选定仲裁员的函

（简易程序使用）

××仲裁委员会：

关于我方____________与____________之间因________纠纷引起的争议仲裁案[案件编号为(________)×仲案字第________号)]，根据《中华人民共和国仲裁法》第三十一条和《××仲裁委员会仲裁规则》的相关规定，

(　　)我方在××仲裁委员会《仲裁员名册》中选定________为独任仲裁员。

(　　)我方委托仲裁委员会主任指定独任仲裁员。

特此函告。

申请人/被申请人：

委托代理人：

年　　月　　日

注：

1.除非双方当事人另有约定，凡案件争议金额不超过100万元人民币的，适用简易程序，由独任仲裁员审理。

2.上述自行选定仲裁员和委托仲裁委员会主任指定仲裁员两种方式当事人只能选择其中一种。

3.请在相应的选择项前的括号内打"√"确认。

4.本格式仅供当事人参照使用，当事人可另行书写。如使用本格式，则需按要求填写，否则致使表意不清的视为放弃约定仲裁庭组成方式及选定仲裁员的权利。

申请人(被申请人)证据材料清单

编号	证据名称	证据种类	证据来源	原件/复印件	证明对象	页码范围

申请人(被申请人):(签字或盖章)

经办人:

提交日期:

二、仲裁裁决书的格式和写法

仲裁裁决书的内容与民事判决书基本一致,但格式方面却有不同,各仲裁委之间的格式也不尽相同,但无论格式如何,仲裁裁决书的基本要素必须具备。在仲裁裁决书的首部和尾部则应注意与民事判决书的区别。

(一)首部

1.标题。包括仲裁机构名称和文书名称。分两行写明:“××仲裁委员会”“仲裁裁决书”。

2.文书编号。在文书标题右下方注明文书编号,如“(2015)×裁字第×号”。

3.申请人和被申请人(包括法定代表人、委托代理人)的基本情况。(自然人必须有身份证号,法人或其他经济组织也要有住所地,在开庭时就要求当事人提供营业执照、身份证,并进行核对。)

4.案由。主要写明案件的程序事项,包括仲裁委员会受理案件所依据的仲裁协议及仲裁申请,仲裁员的选定、指定及仲裁庭的组成情况,仲裁庭的审理方式、当事人参加仲裁活动的情况以及对于仲裁财产保全、证据保全申请的转交与执行等内容,均应进行说明,以表明仲裁程序的合法性、提高仲裁活动的透明度。裁决书中首先应确定的就是仲裁协议的效力和仲裁庭的管辖权,这也是仲裁庭进一步审理的前提。例如:

昆明仲裁委员会(以下简称昆委)根据申请人×××与被申请人×××于×××年××月××日签订的《×× 合同》中的仲裁条款及申请人于×××年××月××日提交的书面仲裁申请,受理了申请人与被申请人××合同纠纷仲裁案。

申请人与被申请人在仲裁规则规定的期限内未选定仲裁庭组成方式。依据仲裁规则之规定，昆委主任指定××为独任仲裁员，于×××年××月××日组成仲裁庭审理本案。

仲裁庭审阅了申请人的书面申请和有关证据材料，于×××年××月××日进行了开庭审理。申请人的委托代理人×××和被申请人×××及其委托代理人×××到庭参加了庭审活动，就有关本案的事实和法律问题进行了陈述、举证、质证、辩论，回答了仲裁庭的询问。庭审调查及辩论结束后，仲裁庭曾努力调解，但由于双方意见分歧较大而未能达成一致。本案现已审理终结。仲裁庭根据事实和法律，做出本裁决。

本案案情、仲裁庭意见和裁决分述如下：

……

（二）案情

首先，概述申请人申请仲裁的请求事项、理由和被申请人的答辩意见。一般需要对双方所提交的仲裁申请书和仲裁答辩书的内容择其要点加以叙述。其次，归纳焦点，双方分别围绕焦点问题进行举证、质证、辩论。以"申请人举证如下""被申请人质证如下""申请人认为""被申请人辩称"等语句分别陈述。最后，具体写明仲裁庭查明的事实和证据。一般以"经审理查明"作为开头语，然后根据开庭审理的情况，写明经过庭审，仲裁庭依法认定哪些事实，对哪些证据予以采纳。在这一部分，也可以仅写明仲裁庭另查明的事实，而不对双方的证据进行认定，把认定放在下一部分。

（三）仲裁庭意见

根据庭审查明的事实和证据，对双方当事人争议的事实、证据及仲裁请求进行分析和判断，明确双方的是非责任，对当事人的每一仲裁请求表明态度。对合法有理的仲裁请求予以支持，不合法的无理的仲裁请求不予支持。并有针对性地阐明具体理由。

理由部分是仲裁裁决书的核心，它直接影响到当事人对裁决结果的服从与否，因此，应做到说理充分，具有说服力。论证裁决理由时应注意以下三个方面：

第一，注重证据的分析。证据是认定仲裁案件事实不可缺少的依据。对于双方当事人向仲裁庭提交的证据材料应该予以介绍说明，并对证据的采信与否进行分析说明，尤其是对于双方有争议的证据需要进行详细分析评论，以充分展示仲裁庭对证据的采信理由。这有利于提高仲裁裁决的证明力与说服力，也是提高仲裁活动透明度的重要保障。

第二，强化法理分析。在个案的审理中，应该根据案件的具体事实，结合相关的法律规定进行详细分析论证，全面展示裁决结论形成的过程，做到持之有理，言之有故。对所需解决的问题，如合同的效力问题、合同的变更和解除问题、房地产案件中的合作开发与买卖问题、定金是否成立问题、合同纠纷中的违约行为和责任的认定问题、债务案件中的时效问题等等，这些问题往往是具体案件中双方争议的焦点问题，对于这些问题的解决，仲裁庭不能简单地回答谁对谁错，而应该重点解释“为什么”。

第三，说理应体现公正性、全面性原则。在写作裁决书理由部分时，应注意说理的针对性，体现公正性和全面性。公正性是指针对纠纷的事实，严格依照相关程序与实体法律规定进行说理，对双方当事人主张的事实与观点进行分析评判应做到不偏不倚。全面性是指针对双方当事人的各种请求事项，均应逐一给出答复，确保裁判理由充分、完整，为裁决结果打好基础。

（四）裁决

引用裁决所适用的相关法律依据，根据事实、证据、理由等，针对案件实体问题做出仲裁裁决，明确当事人之间的法律关系及责任的承担，确定权利人享有的权利和义务人所负的义务、履行期限和履行方式等。还应写明仲裁费用的负担情况。这一部分要根据裁决的结果，准确写明仲裁费用的数额，确定是一方负担还是双方分担及如何分担。

仲裁结果相当于民事判决书的判决结果，其写作要求与民事判决书的判决结果相同。语言表述要清楚、明确，文字解释要单一，并具有可实施性，便于当事人的接受和实际履行。如有的裁决书写“所欠款项尽快还清”，因缺乏具体内容，很难得到实际履行。裁决结果要有完整性，是指对于双方当事人所争议的事项，不能只对主要问题做出处理而忽视其他问题。内容较多时，应分项列写，且应注意排列有序。如：

根据《××》第×× 条之规定，裁决如下：

一、双方于×××年××月××日签订的《××合同》无效；

二、被申请人×××于本裁决书生效之日起30日内返还申请人×××已付购房款××元人民币，并赔偿已付购房50%的赔偿金××元人民币，共计××元人民币；

三、驳回申请人×××的其他仲裁请求；

四、本案的仲裁费××元由被申请人×××承担，申请人××预交的仲裁费本委不再退还，被申请人×××在执行上述裁决时一并支付给申请人××元；

五、以上款项被申请人×××应于本裁决书送达之日起10日内支付给申请人，逾期加倍支付迟延履行期间的债务利息。

（五）尾部

写明仲裁裁决书的效力，即“本裁决为终局裁决”。

仲裁员、书记员，注明日期，加盖仲裁委员会印章。根据仲裁法的规定，对仲裁裁决持有不同意见的仲裁员，在仲裁裁决书上可以签名，也可以不签名。

三、特别注意事项

1. 程序性事项写清，如管辖权异议、公告送达情况、缺席情况等要交代清楚。

2. 证据认定要有理有据，表述准确，说理透彻，前后一致。

3. 合同效力必须在仲裁庭意见中首先确认，无论当事人是否就此进行辩论。

4. 裁决范围与申请一致，不要超裁或漏裁。

5. 裁决主文要简洁、确定，要有履行期限及不履行的后果。

6. 如有不支持的内容，则别忘了“驳回申请人的其他仲裁请求”等表述。

7. 数字要正确，须仔细核对。

此外，虽然仲裁裁决书有一定的格式，但也允许在法律、仲裁规则范围内制作有个性的裁决书，避免公式化、呆板的裁决书。同时，注意繁简之分，即按照简易程序审理的案件应该简化文书的写作，复杂的案件尽可能叙述细化一些，分析说理透彻充分一些。

第四节　模拟教学实战

仲裁的模拟教学实战最重要的是让学生了解仲裁与民事诉讼的不同及仲裁的特点，因此，教师要根据教学目的选取不同的案例。在案例选取方面可以从下面几方面进行：

（一）对仲裁协议效力和仲裁申请是否超越仲裁协议范围存在争议的案例。此类案例让学生明白仲裁协议的效力和范围对于一个仲裁案件的重要性，若仲裁协议无效或超越仲裁范围的仲裁是会被人民法院依法撤销的。

（二）普通而简单的仲裁案例，如民间借贷纠纷的案件。主要是让学生了解仲裁程序，如仲裁员的选定和指定，仲裁文书的格式和制作。

（三）仲裁裁决后裁决被撤销案例，包括因仲裁协议无效、超越仲裁协议等仲裁被撤销的案件，以及因对方当事人隐瞒足以影响公正裁决的证据、或裁决所依据的证据是伪造的实体性撤销的案件。上述案件可以让学生明白和掌握仲裁裁决之后的救济途径。

下面是一个申请确认仲裁协议效力的案例：

一、简要案情

美丽园公司与昆明德亨房地产开发经营有限公司双方于2006年3月17日签订了《工程施工合同》一份，在该合同第三部分《专用条款》第三十七条明确约定:(1)双方友好协商;(2)采用第(1)种方式解决未果的,可向昆明市仲裁委员会提请仲裁,在仲裁期间不得停工。后因双方发生纠纷,美丽园公司向昆明仲裁委员会申请仲裁,昆明德亨房地产开发经营有限公司因对双方的仲裁协议的效力有异议而向昆明中院提出申请确认仲裁协议效力。

二、申请过程

申请人德亨公司申请称:一、申请人与被申请人于2006年3月17日签订的《工程施工合同》第三十七条第二款约定不明确,该条款只约定了仲裁的地点是昆明市,但并没有明确约定仲裁委员会的名称。二、因为双方签订的《工程施工合同》是以美丽园公司垫资为前提,所以德亨公司选择仲裁条款是被迫无奈,依据《中华人民共和国仲裁法》第十七条三款的规定应当为无效仲裁协议条款。故依据《中华人民共和国仲裁法》第二十条的规定请求法院确认双方签订的《工程施工合同》中的仲裁条款无效。

被申请人美丽园公司答辩称:一、双方于2006年3月17日签订的《工程施工合同》第三部分《专用条款》第三十七条明确约定:(1)双方友好协商;(2)采用第(1)种方式解决未果的,可向昆明市仲裁委员会提请仲裁,在仲裁期间不得停工。根据《最高人民法院关于适用〈中华人民共和国仲裁法〉若干问题的解释》第六条的规定"仲裁协议约定由某地的仲裁机构仲裁且该地仅有一个仲裁机构的,该仲裁机构视为约定的仲裁机构"。根据《仲裁法》规定昆明只有一个仲裁委员会,故应视为双方约定昆明仲裁委员会进行仲裁。该条款是双方的真实意思表示且符合的《仲裁法》第四条的规定。二、双方未约定垫资,且是否垫资与仲裁条款效力无关。三、德亨公司利用确认仲裁协议效力的诉讼程序故意拖延仲裁时间,故请求法院驳回申请人的请求。

三、审理结果

经昆明中院审理后认为:一、根据《中华人民共和国仲裁法》第十六条"仲裁协议包括合同中订立的仲裁条款和以其他书面方式在纠纷发生前或者纠纷发生后达成的请求仲裁的协议。仲裁协议应当具有下列内容:(一)请求仲裁的意思表示;(二)仲裁事项;(三)选定的仲裁委员会。"的规定,申请人德亨公司与被申请人美丽园公司于2006年3月17日签订的《工程施工合同》,其中第三十七条争议的第二款明确载明"采取第(1)种方式解决未果的,可向昆明市仲裁委员会提请仲裁,在仲裁期间不得停工"的内容,双方当事人在约定中有请求仲裁的意思表示。而对仲裁委员会的选定,双方当事人约定为"昆明市仲裁委员会",因昆明本地的仲裁机构只有昆明仲裁委员会,故双方选定的仲裁机构是明确的,即为昆明仲裁委员会。现申请人认为并非其真实意思表示,明显违背诚实信用的原则,故该理由不能成立。二、申请人德亨公司认为其是基于被申请人垫资才被迫签订《工程施工合同》及选择仲裁条款，申请人并未向法庭提交法律规定仲裁协议无效的“一方采取胁迫手段，迫使对方订立仲裁协议”的情形的相关证据，申请人认为仲裁条款无效的理由，没有事实依据，故申请人申请确认仲裁条款无效的请求，本院不予支持。综上所述，依照《中华人民共和国仲裁法》第十六条、第十七条、第二十条和《诉讼费用交纳办法》第十条、第二十九条的规定，裁定如下：

申请人昆明德亨房地产开发经营有限公司与被申请人昆明美丽园装饰工程有限公司于2006年3月17日签订的《工程施工合同》第三十七条争议第二款“采取第(1)种方式解决未果的，可向昆明市仲裁委员会提请仲裁，在仲裁期间不得停工”为有效的仲裁协议。

第五节 教学案例

一、房屋租赁争议案

(一)案例摘要

出租方与承租方签署了房屋租赁协议，双方约定了租金、押金、提前解除合同等事项。后来，承租方提前解除了合同并拖延支付租金，双方产生了争议。承租方认为本案租赁合同未实际开始履行，未曾和承租方或承租方指定之居住人办理任何出租房屋交接和出租房屋钥匙交付之手续，承租方指定居住人将物品放置在租赁房屋内本质上形成了一个保管关系，被申请人指定之居住人为了搬走物品已经向申请人支付了一笔费用，申请人保管物品已经获得了适当的补偿。租赁合同签订过程中存在商业贿赂行为，本案合同属于无效合同。申请人认为本案租赁协议合法有效，申请人已经履行出租义务，被申请人行使了租赁协议中的权利。经协商不成，出租方提起仲裁，要求承租方支付相应租金、律师费、差旅费、仲裁费。

(二)裁决书内容

1.案情

2011年6月1日出租方与承租方签署了《租赁协议》，约定将某区2单元901室的房屋及其设备、设施在清洁、良好和可租用的状态下租给承租方。租金为人民币24000元/月，租期为12个月，自2011年8月1日起至2012年7月31日止。双方约定本协议押金为人民币10000元，在承租方收到押金后同意承租方于2011年6月5日前将其自带物品搬入该房屋。承租方在租赁期开始前不得在房屋内居住。本协议签订后，因承租方原因而提前终止本协议(不可抗力除外)，需提前30日通知承租方，押金不予退还。

后来双方在履行本合同的过程中，产生了争议，经协商不成，申请人遂提起本案仲裁，并要求裁决如下：

被申请人向申请人支付自2011年8月1日至2011年9月6日租金人民币29600元；

被申请人向申请人支付人民币5000元以补偿申请人花费的律师费；

被申请人向申请人偿付为办理本案支出的差旅费；

被申请人承担本案仲裁费。

申请人提出的事实和理由如下：

本案租赁协议已生效，双方应该严格按照租赁协议履行义务。根据《合同法》第三十二条、第四十四条第一款规定，合同自当事人签字盖章之日起生效，故在合同生效之日起，当事人即享有合同权利，并承担合同义务。双方租赁协议第十一条第三款也约定，合同自当事人签字盖章之日起成立并生效。双方于2011年6月1日签字盖章后，该合同即发生法律效力。因此，无论根据《合同法》之规定，还是本租赁协议之约定，该租赁协议均已生效，合同双方均应严格履行合同条款，承担义务和享受权利。

本案租赁协议已经开始履行。

申请人已经履行出租义务。

申请人已经提供了房屋供被申请人使用，并履行了方便被申请人存放物品、居住等义务，申请人尽管没有收到租金，但也严格按照租赁协议2.2条约定，允许被申请人之指定居住人于2011年6月5日前将其自带物品搬入该房屋。其自带物品体积大约$20m^3$，放入该房屋后，该房屋已无法居住。以上行为足以证明申请人已按合同积极履行了应尽的出租义务。

被申请人行使了租赁协议中的权利。

被申请人也按照协议中第第二条第二款条的约定内容在该房屋中放置个人物品。租赁协议第二条第二款明确约定申请人同意被申请人将自带物品于2011年6月5日搬入租赁房屋，被申请人的确将所属物品放置于房屋内，是行使居住权利的体现。

根据租赁协议第三条第三款条规定，被申请人的第一次付款时间应为2011年7月10号。但是申请人在2011年7月10日后多次查看银行账户，在没收到按合同约定的付款时，于2011年7月15日通过居间方联系被申请人，催促付款，得到的答复是，被申请人公司内部的付款流程批准人在新加坡，请申请人再等一等。后申请人多次催促，得到的仍是各种理由的推脱。这一事实证明，被申请人在已经享受了合同的权利后，并没有履行合同规定的按时交房租的义务，已构成了对租赁协议的根本违约，并且损害了申请人在租赁协议下应该享有的收取租金的权利。

根据当事人双方租赁协议规定，租期自2011年8月1日起算，但被申请人于2011年8月6日书面通知申请人解除租赁协议。根据租赁协议第4.2条款之约定，协议签订后，因被申请人原因而提前终止本协议，需提前30日通知申请人，押金不予退还。申请人收到被申请人盖章日期为2011年8月6日的通知，实为被申请人提前30天解除租赁协议的通知。按照双方签署的租赁协议约定，合同解除日为2011年9月6日，因此2011年8月1日至2011年9月6日期间的租金应正常支付。数额的计算参照双方当事人签订的合同规定的租金数额(根据合同第3条第1款的规定(见附件4)，每月24000元)折算，即每日800元，具体计算标准为每日租金800×37天；另外，被申请人在书面通知上提到的提前电话和短信通知解除协议，没有事实和证据支持，申请人不予认可。

被申请人支付居间方房地产经纪公司人民币10000元的居间费用，此行为已经明示被申请人对自身违约行为的认可。根据租赁协议第6条约定，如任意一方因违约而造成居间方未能获得全部或部分居间服务费，居间方有权直接向违约方追索居间服务费。被申请人支付居间费给居间方，正是被申请人违约后的主动支付行为及居间方基于被申请人的违约而向其追索的行为所致。

被申请人对申请人的仲裁请求和提交的证明材料，发表主要答辩意见如下：

被申请人认为本案租赁合同未实际开始履行。自2011年6月1日租赁合同签署之日并至2011年9月6日，申请人未曾和被申请人或被申请人指定之居住人办理任何出租房屋交接和出租房屋钥匙交付之手续，因此被申请人或被申请人指定之居住人在2011年8月1日(正式租赁期的起租日)至2011年9月6日之间从未在此出租房居住过，即被申请人与申请人于2011年6月1日签订的租赁合同未能实际开始履行。被申请人在2011年8月1日至2011年9月6日之间未曾获得和行使在出租房内居住之权利，因此被申请人认为被申请人相应地没有支付2011年8月1日至2011年9月6日之间房租租金之义务。此外，租赁协议第四条第二款中无论中文条款还是英文条款，只要求如果被申请人提前终止协议，需提前30日通知申请人，押金申请人不予退还。此条款并未要求被申请人在提前30日通知的同时还必须额外支付此30日通知期的租金。何况被申请人在2011年8月1日至2011年9月6日之间并未在出租房屋内实际居住过(出租房屋的钥匙从未交付给被申请人及被申请人指定之房屋居住人)。

被申请人不认可自2011年6月5日起申请人已经履行了出租义务；被申请人亦不认可自2011年6月5日起被申请人已经行使了在租赁房屋中居住的权利，理由如下：

租赁协议第二条第二款明确规定："乙方(即被申请人)在租赁期开始前(即

2011年8月1日前)不得在房屋内居住。"因此,2011年6月5日,在被申请人指定居住人将他的私人物品放入租赁房屋后,申请人随即把房门锁上,自行保管房屋的钥匙,未和被申请人及被申请人指定居住人办理任何房屋、房屋附属设施设备以及房屋钥匙等的交付手续。自2011年6月5日起,被申请人及被申请人指定之居住人未曾得以进入该租赁房屋居住及实际生活,亦未获得机会使用租赁合同附件中约定的房屋附属设施及设备(房屋附属设施、设备清单见租赁合同第10页)。

虽被申请人指定之居住人将物品存放在租赁房屋内,也不能说明被申请人已经享有租赁合同中约定的对房屋的完整的使用权:

其一,由于房屋钥匙和房屋始终处于申请人控制下,被申请人根本不可能使用房屋。在2011年6月1日至2011年9月6日之间,申请人对租赁房屋及设备、设施具有完全的支配权和控制权(房屋钥匙在申请人手中,没有交付给被申请人及被申请人指定居住人)。因此,不排除申请人在此期间将房屋出租给他人使用和居住并获得收益的可能;不排除申请人在此期间使用该房屋及其设备设施并自行居住的可能;也不排除申请人授权他人使用该房屋及其设备设施并进行居住的可能;或其他申请人使用该房屋及其设备设施的情形。(注:被申请人指定居住人在此期间寄存在此房屋中的私人物品仅为$10m^3$左右,相当于一个长、宽、高均约为2.15m的箱子的体积,占整个租赁房屋体积的3%左右,因此对其他人使用该房屋及其设施设备的影响程度不大)

其二,被申请人指定之居住人将物品放置在租赁房屋内本质上形成了一个保管关系,而不是房屋租赁关系,尽管这一保管关系是由租赁关系产生的。

其三,被申请人指定之居住人为了搬走物品已经向申请人支付了一笔费用,申请人保管物品已经获得了适当的补偿。因此,申请人以保管物品为由要求支付租金也是不合理的。

关于解除租赁合同的时间问题。因重要人事变动(原定在2011年8月1日入职的被申请人指定的房屋居住人被被申请人解除聘约),被申请人在2011年7月5日通知居间方并要求转告出租方,自2011年7月5日起解除三方签订的租赁协议,居间方也即时进行了转达(居间方可作为证人,居间方联络人肖女士的名片见附件2)。建议仲裁庭向居间方联络人肖女士求证。必要时可通过电信部门调出肖女士通知申请人的短信来证实被申请人是否说谎。正因为担心申请人事后否认未接到由居间方代为转达的通知,被申请人在2011年8月6日追加了一份书面通知,虽然在租赁合同里并未要求被申请人在提前解约的情况下必须以书面形式通知申请人。此外,租赁协议第十一条第三款规定,中英文之条款具有同等法律效力。租赁协议第四条第二款的英文条款明确说明,在租赁期内提前终止本协议需提前30日通知，而本租赁协议的租赁期为2011年8月1日至2012年7月31日。2011年7月5日被申请人通知居间方和出租方解除租赁协议时租赁期尚未正式开始，因此无需提前30日通知。

假设仲裁委员会最终裁定被申请人支付2011年8月1日至2011年9月6日之租金，被申请人将保留向出租方追索在出租房屋中居住相应天数（共37天）的权利。同时，被申请人将保留要求出租方支付全部居间费（10000）给居间方的权利（此笔费用被申请人已经于2011年7月25日替出租方支付给居间方）。

庭审之后，被申请人又提出以下答辩意见：

租赁合同违反国家法律法规的强制性规定，属于无效合同。被申请人注意到：几乎在签订租赁合同的同时，被申请人指定的实际居住人弗兰克、中介方及申请人又签订一份三方协议，两份协议结合起来，足以证明：申请人作为租赁服务的提供者，采用隐瞒真实的租赁费用、账外私下提供租金回扣的形式，为弗兰克输送非法收益，实质属于商业贿赂行为。

这一贿赂行为违反了《反不正当竞争法》第八条关于禁止商业贿赂的强制性规定，即“经营者不得采用财物或者其他手段进行贿赂以销售或者购买商品。在帐外暗中给予对方单位或者个人回扣的，以行贿论处”。故按照《合同法》第五十二条第五款的规定，租赁合同应属于无效合同。

审理合同违约纠纷的前提是该合同必须是有效成立的。合同既然无效，再审查合同双方有无违约就没有意义，在此请求驳回申请人的仲裁申请。

申请人依据一个无效的租赁合同、要求被申请人为一个从未实际使用过的房屋支付租金，这一要求是毫无事实和法律依据的。同时，造成合同无效的责任方是申请人，而且也正是申请人的商业贿赂行为迫使被申请人解除了与弗兰克的工作合同，损失了10000元的中介费，另外10000元押金还被申请人没收，这已经给被申请人造成相当的经济损失，对此被申请人将保留另行提出仲裁申请、要求申请人赔偿损失的权利。

被申请人的提前解除协议通知是对事实的误认，不应成为反对被申请人的事由。

纠纷发生后，被申请人一方在未充分了解事实的情况下，通过提前解除协议通知，承认构成违约行为、并同意申请人没收押金，这一通知是被申请人在未能认识到租赁合同实属无效的情况下所做出的一个错误反应，这一误认不能改变租赁合同无效的事实。

诚如法盲即使不知法，但犯法仍会被惩罚一样，司法和仲裁审理要关注的是纠纷的原委和本质，被申请人对法律事实的错误认识和错误反应不应当成为在案件审理过程中反对被申请人的理由，具体到本案审理过程中，应当关注的则是租赁合同本身的无效性和申请人贿赂行为的违法性，而不是承租方对事实的错误反应。

综上，租赁合同是无效合同，故应驳回申请人的仲裁申请；即使在租赁合同被认定有效、被申请人违约的情况下，被申请人也无义务支付任何租金，而且申请人在事实上也已经获得合理的违约金补偿和保管费用。

申请人庭后补充要点如下：

三方协议是居间方建议出租方（申请人）和承租方（被申请人）的指定居住人弗兰克签署的，目的是给出租人和居住人提供方便，出租人不必为居住人从租金中负担诸如水电费和会所之类的花销，居住人可以自己安排这类花销。这三方协议是出租人（申请人）在签租赁协议时主动向承租人代理人张女士提及的（否则被申请人拿不到这份三方协议），弗兰克在给被申请人的邮件中也如实地详细地描述了此事（见被申请人提交的证据）。因此申请人认为针对这份三方协议，没有任何人存在欺诈行为。反而是张女士，想利用此事，达到不可告人的和不能被人理解的目的。从张女士离开被申请人公司这一事实，说明被申请人公司内部管理是多么混乱。申请人也因为被申请人的混乱管理行为遭受了不应承受的经济损失。

租赁协议签订后，被申请人即享有租住权利，其是否实际居住是被申请人自己的选择，并不影响协议生效履行及双方的权利义务。根据北京房屋租赁市场的通常惯例，首期租金的交付时间即为房屋钥匙的交付时间。被申请人及其指定居住人在放置个人物品完毕后未按照租赁协议支付租金。因此，对于被申请人未能拿到钥匙行使租住权利，申请人并无过错和责任。

综上所述，本租赁协议合法有效，被申请人无故拖延支付租金及解除协议的行为给申请人造成了经济损失，请仲裁员公正裁决。

二、仲裁庭意见

（一）关于本案审理所适用的法律

租赁协议第十条规定，本协议受中华人民共和国法律的管辖，因此，本案审理的证据法是中华人民共和国的法律。

（二）关于本案协议的效力

被申请人在答辩中指出，本案租赁协议违反中国国家法律法规的强制性规定，属于无效合同，理由是被申请人指定的实际居住人弗兰克、中介方和申请人在几乎签订租赁合同的同时，又签订了一份三方协议。申请人作为租赁服务的提供者，采用隐瞒真实的租赁费用、帐外私下提供租金回扣的形式，为弗兰克输送非法收益，实质上属于贿赂行为。被申请人认为，申请人的这一行为违反了

《中华人民共和国反不正当竞争法》第八条关于禁止商业贿赂的强制性规定，即“经营者不得采用财务或者其他手段进行贿赂以销售或者购买商品。在帐外暗中给予对方单位或者工人回扣的，以行贿论处。”故按照《合同法》第五十二条第五款的规定，租赁合同应属于无效合同。

申请人认为，根据《中华人民共和国合同法》的规定，合同自签字盖章之日起生效，本案中租赁协议已生效，对方应严格按照租赁协议履行义务。签订三方协议是居间方建议申请人和被申请人的指定居住人弗兰克签署的，目的是给出租人和居住人提供方便，出租人不必为居住人从租金中负担诸如水电费和会所之类的花销，居住人可以自己安排这类花销。这三方协议是出租人（申请人）在签订租赁协议时主动向承租人代理人张女士提及的，弗兰克在给承租人公司的邮件中也如实详细地描述了此事。因此，申请人认为针对这份三方协议，没有任何人存在欺诈行为。

仲裁庭注意到，租赁协议第3.1条关于租金标准规定是月租金人民币24000元/月，本案涉及的水电煤费、本地电话费、本地电话安装费等费用包含在月租金中。租赁协议没有明确规定这些水电费等费用的具体标准和数额。仲裁庭也注意到，从仲裁中双方陈述和提供的证据材料来看，被申请人在签订租赁协议时并没有对水电费等费用的标准和数额提出异议，双方也没有约定在协议履行中要结算这些费用。因此，仲裁庭认为，就水电费等费用，双方是采取不约定数额和包含在租金总额中的方式并由被申请人按季度支付给申请人，申请人由此获得了这些费用按本身用途的支配权，也即是说，申请人可以决定自己去交这些费用，也可交由居住人弗兰克去交。所以，申请人与弗兰克及居间人签订三方协议规定支付这些费用给弗兰克，并不构成回扣和贿赂。至于三方协议规定支付弗兰克这些费用的数额7800元是否合理的问题，仲裁庭注意到，被申请人提供了相关电子邮件证据中提及三方协议涉及的这些数额，被申请人也在仲裁答辩中指出申请人给弗兰克7800元使自己损失6000元，也指出弗兰克曾向被申请人承认此7800元是他为了谋求个人利益而赚取的房租差价，但是这些邮件内容和被申请人的观点并不能构成证明7800元不合理的证据，也即是说，被申请人并未出具证据证明这些水电等费用的合理价格是多少。综上所述，仲裁庭认为，本案租赁协议是各当事人在协商一致的基础上签订的，内容不存在法律规定的无效情节，是合法有效的。被申请人关于申请人与弗兰克签订三方协议属于商业贿赂行为因而租赁协议无效的主张不能成立。因此，仲裁庭对被申请人的这一答辩理由不予支持。

（三）关于被申请人提前终止合同的问题

申请人称被申请人于2011年8月6日书面通知申请人解除租赁协议，被申请人称其因重要人事变动于2011年7月5日通知居间方并要求转告申请人从2011年7月5日起解除三方签订的租赁协议，居间方也即时进行了转述，可由居间方的联络人肖女士作为证人。仲裁庭注意到，被申请人并未出具证据证明其于2011年7月5日提出解除租赁协议，而申请人提供的仲裁申请书证据5中被申请人致申请人和居间方的《通知》的日期为2011年8月6日，通知中空白处还有被申请人方张女士写给肖女士的信，日期也是2011年8月6日。因此，仲裁庭认为，被申请人提出解除租赁协议的时间应该是2011年8月6日。

关于被申请人提前解除租赁协议的原因，被申请人在前述《通知》中写明是因重要人事变动，在仲裁中提出是因为申请人与弗兰克及居间人在被申请人未参与的情况下另外签订三方协议，造成被申请人损失。根据前述仲裁庭对于租赁协议效力的分析和认定，仲裁庭认为，被申请人没有提出证据证明申请人存在违约导致被申请人有权解除合同的情形，因此，被申请人应依据租赁协议的规定承担提前解除合同的责任。

（四）关于申请人租金的仲裁请求

申请人称，申请人已经依照租赁协议的规定将房屋处于可供使用的状态，被申请人指定的居住人弗兰克已将物品存放在房间内，但被申请人没有按照租赁协议的规定在2011年7月10日前支付第一次租金，虽经多次催促，被申请人仍推脱未付，已构成根本违约。根据租赁协议第4条第2款的规定，被申请人单方面提前终止协议，需提前30日通知申请人，且押金不予退还。而被申请人于2011年8月6日告知申请人其终止租赁协议，根据以上条款，被申请人已支付的押金不予退还，且应支付2011年8月1日至2011年9月6日的租金。

被申请人认为，尽管弗兰克曾将部分物品存放在租赁房屋内，也不能说明被申请人已享有租赁合同中约定的对房屋的完整使用权，理由如下：其一，房屋钥匙和房屋始终处于申请人控制之下，被申请人不可能使用房屋；其二，弗兰克的物品放置在房屋内在本质上形成了一种保管关系，而不是租赁关系；其三，弗兰克搬走物品时已向申请人支付了4000元的费用，申请人的保管行为已得到了补偿。此外，租金的本质是租赁方为获得房屋的使用权而支付的对价，被申请人没有使用过房屋，所以没有义务支付租金。因此，被申请人认为，申请人要求被申请人在事实上没有居住房屋的情况下支付租金是不合理的。

针对被申请人关于申请人未交付钥匙和未实际居住房屋的观点，申请人认为，租赁协议签订生效后，被申请人即享有租住权利，其是否实际居住是被申请人自己的选择，并不影响协议生效及双方的权利义务。根据北京房屋租赁市场的通常惯例，首期租金的交付时间即为房屋钥匙的交付时间。被申请人及其指定居住人在放置个人物品完毕后未按租赁协议支付租金。因此，对于被申请人未拿到钥匙，申请人并无任何过错和责任。

仲裁庭注意到，根据租赁协议的规定，租赁期自2011年8月1日开始，经协商，在申请人收到押金后同意被申请人将物品搬入房屋，被申请人在租赁期开始前不得在房屋内居住。因此，仲裁庭认为，弗兰克将部分物品放置在租赁房屋内是依据租赁协议第2条第2款的约定所为的，这是履行合同的行为，不能单独构成另外的保管关系。仲裁庭还注意到，被申请人并未如约按期交付首期租金的事实，被申请人没有予以否认。被申请人在仲裁中没有出具在租赁期开始后向申请人请求交付钥匙和申请人拒绝交付的相关证据。仲裁庭认为，在此种情况下，根据租赁协议，租赁期开始后，被申请人有权居住租赁房屋同时也有义务支付租金。仲裁庭注意到，租赁协议4.2条和7.1条的规定，因被申请人的原因提前终止协议，需提前30天通知申请人，押金不予退还；申请人提前收回房屋，应提前30天通知被申请人，申请人应将已收取的租金余额和押金退还被申请人，并支付数额相当于押金的100%的违约金。仲裁庭认为，根据协议的这些规定，可以得出结论，无论任何一方提前终止协议，都将承担延后30天的房屋租金的相关责任，这个责任对于押金和相应的违约金而言是不同的和相互独立的。对于被申请人来讲，提前终止租赁协议，应该承担延后30天的房屋租金，这笔租金不能由于押金的支付而予以抵销。因此，仲裁庭认为，被申请人于8月6日提出提前终止合同，根据租赁协议的规定，被申请人应知合同将于2011年9月6日终止且被申请人需承担此期间的租金。而在此期间内，被申请人并未提出入住房屋的请求。被申请人是否实际入住并不影响租赁合同规定支付租金的义务，被申请人不能以未实际居住为由拒绝支付此期间的租金，也不能以已支付10000元的押金为由不支付此笔租金或抵销相应数额的租金。仲裁庭也注意到，被申请人提出，不排除申请人此期间自用或者让别人居住房屋及使用设施设备的可能性，但是被申请人并未就此提出证据加以证明，因此，仲裁庭对此主张不予支持。

由此，仲裁庭认为，申请人要求房屋租金的仲裁请求是合理的，被申请人应按照租赁协议的规定，向申请人支付租金。关于租金的数额，仲裁庭审查核实了申请人关于租金请求的计算依据，其计算公式为：参照双方当事人签订的合同规定的租金数额（根据合同第3条第1款的规定（见附件4），每月24000元）折算，即每日800元，具体计算标准为每日租金800×37天。根据租赁协议租金的月租总额，同时根据8月1日起租、8月6日提前解约以及2011年8月份的天数等情节，仲裁庭认为，申请人关于29600元的租金请求计算合理，仲裁庭予以支持。

（五）关于被申请人支付的居间费

被申请人称，其于2011年7月25日代替申请人支付了全部居间费10000元给居间方，避免了申请人在居间费方面的损失，承担了因其提前解除租赁协议的相应责任。仲裁庭注意到，被申请人在答辩书中提出保留另行提出仲裁申请、要求申请人赔偿损失的权利，因此，仲裁庭认为，在本案中，仲裁庭不审理此笔居间费的事项。

（六）关于申请人的其他仲裁请求

由于申请人没有就律师费和为办理本案支出的差旅费提供证据，仲裁庭对申请人的这两项仲裁请求不予支持。

关于本案仲裁费，鉴于仲裁庭前述分析和认定对于申请人仲裁请求的支持情况，仲裁庭认为，本案仲裁费应由被申请人承担90%，由申请人承担10%。

三、裁决

本案仲裁庭裁决如下：

被申请人向申请人支付人民币29600元的租金；

本案仲裁费人民币20000元，由被申请人承担90%，计人民币18000元，由申请人承担10%，计人民币2000元，由于本案仲裁费已由申请人先期支付并予以冲抵，被申请人应该向申请人支付人民币18000元；

驳回申请人的其他仲裁请求。

以上被申请人应向申请人支付的款项，被申请人应于本裁决生效之日起30天内支付完毕。

本裁决为终局裁决，自做出之日起生效。

案例二

申请撤销仲裁裁决书案例

云南省昆明市中级人民法院

民事裁定书

（2006）昆民初字第121号

申请人：昆明市鑫益屋业有限公司。住所地：本市白龙路19号东华办事处附楼。

法定代表人：武志才，该公司董事长。

特别授权诉讼代理人：史燕华，该公司职工。

被申请人：邹新娟，女，1963年9月4日出生，汉族，无业，住贵州省贵阳市白云大道247号附1号。身份证号码：×××××××××。

特别授权诉讼代理人：张慧、吴黎明，云南建广律师事务所律师。

申请人昆明市鑫益屋业有限公司（下称鑫益屋业）与被申请人邹新娟申请撤销昆明仲裁委员会于2005年12月5日作出的昆仲裁〔2005〕201号裁决一案，

本院于2006年4月26日立案受理后，依法组成合议庭，对本案进行了审理，本案现已审理终结。

申请人鑫益屋业申请称：(1)昆明仲裁委员会昆仲裁〔2005〕201号裁决对被申请人邹新娟仲裁请求以外的违约金请求是无权仲裁的。被申请人邹新娟请求支付违约金计算至房屋符合交付条件且实际交房之日止，但被申请人邹新娟交纳的仲裁费只是缴纳到申请仲裁之日，超出仲裁费以外的违约金请求昆明仲裁委员会无权仲裁，违反《仲裁法》第五十八条第一款第二项及《昆明仲裁委员会仲裁规则》第六十五条的规定；(2)在李绍萍等34人案件前，昆明仲裁委员会已经对同一小区购房人石永生等65人的相同的逾期交房违约金请求进行过裁决。石永生等65人案中，裁决认定的交房条件的标准是“消防需验收合格”，而李绍萍等34人案中，裁决认定的交房条件的标准是“消防、环保、规划、人防全部验收合格”，同样的房屋、同样的环境、同样的法律，但裁决交房的标准却不同，这是枉法裁决；(3)双方当事人签订的购房合同是由省工商局、省建设厅制订，并规定必须使用的，双方当事人是清楚的，合同第十条规定“该商品房经建设单位组织验收合格后，出卖人应当以书面形式通知买受人办理交接手续”，可见交房标准是建设单位组织验收合格。如果合同制定的交房条件违反法律强制性规定而无效，其过错的责任也应按法律各自承担，但裁决让其承担是违反法律规定的；(4)裁决其支付违约金按已付款的每日0.15%计算无法律依据。综上，根据《仲裁法》第五十八条第一款第六项“仲裁员在仲裁该案时有索贿受贿，徇私舞弊，枉法裁决行为的”规定，请求法院撤销昆明仲裁委员会昆仲裁〔2005〕201号裁决。

被申请人邹新娟答辩称：法院对申请撤销仲裁裁决案件的审理，行使的是《仲裁法》第五十八条规定所赋予的司法监督权，审查的范围只能是《仲裁法》第五十八条规定的情形，撤销裁决必须有该法第五十八条规定的几种情形。并认为：(1)双方合同约定合同履行发生争议提交昆明仲裁委员会仲裁，违约金的仲裁请求计算至房屋符合交付条件并实际交付之日止并未超出仲裁的范围，其是按昆明仲裁委员会的交费通知预交的仲裁费，根据《仲裁委员会仲裁收费办法》及《昆明仲裁委员会仲裁案件收费管理办法》“申请仲裁时争议金额未确定的，由仲裁委员会根据争议所涉及权益的具体情况确定预先收取的案件受理费数额”的规定，这不是超出仲裁范围的理由；(2)申请人鑫益屋业提出裁决违反《仲裁法》第五十八条第一款第六项的规定，没有事实和法律依据。至于申请人鑫益屋业的其他理由，均属于法律的具体适用及如何根据案情具体裁量的问题，不属法院的审查范围。请求法院驳回申请人鑫益屋业的申请。

针对双方的陈述，本院认为：(一)申请人鑫益屋业认为仲裁委员会无权对超出仲裁费的违约金请求部分做出裁决，从而违反《仲裁法》第五十八条第一款第二项规定。根据双方签订的《商品房购销合同》第十四条“本合同在履行中发生争议，由双方协商解决。协商解决不成时提交昆明仲裁委员会仲裁”的内容，可以表明双方逾期交房的违约金争议属合同履行中的争议，故昆明仲裁委员会的裁决并不违反《仲裁法》第五十八条第一款第二项的规定。根据《仲裁委员会仲裁收费办法》第五条第二款“申请仲裁时争议金额未确定的，由仲裁委员会根据争议所涉及权益的具体情况确定预先收取的案件受理费数额。”及《昆明仲裁委员会仲裁案件收费管理办法》第四条“争议金额未确定的，由仲裁委员会根据争议所涉及的权益的具体情况确定应交金额”的规定，申请人鑫益屋业认为裁决超出仲裁费的违约金请求部分，仲裁庭无权仲裁，该裁决违反《仲裁法》第五十八条第一款第二项的理由不能成立。（二）申请人鑫益屋业认为仲裁员在仲裁该案时有索贿受贿，徇私舞弊，枉法裁决行为，因申请人鑫益屋业对此未提交证据证明仲裁员存在上述行为，此案的裁决结果与上一系列案件的处理结果不同，不属仲裁员枉法裁决，故鑫益屋业申请撤销裁决的此项理由不能成立。关于申请人鑫益屋业所称违约金的标准没有法律依据的问题，因该事由不属《仲裁法》第五十八条规定的撤销仲裁裁决的情形，申请人鑫益屋业申请撤销裁决的此项理由也不能成立。

经审查，本院认为，根据《仲裁法》第五十八条第三款“人民法院认定该裁决违背社会公共利益的，应当裁定撤销”的规定，本案仲裁庭的裁决与昆明仲裁委员会另一仲裁庭做出的同一类合同、同一类案件事实、同一类违约金请求的另一系列仲裁裁决，因交房条件认定不同，使同一小区不同购房人的权益实现存在明显不同，有悖平等保护合同双方当事人权益的民法公平原则，故该裁决违背了社会公共利益，应予撤销。

综上所述，依照《中华人民共和国仲裁法》第五十八条第三款、第六十条之规定，裁定如下：

撤销昆明仲裁委员会于 2005 年 12 月 5 日做出的昆仲裁〔2005〕201 号裁决。

本案案件受理费 50 元，由申请人昆明市鑫益屋业开发有限公司承担。

本裁定为终审裁定。

审　判　长　邵　坚
审　判　员　孟　静
代理审判员　卢　娜
书　记　员　刘　雯
二〇〇六年六月十六日

第八章　模拟医学与法学融合式案例教学法

第一节　教学法简介

一、教学理念

融合式教学法是相对于传统的学科封闭、课程分块、教学方法单一、师生分立的教学模式提出来的，它注重不同学科之间（尤其是自然科学和人文社会科学）、相关课程之间、不同的教学方法及师生互动的一种大融合。

融合式教学法的提出源于医疗损害案件的特殊性。医疗损害是指医疗机构及其医务人员在医疗过程中因过失，造成患者身体或精神上的损害结果。医疗损害案件因其涉及复杂的医学专业知识、公共卫生政策及社会伦理道德，是法官、律师在处理医疗纠纷中最为棘手的案件。如何成功解决医疗损害案件需要综合运用临床医学、法医鉴定学和医事法学等多学科知识。

医疗损害案例教学中临床医学、法医学与医事法学融合式教学法是一种在综合性医科大学的临床医学专业、法医学专业和医事法学专业的医学法律课程中，以医疗损害具体案件为教学素材（情景模拟式），采用分组形式（临床医学组——负责医疗质量与安全评析，法医组——负责医疗损害技术鉴定，法官组与律师组——负责医疗损害的调解、诉讼和赔偿），以医疗损害的发生、鉴定、调解、诉讼、赔偿过程为环节来设计问题，不同小组参与讨论并提出解决方案，由医学专家、法医专家和法律专家来对学生方案和表现给予评价的教学法。该教学法是临床医学、法医鉴定学和医事法学三大学科知识讲授的融合，是案例导向教学（Cose based learning，CBL）、团队教学法（Team based learning，TBL）和问题导向教学（Problem based learning，PBL）三大教学法的融合，是学生主动学习、合作式学习和教师指导性学习的融合，更是理论学习与医学诊疗实践、法律纠纷解决实践的融合。

二、教学目的

（一）寻求医科大学人文社科教育“特色”的突破口

对于临床医学学生而言，医学法律是抽象的概念、繁杂的法条和深奥的法理；对于法学生而言，对医学学知识只知道背诵和记忆，而不能从具体个案中查找出医疗过程中违反诊疗常规、处置不当、侵害病人合法权益的行为，完善临床风险防范措施。对于法医学生而言，死因鉴定、伤情鉴定是法院审理医疗损害案件的重要证据，但却不知道如何出庭质证，使其鉴定文书被法官所采信。总之，医疗损害案件最终不是依靠法条解决的，而是依靠医学知识解决，特别是法律关于“医疗过错”的规定，只有依靠医学知识才能具体判定。因此要通过具体的案例实践，打破临床医学、法医学与医事法学在处理医疗损害案件时知识和经验的割裂，案件的不同当事方能够熟悉医疗损害中涉及的医学、法医学、法学背景知识，寻求预防与解决医疗损害的最佳方案。通过医学解决法律问题，通过法律规范医学行为，对于医学学生和法学学生都是十分重要的。

（二）寻求医科大学人文社科教育“特色”的实现途径

学分制下的人才培养方案旨在构建全面培养学生思想道德与职业素质、知识和技能的课程体系，体现专业教育、德育为先、学思结合，知行统一和因材施教的教育理念。学分制下的人文社科教育要将更多的课堂和课余时间留给学生，加强他们自主学习能力和实践创新能力。因此，要改变传统医疗损害案例教学中，教师完全扮演案情介绍者、案例分析者和答案公布者的课堂主角，将团队教学法和问题导向教学两种教学法运用于现实医疗损害的解决中，让学生在自主式、参与式、开放式和模拟化的学习状态中激发学习兴趣，巩固和延伸所学的医学与法律知识，并在个案中将两者有机结合。医疗损害案件融合式教学不仅是一种自主式、开放式、职业式的教学方法，而且还具有系统性、综合性和趣味性。它将“课程教学和学术研究”“理论知识和实践技能”“课堂学习和课外拓展”相结合的教育理念融于对广大医学学生医疗纠纷防范和处理能力的教育之中。

第二节　教学过程

一、教学准备

（一）教师选取教学案例

案例选取一般基于“真实案例、常见多发纠纷类型和法律关系不复杂”的指导思想。例如：患者王春晓于2008年12月16日与原告倪斌在云山县人民政府登记结婚。王春晓分别于2006年10月11日和2009年11月17日进行过剖宫产，2012年10月26日在云山县人民医院进行第三次剖宫产，成功分娩下一活男婴，随后因大出血行子宫切除手术经抢救无效死亡。王春晓死亡后没有做尸检。

（二）学生自行分组

案例教学分为：(1)当事人组，由法学专业学生扮演；(2)鉴定人组，由法医学专业学生扮演；(3)审判组，由法学专业学生扮演；(4)专家证人组，由临床医学学生扮演。

（三）学生进行证据收集、制作和文书写作

证据收集和制作包括：病历资料、手术同意书、医疗费用单据、医学教科书、医学文献等。根据角色分工，分别撰写了民事起诉状、民事答辩状、原告代理词、被告代理词、法医临床鉴定意见书、民事判决书等。教师在这一过程中对学生进行指导。

（四）教师对教学知识点的设计

教师在教学过程中要对教学背景知识点进行介绍，以便于观摩的学生更好地理解案例。知识点主要涉及：临床医学知识普及（疾病诊断、手术、用药、护理等）；医疗损害发生过程的医疗质量与安全（医疗核心制度）；侵权法律和民事诉讼制度。

二、教学开展

（一）教学开场

首先，由教师介绍本次教学基本方法——模拟法庭。模拟法庭是在教师的指导下，由不同的学生扮演法官、检察官、原被告、律师、证人、鉴定人等法庭角色，按照严格的法庭程序对真实的案件进行模拟审判的教学活动。其次，由教师提出在法庭调查阶段同学要思考的问题：(1)法庭调查要解决什么问题？(2)什么是民事起诉状，它包括哪些内容？(3)什么是民事答辩状，它包括哪些内容？(4)举证、质证如何进行？(5)为什么要鉴定人出庭作证？

（二）法庭调查阶段

1.教师背景知识介绍

内容包括：(1)法庭调查目的是展示证据，调查案件事实；(2)法庭调查顺序；(3)原告起诉状撰写内容和要求；(4)被告民事答辩状撰写内容和要求；(5)质证围绕证据的“三性”展开——真实性、关联性、合法性。

2.原告组民事起诉状要点

内容包括：(1)患者王春晓与云山县人民医院具有医疗服务合同关系；(2)医院对王春晓进行剖腹产手术，胎儿顺利产出，但产妇术后大出血、院方又行子宫切除手术，产妇最终死亡；(3)云山县人民医院对于手术准备不充分、告知不全面、抢救不及时，存在严重过错，造成患者死亡的后果。根据《侵权责任法》的规定，云山县人民医院构成了医疗损害责任；④请求法院判令被告赔偿原告损失，共计 315524 元。

3.被告组被告民事答辩状要点

内容包括：(1)被告诊断正确，处置及时，符合医学规范，履行了合理的注意义务；(2)患者死亡结果的出现是现有医学技术无法避免的；(3)被告为患者做手术时，依法履行了告知和知情同意；(4)依照《侵权责任法》，应由原告承担举证责任，证明被告存在过错以及过错与后果之间存在因果关系，但原告在起诉中并没有举证。

4.原被告双方的举证责任

原告方：(1)病历、交费单、挂号单等诊疗凭证，用以证明医疗服务合同关系的存在；(2)死亡证明书、诊断证明书、病历记录等，用以证明损害结果的存在；(3)医疗损害鉴定或专家证人意见，用以证明医方存在过错，以及过错与损害后果之间存在因果关系；(4)身份证明和赔偿数额的计算依据。

被告方：(1)事业单位法人证书、母婴保健技术服务执业许可证、医师和护理人员等执业证书、母婴保健技术考核合格证书等，用以证明医方资质；(2)知情同意书、授权委托书等，用以证明医方履行告知和知情同意义务；(3)病历、鉴定意见书、诊疗常规、医学教科书、医学专著和文献，用以证明医方诊疗过程没有医疗过错或者患方存在一定的过错；(4)患方赔偿项目和数额错误之处。

5.原被告双方的质证意见

原告质证的要点：(1)病例中王春晓在产科住院病历与知情同意书上的签名不一致；(2)实施剖腹产医生王雪的资质问题；(3)对医疗过错鉴定意见书的内容质疑，请求鉴定人出庭接受询问。

被告质证要点：(1)原告提供的江源县和资江县的病历显示患者做过两次剖宫产，而患者在自诉中只说做过一次；(2)被扶养人生活费计算的依据是什么？患者父母没有证据表明是丧失劳动能力又无其他生活来源。

6.法庭对本案争议焦点的归纳

主要有三点：(1)被告云山县人民医院对患者王春晓在该医院就诊治疗的全部医疗行为是否存在医疗过错，过错程度如何？(2)被告云山县人民医院与患者王春晓的死亡之间有没有因果关系？(3)被告是否应当承担赔偿责任？根据什么标准赔偿？

(三)鉴定人出庭接受询问阶段

1.教师背景知识介绍

医疗损害过错司法鉴定是指人民法院在审理医疗损害赔偿民事诉讼案件

中，依职权或应一方当事人的请求，委托具有专门知识的人对医方有无医疗过错，以及医疗损害结果与医疗过错有无因果关系等专门性问题进行分析、判断并提供鉴定意见的活动。根据《中华人民共和国民事诉讼法》第七十八条规定，当事人对鉴定意见有异议或者人民法院认为鉴定人有必要出庭的，鉴定人应当出庭作证。经人民法院通知，鉴定人拒不出庭作证的，鉴定意见不得作为认定事实的根据；支付鉴定费用的当事人可以要求返还鉴定费用。第七十九条规定，当事人可以申请人民法院通知是有专门知识的人出庭，就鉴定人给出的鉴定意见或者专业问题提出意见。

2.专家辅助人询问鉴定人

原告组申请的专家辅助人田涛医师对鉴定人的询问和鉴定人回答的问题涉及以下几个方面：

(1)医疗过错鉴定机构及鉴定人是否具备相应的资质？

鉴定人提供××司法鉴定中心司法鉴定许可证复印件，用以证明机构合法、符合鉴定业务范围和许可证有效期限。××司法鉴定中心司法鉴定执业证复印件，用以证明所有在鉴定意见书上签名的人的资质，特别是执业类别是否存在超范围执业。

(2)产前诊断为中央型前置胎盘，临床处理规范是什么？

鉴定人提供了诊疗规范的标准人民卫生出版社出版的《妇产科学》(第八版)，其中写明了“完全性前置胎盘，持续大量阴道流血，具有剖宫产指征。”

(3)胎盘植入在剖宫产手术前是否能够诊断出来？

胎盘植入是指胎盘绒毛穿入宫壁肌层，是产科严重的并发症，可导致病人大出血、休克、子宫穿孔，继发感染，甚至死亡。根据中华医学会《胎盘植入诊治指南(2015)》胎盘植入诊断主要依据包括：高危因素；症状、体征；辅助检查。在高危因素中，被鉴定人存在前次剖宫产史及前置胎盘问题，胎盘植入发生率与剖宫产次数及是否合并前置胎盘相关，有剖宫产史且伴有前置胎盘患者胎盘植入发生率远比有剖宫产史但不合并前置胎盘者高。胎盘植入的临床表现及体征：发生于子宫体部胎盘植入患者产前常无明显临床表现，但由于胎盘植入多合并前置胎盘，因此常见症状是产前反复、无痛性阴道流血。

超声检查是判断胎盘位置、预测胎盘植入最常用的方法。预测胎盘植入敏感性为83%，特异性为95%。影响B超敏感性的因素有：胎儿遮挡，后方胎盘有时就不可能全部看到；随胎儿孕周增大，胎儿骨骼发育越发成熟，在超声下，骨骼造成的声影更会遮挡后方胎盘的观察；B超机器的分辨率等。

本案中，王春晓入院B超诊断为中央型性前置胎盘，医生在诊断中没有充分考虑胎盘植入的可能性，影响到对产后严重出血的估计不足。

(4)剖宫产手术中发现胎盘植入的临床处理规范是什么?

根据中华医学会《胎盘植入诊治指南(2015)》,胎盘植入最终确诊需要根据手术中所见或术后病理学诊断。胎盘植入的临床表现及体征之一是胎儿娩出后超过 30 min,胎盘仍不能自行剥离,伴或不伴阴道出血,行徒手取胎盘时剥离困难或发现胎盘与子宫肌壁粘连紧密无缝隙。

鉴定人认为,本案中,王春晓的手术记录显示:术中见胎盘覆盖于子宫颈内口,迅速取出胎盘,可见胎盘组织部分植入子宫下段前壁肌层,手取困难,出血迅猛。术后诊断为:胎盘前置。王春晓的最后诊断也印证了医方术前评估不到位、准备不充分。

根据中华医学会《胎盘植入诊治指南(2015)》,血管阻断术、子宫压迫缝合术和宫腔填塞等为防治产后出血的辅助方法。子宫切除已成为治疗胎盘植入患者合并产后出血的主要措施。当患者有下列情况时应行子宫切除术:(1)产前或产时子宫大量出血,保守治疗效果差;(2)保守治疗过程中出现严重出血及感染;(3)子宫破裂修补困难;(4)其他因素需行切除子宫。鉴定人认为,医方在术中大出血时在及时使用了缩宫素和宫腔纱布填塞,出血不止的情况下又结扎了子宫动脉上行支,是符合临床诊疗规范的。

(5)医方行子宫切除术的时机是否迟延,导致患者最终死亡?

病历显示:14:19 以 LOT 助娩一活男婴,胎儿取出后,血窦开放,大量出血,血压即骤降至 55/34mmHg,15:35 患者就诉气促,胸闷;16:05 患者血压,血氧饱和度测不出,医方切下子宫的时间为 16:30。

鉴定人认为,患者前期大量出血,短时间内得不到及时的有效循环血量的补充(医方备血不足),阻断出血源的前期处理又无明显效果时,医生没有立即行子宫切除术,而是等到患者已进入了低血容量性休克失代偿期,该期机体已存在凝血功能障碍 DIC,以及多器官功能障碍,才行切除手术,但时机已晚,此时机体的器质性损害已不可逆转,患者最终死亡。

(6)医疗过错参与度认定为 10%—20%的依据是什么?

医疗过错行为与损害后果相关度(参与度)是指医疗过错行为在损害后果中原因力的大小,是法庭判定医疗机构责任程度的重要依据。

参照全国普通高等教育临床医学专业规划教材《法医学》(2012 年 1 月出版)关于医疗过错行为与损害后果相关度(参与度)判定的相关描述:“医疗行为属于诱发因素”。该种情形意味着患者自身的疾病或其他原因是造成死亡或者功能障碍的主要因素,而医疗过错为自身诱发因素或者促发因素,使患者丧失生存或康复机会。此时医疗过错中不良后果的原因力为 10%—20%。

鉴定人认为,云山县人民医院虽然对被鉴定人王春晓提供的诊疗行为存在术前评估不到位，准备不充分的过错。但王春晓隐瞒了其真实的孕产史，本身该疾病凶险，医方在胎儿娩出后大出血危急状况发生时，已根据当时具有的条件不断进行积极的抢救，但王春晓病程发展非常迅速，加之县级医院医疗水平和技术有限，在当时病情危急的情况下也不符合转送上级医院条件，最终导致王春晓死亡结果无法逆转。因此，王春晓的死亡后果中其本身疾病凶险程度占主要因素。云山县人民医院在对王春晓提供的诊疗行为存在评估不到位、准备不足、手术时机不当等过错，与王春晓死亡的后果的参与度（原因力）建议为10%—20%。

（四）法庭辩论阶段

1.教师背景知识介绍

法庭辩论是指在人民法院的主持下，当事人双方对如何认定事实和适用法律发表意见，并否认和驳斥对方意见的诉讼活动。

一般而言，在医疗损害案件法庭辩论中，原被告双方主要围绕以下要点展开：(1)原被告双方是否存在医疗法律关系；(2)本案适用什么法律；(3)被告方是否存在伪造、篡改病历资料等行为；(4)被告方是否履行知情同意；(5)被告方是否履行合理的注意义务；(6)被告方是否存在技术失误、措施不当；(7)被告方是否存在过度诊疗；(8)原告方主张的赔偿项目和数额是否合法有据。

2.原被告双方法庭辩论意见

原告方法庭辩论意见的要点：(1)医方的过错之一在于产前检查中没有对中央前置型胎盘可能存在的胎盘植入情况予以预判，致使术前对疾病的风险及出血量评估不足，在患者短时间大量出血时，备血量不足；(2)医方的过错之二在于患者在短期内大量失血，又得不到大量的补充血量，医方应及时切除子宫，但切除时机过晚，患者已经休克，发生DIC，引发多器官衰竭死亡。

被告方法庭辩论意见的要点：(1)医方诊疗行为均符合医学诊疗规范，并无任何过错。医方已诊断出中央前置型胎盘，胎盘植入要术中才能确诊。医方在采取辅助性止血方法时要观察效果，而不是只要大出血就立即切除子宫，就算切除也要和患者家属沟通，所以时机不存在延误；(2)王春晓的死亡完全是本身体质特殊及疾病危险性造成的意外。患者多次剖宫产，腹腔解剖结构不清，急性大出血时手术视野受到影响，对出血源的判断及止血操作、子宫切除也造成了一定困难，而前置胎盘的自身条件又无法选择其他分娩方式，手术本身的风险性和难度非常大；(3)王春晓隐瞒了一次剖宫产史，客观上导致医方对手术估计不足，术前准备不充分；(4)医方履行了完整的知情同意程序；(5)医方为县级医院，没有血库。手术时的备血根本达不到患者出血补充的需要；(6)在赔偿项目中死者生前抚养人生活费必须满足以下条件：①丧失劳动能力又没有其他生活来源的成年近亲属。②死者抚养的被抚养人不只有死者这一个抚养人，赔偿只需要赔付死者应当承担的那部分抚养费。王春晓的父母不符合以上条件，且有三个子女，所以患方主张的这项赔偿根本不存在。

（五）法院判决

（1）医疗过错责任认定：患者自身存在过错，且疾病是造成死亡的主要因素。医院存在术前没有完全尽到应尽问诊义务，术前评估不到位，准备不充分，事故发生后存在处置不当的过错。法庭根据司法鉴定意见书的建议判定由被告医院承担20%赔偿责任。

（2）赔偿项目：①死亡赔偿金：王春晓为农村人口，死亡赔偿金按照受诉法院所在地一年度农村居民人均纯收入计算，计算20年，即：6141元×20年＝122820元；②被扶养人生活费：原告方没有提供父母丧失劳动能力需要抚养的证明，其父母的被扶养人生活费不予支持。王春晓之子倪小睿，系农村居民户，其被扶养人生活费应以受诉法院所在地一年度农村居民人均全年消费性支出标准计算，即：4744元×18年÷2（两个抚养人）＝42696元；③精神抚慰金：20000元。综上，原告的死亡赔偿金122820元、被扶养人生活费42696元、精神抚慰金20000元，合计185516元，被告云山县人民医院应承担20%，即：185516元×20%＝37103.2元。

三、课堂思考提示和课后推荐阅读

在这一环节要对医学生进行产科风险意识的教育。本案带给我们最大的启示是产科医生对“高危因素”的及早认知和充分准备是防止此类纠纷风险的关键。

第一，基层医疗机构应评估本院的抢救条件和技术能力能否胜任。如果对预料可能发生的紧急情况没有把握，就应及早转诊。

第二，对于胎盘前置和有胎盘粘连—植入风险的病例要有充分的备血。

第三，对传统手术方式和治疗方法的改进。举两个例子：一是胎儿娩出后立即进行手剥胎盘的传统手术方式与在加强子宫收缩后行分段钳夹粘连部后剥离胎盘的处理方式。推荐文献：杨孜.剖宫产术中术后大出血的防范和处理[J].中国实用妇科与产科杂志，2008，24(10)：739；二是凶险性前置胎盘的难治性产后出血及高子宫切除率一直是产科亟待解决的问题，采用围术期综合手术治疗方法，即剖宫产术前行双侧输尿管及子宫动脉置管，胎儿娩出后即刻行双侧子宫动脉栓塞术处理凶险性前置胎盘取得了满意的疗效。推荐文献：孙丽洲等.阴道分娩及剖宫产产后出血预警及防范，中国实用妇科与产科杂志，2014，30 (4)：262。

四、专家点评和观摩学生提问互动

教学活动结束，观摩教学的专家发表评论。邀请的专家为产科医生、法官和律师各一名。专家结合各自的工作经验分别就本案的经验教训、诉讼技巧、审理技巧和同学表现做点评。观摩学生与参加表演学生和专家进行提问交流。

第三节　教学评价

课程结束后，对此次教学活动进行效果评价，分为对学生的评价和对任课教师的评价。

表 1　学生评价体系

评价项目	评价主体	评价内容及评分标准	标准分值	得分
准备工作 10%	任课教师	查阅文献、收集和提交证据、法律文书写作、参与案例诉讼策略研讨表现	较好 8—10 分	
			好 5—7 分	
			一般 3—4 分	
			差 0—2 分	
课堂表现 70%	任课教师	法律适用：法律关系定性是否准确；引用法律是否正确；法理阐释是否清楚；法律适用过程有无原则性或常识性错误	较好 8—10 分	
			好 5—7 分	
			一般 3—4 分	
			差 0—2 分	
		论据采信：证据是否关联性、真实性、合法性；证据是否充分确凿；质证是否有理有据	较好 8—10 分	
			好 5—7 分	
			一般 3—4 分	
			差 0—2 分	
		逻辑推理：论证过程中条理清晰，说理充分，推理严密	较好 8—10 分	
			好 5—7 分	
			一般 3—4 分	
			差 0—2 分	
		言语表达：理解他人意见，口齿清晰、流畅；具有一定说服力；用词准确恰当有分寸	较好 8—10 分	
			好 5—7 分	
			一般 3—4 分	
			差 0—2 分	

续 表

评价项目	评价主体	评价内容及评分标准	标准分值	得分
课堂表现 70%	任课教师	应变能力：思维反应敏捷；情绪稳定；考虑问题细致周到	较好 8—10 分	
			好 5—7 分	
			一般 3—4 分	
			差 0—2 分	
		自我情绪控制：表情和语言自然而有激情，受到对方挑衅甚至有意羞辱的场合，能够保持冷静，做到有理、有利、有节	较好 8—10 分	
			好 5—7 分	
			一般 3—4 分	
			差 0—2 分	
		举止仪表：举止打扮得体，无多余动作	较好 8—10 分	
			好 5—7 分	
			一般 3—4 分	
			差 0—2 分	
小组合作与贡献 10%	小组成员分别打分后取平均数	学生所承担的小组工作量；在专业知识和技能上对小组的贡献；学生对小组工作的积极性和与他人配合情况的综合评价	较好 8—10 分	
			好 5—7 分	
			一般 3—4 分	
			差 0—2 分	
旁听学生代表评价 10%	旁听学生代表分别打分后取平均数	学生所在小组的整体表现和学生个人表现综合评价	较好 8—10 分	
			好 5—7 分	
			一般 3—4 分	
			差 0—2 分	
总评分(100 分)				

表 2　任课教师评价体系

评价项目	评价主体	评价内容及评分标准	标准分值	得分
准备工作 20%	参加模拟学生	对学生准备工作进行指导	较好 16—20 分	
			好 10—15 分	
			一般 5—9 分	
			差 0—4 分	
教学过程 80%	同行评议 50%	教学目标：目标明确，符合课程大纲的要求，注重以学生为主体及学生综合分析应用能力的培养，依据教学目标进行合理、清晰的教学设计	较好 8—10 分	
			好 5—7 分	
			一般 3—4 分	
			差 0—2 分	
		教学内容：无科学性错误，内容的顺序安排符合专业学科逻辑，容量合适，理论联系实际，符合学生特点。教学重点和难点突出。注意反映新进展	较好 8—10 分	
			好 5—7 分	
			一般 3—4 分	
			差 0—2 分	
		教学组织：1. 讲授思路清晰，逻辑性强，前后联系，层次分明。合理调配教学内容，守时。2. 合理组织学生参与教学，符合以学生为主体的教学设计，课堂气氛活跃，授课方式能吸引学生的注意力，启发学生的思考。3. 能恰当、有效地使用板书或实物等各种教学辅助手段	较好 8—10 分	
			好 5—7 分	
			一般 3—4 分	
			差 0—2 分	
		教学手段：教学方法新颖，充分体现教与学活动的有机结合。采用有效的方式、方法对课堂教学效果进行评价	较好 8—10 分	
			好 5—7 分	
			一般 3—4 分	
			差 0—2 分	
		教态：着装典雅庄重，精神饱满，教态自然大方	较好 8—10 分	
			好 5—7 分	
			一般 3—4 分	
			差 0—2 分	

续 表

评价项目	评价主体	评价内容及评分标准	标准分值	得分
教学过程 80%	全部学生 30%	讲述清楚明白，知识容易理解，语言生动，有吸引力	较好 8—10 分	
			好 5—7 分	
			一般 3—4 分	
			差 0—2 分	
		案例选取恰当，表演内容直观，深入浅出、易懂易学。教学情景引人入胜，激发学习兴趣和热情	较好 8—10 分	
			好 5—7 分	
			一般 3—4 分	
			差 0—2 分	
		提升了应用知识、解决实际问题的能力，引发深度思考，获得重要启示	较好 8—10 分	
			好 5—7 分	
			一般 3—4 分	
			差 0—2 分	
总评分（100 分）				

参考文献

[1] 李晓钟.最新司法鉴定法律条文理解与适用[M].北京:中国检察出版社,2006.
[2] 莫耀南.实用法医学司法鉴定[M].北京:科学出版社,2008.
[3] 霍宪丹.司法鉴定学[M].北京:北京大学出版社,2014.
[4] 冯正骏.医疗损害司法鉴定实务[M].杭州:浙江工商大学出版社,2015.
[5] 赵同刚;中华人民共和国卫生部编.卫生法基础[M].北京:法律出版社,2007.
[6] 苏志.卫生监督基础[M].北京:法律出版社,2007.
[7] 林忆山.环境监察执法与违法案件查处实用指南[M].北京:中国政法大学出版社,2011.
[8] 赵同刚.卫生监督案例汇编[M].北京:法律出版社,2007.
[9] 薛晓林,陈锐.卫生计生监督执法案例评析汇编[M].北京:中国协和医科大学出版社,2015.
[10] 王亚新.社会变革中的民事诉讼[M].北京:北京大学出版社,2014.
[11] 徐天强.行政处罚案例评析[M].上海:复旦大学出版社,2009.
[12] 中国法制出版社编.卫生行政执法文书书写指南[M].北京:中国法制出版社,2011.
[13] 傅达林.判决理由为什么重要[N].检察日报,2013.10.16(7).
[14] 陈立军.机械瓣膜置换术与生物瓣膜置换术治疗老年心脏瓣膜病的研究[J].现代实用医学,2014(12):1498-1499.
[15] 冯利,李秀毛.二尖瓣置换术后左心室破裂原因分析和处理[J].医学信息,2013(9).
[16] 李天颖.医学高等院校开展模拟法庭教学改革的探索与实践[J].中国高等医学教育,2012(8):58.
[17] 杨自根.诊所法律教育与模拟法庭在医事法学专业实践教学中的融合设计[J].医学与法学.2013(5):59.